Tolstói ou Dostoiévski

Coleção Estudos
Dirigida por J. Guinsburg

Equipe de realização – Tradução: Luana Chnaiderman de Almeida (caps. 1 e 2) e Isa Kopelman (caps. 3 e 4); Revisão de tradução: Isa Kopelman; Edição de texto: Marcio Honorio de Godoy; Revisão de provas: Adriano Carvalho A. Sousa e Lilian Miyoko Kumai; Sobrecapa: Sergio Kon; Produção: Ricardo Neves e Sergio Kon.

George Steiner

TOLSTÓI OU DOSTOIÉVSKI
UM ENSAIO SOBRE O VELHO CRITICISMO

Título do original em inglês:
Tolstoy or Dostoevsky: An essay in the Old Criticism

Second edition published by Yale University Press, 1996.

Copyright © 1959, 1996 by George Steiner.
All rights reserved.

This book may not be reproduced, in whole or in part, including ilustrations, in any form (beyond that copying permitted by Sections 107 and 108 of the U.S. Copyright Law and except by reviewers for the public press), without written permission from the publishers

Dados Internacionais de Catalogação na Publicação (CIP)
(Câmara Brasileira do Livro, SP, Brasil)

Steiner, George
    Tolstói ou Dostoiévski: um ensaio sobre o Velho Criticismo / George Steiner; [tradução Isa Kopelman]. – São Paulo : Perspectiva, 2006. – (Coleção estudos; 238 / dirigida por J. Guinsburg)

    Título original: Tolstoy or Dostoevsky.
    Bibliografia.
    ISBN 978-85-273-0776-5

    1. Dostoievski, Fiodor, 1821-1881 - Crítica e interpretação 2. Literatura épica 3. Tolstói, Leão, 1828-1910 - Crítica e interpretação I. Guinburg, J.. II. Título. III. Série.

06-9615   CDD-891.733

Índices para catálogo sistemático:
1. Dostoievski, Fiodor: Literatura russa: Crítica e interpretação   891.733
2. Tolstói, Leão : Literatura russa: Crítica e interpretação   891.733

1. ed – 1. reimp.
[PPD]

Direitos reservados em língua portuguesa à
EDITORA PERSPECTIVA LTDA.

Av. Brigadeiro Luís Antônio, 3025
01401-000 São Paulo SP Brasil
Telefax: (011) 3885-8388
www.editoraperspectiva.com.br

2019

Sumário

AGRADECIMENTOS XI

PREFÁCIO À SEGUNDA EDIÇÃO EM LÍNGUA INGLESA XIII

1. 1

2. 33

3. 99

4. 171

BIBLIOGRAFIA 257

ÍNDICE 263

In Memoriam: Humphry House

Agradecimentos

A Alle Tate e Archibald MacLeish, por terem possibilitado as etapas fundamentais do aprendizado; a Sir Isaiah Berlin e E.T. Willians, por terem encorajado o projeto desde o início; a R. P. Blackmur, por sua constante presença educativa e por ter se disposto a examinar um trabalho de outra pessoa a respeito de um assunto no qual é mestre; à Mrs. L. B. Turkevich, por fazer com que a ignorância da língua russa pareça uma perda não somente pessoal como profissional; ao Sir Llewllyn Woodward, Alexandre Koyré e Harold Cherniss, por tantas gentilezas durante o trabalho em processo; a Griffith Edwards e Michel Gourévitch, pela declaração leal de que gostariam de ler o livro quando estivesse pronto; a James Billington, que leu as provas e trouxe junto a essa tediosa tarefa seu julgamento agudo e grande conhecimento da história e literatura russas; e acima de todos, ao Dr. J. B. Oppenheimer e o Instituto de Estudos Avançados, por me concederem um ano e meio sob condições inigualáveis para completar o trabalho.

Os aborrecimentos que a esposa e família imediata suportaram em torno desses assuntos superam qualquer agradecimento.

Prefácio
à segunda edição em língua inglesa

Livros de crítica e interpretação literárias tendem a possuir vida curta. Há exceções, é claro. O tratado crítico de, digamos, Aristóteles ou Samuel Johnson ou Coleridge torna-se, ele próprio, literatura. Isso acontece devido à força filosófica, à particularidade de estilo ou pela contiguidade. Há casos em que o argumento teórico-crítico é parte integral da obra imaginativa (a polêmica de Proust contra Sainte-Beuve; os estudos de T. S. Eliot). Tais casos, no entanto, continuam sendo excepcionais. A maioria dos estudos literários, eminentemente acadêmicos ou acadêmico-jornalísticos, tem dias curtos. Corporificam um momento mais ou menos específico da história do gosto, valoração e debate terminológico. Rapidamente, eles encontram enterro decente nas notas de rodapé ou acumulam a silenciosa poeira das estantes de bibliotecas.

Tolstói ou Dostoiévski apareceu pela primeira vez há quase quarenta anos. Traduzido para uma série de línguas, pirateado em forma resumida no que era então a União Soviética, o livro nunca esteve fora de impressão. Sua reedição agora me enche de certo espanto e gratidão. A Yale University Press arrisca-se generosamente.

Ao mesmo tempo, salvo engano, esse estudo (meu primeiro livro) se beneficiou de uma dinâmica complexa de oportunidades reavivadas. As questões que ele levanta, as convicções que defende, são novamente presentes de maneira vívida. As intuições manifestadas em 1959 tiveram sua sorte; os medos expostos tornaram-se ainda mais pertinentes. O tempo possui suas pacientes ironias. Pode dar substância a

XIV TOLSTÓI OU DOSTOIÉVSKI

percepções, a reflexos de sensibilidade, que eram, em seu despontar, sombras especulativas. Naquele final dos anos cinquenta eu não poderia ter previsto plenamente ou adivinhado que, quarenta anos depois, os fundamentos de leitura e de imagens morais articulados nessa obra e em sua autodefinição como *Old Criticism* (Velho Criticismo) se tornariam o assunto quente.

Os Novos Críticos, em especial Allen Tate e R. P. Blackmur, foram meus mestres próximos. Seu compromisso com a preeminência da poesia lírica, com a radiante autonomia do texto quando separado da miragem atordoante do contexto histórico-biográfico, seu sentido de projeto crítico como uma espécie de mimesis explicativa do poema – projeto que deve ele mesmo seduzir pela complexidade da nuance e da retórica – foram, para mim e para a minha geração, exemplares. Havia aí uma galáxia de poetas-críticos, mais ou menos abrigados pelas universidades, que restauraram à função da interpretação e do veredicto literário uma dignidade peculiar e venturosa, uma elevação digna de Coleridge. Em seu melhor, Ransom, Penn Warren, Burke, Tate e Blackmur devolveram ao estudo e à apreciação da literatura um espírito inteligente, uma "alta seriedade" (na expressão de Matthew Arnold) que havia sido perdida no historicismo, positivismo e rotinas filológicas herdadas do século XIX e ainda prevalecentes na maioria dos departamentos das universidades. As ambições eram de aparecer na *Kenyon Review*, ser admitido em um dos seminários de Blackmur's Gauss em Princeton, ou falar sobre poesia, no idioma do Novo Criticismo, na Livraria Grolier, fora da Harvard Square.

Ainda assim, o encanto foi, para mim, ambíguo desde o início. Educado pelos clássicos, no sistema francês do Lycée, eu sabia o que eram a verdadeira filologia e linguística histórica, mesmo onde me faltavam tenacidade e paixão técnica necessárias para aplicar esse conhecimento. A noção de linguagem poética retirada desse ambiente histórico-filológico e de alguma maneira "padronizada" para a eternidade (a assunção de I. A. Richards), não me convenceu. Tão pouco fui capaz de descartar o biográfico, a noção de que a identidade existencial-temporal do escritor tem importância, que é espúrio atribuir ao poema, peça ou ficção um anonimato talismânico (Richards novamente). Analisado de maneira responsável, aquilo que conseguimos saber a respeito da vida de Chaucer, por exemplo, de Dickens ou Baudelaire, nos leva, ingênua e obliquamente ao assunto e à forma da sua arte. Não se pode ler um poeta lírico medieval da mesma maneira que, por exemplo, Robert Frost. As pressões, a densidade da circunstância informativa, são por demais distintas. Essa diversidade, esse "espaço informativo" deve incluir categorias sociais, econômicas e materiais. A literatura inglesa é imersa e gerada pela classe social (de quem o idioma relevante é frequentemente um decreto). A literatura francesa tem sido abastecida de ideologia, de conflitos político-religiosos. Não

PREFÁCIO À SEGUNDA EDIÇÃO EM LÍNGUA INGLESA   XV

há diagnóstico mais agudo das motivações e coerções econômica-i-deológicas do que em Dante. Beira o absurdo achar que a evolução da ciência e da tecnologia, da agricultura e do mercantilismo não afetam, em quase nenhum aspecto, a evolução da forma literária; que mesmo a poesia lírica, *intimiste*, composta antes do advento da imprensa ou da educação universal é a mesma que a escrita posteriormente (Blake é um exemplo especialmente esclarecedor de tais interconexões).

Com a exceção de Kenneth Burke, os Novos Críticos tiveram pouco contato com o Marxismo. Não se podia chegar à maioridade em um ambiente intelectual francês sem alguma familiaridade com os clássicos marxistas ou o modelo sartreano de arte e literatura enga-jadas derivado do marxismo. Eu havia lido algo de Hegel e muito de Lukács. O axioma de uma poética "desmaterializada", crucial ao *New Criticism* (Novo Criticismo), o "pastoralismo arcádico" de Ransom e Tate – o uso do mito historicizado e do *antebellum* precisamente para escapar da história – me pareciam empobrecer, falsear até, muitas das suas leituras. Sobretudo no despertar das duas guerras mundiais e no triunfo da desumanização no coração do século.

A partir desses desconfortos, da percepção de que o Novo Criticismo conseguia lidar só de relance com os gêneros dominantes tais como o drama e o romance (por exemplo, Burke em *Coriolano* ou Blackmur no *Fausto* de Thomas Mann), surgiu a ideia de tentar definir e exem-plificar um Velho Criticismo. Com isso pretendi uma abordagem de crítica interpretativa da literatura que levasse em conta a ênfase do Novo Criticismo no detalhe formal, na ambiguidade, na autoconstrução dos estilos literários, mas que restaurasse a completa autoridade do contexto ideológico-histórico, os componentes econômico-sociais vigentes da produção literária, a identidade existencial do autor, e, sobretudo, as dimensões metafísico-teológicas que deram a noção do canônico às nossas literaturas. A presunção era que mesmo dentre os maiores da nossa ficção em prosa, os romances de Tolstói e Dostoiévski, *Guerra e Paz*, *Anna Kariênina*, *Os Demônios* ou *Os Irmãos Karamazov*, fossem obviamente superiores e passíveis de serem constantemente explorados. O caso tornou-se ainda mais irresistível pela rivalidade e diferença radical dos dois autores. Tolstói é "épico" por deliberadas vias que o relacionam a Homero. Depois de Shakespeare, Dostoiévski talvez seja o maior e o mais polifônico dos dramaturgos. O "transcendentalismo" político de Tolstói, seus "pietismos" utópicos, são profundamente me-lioristas. O homem deve ser observado no movimento em direção ao reino da justiça e do amor na terra. O criador de *O Idiota* e do Grande Inquisidor permanece o mais sombrio dos nossos metafísicos trágicos. O Deus de Tolstói diverge maravilhosamente do Deus de Dostoiévski.

Eu pressenti que somente um Velho Criticismo poderia relacionar hermeneuticamente essa diferença com a crítica das formas executivas. Somente seus ideais de totalidade, herdados de Hegel, podem ser capazes de demonstrar em detalhe substantivo e formal como "a técnica do romance sempre nos leva de volta à metafísica do romancista" (Sartre). Por sua vez, esse componente de "recepção" que foi ignorado pelos Novos Críticos, a resposta do leitor, sua preferência entre um Tolstói e um Dostoiévski (um Corneille e um Racine, um Broch e um Musil) apontará para sua própria filosofia de vida ou a ausência dela. O torso arcaico do Apolo de Rilke celebremente nos ordena que "mudemos nossas vidas". Assim procedem Tolstói e Dostoiévski, mas de maneiras frequentemente antitéticas. Como é que esses apelos são gerados por suas ficções? O que está vinculado à confiança maior que investimos em um em vez do outro, sendo a neutralidade, creio eu, falaciosa se não impossível? É um clichê que na história do sentimento ocidental, os homens e mulheres tenham sido platônicos ou aristotélicos. Na literatura, uma dissociação ontológica e psicológica comparável existe entre os "dostoievskianos" e "tolstoianos". Isso já estava manifesto em seus fanáticos e exasperados contemporâneos.

Eu não poderia ter adivinhado o que se encontrava adiante. Estamos muito envolvidos pela evidência e muito próximos dela para sermos conclusivos. Mas agora parece que o pós-estruturalismo e a desconstrução foram, em certos aspectos seminais, prefigurados pelo Novo Criticismo. A ficção didática do texto anônimo modula prontamente a noção da "morte do autor". A concepção, que em última instância deriva de Mallarmé, da natureza autorreferencial, fechada e aleatória da linguagem literária, do apagamento das funções-de-verdade e da verificabilidade externas, é central à desconstrução. Está latente na hipertrofia da autonomia poética, das ambiguidades do espelho interno, desenvolvidas pelos Novos Críticos. Mais sutilmente, a exaltação, consciente ou não, da "decodificação" da prática exegética como de algo equivalente em importância ao próprio objeto literário (uma arrogância característica do espírito bizantino na história da estética) que invade o Novo Criticismo, antecipa o axioma desconstrutivo de que todos os textos literários são "pré-textos", para posterior desvendamento.

Seja como for, os princípios, os termos de leitura que eu procurei demonstrar em *Tolstói ou Dostoiévski* são hoje até mais urgentes (e mais fora de moda, a ponto de quase-isolamento) do que eram em 1959. A presença central do autor na obra é tida como uma autoevidência fundamental. A crítica e a interpretação literárias são postuladas como atividades derivativas de "segunda ordem", embora contributivas. Nem Tolstói nem Dostoiévski necessitam de George Steiner (ou, a respeito do assunto, de uma figura tão brilhante e estimulante como M. Derrida). Por outro lado, George Steiner tem necessidade persistente, ética e imaginariamente , de *A Morte de Ivan Ilytch* ou de *Memórias do Subsolo* (não é duro que tais banalidades precisem ser reafirmadas?). É evidente que qualquer poema ou peça ou romance é, em última instância, irredutível ao resumo analítico, à explicação definitiva. É precisamente essa sempre-renovada incompletude de resposta que determina o *status*, o "milagre através do tempo" da grande arte. No entanto, é uma trapaça niilista, profundamente autolisonjeira, postular que qualquer boa leitura é uma des-leitura, que qualquer coisa corre na atribuição de sentido ou falta de sentido do discurso e que os estilos performativos de uma mensagem linguística são, em essência, um jogo de palavras. As provocações epistemológicas, a "dança da mente" (Nietzsche), a felicidade arcana que pode ser obtida através desses éditos pós-construtivistas e "pós-modernos" são consideráveis. Eles nos impelem a repensar o significado do significado, o status ontológico do fictício, as relações, inevitavelmente problemáticas, entre palavra e mundo. Ao mesmo tempo, eles parecem inibir o acesso ao que é mais duradouro e indispensável na literatura (sendo que tal "duração" e necessidade são elas próprias, na perspectiva desconstrutivista, ilusões retóricas). Não é coincidência que quando a teoria corrente é aplicada às próprias obras literárias, essas tendem a ser de uma medida menor ou excêntrica. A *Ilíada*, a *Commedia* ou *Rei Lear* têm pouco a dizer aos mestres do não-dizer (para quem uma lista como essa é *per se* um florescer vazio de academicismo elitista).

O nó da questão é, como em qualquer questionamento maduro do enigma da linguagem e do significado, teológico. A desconstrução reconhece plenamente essa verdade quando postula que os marcadores semânticos só poderiam aspirar ao sentido estável, à intencionalidade, se fossem subscritos por alguma origem ou autoridade final, transcendente. Não pode haver, para o desconstrutivismo, pós-estruturalismo, pós-modernismo, tal garantia. Em *Presenças Reais* (1989) argumentei que uma aposta pascalina na transcendência é o fundamento essencial para a compreensão da linguagem, para a atribuição de significado ao significado. Essa aposta, além do mais, caracteriza implícita ou explicitamente a grande arte e literatura desde Homero e Ésquilo quase até o presente; ela por si só nos permite "fazer sentido" da música. Os clássicos, as obras de literatura dominantes na modernidade, são "religiosos" em um sentido específico. Eles vinculam a questão da existência ou não-existência de Deus. Apesar dos exemplos serem bastante raros (Leopardi, Mallarmé), um ateísmo consequente pode produzir imponentes alturas de visão. A alta poesia e arte podem ser construídas a partir da "morte" ou da ausência do transcendente. Como pode, e espantosamente tem sido, das diversas ordens de confronto com a possibilidade da "presença real" de Deus. O que me parece condenar a imaginação questionadora, o poder da forma significante, à trivialidade, é o abandono da questão da existência ou não existência de Deus ao absurdo semântico, a algum jogo de linguagem infantil que não é mais relevante ao homem.

Somente quando terminei *Presenças Reais* me dei conta de como esse argumento já havia sido inevitavelmente colocado trinta anos atrás. *Tolstói ou Dostoiévski* procura mostrar que a estatura desses dois romancistas é inseparável do seu engajamento teológico. Se *Anna Kariênina* é, como Henry James percebeu, algo "tão maior" do que até mesmo *Madame Bovary*, se *Os Irmãos Karamazov* excede de maneira tão formidável Balzac ou Dickens, a razão é a centralidade para Tolstói ou Dostoiévski da questão-Deus. Por sua vez, o que torna legítima a afinidade de Tolstói com Homero e Dostoiévski com Shakespeare é uma intimação compartilhada das realidades, individual e coletiva, física e histórica, além do alcance do empírico. Para ambos os mestres russos, assim como para Pasternak e Solzhenitsyn depois deles, a assunção de D. H. Lawrence de que, para ser um grande artista ou escritor era preciso se ficar "nu para as chamas de Deus" (ou do não-ser de Deus), era auto-evidente. O constante recurso de Tolstói ao *mysterium* da ressurreição, as figurações de Dostoiévski de um niilismo apocalíptico, são simultaneamente atos incomparáveis de concepção narrativa e dramática e de filosofia religiosa. Esse livro evoca as afinidades profundas entre a realização russa e o cenário teológico em Hawthorne ou Melville.

Hoje eu escreveria, evidentemente, um livro diferente. Um livro ainda mais envergonhado por minha ignorância do russo. O livro iria, nem que fosse somente à guisa de um epílogo, considerar o jogo interno, em uma escala épica, da ficção e metafísica em Musil e as dimensões do "sobrenatural", as intuições do inexplicável no que é chamado de "realismo mágico". Tanto *Doutor Jivago* como os romances de Solzhenitsyn figurariam no argumento. Eu também procuraria trabalhar melhor os elementos da épica tolstoiana e do terror dostoievskiano em Faulkner.

Cabe somente ao leitor decidir se este primeiro livro possui uma vida continuada em si mesmo. A generosidade da Yale University Press me confrontou com o reconhecimento, a um tempo perturbador e reconfortante, de que eu, no decorrer dessas décadas e de outros livros, persegui uma única compulsão. A de que a inteireza de minha obra e meu ensino nasce da primeira sentença de *Tolstói ou Dostoiévski*. "A crítica literária deve brotar de uma dívida de amor" – e da aposta na possibilidade do sagrado, do "outro", que dá a essa sentença a sua validade.

G.S., 1996

1

Um livro é de fato descoberto apenas quando for com-
preendido[1].

De GOETHE para Schiller, 6 de maio, 1797

I.

A crítica literária deve brotar de uma dívida de amor. De modo evidente e, ainda assim, misterioso, o poema, ou peça, ou romance captu-
ram nossas imaginações. Quando terminamos o trabalho, não somos os
mesmos que éramos quando o iniciamos. Tomando de empréstimo uma
imagem de outra área: aquele que realmente apreendeu uma pintura de
Cézanne, daí em diante enxergará uma maçã ou uma cadeira como não
havia enxergado até então. Grandes obras de arte nos arrebatam como
tempestades, escancarando as portas de nossa percepção, pressionan-
do a arquitetura de nossas crenças com seus poderes transformadores.
Procuramos registrar esse impacto, colocar em nova ordem nossa casa
estremecida. Através de algum instinto primário de comunhão, buscamos passar aos outros a qualidade e a força de nossa experiência.
Gostaríamos de persuadi-los a se abrirem para ela. Dessa tentativa de
persuasão se originam as intuições mais verdadeiras da crítica.

Digo isso porque grande parte da crítica contemporânea é de outro
matiz. Zombeteira, capciosa, imensamente consciente de sua ancestra-

---

1. Ein Buch doch immer erst gefunden, wenn es verstanden wird.

lidade filosófica e da complexidade de seu aparato, frequentemente surge para soterrar mais do que louvar. Há, de fato, muito que precisa ser enterrado se quisermos que a saúde da língua e da sensibilidade seja preservada. Ao invés de enriquecer nossas consciências, ao invés de ser como fontes de vida, há livros demais que nos oferecem a tentação da facilidade, da vulgaridade e do conforto efêmero. Mas esses são livros para o ofício compulsivo do resenhista jornalístico, não para a arte da reflexão e recriação da crítica. Existem mais de umas "cem grandes obras", mais umas mil. Mas elas não são infinitas. De maneira distinta do resenhista, ou do historiador da literatura, o crítico deveria se ocupar somente das obras-primas. Sua primeira função é distinguir não entre o bom e o ruim, mas entre o bom e o melhor.

Aqui, novamente, a opinião moderna se inclina para uma visão mais acanhada. Ela perdeu, com o afrouxamento das articulações da tradicional ordem política e cultural, aquela certeza serena que permitia a Matthew Arnold referir-se, em suas aulas sobre a tradução de Homero, "aos cinco ou seis supremos poetas do mundo". Não nos expressaríamos assim. Tornamo-nos relativistas, desconfortavelmente conscientes de que princípios críticos são tentativas de impor fugazes momentos de governo sobre a inerente mutabilidade do gosto. Com o declínio da Europa como pivô da história, tornamo-nos menos seguros da preeminência da tradição clássica e ocidental. Os horizontes da arte retraíram-se no tempo e no espaço além do alcance de visão de qualquer indivíduo. Dois dos mais representativos poemas de nossa era *A Terra Devastada* de T.S. Eliot e os *Cantos* de Ezra Pound, inspiram-se no pensamento oriental. Das pinturas de Picasso, as máscaras do Congo nos encaram em distorção vingativa. Nossas mentes são obscurecidas pelas guerras e bestialidades do século XX; tornamo-nos desconfiados de nossa herança.

Mas não devemos ceder tanto. No excesso de relativismo repousa o gérmen da anarquia. A crítica deveria reconduzir-nos para a memória de nossa grande linhagem, para a incomparável tradição da grande epopeia que se desdobra de Homero a Milton, para o esplendor do drama ateniense, elizabetano e neoclássico, para os mestres do romance. Deveríamos afirmar que se Homero e Dante, se Shakespeare e Racine não são mais os supremos poetas de todo o mundo – que se tornou grande demais para supremacias – eles são, ainda, os supremos poetas daquele mundo do qual a nossa civilização extrai sua vitalidade e em defesa da qual ela deve assumir o risco de se posicionar. Ao insistir na infinita variedade das questões humanas, no papel do contexto social e econômico, historiadores fazem com que descartemos as categorias de sentido há muito estabelecidas. Como podemos, perguntam, usar o mesmo termo para a *Ilíada* e para *Paraíso Perdido,* já que tais obras estão separadas por milênios de acontecimentos históricos? Pode a palavra "tragédia" significar algo, já que a usamos, ao mesmo tempo, para *Antígona, Rei Lear* e *Fedra*?

UM ENSAIO SOBRE O VELHO CRITICISMO

A resposta é que antigos reconhecimentos e hábitos de compreensão estão enraizados mais profundamente que os rigores do tempo. A tradição e as tendências profundas de unidade não são menos reais que a sensação de desordem e vertigem que a nova idade das trevas fez cair sobre nós. Chamemos épica aquela forma de apreensão poética na qual um momento da história ou um corpo de mito religioso estão centralmente envolvidos; digamos da tragédia que se trata de uma visão da vida que deriva seus princípios de significação da debilidade da condição humana, daquilo que Henry James chamou de "a imaginação do desastre". Nenhuma definição será suficiente no que diz respeito à exaustividade ou à inclusão. Mas elas serão suficientes para nos lembrar que há grandes linhas de descendência espiritual, que relacionam Homero a Yeats, e Ésquilo a Tchékhov. A esses a crítica deve retornar com apaixonada reverência e com a percepção da vida sempre renovada.

No presente, há uma pungente necessidade de tal retorno. Em nosso meio floresce o novo analfabetismo, o analfabetismo daqueles capazes de ler palavras curtas ou palavras de ódio e mau gosto, mas são incapazes de captar o significado da linguagem em estado de beleza ou verdade. "Gostaria de acreditar na evidência" escreve um dos melhores críticos modernos "de que nossa sociedade particular necessite mais do que nunca de uma tarefa específica do crítico e do erudito: o trabalho de colocar o público numa relação receptiva para com a obra de arte: fazer a tarefa do intermediário"[2]. Não julgar ou dissecar, mas mediar. Somente através do amor pela obra de arte, somente através do reconhecimento constante e angustiado por parte do crítico da distância que separa seu ofício daquele do poeta, pode tal mediação ser alcançada. Trata-se de um amor tornado lúcido pela amargura: que olha para os milagres do gênio criativo, discerne seus princípios de existência, exibe-os para o público e, entretanto, sabe que não tem a menor participação, nem mesmo a mais ínfima, na sua criação.

Estes são, para mim, os pilares daquilo que se pode chamar de "o velho criticismo", parcialmente distinta da escola brilhante e prevalente conhecida como "o novo criticismo". O velho criticismo é engendrado na admiração. Em alguns momentos afasta-se do texto para considerar propósitos morais. Pensa a literatura não como existência isolada, mas sim como central para o jogo das energias históricas e políticas. Acima de tudo, o velho criticismo tem temperamento e alcance filosóficos. Orienta-se, na aplicação mais generalizada, por uma crença particularizada por Jean-Paul Sartre em um ensaio sobre Faulkner: "a técnica de um romance sempre nos reporta à metafísica do romancista (*à la métaphysique du romancier*)". Nas obras de arte estão reunidas as mitologias do pensamento, as heroicas tentativas do espírito huma-

---

2. R. P. Blackmur, The Lion and the Honeycomb, *The Lion and the Honeycomb*.

4 TOLSTÓI OU DOSTOIÉVSKI

no de impor ordem e interpretação ao caos da experiência. Apesar de inseparável da forma estética, o conteúdo filosófico – o ingresso da fé ou especulação no poema – tem seus próprios princípios de ação. Há numerosos exemplos de arte que nos levam à ação ou à convicção pelas ideias que propõem. Para esses casos, os críticos contemporâneos (com exceção dos marxistas) nem sempre estiveram atentos.

O velho criticismo tem seu viés: tende a acreditar que os "supremos poetas do mundo" foram homens impelidos, seja por submissão seja por rebeldia, pelo mistério de Deus e que há grandezas de intenção e força poética que a arte secular não pode alcançar, ou, pelo menos, ainda não alcançou. O homem está, como afirma Malraux em *As Vozes do Silêncio*, aprisionado entre a finitude da condição humana e a infinitude das estrelas. Somente através dos seus monumentos de razão e criação artística ele consegue reivindicar dignidade transcendente. Mas ao fazê-lo, ele imita e rivaliza os poderes formadores da Divindade. Desse modo, no coração do processo criativo, há um paradoxo religioso. Nenhum homem é mais inteiramente lavrado à imagem e semelhança de Deus ou mais inevitavelmente do que Seu desafiante, o poeta. "Sinto sempre," disse D. H. Lawrence, "como se permanecesse nu para que o fogo de Deus Todo-poderoso me trespasse – e é uma sensação realmente terrível. É preciso ser terrivelmente religioso para ser um artista"[3]. Não, talvez, para ser um verdadeiro crítico.

Esses são alguns dos valores que eu consideraria nesse estudo sobre Tolstói e Dostoiévski. Eles são os dois maiores romancistas (toda crítica é, nos seus momentos de verdade, dogmática; o velho criticismo reserva-se o direito de sê-lo abertamente, e de usar superlativos). "Nenhum romancista inglês", escreveu E. M. Forster "é tão grande quanto Tolstói – ou seja, nenhum conseguiu retratar o homem tão completamente, em seu aspecto doméstico e heroico. Nenhum romancista inglês explorou a alma humana tão profundamente quanto Dostoiévski"[4]. O julgamento de Forster não deve ser restrito à literatura inglesa. Ele define a relação de Tolstói e Dostoiévski com a arte do romance como um todo. Por sua própria natureza, no entanto, tal proposição não pode ser demonstrada. Trata-se, num sentido curioso mas definitivo, de uma questão de "ouvido". O mesmo tom que usamos ao nos referirmos a Homero ou Shakespeare soa verdadeiro quando aplicado a Tolstói ou Dostoiévski. Podemos falar de um só fôlego da *Ilíada* e de *Guerra e Paz*, de *Rei Lear* e *Os Irmãos Karamazov*. É assim, tão simples e complexo. Repito, porém, que tal afirmação não pode ser provada racionalmente. Não há modo concebível de demonstrar que alguém que coloca *Madame Bovary* acima

---

3. D. H. Lawrence para Ernest Collings, 24 de fevereiro, 1913, *The Letters of D. H. Lawrence*.

4. E. M. Forster, *Aspects of the Novel*.

UM ENSAIO SOBRE O VELHO CRITICISMO 5

de *Anna Kariênina*, ou considera *Os Embaixadores* comparável, em autoridade e magnitude, a *Os Demônios* esteja enganado – que essa pessoa não tenha "ouvido" para certas tonalidades essenciais. Porém, essa "falta de ouvido" não pode ser nunca superada por argumentos lógicos (quem poderia ter persuadido Nietzsche, uma das mentes mais aguçadas para lidar com a música, de que ele estava obstinadamente errado ao considerar Bizet superior a Wagner?). De resto, não faz sentido lamentar a "não demonstrabilidade" dos juízos críticos. Talvez por terem tornado a vida difícil para os artistas, os críticos são condenados a partilhar algo da sina de Cassandra. Mesmo quando enxergam com a máxima clareza, não têm como provar que estão certos, e não conseguem credibilidade. Cassandra, porém, *estava* certa.

Deixe-me afirmar então minha impenitente convicção de que Tolstói e Dostoiévski são os primeiros dentre os romancistas. Eles primam pela abrangência de sua visão e força de execução. Longinus teria, apropriadamente, falado de "sublimidade". Eles possuíam o poder de construir, através da linguagem, "realidades" sensíveis, concretas e, no entanto, impregnadas pela vida e mistério do espírito. É esse poder que marca os "supremos poetas do mundo" de Matthew Arnold. Embora eles estejam sozinhos em sua dimensão absoluta – consideremos a totalidade de vida reunida em *Guerra e Paz*, *Anna Kariênina*, *Ressurreição*, *Crime e Castigo*, *O Idiota*, *Os Irmãos Karamazov* –, Tolstói e Dostoiévski foram parte integral do florescimento do romance russo no século XIX. Tal florescimento, cujas circunstâncias devo considerar nesse capítulo de abertura, afigura-se como um dos três principais momentos de triunfo na história da literatura universal ocidental, os outros dois sendo a época dos dramaturgos atenienses e de Platão e a época de Shakespeare. Em todos os três a mente ocidental deu um salto adiante na escuridão por meio da intuição poética; nesses romances reuniu-se grande parte da luz que possuímos sobre a natureza do homem.

Muitos outros livros foram escritos e serão escritos a respeito das vidas dramáticas e ilustrativas de Tolstói e Dostoiévski, do seu lugar na história do romance e do papel de sua política e teologia na história das ideias. Com o advento da Rússia e do marxismo ao limiar do império, o caráter profético do pensamento de Tolstói e Dostoiévski, sua relevância aos nossos próprios destinos, impôs-se sobre nós. No entanto, é necessário um tratamento mais preciso e ao mesmo tempo mais unificado. Passou tempo suficiente para que possamos perceber a grandeza de Tolstói e Dostoiévski, na perspectiva das mais importantes tradições. Tolstói pediu que seus trabalhos fossem comparados aos de Homero. Com precisão muito maior que o *Ulisses* de Joyce, *Guerra e Paz* e *Anna Kariênina* incorporam o ressurgimento do modo épico, a reentrada, na literatura, de tonalidades, práticas narrativas e formas de articulação que haviam declinado na poética ocidental desde a época de Milton. Entretanto, para perceber o porquê disso, para justificar a uma inteligência crítica essas identificações imediatas e indiscriminadas de elementos homéricos em *Guerra e Paz*, é necessário uma leitura algo delicada e próxima. No caso de Dostoiévski, há uma necessidade similar de uma visão mais exata. Via de regra tem-se reconhecido que seu gênero foi de molde dramático e que, em aspectos significativos, seu temperamento foi o mais abrangente e naturalmente dramático desde Shakespeare (comparação à qual ele mesmo fez alusão). Mas somente com a publicação e tradução de um número razoável dos esboços e cadernos de notas de Dostoiévski – material do qual devo utilizar-me largamente – tornou-se possível traçar as múltiplas afinidades entre a concepção dostoievskiana do romance e a técnica do drama. A ideia de um teatro, conforme a expressão de Francis Fergusson sofreu um declínio brusco, no que concerne à tragédia, a partir de *Fausto* de Goethe. A corrente de existência que conduz ao passado, por perceptíveis parentescos, até Ésquilo, Sófocles e Eurípides parecia quebrada. *Os Irmãos Karamazov*, no entanto, está firmemente enraizado no mundo de *Rei Lear*; na ficção dostoievskiana, o sentido trágico da vida, à maneira antiga, é totalmente renovado. Dostoiévski é um dos grandes poetas trágicos.

Muito frequentemente, as incursões de Dostoiévski e Tolstói pela teoria política, teologia e pelo estudo da história têm sido descartadas como excentricidades de gênio, ou como exemplos daquelas curiosas cegueiras das quais as grandes mentes são vítimas. Onde eles receberam séria atenção, tal atenção discriminou o romancista do filósofo. Na arte amadurecida, porém, técnicas e metafísica são aspectos de unidade. Em Tolstói e Dostoiévski, assim como, poder-se-ia supor, em Dante, poesia e metafísica, o impulso para a criação e para a cognição sistemática foram respostas alternadas e, ainda assim, inseparáveis às pressões da experiência. Desse modo, a teologia tolstoiana e a visão de mundo operativa em seus romances e contos passaram pelo mesmo cadinho de convicção. *Guerra e Paz* é um poema de história, mas história vista sob luz específica ou, se preferirmos, sob a específica obscuridade do determinismo tolstoiano. A poética do romancista e o mito das questões humanas por ele propostas são igualmente pertinentes a nossa compreensão. A metafísica de Dostoiévski tem sido examinada de perto, ultimamente; é uma força seminal ao existencialismo moderno. Pouco, entretanto, tem sido observado sobre o jogo crucial que se estabelece entre a concepção messiânica e apocalíptica das coisas e as verdadeiras formas do seu ofício. Como é que a metafísica se introduz na literatura e o que lhe sucede quando chega aí? O último capítulo desse estudo remete-se a esse tema tal como se apresenta em obras como *Anna Kariênina, Ressurreição, Os Demônios, Os Irmãos Karamazov*.

Mas por que Tolstói ou Dostoiévski? Porque proponho considerar seus alcances e definir a natureza de seus respectivos gênios através

UM ENSAIO SOBRE O VELHO CRITICISMO

do contraste. O filósofo russo Berdiaiev escreveu: "Seria possível determinar dois padrões, dois tipos dentre as almas dos homens, aquele inclinado ao espírito de Tolstói e aquele outro inclinado ao espírito de Dostoiévski"[5]. A experiência confirma suas palavras. Um leitor pode considerá-los como os dois principais mestres da ficção, ou seja, pode encontrar em seus romances o mais completo e profundo retrato da vida. Pressione-o, porém, mais de perto e ele escolherá um dos dois. Se ele lhe contar a quem prefere e por que, você terá, creio eu, penetrado em sua própria natureza. A escolha entre Tolstói e Dostoiévski prefigura aquilo que os existencialistas chamariam de *un engagement*; ela confia a imaginação a uma das duas interpretações radicalmente opostas do destino humano, do futuro histórico e do mistério de Deus. Citando Berdiaiev novamente: Tolstói e Dostoiévski exemplificam "uma controvérsia insolúvel, na qual se confrontam duas premissas distintas, duas concepções fundamentais de existência". Tal confronto toca em algumas das dualidades predominantes no pensamento ocidental, que remontam aos diálogos platônicos. Mas esse confronto é também tragicamente aparentado à guerra ideológica de nossa época. As prensas soviéticas literalmente despejam milhões de cópias dos romances de Tolstói; só recentemente, e de modo relutante, *Os Demônios* foi publicado.

Mas será que Tolstói e Dostoiévski são, de fato, comparáveis? Será que se trata de algo mais do que uma fábula do crítico imaginar suas mentes engajadas em diálogo, e mútua consciência? Os principais obstáculos a tal tipo de comparação são a falta de material e as disparidades de grandeza. Por exemplo, não possuímos mais os desenhos feitos para "A Batalha de Anghiari". Não podemos pois contrastar Michelangelo e Leonardo da Vinci trabalhando em invenções rivalizantes. Mas a documentação, no caso de Tolstói e Dostoiévski, é abundante. Sabemos de que modo um considerava o outro e o que *Anna Kariênina* significou para o escritor de *O Idiota*. Eu suspeito, além do mais, que há, em um dos romances de Dostoiévski, uma alegoria profética do encontro espiritual entre ele e Tolstói. Não há, entre os dois, disparidades de estatura: eram ambos titãs. Os leitores do final do século XVII foram provavelmente os últimos a considerar Shakespeare como genuinamente comparável aos seus colegas dramaturgos. Ele hoje se agigantou em nossa reverência. Ao julgarmos Marlowe, Jonson ou Webster, erguemos um vidro esfumaçado contra o sol. Isso não é verdadeiro para Tolstói e Dostoiévski. Eles proporcionam ao historiador de ideias e ao crítico literário uma conjunção única: são como planetas vizinhos, iguais em magnitude, perturbados pela órbita um do outro. Eles desafiam a comparação.

Além disso, havia um campo comum entre os dois. Suas imagens de Deus, suas propostas de ação são, em última instância, irreconciliá-

5. A. Berdiaev, *L'Esprit de Dostoievsky*, tradução de A. Nerville.

8 TOLSTÓI OU DOSTOIÉVSKI

veis. Mas escreveram na mesma língua e no mesmo momento decisivo da história. Em inúmeras ocasiões estiveram muito perto de se conhecerem; em todas elas se afastaram, movidos por alguma premonição tenaz. Merezhkovski, uma testemunha errática, pouco confiável mas reveladora, qualificou Tolstói e Dostoiévski como os mais contrários dos escritores: "Eu digo contrários, mas não remotos, não estranhos, pois muitas vezes eles entraram em contato, como extremos que se encontram"[6]. Boa parte desse estudo se apresentará dividida em espírito, procurando distinguir o poeta épico do dramático, o racionalista do visionário, o cristão do pagão. Mas havia entre Tolstói e Dostoiévski áreas de semelhança e pontos de afinidade que fizeram o antagonismo de suas naturezas ainda mais radical. Por esses aspectos devo iniciar.

II.

Primeiramente, é "massiva", a vastidão da dimensão na qual seus gênios trabalharam. *Guerra e Paz, Anna Kariênina, Ressurreição, O Idiota, Os Demônios, Os Irmãos Karamazov* são romances de grande extensão. *A Morte de Ivan Ilitch* de Tolstói, e as *Memórias do Subsolo* de Dostoiévski são narrativas longas, novelas que tendem à forma maior. Por ser tão simples e evidente tendemos a descartar tal fato como circunstância do acaso. Mas a extensão da ficção de Tolstói e Dostoiévski era essencial aos propósitos dos dois romancistas. É característica de suas concepções.

O problema da magnitude literal é enganoso. Mas as simples diferenças de extensão entre *O Morro dos Ventos Uivantes*, digamos, e *Moby Dick*, ou entre *Pais e Filhos* e *Ulisses* levam-nos de uma discussão sobre técnicas contrastantes à compreensão de que estão em jogo estéticas diferentes e ideais distintos. Mesmo se nos restringirmos às ficções em prosa mais longas, a discriminação é necessária. Nos romances de Thomas Wolfe a extensão testemunha uma energia exuberante e, ao mesmo tempo, falhas de controle e dissolução em meio a excessivos prodígios de linguagem. *Clarissa* é longo, imensamente longo, porque Richardson estava traduzindo para o novo vocabulário de análises psicológicas a estrutura episódica e solta da tradição picaresca. Nas gigantescas formas de *Moby Dick* percebe-se não somente uma perfeita concordância entre tema e modo de tratamento mas também um recurso de narração que remonta a Cervantes – a arte da longa digressão. Os *roman-fleuves*, as crônicas em vários volumes de Balzac, Zola, Proust e Jules Romains, ilustram a potência da extensão em dois aspectos: como sugestão do modo épico e como meio de comunicar um sentido de história. Mas, mesmo nessa categoria (tão caracteristicamente francesa), precisamos fazer distinções: a ligação

6. D. S. Merezhkovsky, *Tolstoy as a Man and Artist, with an Essay on Dostoïevski.*

entre os romances individuais em *A Comédia Humana* não é, de maneira alguma, a mesma que entre as sucessivas obras de Proust de *Em Busca do Tempo Perdido)*.

Ao especular sobre as diferenças entre o poema longo e o curto, Poe verificou que o primeiro poderia incluir morosas distensões, digressões e ambivalências de tom, sem a perda de sua virtude essencial. Por outro lado, o poema longo não poderia alcançar a intensidade ininterrupta e a precisão da lírica curta. No caso da ficção em prosa não se pode aplicar a mesma regra. As falhas de Dos Passos são, com efeito, falhas de irregularidade. Por outro lado, a trama no grande ciclo de Proust encontra-se tão bem e solidamente costurada quanto na brilhante miniatura *Princesse de Cléves* (Princesa de Clèves) de Madame La Fayette.

A imensidão dos romances de Tolstói e Dostoiévski foi notada desde o princípio. Tolstói foi censurado, e tem sido censurado desde então, por suas interpolações filosóficas, suas digressões moralizantes e por sua perceptível relutância em terminar um enredo. Henry James falava de: "monstros soltos e inflados". Os críticos russos afirmam que a extensão do romance de Dostoiévski deve-se, frequentemente, ao seu estilo torturado e contorcido, às vacilações do romancista em relação aos seus personagens e ao mero fato de que ele era pago por folha. *O Idiota* e *Os Demônios*, assim como seus correspondentes vitorianos, refletem a economia da serialização. Entre os leitores ocidentais, a prolixidade dos dois mestres tem sido frequentemente interpretada como particularmente russa, como se, de alguma forma, fosse consequência da imensidão física da Rússia. Tal ideia é absurda. Púchkin, Lermontov e Turguéniev são exemplos de concisão.

Com alguma reflexão torna-se evidente que tanto para Tolstói como para Dostoiévski a plenitude era uma liberdade essencial, característica tanto de suas pessoas e vidas como de suas concepções da arte do romance. Tolstói compôs uma vasta tela, proporcional ao fôlego de sua existência e sugestiva dos elos entre a estrutura temporal do romance e o decorrer do tempo na história. A extensão de Dostoiévski espelha fidelidade ao detalhe e uma apreensão cercada de incontáveis particularidades do gesto e pensamento que se acumulam em direção ao momento do drama.

Quanto mais refletimos sobre os dois romancistas, mais nos damos conta de que eles e suas obras foram talhados na mesma escala.

A gigantesca vitalidade de Tolstói, sua força de urso e suas façanhas de resistência nervosa, o excesso de toda força vital nele, são notórios. Seus contemporâneos, como Górki, pintaram-no como um titã cruzando a terra em antiga majestade. Havia algo de fantástico e obscuramente blasfemo em sua velhice. Ele ingressou em sua nona década com o passo de um rei. Trabalhou até o fim, inabalável, combativo, em júbilo em meio a sua autocracia. As energias de Tolstói eram

10 TOLSTÓI OU DOSTOIÉVSKI

tais que lhe era impossível criar ou imaginar em pequenas dimensões. Sempre que entrava em um cômodo ou em uma forma literária dava a impressão de um gigante curvando-se sobre uma porta construída para homens comuns. Uma de suas peças tem seis atos. Faz sentido o fato de que os Dukhobors, um grupo religioso cuja emigração da Rússia para o Canadá foi financiada com os direitos autorais de *Ressurreição* de Tolstói, marchassem solenemente, nus, em meio a nevascas, e que queimassem celeiros, em exuberante rebeldia.

Em toda a vida de Tolstói, seja nas jogatinas e nas caçadas de urso de sua juventude, seja em seu casamento tempestuoso e fecundo ou nos noventa volumes de sua obra impressa, o poder de seu impulso criativo é evidente. T. E. Lawrence, ele mesmo um homem de forças daemoníacas, admitiu a Forster: "um corpo a corpo com Tolstói é vão. O homem é como o vento do leste de ontem, que te levava às lágrimas quando o encaravas e, enquanto isso, te entorpecia"[7].

Amplas seções de *Guerra e Paz* foram sete vezes reescritas. Os romances de Tolstói terminam com relutância, como se a pressão da criação, aquele êxtase oculto que advém do esculpir a vida através da linguagem, ainda não tivesse sido exaurido. Tolstói sabia de sua imensidão e deleitava-se com o pulsar do sangue fluindo em suas veias. Certa feita, em um momento de *grandeur* patriarcal, questionou a própria mortalidade. Ponderou se a morte – claramente tendo em mente a sua própria morte física – era verdadeiramente inevitável. Por que ele deveria morrer se sentia recursos inesgotáveis em seu corpo e sua presença era tão urgentemente necessária à multidão de peregrinos e discípulos que afluíam de todo mundo para Iasnaia Poliana? Talvez Nicholas Fedorov, o bibliotecário do museu Rumantsev, estivesse certo ao expressar a ideia de uma ressurreição completa e literal dos mortos. Tolstói disse não concordar com todas as opiniões de Fedorov, mas elas obviamente o atraíam.

Dostoiévski é comumente citado em contraste, sendo singularizado pela crítica e biógrafos como o exemplo máximo da neurose criativa. Tal visão é reforçada pelas imagens comumente associadas a sua carreira: encarceramento na Sibéria, epilepsia, amarga penúria, e o novelo de agonia pessoal que parece se desenrolar através de suas obras e de seus dias. Essa visão ganha autoridade a partir de uma leitura equivocada de Thomas Mann que distinguia a saúde olímpica de Goethe e Tolstói da doença de Nietzsche e Dostoiévski.

Na verdade Dostoiévski foi dotado de força excepcional e alta resistência, de tremenda capacidade de recuperação e combatividade animal. Isso o sustentou pelo purgatório de sua vida pessoal e do inferno imaginário de suas obras. John Cowper Powys observa como

---

7. T. E. Lawrence para E. M. Forster, 20 de Fevereiro de 1924, *The Letters of T. E. Lawerence.*

central à natureza de Dostoiévski: "um prazer de viver misterioso e profundamente feminino, *mesmo quando ele está sofrendo com a vida*"[8]. Ele aponta para o "transbordamento de força vital" que permitiu ao romancista manter a furiosa cadência de sua criação mesmo quando em extrema carência material ou desconforto físico. Como Powys aponta de forma muito aguda, o júbilo de Dostoiévski, até em momentos de angústia, não foi do tipo masoquista (embora houvesse masoquismo em seu temperamento). Emergia, antes, do prazer fundamental e agudo que um espírito pode extrair de sua própria tenacidade. O homem vivia em incandescência.

Sobreviveu à excruciante experiência de uma falsa execução diante de um pelotão de fuzilamento; na verdade, ele transformou a lembrança daquela terrível hora em um talismã de resistência e em uma fonte contínua de inspiração. Sobreviveu à *katorga* siberiana e ao período de serviço em um regimento penal. Escreveu seus volumosos romances, contos e ensaios polêmicos sob pressões financeiras e psicológicas que teriam exaurido qualquer um com menos vitalidade. Dostoiévski falava de si mesmo como alguém que possuía a tenacidade furtiva de um gato. Passou a maior parte dos dias de suas nove vidas trabalhando com força máxima – tivesse ou não passado a noite anterior jogando, brigando, lutando contra doenças ou implorando por um empréstimo.

É sob essa luz que se deve examinar sua epilepsia. A patologia e as origens da "doença sagrada" de Dostoiévski permanecem obscuras. O pouco que sabemos das datas torna difícil aceitarmos a teoria de Freud sobre uma relação causal entre os primeiros acessos e o assassinato do pai de Dostoiévski. A própria concepção que o romancista tinha de sua epilepsia era ambígua e impregnada de conotações religiosas: ele a considerava uma provação cruel e aviltante e um misterioso dom pelo qual um homem poderia alcançar instantes milagrosos de iluminação e acuidade visionária. Tanto os relatos do Príncipe Mishkin em *O Idiota* como o diálogo entre Shatov e Kirilov em *Os Demônios* retratam as convulsões epilépticas como realizações de experiência total, como explosões das forças mais secretas e centrais da vida. No momento do ataque, a alma é liberada do domínio restritivo dos sentidos. Em nenhum lugar Dostoiévski sugere que o "idiota" lamenta seu tormento santificado.

É provável que a doença de Dostoiévski estivesse diretamente associada à extraordinária força de seus nervos. Talvez tenha funcionado como uma válvula de escape para as suas energias revoltas. Thomas Mann considerava-a como "um produto da vitalidade transbordante, uma explosão e um excesso de saúde colossal"[9]. Certamente essa é a

8. J. C. Powys, *Dostoievsky.*
9. T. Mann, Dostojewski – Mit Maassen, *Neue Studien.*

12 TOLSTÓI OU DOSTOIÉVSKI

chave da natureza de Dostoiévski: "saúde colossal", que usa a doença como um instrumento de percepção. Nesse sentido, a comparação com Nietzsche é justificada. Dostoiévski é exemplo desses artistas e pensadores que se cercam de sofrimento físico como se fosse "uma cúpula de vidro multicolorido". Através dela, eles enxergam a realidade intensificada. Assim Dostoiévski pode também ser comparado a Proust, que transformou sua asma em muralha para proteger o caráter monástico de sua arte, ou a Joyce, que fazia da cegueira alimento para o ouvido e escutava a escuridão como se fosse uma concha do mar.

"Contrários, mas não remotos, não estranhos", afirmou Merezhkovski: a saúde de Tolstói e a doença de Dostoiévski continham marcas similares de poder criativo.

T.E. Lawrence confidenciou a Edward Garnett:

> Lembra que uma vez te contei que tinha uma estante de "Livros Titânicos" (aqueles que se distinguem pela grandiosidade de espírito, pela "sublimidade", como diria Longinus)? Eram *Os Karamazov, Zaratustra* e *Moby Dick*[10].

Cinco anos depois ele estendeu sua lista para incluir *Guerra e Paz*. Esses são livros "titânicos", e a qualidade evocada por Lawrence tinha se tornado manifesta por sua visível magnitude e pelas vidas de seus autores.

Mas a magnificência característica da arte de Tolstói e Dostoiévski – a maneira pela qual ela restaurou à literatura a inteireza de concepção que lhe havia escapado com o declínio do poema épico e do drama trágico – não pode ser percebida isoladamente. Tão pouco podemos limitar nossa atenção somente aos russos, embora Virginia Woolf fosse tentada a perguntar se "escrever qualquer ficção além da deles não seria uma perda de tempo"[11]. Antes de considerar as obras de Tolstói e Dostoiévski quero deter-me, por um momento, no tema geral da arte da ficção e nas virtudes particulares do romance russo e americano no século XIX.

III.

A principal tradição do romance europeu nasceu das mesmas circunstâncias que ocasionaram a dissolução da epopeia e a decadência do drama sério. Pela inocência dada pela distância e pelas repetidas aparições de genialidades individuais, os romancistas russos, de Gógol a Górki, impregnaram seu ambiente com energias tais, com tais extremos de iluminação e uma poesia de crença tão ousada, que a prosa de ficção, como forma literária, passou a rivalizar (alguns diriam

10. T. E. Lawrence a Edward Garnett, 26 de Agosto, 1922; *The Letters of T. E. Lawrence*.

11. V. Woolf, Modern Fiction, *The Common Reader*.

UM ENSAIO SOBRE O VELHO CRITICISMO

superar) com o alcance do épico e do drama. A história do romance, porém, não é uma história de continuidade ininterrupta. A realização russa foi alcançada através de profunda diferenciação em relação ao modelo europeu dominante, inclusive em oposição a ele. Os mestres russos – assim como Hawthorne e Melville com seus próprios e, de certa maneira, distintos estilos – violentaram as convenções do gênero tal como havia sido concebido desde Defoe até Flaubert. A questão é que, se para os realistas do século XVIII essas convenções haviam sido uma fonte de força, à época de *Madame Bovary* elas haviam se transformado em limitações. Quais eram tais convenções e como se originaram?

No seu modelo natural o poema épico se dirigia a um grupo de ouvintes bastante compacto; o drama, quando permanece vivo e não é mero artifício, é concebido para um organismo coletivo – uma audiência teatral. Mas um romance fala ao leitor individual, na anarquia da vida privada. É uma forma de comunicação entre um escritor e uma sociedade essencialmente fragmentada, uma "criação imaginativa", como propunha Burckhardt, "que passa pela leitura solitária"[12]. Habitar seu próprio quarto, ler um livro para si mesmo, significa participar de um quadro rico em implicações históricas e psicológicas. Essas implicações têm ligação direta com a história e o caráter da prosa de ficção europeia. Conferiram a esta as suas numerosas e determinantes associações com os destinos e a visão de mundo das classes médias. Se pudermos afirmar que as epopeias de Homero e Virgílio foram formas de discurso entre o poeta e a aristocracia, o mesmo podemos afirmar a respeito do romance que foi primariamente a forma de arte da época da *bourgeoisie*.

O romance nasceu não somente como a arte dos homens que possuíam casa e privacidade nas cidades europeias. Foi, da época de Cervantes em diante, o espelho que a imaginação, em sua veia racional, apresentou à realidade empírica. *Dom Quixote* ofereceu um adeus ambíguo e condoído ao mundo do épico; *Robinson Crusoé* demarcou o que seria o romance moderno. Como o náufrago de Defoe, os romancistas vão se rodear de uma paliçada de fatos tangíveis: pelas casas maravilhosamente sólidas de Balzac, pelo aroma dos *puddings* de Dickens, pelas farmácias de Flaubert e os inesgotáveis inventários de Zola. Quando encontra uma pegada na areia, o romancista conclui que se trata do humano Sexta-feira, escondendo-se nas moitas, não de um rastro feérico, ou, como num mundo shakespeareano, do traço fantasmal do "deus Hércules, amado por Antônio".

A corrente principal do romance ocidental é prosaica, no sentido mais de exatidão do que pejorativo. Nela nem o Satã de Milton, voando pelas imensidões do caos, nem as Irmãs Fatídicas, as bruxas de

---

12. J. Burckhardt, *Weltgeschichtliche Betrachtungen*, em *Gesammelte Werke*, IV.

14   TOLSTÓI OU DOSTOIÉVSKI

Macbeth, navegando para Alepo em sua peneira, sentem-se à vontade. Moinhos de vento não são mais gigantes, mas moinhos de vento. Em troca, a ficção irá nos contar como os moinhos de vento são construídos, qual o seu rendimento, e, de maneira precisa, como eles soam em uma noite de ventania. Pois a genialidade do romance está em descrever, analisar, explorar e acumular os dados da atualidade e da introspecção. De todas as representações da experiência às quais a literatura almeja, de todas as reformulações da realidade propostas pela linguagem, as do romance são as mais coerentes e incisivas. As obras de Defoe, Balzac, Dickens, Trollope, Zola ou Proust documentam a nossa percepção de mundo e de passado. São primas-irmãs da história.

Há, certamente, tipos de ficção aos quais isso não se aplica. Nos confins das tradições dominantes sempre houve áreas persistentes de irracionalismo e mito. O grande peso do Gótico (ao qual deverei retornar quando estiver analisando Dostoiévski), assim como *Frankenstein* de Mary Shelley e *Alice no País das Maravilhas* são exemplos representativos da rebelião contra o empirismo predominante. Basta olharmos para Emily Brontë, E.T. A. Hoffmann e Poe para percebermos que as desacreditadas demonologias da era "pré-científica" tiveram uma sobrevida vigorosa. Essencialmente, porém, o romance europeu dos séculos XVIII e XIX foi secular na perspectiva, racional no método e social no contexto.

Na medida em que suas habilidades técnicas e sua solidez aumentavam, o realismo desenvolveu vastas ambições: procurou estabelecer através da linguagem sociedades tão complexas e reais quanto aquelas existentes no mundo exterior. Num registro menor, tal procura produziu o Barchester de Trollope; em um registro maior, o fantástico sonho d'*A Comédia Humana*. Tal como foi esboçada em 1845, a obra deveria constar de cento e trinta e sete títulos distintos. Nela, a vida da França encontraria sua total correspondência. Balzac escreveu uma carta famosa em 1844, na qual comparava seu plano às conquistas de Napoleão, Cuvier e O'Connell:

> O primeiro viveu da vida da Europa; ele inoculou-se com exércitos! O segundo casou-se com o globo terrestre! O terceiro encarnou uma nação! Eu carregarei uma sociedade inteira em minha mente![13]

A ambição conquistadora de Balzac tem seu paralelo moderno: Yoknapatawpha County, "único proprietário: William Faulkner".

Mas desde o início estava presente na doutrina e prática do romance realista um elemento de contradição. Seria o tratamento da vida contemporânea apropriado para o que Matthew Arnold chamou de

---

13. Le premier a vécu de la vie de L'Europe; il s'est inoculé des armées! Le second a épousé le globe! Le troisième s'est incarné un peuple! Moi j'aurai porté une société entière dans ma tête!

"a elevada seriedade" da grande literatura? Sir Walter Scott preferiu temas históricos, esperando obter através deles a nobreza e distância poéticas características do épico e do drama em verso. Foram necessárias as obras de Jane Austen e George Eliot, de Dickens e Balzac, para demonstrar que a sociedade moderna e os acontecimentos cotidianos poderiam proporcionar material para preocupações morais e artísticas tão cativantes quanto os que os poetas e dramaturgos haviam extraído das cosmologias antigas. No entanto tais obras, por sua própria meticulosidade e força, confrontaram o realismo com um outro dilema, certamente mais espinhoso. Será que a mera massa do fato observado em sua totalidade não chegaria a dominar e dissolver as intenções artísticas e o controle formal do romancista?

Em sua preocupação pelo discernimento moral, em seu escrutínio de valores, os experientes realistas do século XIX, como demonstrou F. R. Leavis, foram capazes de impedir que seu material invadisse a integridade da forma literária. De fato, as mentes mais perspicazes da época perceberam os perigos da verossimilhança excessiva. Goethe e Hazlitt demonstraram que na tentativa de retratar a inteireza da vida moderna, a arte corria o risco de transformar-se em jornalismo. E Goethe notou, no prólogo de *Fausto*, que a difusão dos jornais já havia degradado as sensibilidades do público literário. Por mais paradoxal que pareça, a própria realidade havia, durante o final do dezoito e início do dezenove, assumido uma coloração mais elevada; ela impôs-se aos homens e mulheres comuns com crescente vivacidade. Hazlitt questionava se alguém que houvesse passado pela era da Revolução Francesa e das Guerras Napoleônicas poderia encontrar satisfação nos entusiasmos inventivos da literatura. Tanto ele quanto Goethe enxergaram na popularidade do melodrama e do romance gótico respostas diretas, embora equivocadas, a esse desafio.

Seus temores foram proféticos mas, na prática, prematuros. Eles anteciparam a agonia de Flaubert e o colapso do romance naturalista sob o peso da documentação. Antes de 1860, a ficção europeia floresceu sob os desafios e pressões da realidade. Retornando a uma imagem que usei anteriormente: Cézanne ensinou o olho a enxergar os objetos com, literalmente, uma nova luz e profundidade. De maneira similar, a era da Revolução e do Império conferiu à vida cotidiana a estatura e resplandecência do mito. Ela justificou definitivamente a suposição de que, ao observar seus próprios tempos, os artistas encontrariam temas de conduta formidável. Os acontecimentos do período de 1789 a 1820 deram à consciência humana da contemporaneidade algo do frescor e da vibração que o impressionismo, posteriormente, viria a dar à consciência do espaço físico. A investida da França contra o seu próprio passado e contra a Europa, o breve curso do império do Tagus ao Vístula, tudo isso acelerou o ritmo e a urgência da experiência mesmo para aqueles que não estavam diretamente envolvidos. O que havia sido tema de indagação filosófica para Montesquieu e Gibbon, o que havia sido situações e motes colhidos da história antiga, para os poetas neoclássicos e agostinianos, tornou-se, para os românticos, tecido da vida cotidiana.

Pode-se montar uma antologia de povoadas e apaixonadas horas para demonstrar como o ritmo mesmo da experiência se acelerou. É possível começar pela anedota de como Kant se atrasou em sua caminhada matinal, uma vez e apenas uma vez, ao ser informado da queda da Bastilha, e continuar até a maravilhosa passagem do *Prelúdio* em que Wordsworth relata ter ouvido a notícia da morte de Robespierre. Incluiríamos a descrição de Goethe de como um novo mundo nascera na batalha de Valmy e o relato de De Quincey sobre as apocalípticas corridas noturnas de coche, quando as malas postais jorravam em Londres com boletins da Guerra Peninsular. Retrataríamos Hazlitt à beira do suicídio ao saber da queda de Napoleão em Waterloo e Byron conspirando com revolucionários italianos. Tal antologia poderia terminar apropriadamente com o relato de Berlioz, em suas memórias, de como escapara da *Ecole de Beaux-Arts*, integrando-se aos insurgentes de 1830 e regendo-os, de improviso, no seu arranjo da *Marseillaise*.

Os romancistas do século XIX herdaram um sentido apurado pela vocação dramática de sua própria época. Um mundo que havia conhecido Danton e Austerlitz não tinha necessidade de procurar na mitologia ou na antiguidade matéria-prima para suas visões poéticas. Isso não significa, no entanto, que os romancistas maduros tenham lidado diretamente com os eventos do dia. Pelo contrário, e com sutil instinto do alcance da sua arte, procuraram representar o novo *tempo* da vida nas experiências privadas dos homens e mulheres, que de maneira alguma eram personagens históricos. Ou, como Jane Austen, retrataram as resistências que as antigas e discretas formas de comportamento ofereceram à irrupção da modernidade. Isso explica o fato importante e curioso dos romancistas românticos e vitorianos de primeira categoria não cederem às óbvias tentações do tema napoleônico. Como Zola apontou em seu ensaio sobre Stendhal, a influência de Napoleão na psicologia europeia, no espírito e teor da consciência teve longo alcance:

> Insisto nesse fato porque nunca vi um estudo sobre o impacto real de Napoleão em nossa literatura. O Império foi uma época de medíocres conquistas literárias; mas não podemos negar que o destino de Napoleão funcionava como uma martelada nas mentes de seus contemporâneos [...]. Todas as ambições se expandiram, toda empreitada assumiu aspectos gigantescos e, na literatura, como em todas as outras esferas, todos os sonhos voltaram-se à realeza universal.

O sonho de Balzac de dominar o reino das palavras foi consequência direta disso.

No entanto, a ficção não buscou usurpar as artes do jornalista ou do historiador. A Revolução e o Império tiveram um importante papel de

UM ENSAIO SOBRE O VELHO CRITICISMO

fundo para o romance do século XIX, mas somente um papel de fundo. Quando os romances se movem muito perto do centro, como em *Tale of Two Cities* (Um Conto de Duas Cidades), de Dickens, e de *Les Dieux ont soif* (Os Deuses têm Sede), de Annatole France, o aspecto da ficção propriamente dito perde em plenitude e distinção. Balzac e Stendhal estavam atentos ao perigo. Ambos concebiam a realidade como sendo, de alguma maneira, iluminada e enobrecida pelas emoções que a Revolução Francesa e Napoleão derramaram sobre as vidas dos homens. Ambos foram fascinados pelo tema do "bonapartismo" nos âmbitos privado ou comercial. Eles procuraram mostrar como as energias desatadas pelos acontecimentos políticos acabaram por remodelar os padrões da sociedade e a imagem que o homem tinha de si próprio. Na *Comédia Humana*, a lenda napoleônica é um centro de gravidade na construção da narrativa. Mas em todos eles, exceto em algumas obras menores, o próprio Imperador faz aparições efêmeras e irresolutas. Tanto *A Cartuxa de Parma* como *O Vermelho e o Negro* de Stendhal são variações sobre o tema do bonapartismo, investigações sobre a anatomia do espírito quando exposto à realidade em sua forma mais violenta e majestosa. Mas é valiosamente instrutivo o fato de que o herói de *Cartuxa* vislumbre Napoleão apenas uma vez, em uma visão momentânea e turvada.

Dostoiévski foi um herdeiro direto dessa convenção. O poeta e crítico russo Viatcheslav Ivanov traçou a evolução do motivo napoleônico desde Rastignac, de Balzac, passando por Julien Sorel, de Stendhal, até *Crime e Castigo*. O "sonho napoleônico" encontrou sua mais profunda representação no personagem Raskolnikov e essa intensificação é indicativa de quão grandiosa foi a expansão das possibilidades da arte do romance ao passar da Europa ocidental para a Rússia. Tolstói rompeu decisivamente com os tratamentos prévios do assunto imperial. Em *Guerra e Paz*, Napoleão é diretamente apresentado. Não de chofre: seu aparecimento em Austerlitz traz as marcas do método oblíquo de Stendhal (por quem Tolstói nutria grande admiração). Mas dali em diante, à medida que o romance avança, ele é mostrado por inteiro, tal como era. Isso reflete mais do que uma mudança na técnica narrativa. É consequência da filosofia da história de Tolstói e de seu parentesco com a epopeia heroica. Além do mais, revela o desejo de um homem de letras – um desejo particularmente forte em Tolstói – de circunscrever e desse modo dominar o homem de ação.

Mas enquanto os eventos das duas primeiras décadas do século XIX retrocediam na história, a glória parecia cair do céu. Quando a realidade tornou-se mais sombria e entrincheirada, os dilemas inerentes da teoria e prática do realismo vieram à baila. Já em 1836 – em *A Confissão de um Filho do Século* – Musset sustentava que o período de exaltação, a era na qual a liberdade revolucionária e o heroísmo napoleônico havia reverberado no ar e incendiado a imaginação, havia se apagado. Em seu lugar se assentara a ordem cinzenta, ponderada e filisteia das classes médias industriais. O que certa vez se assemelhara à saga daemoníaca do dinheiro, à aventura romanesca dos "Napoleões financeiros", que tinha entusiasmado Balzac, havia se tornado em rotina desumana da casa de contabilidade e da linha de montagem. Como Edmund Wilson revela em seu estudo sobre Dickens, Ralph Nickleby, Arthur Gride e os Chuzzlewits foram substituídos pelo Pecksniff e, mais terrivelmente, por Murdstone. A névoa que paira sobre cada página de *Bleak House* (Casa Desolada) é simbólica das camadas de hipocrisia com as quais o capitalismo dos meados do século XIX escondia sua brutalidade.

Com desprezo ou indignação, escritores como Dickens, Heine, e Baudelaire procuraram romper com as hipocrisias disfarçadas da linguagem. Mas a *bourgeoisie* deleitava-se com seus talentos e protegeu-se atrás da teoria de que a literatura não pertencia realmente à vida prática e que poderia admitir suas liberdades. Daí surgiu a imagem de uma dissociação entre artista e sociedade, uma imagem que continua a assombrar e alienar a literatura, a pintura e a música de nossa época.

No entanto não estou preocupado com as mudanças econômicas e sociais que começaram nos anos de 1830, com a imposição da crueldade mercenária por meio de um código moral rigoroso. A análise clássica foi feita por Marx, que, nas palavras de Wilson: "demonstrava, em meados do século, que esse sistema, com sua falsificação das relações humanas e seu encorajamento da hipocrisia por atacado, era uma feição inerente e irremediável da própria estrutura econômica"[14].

Estou lidando somente com o efeito dessas mudanças sobre a principal tendência do romance europeu. A transformação dos valores e do ritmo da vida confrontou a teoria inteira do realismo com um amargo dilema. Será que o romancista deveria continuar honrando seu compromisso com a verossimilhança e com a recriação da realidade quando a última não era mais digna de ser recriada? Será que o próprio romance não sucumbiria à monotonia e à falsidade moral do seu tema?

O talento de Flaubert foi atravancado por essa questão. *Madame Bovary* foi escrito com um sentimento de fúria gélida e carrega consigo o paradoxo do realismo, limitador e, em última instância, insolúvel. Flaubert escapou disso somente na resplandecente arqueologia de *Salambô* e em *A Tentação de Santo Antonio*. Mas ele não podia deixar a realidade existir, e esforçou-se, em um trabalho compulsivo e autodestrutivo, para reuni-la inteira em uma enciclopédia de desgosto, *Bouvard e Pécuchet*. O mundo do século XIX, tal como Flaubert o enxergava, destruíra as fundações da cultura humana. Lionel Trilling

---

14. E. Wilson, Dickens: The Two Scrooges, *Eight Essays*.

UM ENSAIO SOBRE O VELHO CRITICISMO   19

argumenta agudamente que a crítica de Flaubert ia além das questões econômicas e sociais. *Bouvard e Pécuchet*

rejeita a cultura. A mente humana experimenta a massificação acumulada de suas próprias obras, aquelas tradicionalmente tidas como suas maiores glórias e aquelas que são claramente do tipo desprezível e chega à compreensão de que nenhuma servirá ao seu propósito, de que todas são tédio e vaidade, de que toda vasta estrutura do pensamento e criação humanos são estranhas à pessoa humana[15].

O século XIX havia percorrido um bom caminho desde aquele nascer do sol, quando Wordsworth proclamara a felicidade de estar vivo.

Ao final, a "realidade" ultrapassou o romance e o romancista gradualmente transformou-se no repórter. A dissolução das obras de arte sob a pressão dos fatos pode ser mais bem demonstrada nos escritos críticos e ficcionais de Zola (aqui devo seguir de perto a pista dada por George Lukács, um dos mestres da crítica de nossa época, em seu estudo sobre "O centenário de Zola"). Para Zola o realismo de Balzac e o de Stendhal eram igualmente suspeitos, pois ambos haviam permitido que suas imaginações infringissem os princípios "científicos" do naturalismo. Ele deplorava particularmente a tentativa de Balzac de recriar a realidade segundo sua própria imagem, quando deveria ter feito todo o possível para criar um relato da vida contemporânea fiel e "objetivo":

Um escritor naturalista deseja escrever um romance sobre o teatro. Ao iniciar desse ponto, sem personagens ou informações, sua primeira preocupação deverá ser coletar material, achar o que puder sobre o mundo que ele deseja descrever [...]. Então irá conversar com as pessoas mais bem informadas sobre o assunto, recolherá declarações, anedotas, descrições. Mas isso não é tudo. Também lerá os documentos escritos disponíveis. Por último, visitará os ambientes, ficará alguns dias em um teatro para se familiarizar com os mínimos detalhes, passará uma tarde no vestiário de uma atriz e absorverá a atmosfera tanto quanto puder. Quando todo esse material tiver sido reunido, o romance tomará forma por si mesmo. Tudo o que o romancista terá de fazer será agrupar os fatos em sequência lógica [...]. O interesse não estará mais focalizado nas peculiaridades da história – pelo contrário, quanto mais geral e banal for a história, mais típica ela será[16].

Felizmente, o talento de Zola, o colorido intenso de sua imaginação, e o impulso de paixão moral que intervinha mesmo quando ele se considerava mais "científico", agiram contra esse programa sombrio. *Pot-Bouille* é um dos melhores romances do século XIX – grande em sua ferocidade cômica e na coesão de sua arquitetura. Como disse Henry James: "A maestria de Zola reside no grandioso e exuberante jogo que faz com o banal e o simples, e fica claramente perceptível

---

15. L. Trilling, Flaubert's Last Testament, *The Opposing Self.*
16. E. Zola, citado por George Lukács, Erzählen oder Beschreiben?, *Probleme des Realismus.*

20 TOLSTÓI OU DOSTOIÉVSKI

que quando os valores são pequenos são necessários inumeráveis dados e combinações para fazer a soma"[17].

Mas o problema era que a maestria rareava, enquanto que "o banal e o simples" era abundante. Nas mãos de uma inspiração menor, o romance naturalista transformou-se na arte do repórter, na reprodução incessante de um "pedaço de vida" elevado por um toque de cor. Na medida em que os instrumentos de reprodução total – o rádio, a fotografia e, por fim, a televisão – tornaram-se mais perfeitos e predominantes, o romance viu-se reduzido a seguir seu reboque ou a abandonar os cânones do naturalismo.

Seria, entretanto, o dilema do romance realista (e o naturalismo é meramente seu aspecto mais radical) inteiramente uma consequência do *embourgeoisement* (aburguesamento) dos meados do século XIX? Ao contrário dos críticos marxistas, acho que as raízes são mais profundas. O problema era inseparável dos pressupostos sobre os quais a tradição central do romance europeu havia sido fundada. Ao comprometer-se com uma interpretação secular da vida e um retrato realista da experiência comum, a ficção dos séculos XVIII e XIX havia predeterminado suas próprias limitações. Tal sujeição tinha sido tão operativa na arte de Fielding como na de Zola. A diferença era que Zola fizera disso um método deliberado e rigoroso e que o espírito da época desenvolvera menos suscetibilidade à galanteria irônica e ao drama com que Fielding havia temperado o realismo de *Tom Jones*.

Ao rejeitar o mítico e o sobrenatural, todas aquelas coisas jamais sonhadas pela filosofia de Horácio, o romance moderno rompera com a visão de mundo essencial da epopeia e da tragédia, reclamando para si aquilo que podemos chamar de reino deste mundo – o vasto reino da psicologia humana percebido através da razão e do comportamento humano em um contexto social. Os Goncourts perceberam isso ao definir ficção como ética em ação. Mas, apesar de toda a sua abrangência (e há os que sustentam que este é o único reino sujeito de nossa compreensão), esse reino tem fronteiras e elas são reconhecidamente limitantes. Nós as cruzamos ao passarmos do mundo de *Casa Desolada* ao de *O Castelo* (ao mesmo tempo em que observamos a relação do principal símbolo de Kafka com o Chancery de Dickens). Nós as cruzamos com indubitável ganho quando passamos de *Le Père Goriot* (O Pai Goriot) – o poema de Balzac sobre pais e filhas – a *Rei Lear*. Nós as ultrapassamos novamente quando nos movemos do programa para romancistas de Zola à carta de D. H. Lawrence que citei anteriormente:

Sempre sinto como se estivesse nu para que o fogo de Deus todo-poderoso me trespassasse – uma sensação realmente terrível. É preciso ser assombrosamente religio-

17. H. James, Emile Zola, *Notes on Novelists, with Some Other Notes*.

so para ser um artista. Eu sempre penso no meu querido São Lourenço, afirmando em sua grelha: "Virem-me irmãos, já estou bastante assado desse lado".

"É preciso ser assombrosamente religioso" – há uma revolução nessa frase. Porque, acima de tudo, a grande tradição do romance realista deixava implícito que o sentimento religioso não era um adjunto necessário a um relato maduro e abrangente dos assuntos humanos. Essa revolução, que levou às conquistas de Kafka e Thomas Mann, de Joyce e do próprio Lawrence, não teve início na Europa, mas na América e na Rússia. Lawrence declarou: "Creio que dois corpos da literatura moderna chegaram a um verdadeiro limiar: o russo e o americano"[18]. Além disso, trata-se da possibilidade de *Moby Dick* e a dos romances de Tolstói e Dostoiévski. Mas por que América e Rússia?

IV.

A história da ficção europeia do século XIX traz à mente a imagem de uma nebulosa, com braços bem estendidos. Em suas extremidades, os romances americano e russo brilham com maior intensidade. Na medida em que nos encaminhamos da periferia ao centro – e podemos pensar em Henry James, Turguéniev e Conrad como aglomerados intermediários – a substância do realismo torna-se mais tênue. Os mestres do estilo americano e russo parecem recolher algo da sua feroz intensidade da escuridão externa, da matéria decomposta do folclore, do melodrama e da vida religiosa.

Os observadores europeus ficaram desconfortavelmente conscientes do que pairava além da órbita do realismo tradicional. Perceberam que a imaginação russa e a americana haviam conquistado esferas de compaixão e ferocidade negadas a um Balzac ou a um Dickens. A crítica francesa, em particular, reflete aos empenhos de uma sensibilidade clássica, de uma inteligência sintonizada com a medida e o equilíbrio, para responder equilibradamente às formas de visão estranhas e exaltadas. Em alguns momentos, como o do reconhecimento de Flaubert ao *Guerra e Paz*, essa tentativa de honrar deuses estranhos foi tingida com ceticismo ou amargura. Ao definir as conquistas russas e americanas, o crítico europeu definia também as incompletudes de sua própria grande herança. Mesmo aqueles que fizeram tudo para se familiarizar com as estrelas dos céus do leste e oeste – Mérimée, Baudelaire, o Visconde de Vogué, os Goncourts, André Gide e Valéry Larbaud – provavelmente ficariam tristes ao saber que, em resposta a um questionário que circulou em 1957, os estudantes da Sorbonne colocaram Dostoiévski muito acima de qualquer escritor francês.

---

18. D. H. Lawrence, *Studies in Classic American Literature*.

Ao refletir sobre as qualidades da ficção americana e russa, os observadores europeus do final do XIX e início do século XX procuraram descobrir pontos de afinidade entre os Estados Unidos de Hawthorne e Melville e a Rússia pré-revolucionária. A guerra fria faz essa perspectiva parecer arcaica ou mesmo errônea. Mas a distorção permanece conosco. Para entender por que (para usarmos a frase de Harry Levin sobre Joyce) depois de *Moby Dick, Anna Kariênina* e *Os Irmãos Karamazov* ficou muito mais difícil tornar-se um romancista, é necessário considerar o contraste não entre a Rússia e a América, mas entre a Rússia e a América de um lado e a Europa do século XIX de outro. Esse estudo ocupa-se dos russos. Mas as circunstâncias psicológicas e materiais que os liberaram do dilema do realismo estiveram presentes também na cena americana, e é através de olhos americanos que algumas delas podem ser melhor percebidas.

Obviamente esse é um tópico vasto, e o que se segue deve ser considerado meramente como anotações para um tratamento mais adequado. Quatro das mentes mais perspicazes de suas épocas, Astolphe de Custine, Tocqueville, Matthew Arnold e Henry James lidaram com esse tema. Cada um deles, do seu ponto de vista específico, foi atingido pelas analogias entre os dois poderes emergentes. Henry Adams foi mais longe e especulou, com extraordinária presciência, sobre o que seria o destino da civilização quando os dois gigantes se confrontassem, sobre uma Europa enfraquecida.

A natureza ambígua e, ainda assim, determinante da relação com a Europa foi, no século XIX, um tema recorrente da vida intelectual russa e americana. Henry James fez o pronunciamento clássico: "É um fado complexo ser americano, e uma das responsabilidades que isso implica é a luta contra uma valorização supersticiosa da Europa"[19]. Em seu tributo a George Sand, Dostoiévski afirmava: "Nós russos temos duas terras maternas – Rússia e Europa – mesmo nos casos em que nós nos chamamos de eslavófilos"[20]. A complexidade e a dubiedade estão igualmente manifestas na celebrada declaração de Ivan Karamazov ao seu irmão:

Eu quero viajar pela Europa, Aliosha, devo partir daqui. E ao mesmo tempo eu sei que estou indo somente a um cemitério, mas trata-se do cemitério mais precioso, é disso que se trata! Preciosos são os mortos que ali estão, cada pedra sobre eles fala de uma vida de passado tão incendiário, de uma fé em suas obras, sua verdade, sua luta e sua ciência, tão apaixonada que eu sei que cairei no chão e beijarei aquelas pedras e chorarei sobre elas; apesar de eu estar convencido, no meu coração, que há muito trata-se de nada a não ser um cemitério.

19. H. James, citado por P. Lubbock em uma carta do início de 1872, *The Letters of Henry James*.

20. Dostoiévski, *The Diary of a Writer* (O Diário de um Escritor), tradução para o inglês de Boris Brasol.

Será que não poderia ser esse o mote da literatura americana, desde *O Fauno de Mármore* de Hawthorne até *Quatro Quartetos* de T.S. Eliot?

Em ambas nações, a relação com a Europa assumiu formas diversas e complexas. Turguéniev, Henry James e, posteriormente, Eliot e Pound, fornecem exemplos de aceitação direta, de conversão ao velho mundo. Melville e Tolstói encontravam-se entre os grandes opositores. Na maioria das instâncias, no entanto, as atitudes eram ao mesmo tempo ambíguas e compulsivas. Cooper notara em seu *Gleanings in Europe* (Respingos na Europa) de 1828: "Se algum homem está perdoado por desertar seu país esse é o artista americano". Precisamente nesse ponto a intelectualidade russa estava furiosamente dividida. No entanto, acolhendo ou deplorando a probabilidade, os escritores da América e da Rússia tendiam a concordar que sua experiência formativa incluiria uma porção necessária de exílio ou "traição". Frequentemente a peregrinação europeia levaria à redescoberta e reavaliação do país de origem: Gógol "encontrou" a sua Rússia enquanto vivia em Roma. Porém, nas duas literaturas o tema da viagem europeia era o principal recurso de autodefinição e a ocasião para o gesto normativo: o coche de Herzen cruzando a fronteira polonesa, Lambert Strether (o protagonista de *Os Embaixadores* de James) chegando a Chester. "Para entender qualquer coisa tão vasta e terrível como a Rússia" escreveu o jovem eslavófilo Kireevsky, "é preciso observá-la de longe".

Esse confronto com a Europa dá à ficção russa e americana algo do seu peso específico e da sua dignidade. Ambas as civilizações estavam amadurecendo e em busca de sua própria imagem (essa procura é uma das fábulas essenciais de Henry James). Nos dois países o romance ajudou a dar à mente um sentido de lugar. Não era uma tarefa fácil; pois enquanto o realista europeu trabalhava com pontos de referência fixos em uma herança histórica e literariamente rica, seu contraponto na Rússia e nos Estados Unidos via-se obrigado a importar um sentimento de continuidade do exterior ou criar uma autonomia algo espúria com o material que lhe caísse em mãos. Foi uma sorte rara e boa para a literatura russa que o talento de Púchkin fosse de inclinação tão múltipla e clássica. Suas obras constituíram em si mesmas um corpo de tradição. Mais que isso, elas incorporaram um vasto espectro de influência e modelos estrangeiros. Isso é o que Dostoiévski queria dizer quando se referia à "receptividade universal" de Púchkin:

> Até os maiores poetas europeus nunca foram capazes de incorporar em si mesmos, tão portentosamente quanto Púchkin, o gênio de um povo estrangeiro, talvez vizinho [...]. Somente Púchkin – dentre todos os poetas do mundo – possui a habilidade de encarnar completamente, em si próprio, uma nacionalidade estrangeira[21].

21. Idem.

Em Gógol, além disso, a arte da narrativa russa encontrou um artesão que captou, desde o início, os tons dominantes da linguagem e da forma. O romance russo emergiu de seu *O Capote*. A literatura americana não teve tanta sorte. As incertezas de gosto em Poe, Hawthorne e Melville e as idiossincrasias obscuras de seus estilos apontam diretamente para os dilemas do talento individual forçado a produzir em relativo isolamento.

Rússia e América não tinham sequer o sentimento de estabilidade geográfica e de coesão que o romance europeu certamente tinha. As duas nações combinavam a imensidão com a consciência de uma fronteira romântica em desaparecimento. O mesmo que o faroeste e os peles-vermelhas foram para a mitologia americana, o Cáucaso e suas tribos guerreiras, ou as intocadas comunidades de Cossacos e dos Antigos Crentes sobre o Don e o Volga foram para Púchkin, Lermontov e Tolstói. O tema do herói que abandona o mundo corrupto da civilização urbana e das paixões enervantes para afrontar os perigos e as purgações morais da fronteira é arquetípico em ambas as literaturas. Leatherstocking e o herói de *Contos do Cáucaso* de Tolstói são semelhantes à medida que percorrem os frios vales repletos de pinheiros e criaturas selvagens em perseguição melancólica, ainda que ardente, ao seu "nobre" inimigo.

A vastidão do espaço traz consigo a exposição às forças naturais em seu estado mais grandioso e selvagem; apenas nas Brontës e, posteriormente, em D. H. Lawrence, o romance europeu revela uma consciência comparável da natureza desenfreada. As taciturnas tiranias do mar em Dana e Melville, os horrores arcaicos do mundo gelado em *A Narrativa de Arthur Gordon Pym* de Poe, a imagem do despojamento humano em *A Tempestade de Neve* de Tolstói – todos esses encontros do homem com um ambiente físico que pode destruí-lo em momentos de impiedosa grandeza estão ausentes do repertório do realismo da Europa ocidental. *De Quanta Terra Necessita um Homem?* de Tolstói (que Joyce considerava "a maior obra literária do mundo") somente poderia ter sido escrito, no século XIX, por um russo ou por um americano. Trata-se de uma parábola da imensidão da terra; não faria sentido na paisagem de Kentish de Dickens nem na Normandia de Flaubert.

Mas o espaço isola tanto quanto amplia. O tema do artista buscando sua identidade e seu público em uma cultura demasiado nova, desorganizada e preocupada com as demandas da sobrevivência material foi comum à literatura russa e americana. Até as cidades, nas quais a consciência europeia percebia o ajuntamento e a cópia mesmo do passado, eram cruas e anônimas em suas ambientações russas e americanas. Da época de Púchkin à de Dostoiévski, São Petersburgo se sobressai na literatura russa como um símbolo de criação arbitrária; a estrutura inteira havia sido esconjurada do pântano e da água pela mágica cruel da autocracia. Não se estava enraizada na terra nem

UM ENSAIO SOBRE O VELHO CRITICISMO 25

no passado. Às vezes, como em *O Cavaleiro de Bronze* de Púchkin, a natureza vingava-se do intruso; outras vezes – como quando Poe perecia em Baltimore – a cidade tornava-se multidão desordenada – equivalente à catástrofe natural – e destruía o artista.

Ao final, no entanto, a vontade humana triunfava sobre a terra gigante. Estradas eram abertas através das florestas e desertos; comunidades se formavam nas pradarias e nas estepes. Essa conquista e o primado da vontade que ela trazia consigo estão refletidas na grande linhagem dos clássicos russos e americanos. Em ambas as mitologias, aquilo que Balzac havia descrito como "a busca pelo absoluto" se agiganta. Hester Prynne, Ahab, Gordon Pym, o homem do subsolo de Dostoiévski, e o próprio Tolstói atacaram as barreiras constrangedoras da vontade erguidas pela moral tradicional e pela lei natural. Como epígrafe à *Ligeia* Poe escolheu uma passagem do divino Joseph Glanvill, do século XVII: "Man doth not yield himself to the angels, nor unto death utterly, save only through the weakness of his feeble will" (O homem não se curva aos anjos, nem mesmo com sua morte total, exceto pela fraqueza de sua frágil vontade). Esse é o secreto lamento de batalha de Ahab e foi a esperança de Tolstói ao questionar a necessidade da mortalidade. Tanto na Rússia como na América, como observou Matthew Arnold, a própria vida continha o fanatismo da juventude.

Em nenhum caso, porém, era o tipo de vida do qual a ficção europeia extraía seu material e sobre o qual construiu a trama de suas convenções. Essa é a dificuldade do estudo de Henry James sobre Hawthorne. O último havia escrito, no prefácio a *O Fauno de Mármore:*

> Nenhum autor, sem uma preocupação, pode conceber a dificuldade de escrever um romance sobre um país onde não há sombra, não há antiguidade ou mistério, nenhum erro pitoresco ou sombrio, mas somente uma ordinária prosperidade à imensa e simples luz do dia, como é felizmente o caso de minha querida terra natal.

Vindo do autor de *A Carta Escarlate* e de *A Casa das Sete Torres,* deve-se considerar esse trecho como exemplo de fina ironia. Mas James escolheu não fazê-lo, e refletiu sobre as "dificuldades" de Hawthorne. Sua discussão, bem como o texto de Hawthorne, diz respeito à América. O ensaio de James, entretanto, derivou talvez na mais profunda análise que temos das principais qualidades do romance europeu. Ao informar-nos sobre as carências dos não europeus, ele também fala de seus desimpedimentos. E sua reflexão é, admito, tão esclarecedora das diferenças entre Flaubert e Tolstói quanto das diferenças entre Flaubert e Hawthorne.

Ao perceber a "rarefação" e "claridade" da atmosfera na qual Hawthorne trabalhava, James afirmou:

> São tantas coisas necessárias, como Hawthorne deve ter sentido posteriormente em sua vida, ao conhecer o espetáculo mais denso, mais rico e mais caloroso da Europa

26 TOLSTÓI OU DOSTOIÉVSKI

– é necessário um acúmulo tão grande de história e costumes, uma tal complexidade de modos e tipos, para constituir a provisão de um romancista.

Daí segue a famosa listagem dos "itens da alta civilização" ausentes da textura da vida americana e, consequentemente, da matriz de referência e emoção a que o romancista americano tinha acesso:

> Não há Estado, no sentido europeu da palavra, e de fato mal há um nome nacional específico. Não há soberano, não há corte, lealdade pessoal ou aristocracia, não há igreja, não há clérigo, não há exército, nem serviço diplomático, nem nobres rurais, nem palácios, nem feudos [...] nem ruínas cobertas por hera [...] não há Oxford, ou Eton ou Harrow, não há literatura, não há romances, não há museus, não há pinturas, não há sociedade política, não há classe esportiva – não há Epsom nem Ascot!

Não se pode afirmar se essa lista deve ser inteiramente levada a sério. Nem a corte ou o exército ou mesmo o círculo esportivo da Inglaterra de James tinham muito interesse no que diz respeito aos valores do artista. A associação mais dramática entre Oxford e o *talento* poético se dera pela expulsão de Shelley; propriedades ou ruínas cobertas de hera representavam as gélidas danações dos pintores e músicos que procuravam entreter seus anfitriões refinados; nem Eton ou Harrow foi notável por seu encorajamento às virtudes mais gentis. A lista de James, entretanto, é ainda assim relevante. Em miniatura aguda, ela representa o retrato mundial do realismo europeu, que Bergson chamou de *donées immédiates* (os dados imediatos) da arte de Dickens, Thackeray, Trollope, Balzac, Stendhal ou Flaubert.

Além do mais, consideradas as necessárias qualificações e mudanças de perspectiva, esse índice de privações aplica-se igualmente à Rússia do século XIX. Esse também não era um Estado "no sentido europeu da palavra". Sua corte autocrática, com seus ares semiasiáticos, era hostil à literatura. Grande parte da aristocracia estava imersa na barbárie feudal e somente um pequeno segmento europeizado dava importância à arte ou à livre associação de ideias. O clero russo tinha pouco em comum com os curas e bispos anglicanos, em cujas bibliotecas forradas e compartimentos assombrados por corvos, James passava algumas de suas tardes de inverno. Tratava-se de uma hoste de fanáticos sem educação na qual visionários e santos avizinhavam-se com sensualistas analfabetos. A maior parte dos outros itens numerados por James – as universidades livres e antigas escolas, os museus e a sociedade política, as ruínas cobertas de heras e a tradição literária – não estavam mais presentes na Rússia do que nos Estados Unidos.

Certamente nos dois casos os itens específicos apontam para um fato mais geral: nem na Rússia nem na América tivera lugar a completa evolução de uma classe média "no sentido europeu da palavra". Como Marx apontou nos seus últimos anos, a Rússia criaria um contexto no qual um sistema feudal caminharia para a industrialização sem passar pelos estados intermediários de emancipação política e sem a formação de uma *bourgeoisie* moderna. Por trás do romance europeu encontram-se as estruturas amadurecidas e estáveis da constituição e do capitalismo – ausentes na Rússia de Gógol ou Dostoiévski.

James admitia haver "boas compensações" à rarefação da atmosfera americana. Ele se referia à proximidade da natureza física em seus estados mais eloquentes, ao contato do escritor com uma grande variedade de tipos humanos, e ao sentimento de "espanto" e "mistério" que acompanha o encontro com homens que não são passíveis de classificação em nenhuma das categorias definidas por uma sociedade rígida. Entretanto, James apressava-se em acrescentar que a ausência de hierarquias privava o artista de "padrões intelectuais" e dos fundamentos do estilo. Ao invés disso, confinava-o a "uma sensação de responsabilidade moral quase indiferente e isolada".

Essa é uma sentença perturbadora mesmo se considerada como aplicável unicamente a Hawthorne. Há um longo caminho a ser explicado sobre como foi que o experiente James dispendeu tempo e admiração por obras como as de Augier, Gyp e as dos Dumas filhos. Ela destaca os valores que o levaram a comparar *A Carta Escarlate* com *Adam Blair* de Lockhart – não inteiramente em detrimento do último. Deixa explícito o motivo da expectativa de James de que a ficção americana se desenvolvesse à imagem de William Dean Howells, que começara com "um delicioso volume sobre *A Vida Veneziana*" e não à imagem de Poe, Melville ou Hawthorne, com seus experimentos "pueris" no simbolismo. Por fim, trata-se de uma observação que revela o motivo pelos quais James não entendia os contemporâneos de Turguéniev.

Essa "sensação isolada de responsabilidade moral" (eu teria pensado, apaixonada, no lugar de "indiferente"), essa compulsão para aquilo que Nietzsche chamaria de "reavaliação de todos os valores" levaram os romances russos e americanos a ultrapassar os minguados recursos do realismo europeu, levaram ao mundo de Pequod e Karamazov. Como destacou D. H. Lawrence: "Há um sentimento 'diferente' nos velhos clássicos americanos. Trata-se da mudança da antiga psiquê para algo novo, um deslocamento. E o deslocamento doeu"[22]. No caso americano, o deslocamento foi espacial e cultural: a migração do espírito da Europa ao Novo Mundo. No caso russo, o deslocamento foi histórico e revolucionário. Em ambas as instâncias, havia dor e irracionalidade, mas também a possibilidade de experiências e a convicção excitante de que havia mais em jogo do que um retrato da sociedade existente ou a provisão de entretenimento romântico.

22. D. H. Lawrence, *Studies in Classic American Literature.*

28 TOLSTÓI OU DOSTOIÉVSKI

É verdade que, pelos critérios jamesianos, Hawthorne, Melville, Gógol, Tolstói e Dostoiévski eram homens isolados. Eles criaram separadamente ou em oposição ao *milieu* literário dominante. O próprio James e Turguéniev pareceram ser mais afortunados; ambos, sem sacrificar a integridade de seus propósitos, sentiram-se homenageados e à vontade nos grandes centros da civilização. Porém, em última análise, foram os visionários e os perseguidos que realizaram os livros "titânicos".

Nosso discurso imaginário sobre a Rússia e a América do século XIX, sobre as analogias possíveis entre as conquistas do romance americano e o russo, e suas respectivas divergências do realismo europeu, permite-nos especular a respeito de mais uma questão ainda. A ficção europeia espelha a longa paz pós-napoleônica. Tal paz durou, salvo interrupções esparsas e não determinantes em 1854 e 1870, de Waterloo à Primeira Guerra Mundial. A guerra sempre foi um motivo dominante na poesia épica, mesmo quando se tratava de guerra no céu. Ela havia fornecido o contexto da maior parte dos dramas relevantes, de *Antígona* a *Macbeth* e às obras primas de Kleist. Mas está significativamente distante das preocupações e dos temas dos romancistas da Europa do século XIX. Ouvimos a remota explosão das armas em *Vanity Fair* (A Feira das Vaidades); a chegada da guerra confere às páginas finais de *Nana* seu tom de ironia e inesquecível *élan*; mas é somente quando o Zeppelin sobrevoa Paris, naquela desesperada noite de libertinagem que marca o fim do mundo proustiano, que a guerra reingressa na principal corrente da literatura europeia. Flaubert, para quem a maior parte desses problemas são tão intensamente acentuados, escreveu páginas selvagens e resplandecentes sobre as batalhas. Mas tratava-se de uma batalha de tempos atrás, que acontecia no cenário museológico da antiga Cartago. Curiosamente até, devemos recorrer aos livros infantis e juvenis para encontrar relatos convincentes de homens em guerra – a Daudet e a G. A. Henty que, como Tolstói, foi profundamente marcado por suas experiências na guerra da Crimeia. O realismo europeu, em sua vertente adulta, não produziu nem uma *Guerra e Paz* nem um *O Emblema Vermelho da Coragem*.

Tal fato reforça uma lição maior. O teatro do romance europeu, em suas matrizes políticas e sociais de Jane Austen a Proust, foi extraordinariamente estável. Nele, as grandes catástrofes pertenciam à esfera privada. A arte de Balzac, Dickens e Flaubert não estava preparada nem tinha sido convocada para mobilizar as forças que conseguem dissolver completamente o tecido de uma sociedade e revolucionar a vida privada. Essas forças estavam se juntando inexoravelmente para a revolução e para a guerra total. Mas os romancistas europeus ou ignoraram os prenúncios ou eles os interpretaram erroneamente. Flaubert assegurava a George Sand que a Comuna era meramente uma breve reversão aos sectarismos medievais. Somente dois escritores de ficção vislumbraram claramente os impulsos de desintegra-

UM ENSAIO SOBRE O VELHO CRITICISMO 29

ção, as rachaduras no paredão da estabilidade europeia: James em *A Princesa Casamassima* e Conrad em *Sob os Olhos Ocidentais* e *O Agente Secreto.* É da mais óbvia significação que nenhum desses romancistas foi nativo da tradição europeia ocidental.

A influência da Guerra Civil, ou ainda, de sua aproximação e seu desfecho, sobre a atmosfera americana ainda não foi, em minha opinião, completamente avaliada. Harry Levin tinha sugerido que a visão de mundo de Poe foi obscurecida pela premonição do iminente destino do Sul. Somente aos poucos começamos a perceber quão drástico foi o papel da guerra na percepção de mundo de Henry James. Ela é em parte responsável pela suscetibilidade ao demoníaco e pela mutilação que aprofundou o romance jamesiano e o levou a regiões além dos limites do realismo francês e inglês. Porém, de modo mais geral, pode-se afirmar que a instabilidade da vida social americana, a mitologia da violência inerente à situação de fronteira, e a centralidade da crise causada pela guerra estavam refletidas no temperamento da arte americana. Elas contribuíram para o que D. H. Lawrence denominou de "um lance de consciência extrema". James dirigiu suas observações a Poe, Hawthorne e Melville. Elas se aplicam igualmente a *The Jolly Corner* (O Belo Nicho) e a *The Golden Bowl* (A Taça de Ouro).

Mas os elementos complexos e muitas vezes marginais, no caso americano, foram as realidades essenciais da Rússia do dezenove.

V.

Com exceção de *Almas Mortas* de Gógol (1842), *Oblomov* de Goncharov (1859) e *Na Véspera* de Turguéniev (1859), os *anni mirabiles* da ficção russa ocorreram entre a emancipação dos servos, em 1861, e a primeira revolução, em 1905. Esses quarenta e quatro anos de domínio da criação e suprimento de genialidade podem ser comparados aos períodos dourados de criatividade na Atenas de Péricles e na Inglaterra elisabetana e jacobina. Estão entre os melhores momentos do espírito humano. Além do mais, o romance russo foi inquestionavelmente concebido sob um signo único do zodíaco histórico – o signo da próxima revolução nascente. De *Almas Mortas* a *Ressurreição* (a imagem fundamental está contida na mera justaposição desses dois títulos), a literatura russa espelha a aproximação do apocalipse:

está repleta de pressentimento e predições, está constantemente preocupada com a expectativa da catástrofe próxima. Os grandes escritores russos do dezenove sentiam que a Rússia estava à beira de um abismo do qual revolveria a si mesma; suas obras refletem não somente a revolução que nelas acontece, mas também a outra revolução em marcha[23].

23. N.A. Berdiaev, *Les Sources et le sens du communisme russe*, tradução de A. Nerville.

30 TOLSTÓI OU DOSTOIÉVSKI

Considere os principais romances: *Almas Mortas* (1842), *Oblomov* (1859), *Pais e Filhos* de Turguéniev (1861), *Crime e Castigo* (1866), *O Idiota* (1868-9), *Os Demônios* (1871-2), *Anna Kariênina* (1875-7), *Os Irmãos Karamazov* (1879-80), e *Ressurreição* (1899). Eles formam uma série profética. Mesmo *Guerra e Paz*, que se posiciona mais em um lado da corrente majoritária, termina com um toque de crise iminente. Com uma intensidade de visão comparável aos profetas do Velho Testamento, os romancistas russos do dezenove perceberam a tempestade que se formava e a profetizaram. Muitas vezes, como é o caso de Gógol e Turguéniev, eles a profetizaram, mesmo contra suas inclinações políticas e sociais. As imaginações eram, no entanto, oprimidas pela certeza do desastre. Verdadeiramente, o romance russo ilumina as famosas palavras que Radischev pronunciara no século XVIII: "Minha alma está esmagada pelo peso do sofrimento humano".

O sentido de continuidade e a visão obsessiva podem ser transmitidos por um trabalho de ficção (e somente isso). Gógol enviou sua troica emblemática arremessando-a adiante, através da terra das almas mortas; o herói de Goncharov percebeu que devia se erguer para dominar as rédeas, mas ao invés disso, se entregou a um abandono fatalista; em uma dessas aldeias, "na província de N.", tão familiares aos leitores de ficção russa, o Bazarov de Turguéniev tomou o chicote; nele o futuro estava manifesto, o amanhã purificador e assassino; os Bazarovs, tomados de loucura e procurando arremessar sua troica ao abismo constituem o tema de *Os Demônios*; em nossa alegoria, a propriedade de Levin, em *Anna Kariênina,* pode passar como uma parada momentânea, um lugar no qual os problemas podem ser analisados e resolvidos através da inteligência; mas a jornada atingiu um ponto de não retorno e somos arrastados à tragédia dos Karamazov na qual está prefigurado, em uma escala privada, o imenso parricídio da revolução. Finalmente, chegamos ao *Ressurreição,* um romance estranho, imperfeito e generoso, que enxerga, além do caos, o advento da graça.

Essa jornada levou a um mundo demasiado disforme e trágico para os recursos do realismo europeu. Em uma carta a Maikov, de dezembro de 1868 (a qual retornarei mais tarde), Dostoiévski exclamava:

> Meu Deus! Se pudéssemos narrar categoricamente tudo pelo qual os russos têm passado nos últimos dez anos em termos de desenvolvimento espiritual, todos os realistas gritariam, estridentemente, que se trata de pura fantasia! E, no entanto, seria puro realismo! O único realismo, profundo e verdadeiro.

As realidades que se ofereciam aos escritores russos do século XIX eram, de fato, fantásticas; um despotismo aterrorizador; uma Igreja para a qual se rezava pelas expectativas apocalípticas; uma *inteligentsia* imensamente talentosa mas desenraizada, buscando salvação no exterior ou na sombria massa da classe camponesa; a legião de desterrados tocando seu *Sino* (o nome do jornal de Herzen) ou acendendo

UM ENSAIO SOBRE O VELHO CRITICISMO 31

sua *Centelha* (o nome do jornal de Lênin) a partir de uma Europa que ambos amavam e desprezavam; os debates raivosos entre os eslavófilos e ocidentalistas, entre populistas e utilitários, reacionários e niilistas, ateus e crentes; e pesando sobre todos os espíritos, como uma das tempestades iminentes de verão tão belamente evocadas por Turguéniev, a premonição da catástrofe.

Tal premonição assumiu formas religiosas em qualidade e modos de expressão. Belinski afirmava que a questão da existência de Deus era o foco final e determinante do pensamento russo. Como destacava Merezhkovski, o problema de Deus e de Sua natureza havia "envolvido toda a população russa desde os judaizantes do século XV até os dias atuais"[24]. A iconografia do Messias e a escatologia da Revelação deram ao debate político uma ressonância bizarra e febril. A sombra das expectativas milenaristas estendia-se sobre uma cultura sufocada. Em todo pensamento político russo – nos pronunciamentos de Chaadeav, Kireevsky, Nechaiev, Tkachev, Belinski, Pissarev, Constantine Leontiev, Soloviev e Fedorov – o reino de Deus havia se movido terrivelmente próximo do decadente reino dos homens. A mente russa estava, literalmente, assombrada por Deus.

Daí a radical diferença entre a ficção da Europa Ocidental e a da Rússia. A tradição de Balzac, Dickens e Flaubert era secular. A arte de Tolstói e Dostoiévski era religiosa. Ela brotou de uma atmosfera impregnada da experiência religiosa e da crença no papel central destinado à Rússia no apocalipse iminente. Tanto quanto Ésquilo ou Milton, Tolstói e Dostoiévski eram homens cuja genialidade estava nas mãos de um Deus vivo. Para eles, assim como para Kierkegaard, o destino humano era *Ou/Ou*[*]. Portanto, suas obras não podem ser compreendidas na mesma chave de *Middlemarch* (Coluna do Meio), por exemplo, ou de *A Cartuxa de Parma*. Estamos lidando com diferentes técnicas e uma metafísica diferente. *Anna Kariênina* e *Os Irmãos Karamazov* são, se quiserem, ficções e poemas do intelecto, porém essas obras têm como propósito central o que Berdiaiev chamou de "a busca pela salvação da humanidade".

É preciso mencionar mais um aspecto: ao longo desse ensaio estarei lidando com os textos tolstoianos e dostoievskianos através das traduções. Isso significa que a obra não será realmente útil aos estudiosos de Russo e aos historiadores de línguas e literaturas eslavas. Ela é grata por seus trabalhos em cada etapa e espero que não contenha algo que lhes possa chocar como grosseiramente incorreto. No

---

24. D. S. Merezhkovsky, op. cit.

*. O autor faz alusão à obra do filósofo Kierkegaard *Ou/Ou*, que trata do sentido do trágico na época moderna. Nesse ensaio, Kierkegaard estabelece a diferença entre o personagem da tragédia antiga e o personagem trágico da Modernidade que, subjetivamente refletido em si, é expulso do contato direto com o Estado, família, destino e, frequentemente, de sua vida anterior. (N. da T.)

entanto, esse ensaio não é, e não pode ser, dirigido a eles. Assim como também não o foram, podemos supor, as obras sobre o romance russo escritas por André Gide, Thomas Mann, John Cowper Powys e R. P. Blackmur. Cito tais nomes não como precedentes pouco modestos e sim para exemplificar uma verdade geral: a crítica é, às vezes, levada a tomar liberdades que a filologia e a história literária não se permitem, pois seriam fatais aos seus propósitos. Traduções são em maior ou menor escala, meios flagrantes de traição. Mas é a partir delas que captamos o que podemos e, mais que isso, o que precisamos, de obras compostas em línguas que não as nossas. Na prosa, ao menos, a arte sobreviverá à traição, a maioria das vezes. Um trabalho crítico enraizado nesse compromisso e que a ele se dirige terá valor restrito, mas ainda assim poderá valer.

Tolstói e Dostoiévski, acima de tudo, constituem um vasto tema. Isso, como observa T.S. Eliot a respeito de Dante, permite a possibilidade de que "alguém possa ter algo a dizer que valha à pena; enquanto que no caso de homens menores, somente o estudo minucioso e específico pode justificar a escrita que lhes concerne".

2

*Há poetas hipócritas que defendem sempre aquilo que
fazem, mas que sua consciência jamais os deixa repousar.*[1]

RACINE para Le Vasseur, 1659 ou 1660.

Desde tempos imemoriais, a crítica literária almejou cânones
objetivos, princípios de julgamento rigorosos e, ao mesmo tempo,
universais. Porém, considerando sua história diversa pergunta-se se
tais aspirações foram alcançadas ou mesmo se podem sê-lo. É ques-
tionável se as doutrinas críticas são sempre mais do que o gosto e a
sensibilidade de um homem de talento, ou uma escola de opinião,
temporariamente imposta ao espírito de uma época pela força da
demonstração. Quando a obra de arte invade nossa consciência, algo
dentro de nós se incendeia. O que fazemos a partir daí é refinar e
tornar articulado o salto original do reconhecimento. O crítico com-
petente é aquele que torna acessível à razão e ao nosso sentido de
imitação uma consciência que é, desde o início, tenebrosa e dogmática. Isso é o que Matthew Arnold quis dizer por "pedras de toque"
e ao que A. E. Housman se referiu ao dizer que um verdadeiro verso de poesia fazia sua barba se arrepiar. A moda atual deplora tais
noções de julgamento intuitivo e subjetivo. Mas não seriam elas
profundamente honestas?

---

1. Les poètes ont cela des hypocrites qu'ils défendent toujours ce qu'ils font, mais
que leur conscience ne les laisse jamais en repos.

34 TOLSTÓI OU DOSTOIÉVSKI

Há casos em que a resposta imediata é tão convincente e tão "certa" que não seguimos adiante. Algumas impressões nos arrebatam por sua aparente simplicidade. Tornam-se as mobílias empoeiradas da mente das quais nos damos conta completamente apenas quando nelas esbarramos, em momentos de especulação ou desordem. Um exemplo pertinente é a ideia geralmente aceita de que os romances de Tolstói são, de certa forma, epopeias. O próprio Tolstói alimentou essa ideia, que entrou no vocabulário das trivialidades críticas. Lá está ela, tão esplendidamente arraigada e aparentemente tão apropriada que se tornou bastante difícil enxergar precisamente o seu significado. De que falamos de fato quando descrevemos *Anna Kariênina* e *Guerra e Paz* como "epopeias em prosa"? O que Tolstói tinha em mente quando se referiu à *Infância, Adolescência e Juventude* como uma obra comparável, com justiça, à *Ilíada*?

Não é difícil entender como surgiu esse uso da palavra "epopeia". Suas conotações estilísticas e mitológicas foram largamente dissipadas durante o século XVIII. Suas fronteiras transbordaram, invadindo um território de inclusão que nos permite falar de uma "paisagem épica" ou da "grandeza épica" de uma frase musical. Para os contemporâneos de Tolstói a noção da epopeia trouxe ao foco de discussão sensações adequadas de imensidão e seriedade, de amplitude temporal e heroísmo, de serenidade e direcionamento narrativo. A linguagem da crítica, quando se referia à ficção realista, não desenvolvera um termo que fosse comparavelmente adequado. A "epopeia", por si própria, parecia clara e abrangente o suficiente para caracterizar o romance de Tolstói, ou, ainda, *Moby Dick*.

Aqueles que se referiram a Tolstói como um "romancista épico", contudo, acertaram mais do que pensaram. Conceberam o epíteto como um tributo bastante abrangente às dimensões de suas obras e ao esplendor arcaico de sua personalidade. Na verdade, a noção é precisa e materialmente relevante para o que Tolstói propôs. *Guerra e Paz*, *Anna Kariênina*, *A Morte de Ivan Ilitch* e *Os Cossacos* nos fazem lembrar da poesia épica não por causa de um reconhecimento vago de seu escopo e frescor, mas porque Tolstói tencionava estabelecer claras analogias entre sua arte e a de Homero. Tomamos sua palavra tão ao pé da letra que raramente examinamos como ele atingiu esse objetivo e se é realmente possível estabelecer afinidades entre formas artísticas separadas por quase três milênios e incontáveis revoluções do espírito. Além disso, deu-se pouca atenção às coerências entre o estilo épico de Tolstói e sua versão anárquica do cristianismo. Tais coerências, no entanto, existem. Dizer que há muito na ficção tolstoiana que se relaciona ao tom e as convenções da *Ilíada* e citar a crença de Merezhkovski de que Tolstói possuía a alma de um "pagão nato"[2], é considerar dois aspectos de uma só unidade.

---

2. D. S. Merezhkovsky, *Tolstoy as Man and Artist, with an Essay on Dostoïevski*.

Poderia parecer natural iniciar com *Guerra e Paz*. Nenhuma obra da prosa moderna impressionou mais seus leitores, de maneira admirável e óbvia, como exemplo de tradição épica. Comumente designado como o épico nacional da Rússia, é repleto de episódios – como o da celebrada caçada de lobos – aos quais as comparações entre Homero e Tolstói inevitavelmente se referem. O próprio Tolstói, além do mais, concebeu a obra tendo em mente os poemas homéricos explicitamente. Em março de 1865 ele chegou a refletir sobre a "poesia do romancista". Em seu diário, anotou que tal "poesia" pode surgir de diferentes fontes. Uma delas é "o retrato das maneiras baseado em um evento histórico – *Odisseia, Ilíada ano 1805*". Ainda assim, *Guerra e Paz* é um caso de particular complexidade. Por ele perpassa uma filosofia da história anti-heroica. A imensa abrangência do livro e a alta luminosidade de seu fundo histórico nos cegam para as suas contradições internas. *Guerra e Paz* é, obviamente, central ao meu argumento, mas não oferece a abordagem mais direta. Proponho, ao invés, isolar alguns dos elementos característicos e definidores da arte épica de Tolstói dizendo algo sobre *Anna Kariênina* e *Madame Bovary*.

Trata-se de uma comparação clássica, e tem sua história. Quando *Anna Kariênina* foi publicado pela primeira vez, se pensou que Tolstói escolhera o tema do adultério e suicídio em desafio à obra-prima de Flaubert. Trata-se provavelmente de uma simplificação excessiva. Tolstói conhecia *Madame Bovary*, estava na França à época da primeira publicação seriada do romance na *Révue de Paris* (1856-1857), e movia-se pelo círculo literário mais passionalmente interessado na obra de Flaubert. Sabemos, porém, através dos diários de Tolstói, que o tema do adultério e da vingança havia ocupado sua mente desde 1851 e que o impulso real para *Anna Kariênina* surgiu somente em janeiro de 1872, com o suicídio de Anna Stepanova Piriogova, perto das propriedades do autor. Tudo o que podemos dizer é que *Anna Kariênina* foi escrito com alguma consciência de seu predecessor.

Os dois romances são obras-primas do seu gênero. Zola considerava *Madame Bovary* a consumação do realismo, a obra máxima de gênio numa tradição que remetia aos realistas do século XVIII e a Balzac. Romain Rolland o considerava o único romance francês passível de se comparar a Tolstói "devido ao seu poder de transmitir vida, e a totalidade da vida"[3]. Entretanto, as duas realizações não se igualam de maneira alguma; *Anna Kariênina* é indubitavelmente maior, maior em escopo, em humanidade, em realização técnica. A similaridade de certos temas principais apenas reforça nossa percepção de magnitudes distintas.

Uma das primeiras comparações sistemáticas entre os dois livros é a de Matthew Arnold. Em seu estudo sobre Tolstói, aprovado pelo

---

3. R. Roland, *Mémoires et fragments du journal.*

próprio, Arnold expressou uma distinção que haveria de se tornar amplamente corrente. Procurando caracterizar o contraste entre o rigor formal de Flaubert e o plano tortuoso e aparentemente desgovernado de sua contraparte russa, Arnold escreveu: "A verdade é que não devemos tomar *Anna Kariênina* como uma obra de arte; devemos tomá-la como um pedaço de vida [...] e o que o seu romance (de Tolstói) perde em arte, ganha em realidade".

Partindo de premissas completamente distintas, Henry James argumentou que a ficção tolstoiana não pôde fazer uma tradução adequada da vida precisamente por não ter conseguido alcançar as virtudes formais das quais Flaubert era emblemático. Em referência a Dumas e Tolstói (uma conjunção que por si só é uma traição ao juízo responsável), Henry James indaga-se, no Prefácio à edição revisada de *A Musa Trágica*:

o que esses enormes monstros frouxos e inflados, com seus estranhos elementos do acidental e do arbitrário, *significam* artisticamente? Já ouvimos a argumentação [...] de que tais coisas "estão acima da arte": mas entendemos ainda menos o que *isso* possa significar [...]. Há vida e vida, e tão vasta quanto é somente a vida sacrificada e portanto fora de "consideração", eu me deleito com uma alentada economia de uma forma orgânica.

As duas críticas se fundamentam em total incompreensão. Arnold rendeu-se à confusão grosseira quando distinguiu entre "obra de arte" e "pedaço de vida". James jamais haveria permitido essa divisão sem significado, mas ele deixou de perceber que *Guerra e Paz* (ao qual suas observações foram especificamente dirigidas) foi um exemplo supremo da "alentada economia de uma forma orgânica". "Orgânico", com suas implicações de vitalidade, é o termo crucial. Qualifica precisamente aquilo que eleva *Anna Kariênina* acima de *Madame Bovary*; no primeiro, a vida respira mais fundo. Se fôssemos manter a terminologia enganosa de Arnold, será que teríamos de afirmar que a obra de Tolstói seria a obra de arte e a de Flaubert o pedaço de vida – sendo digno de nota os tons de morte e fragmentação inseparáveis da palavra "pedaço".

Há uma anedota famosa sobre Flaubert e Maupassant. O mestre mandou o discípulo escolher certa árvore e descrevê-la com tal exatidão de tal modo que o leitor não pudesse confundi-la com nenhuma outra árvore da vizinhança. Nessa injunção podemos identificar a falha radical da tradição naturalista. Caso fosse bem sucedido, Maupassant não teria feito nada além de rivalizar com o fotógrafo. O uso de Tolstói de um carvalho definhando e florescente, em *Guerra e Paz*, é um exemplo contrastante de como o realismo duradouro é conseguido através da magia e das máximas liberdades da arte.

O tratamento de Flaubert aos objetos físicos foi central a sua visão. Sobre eles despejou os imensos recursos e rigores do seu vocabulário. No início do romance encontramos uma descrição do boné de Charles Bovary:

UM ENSAIO SOBRE O VELHO CRITICISMO   37

O boné era uma dessas coisas complicadas, que reúnem elementos do chapéu de feltro, chapéu redondo, fez turco, gorro de peles, barrete de algodão, enfim, um desses pobres objetos cuja muda fealdade possui a mesma profundeza de expressão que o rosto de um idiota. Ovoide, guarnecido de barbas de baleia, começava por três peças circulares; depois, separados por uma franja vermelha, alternavam-se losangos de veludo e de pele de coelho,e em seguida uma espécie de saco terminado num polígono cartonado complicadíssimo, do qual pendiam, na ponta de um cordão comprido muito fino, umas pequenas borlas de fio de ouro. Era novo; a pala reluzia[4].

Flaubert teve a ideia desse monstruoso adereço craniano a partir de um desenho cômico de Gavarni, que ele viu no hotel de certo M. Bouvaret durante sua viagem ao Egito. O chapéu em si tem papel momentâneo e insignificante na narrativa. Muitos críticos defenderam que ele simboliza a natureza de Charles Bovary e prefigura a sua tragédia, o que parece forçado. Observando a passagem de perto, não se pode desfazer a suspeita de que ela foi composta por si mesmo, como um desses assaltos brilhantes e incansáveis à realidade visível com os quais Flaubert procurava reter a vida nos laços da linguagem. A célebre descrição de uma porta de casa de Balzac em *Eugénie Grandet* serviu a uma finalidade poética e humana, a casa sendo o rosto exterior e vivo de seus habitantes. A descrição do boné de Charles Bovary parece conter um excesso de propósitos inteligíveis. Trata-se de um pedaço de vida invadindo a economia da obra de arte, pelo sarcasmo e pela acumulação.

Nenhum caso comparável, do vasto panorama do mundo de Tolstói, vem à mente. O único elemento que Tolstói poderia ter mantido da descrição de Flaubert é a frase final: "O boné era novo; a pala reluzia". No romance tolstoiano os objetos físicos – os vestidos de Anna Kariênina, os óculos de Bezukhov, a cama de Ivan Ilitch – retiram sua *raison d'être* e solidez do contexto humano. Nisso, Tolstói foi profundamente homérico. Como Lessing destacou talvez pela primeira vez, a representação dos objetos físicos na *Ilíada* é invariavelmente dinâmica. A espada é sempre vista como uma parte do braço que fere. Isso se aplica até mesmo ao principal objeto de cena – o escudo de Aquiles. Nós o vemos sendo forjado. Hegel, ao se refletir a esse fato, formulou uma teoria fascinante: sugeriu que ali acontecia uma alienação gradual entre a linguagem e as mediações do mundo material. Ele percebeu que nos poemas homéricos até as representações miúdas de um vaso de bronze ou de um tipo particular de jangada irradiavam uma vitalidade que a literatura moderna não alcançava. Hegel questionava a possibilidade dos modos de produção industrial e semi-industrial terem alienado os homens de suas armas e ferramentas e dos utensílios de suas vidas. Trata-se de uma hipótese de pesquisa sobre a qual Lukács argumenta extensamente. Mas, seja qual for a razão his-

---

4. G. Flaubert, *Madame Bovary*, tradução de Enrico Corvisieri, Porto Alegre: L&PM, 2003, p.16.

38 TOLSTÓI OU DOSTOIÉVSKI

tórica, Tolstói deu à realidade visível uma proximidade imediata. Em seu mundo, como no de Homero, os chapéus de um homem devem seu significado e inclusão em uma obra de arte ao fato de cobrirem cabeças de homens.

As técnicas salientes em *Madame Bovary* – o uso da linguagem rara e técnica, a prevalência da descrição formal, as cadências deliberadas conseguidas nas articulações da prosa, a estrutura intricadamente elaborada por meio da qual uma grande cena, como a do baile, é preparada para e fechada por um recitativo narrativo – são próprias não somente do gênio pessoal de Flaubert, mas da concepção de arte implícita nas observações de Matthew Arnold e Henry James. São estratégias com as quais o realismo deseja gravar, com inexorável inteireza, algum pedaço da vida contemporânea. O fato da cena ser por si mesma significativa ou atraente não importava realmente (veja os romances dos Goncourts). Somente a fidelidade da descrição era decisiva. Na verdade, o objeto indiferente se recomendava a si mesmo por sua dificuldade, e podemos dizer de Zola que ele tinha a capacidade de tornar um horário de trens digno de segunda leitura. Mas o caso de Flaubert era mais incerto. Apesar de sua óbvia competência e de todos os esforços despendidos em *Madame Bovary*, a obra não chegou a satisfazê-lo. Bem no fundo de sua estrutura firme e bela parecia haver um princípio de negação e futilidade. Flaubert declarou estar terrivelmente atormentado ao perceber que mesmo que a obra fosse "executada à perfeição, a realização seria apenas aceitável e jamais bela devido a sua matéria inerente (*à cause du fond même*)"[5]. Ao afirmar isso, Flaubert estava obviamente exagerando. Talvez estivesse inconscientemente se vingando de um livro que lhe tinha causado uma rara ansiedade. Mas sua observação, contudo, foi bem pensada. Há nessa obra-prima da tradição realista uma atmosfera de contrição e desumanidade.

Matthew Arnold a descreveu como "uma obra de sentimento petrificado". Ele descobriu que "não há um personagem no livro que nos alegre ou console...". Ele achava que a razão disso estaria na atitude de Flaubert em relação a Emma: "Ele é cruel, com a crueldade do sentimento petrificado [...] ele a persegue sem piedade e sem descanso, como se movido por maldade". Essas observações eram feitas em contraste com a vitalidade e o caráter humano de Anna Kariênina. Mas a questão é se Arnold compreendeu inteiramente o motivo de Flaubert atormentar Emma Bovary tão impiedosamente. Não era a moral de Emma que o afrontava, e sim suas patéticas tentativas de viver a vida da imaginação. Ao destruir Emma, Flaubert estava violentando aquela parte do seu próprio gênio que se amotinava contra o realismo, contra

---

5. Flaubert a Louise Colet, 12 de julho de 1853, *Correspondance de Gustave Flaubert*, III.

UM ENSAIO SOBRE O VELHO CRITICISMO 39

a teoria dissecante de que um romancista é um puro cronista do mundo empírico, um olho câmera, detendo-se com desapaixonada fidelidade ao fato.

Mesmo Henry James, que admirava imensamente *Madame Bovary*, percebeu que havia algo radicalmente errado em sua perfeição. Procurando justificar sua qualidade "metálica" (Henry James deu esse epíteto à totalidade da obra de Flaubert, em seu ensaio sobre Turguéniev), ele sugeriu que Emma, "apesar da natureza de sua consciência, e apesar dela refletir tanto a consciência do seu criador é, na realidade, um assunto muito pequeno"[6]. James pode estar certo, apesar de Baudelaire, ao lidar com o romance, tê-la considerado "uma mulher verdadeiramente grande". Mas, estrito senso, os dois pontos de vista são irrelevantes. A hipótese do realismo é que a nobreza inerente ao tema tem pouco a ver com as virtudes do desempenho. Seu dogma, conforme Valéry definiu em seu ensaio *La tentation de (saint) Flaubert* (A Tentação de (São) Flaubert), é estar "atento ao banal".

Os escritores naturalistas assombravam as bibliotecas de pesquisa, os museus, as aulas de arqueólogos e estatísticos. "Deem-nos Fatos", eles diziam, junto ao mestre-escola dickseniano de *Hard Times* (Tempos Difíceis). Muitos deles eram, literalmente, inimigos da ficção. *Madame Bovary* surgiu com o subtítulo *Moeurs de Province* (Costumes da Província). Tratava-se de um eco da famosa divisão de Balzac, em sua *Comédia Humana*, em cenas da vida parisiense, provinciana e militar. Mas o tom havia mudado e por trás da frase de Flaubert jazia o inexorável desejo de rivalizar o sociólogo e o historiador em seus próprios campos e fazer do romance uma monografia inserida em algum vasto compêndio da realidade. Esse desejo é manifesto na própria estrutura de seu estilo. Como Sartre observa, as frases de Flaubert "cercam um objeto, capturam-no, imobilizam-no e quebram sua espinha [...] o determinismo do romance naturalista esmaga a vida e substitui a ação humana pelas respostas uniformes de autômatos"[7].

Se isso fosse inteiramente verdadeiro, *Madame Bovary* não seria a obra de gênio que tão obviamente é. Mas há verdade suficiente para explicar que existe um âmbito da literatura do qual o romance em última análise não faz parte e que o tratamento dado por Flaubert ao seu tema fica tão aquém do de Tolstói. Além disso, *Madame Bovary* joga uma luz única sobre as limitações do romance europeu pelo fato de Flaubert se enxergar com uma clareza muito fustigante e de lhe faltar o dom da autocomplacência que preserva artistas menores do desespero. "O livro é um retrato do comum", dizia Henry James. Mas não é precisamente o "comum" o reino que Defoe e Fielding haviam demar-

---

6. H. James, Gustave Flaubert, *Notes on Novelists, with Some other Notes*.
7. J.-P. Sartre, Qu'est-ce que la littérature?, *Situations*, II.

40   TOLSTÓI OU DOSTOIÉVSKI

cado para seus sucessores? E não é altamente esclarecedor o fato de que quando ele abandona o "comum" – em *Três Contos* e *Salambô* e *A Tentação de Santo Antônio* – Flaubert se refugie nos santos da legenda áurea e nos demônios uivantes do irracionalismo?

Mas o fracasso de *Madame Bovary* (e "fracasso" aqui é um termo impertinente e relativo) não pode ser explicado pela distinção de Arnold entre obras de arte e pedaços de vida. Em *Anna Kariênina* não encontramos pedaços de vida, com todas as menções de deterioração e dissecação que ressoam nessa frase sinistra. Encontramos a própria vida na plenitude e na glória que somente as obras de arte podem transmitir. A sua revelação, além do mais, surge da maestria técnica e do desdobramento deliberado e controlado das formas poéticas.

II.

Apesar de equivocada, a crítica de Arnold foi de grande importância histórica. Ela expressou a opinião geral dos contemporâneos europeus de Arnold – em particular, do Visconde de Vogué – que, pela primeira vez, tornaram os romancistas russos acessíveis aos leitores franceses e ingleses. Esses admitiram nos russos certo frescor e poder de invenção. Entretanto, em sua discreta admiração estava implícita a existência da doutrina que havia inspirado o ensaio de Arnold – a doutrina de que a ficção europeia era produto de uma técnica deliberada e reconhecível enquanto que um livro como *Guerra e Paz* era uma criação misteriosa de um gênio indisciplinado e de uma vitalidade informe. Mais toscamente, a concepção toda levou aos ataques de Bourget à literatura russa; mais sutilmente, ela inspirou as ideias luminosas, ainda que instáveis, do *Dostoiévski* de Gide. Não se tratava de uma nova teoria da crítica europeia, e sim uma nova versão da tradicional defesa do estabelecido e do clássico contra as realizações fora das normas predominantes. As tentativas de Arnold em incluir *Anna Kariênina* no âmbito da crítica vitoriana, contrastando sua vitalidade com a sofisticação estética de Flaubert, eram comparáveis aos esforços dos críticos neoclássicos em distinguir a "sublimidade natural de Shakespeare" do que eles consideravam as perfeições ordenadas e canônicas de Racine.

No entanto, embora tais distinções, em nenhum dos casos, não fossem pertinentes ou fundamentadas nos textos, ainda permanecem conosco. O romance russo, agora, lança uma tremenda e aceita sombra sobre nosso senso de valores literários. Mas continua a fazê-lo, por assim dizer, do exterior. Sua influência técnica na ficção europeia tem sido restrita. Os romancistas franceses mais evidentemente inspirados nos modelos dostoievskianos foram homens de menores talentos, como Edouard Rod e Charles-Louis Philippe. *Markheim,* de Stevenson, algumas das obras de Hugh Walpole e, talvez, Faulkner

UM ENSAIO SOBRE O VELHO CRITICISMO   41

e Grahan Greene mostram traços do impacto de Dostoiévski. A influência de Tolstói sobre o *Evelyn Innes* de Moore, sobre Galsworthy e sobre Shaw é mais uma influência de ideias que de técnica[8]. Dentre as grandes figuras, somente de Gide e Thomas Mann pode-se afirmar que adotaram para suas próprias finalidades aspectos significativos da prática russa. Isso não é, basicamente, uma questão de barreira linguística; Cervantes está no coração da tradição europeia e afetou profundamente escritores que não podiam lê-lo em sua própria língua.

A razão encontra-se na direção geral indicada por Arnold. De modo obscuro mas persistente, percebe-se que Tolstói e Dostoiévski estão fora do escopo ordinário da análise crítica. Sua "sublimidade" é aceita como um fato bruto da natureza, que não corresponde a um exame mais próximo. Nosso estilo de louvor é significativamente vago. É como se as "obras de arte" pudessem ser esmiuçadas de modo inteligível, enquanto que os "pedaços de vida" pudessem ser contemplados com respeito. Certamente isso é uma bobagem: a grandeza de um romancista deve ser apreendida nos termos da sua forma real e realização técnica.

As últimas, no caso de Tolstói e Dostoiévski, são de enorme interesse. Nada poderia ser mais errôneo do que considerar seus romances "monstros frouxos e inflados", engendrados através de alguma espontaneidade misteriosa ou fortuita. Em *O Que é Arte?* Tolstói afirmou claramente que a excelência é conseguida pelo detalhe, que se trata de uma questão de "um pouquinho" mais ou "um pouquinho" menos. *Anna Kariênina* e *Os Irmãos Karamazov* sustentam essa opinião tanto quanto *Madame Bovary*. Na realidade, seus princípios de construção são mais ricos e mais complexos do que encontramos em Flaubert ou James. Comparado ao problema de estrutura narrativa e de ímpeto solucionados na primeira parte de *O Idiota*, um *tour de force* tão evidente quanto a manutenção estrita de um único ponto de vista em *Os Embaixadores*, fica-se chocado pela superficialidade. Contrapondo-se à seção de abertura de *Anna Kariênina*, que analisarei em detalhe, o começo de *Madame Bovary* parece escrito por uma mão pesada. Sabemos, no entanto, que Flaubert despendeu aí o máximo de seus recursos. Em termos de um romance bem construído, no sentido puramente técnico, *Crime e Castigo* tem poucos rivais. Ao escutarmos seu senso de ritmo e de execução precisa remetemo-nos ao melhor de Lawrence e *Nostromo* de Conrad.

Essas observações, que não merecem ser enfatizadas, devem ser lugar-comum da crítica. Mas serão mesmo? Muitos dos "novos críticos" têm dedicado esforço de compreensão e persuasão à arte do romance

---

8. Ver F. W. J. Hemmings, *The Russian Novel in France, 1884-1914*; T. S. Lindstrom, *Tolstoi en France (1886-1910)*; e G. Phelps, *The Russian Novel in English Fiction*.

42   TOLSTÓI OU DOSTOIÉVSKI

tal como praticada por Flaubert, Proust, James, Conrad, Joyce, Kafka e Lawrence (estes constituem um panteão oficial). As indagações sobre o uso da metáfora em Faulkner, sobre a gênese deste ou daquele episódio em *Ulisses*, são cada vez mais respeitosas e numerosas. Porém, muitos dos críticos e estudantes que justamente consideravam esses assuntos como vitais aos seus interesses, possuem somente uma noção geral e indistinta dos mestres russos. Involuntariamente, talvez, eles seguem à risca a rejeição estupidamente ultrajante da ficção russa em *How to Read* (Como Ler) de Ezra Pound. Parte do meu objetivo ao escrever esse ensaio é reagir contra essa tendência, e demonstrar que C. P. Snow estava certo quando afirmava que: "é a obra demoníaca na qual mais precisamos de intuições técnicas, se quisermos apreendê-la em alguma proporção"[9].

Mas uma vez feita essa afirmação, e mantendo firmemente a perspectiva de que a vitalidade de um romance é inseparável das virtudes técnicas que fazem dele uma obra de arte, resta um germe de verdade no argumento de Matthew Arnold. Ele estava certo ao afirmar a impossibilidade de considerar *Madame Bovary* e *Anna Kariênina* da mesma maneira. A diferença é mais que uma diferença de grau. Não é somente o fato de Tolstói conceber a condição humana sob uma luz mais profunda e de seu gênio ser de uma natureza inegavelmente mais ampla do que o de Flaubert. A diferença é que, pela leitura de *Anna Kariênina*, nossa compreensão das técnicas literárias, a nossa consciência de "como a coisa é feita", concede somente uma intuição preliminar. Os tipos de análise formal concernentes ao presente capítulo penetram muito menos profundamente no mundo de Tolstói do que no de Flaubert. O romance tolstoiano carrega um peso explícito de preocupações religiosas, morais e filosóficas, que brotam das circunstâncias da narrativa mas possuem uma existência independente, ou antes, paralela e exigem nossa atenção. O que se puder observar a respeito da poética de Tolstói é válido principalmente no sentido de fornecer a abordagem necessária a uma das mais articuladas e abrangentes doutrinas da experiência já formuladas por um único intelecto.

Isso pode explicar porque o novo criticismo, com exceções distintas como R. P. Blackmur, de maneira geral, evitou o romance russo. Sua atenção concentrada na imagem singular ou no agrupamento de palavras, seu preconceito contra as evidências extrínsecas e biográficas, sua preferência pelas formas poéticas acima das formas prosaicas, destoam das qualidades que governam a ficção dostoievskiana e tolstoiana. Daí a necessidade de um "velho criticismo" equipada com a civilização abrangente de um Arnold, um Sainte-Beuve e um Bradley. Daí também a necessidade de uma crítica preparada para se comprometer com o estudo dos modos mais soltos e amplos. Em

9. C. P. Snow, Dickens at Work, *New Statesman*, 27 de julho, 1957.

UM ENSAIO SOBRE O VELHO CRITICISMO 43

sua *Quintessense of Ibsenism* (A Quintessência do Ibsenismo), Shaw observou que "não há um único personagem de Ibsen que não seja, usando a antiga expressão, o templo do Espírito Santo, e quem, por instantes, não se comove pelo sentimento desse mistério".

Quando procuramos entender *Anna Kariênina*, essas antigas expressões são necessárias.

III.

Já a primeira página de *Anna Kariênina* transporta nossas emoções para um mundo distante do de Flaubert. A epígrafe paulina: "A vingança é minha, e eu a executarei" – possui uma ressonância trágica e ambígua. Tolstói concebeu sua heroína com aquilo que Matthew Arnold chamou de "tesouros de compaixão"; ele condenou a sociedade que a persegue até a morte, e, ao mesmo tempo, invocou as punições inexoráveis da lei moral. Igualmente notável é o fato de uma citação bíblica ter sido usada como epígrafe de um romance. Passagens da escritura raramente são entrelaçadas à trama da ficção europeia do século XIX; elas tendem a destruir a substância da prosa circundante devido seu puro resplendor e força de associação. Henry James consegue fazê-lo nos momentos como os "em verdade, em verdade...", de Lambert Strether, no clímax de *Os Embaixadores*, ou nas extraordinárias evocações da Babilônia em *A Taça de Ouro*. Porém, em *Madame Bovary* um texto bíblico soaria falso e poderia fazer desabar toda a estrutura deliberadamente prosaica. Em Tolstói (e Dostoiévski) o assunto é completamente outro. Longas citações dos Evangelhos são inseridas em *Ressurreição*, por exemplo, e em *Os Demônios*. Estamos lidando agora com uma concepção religiosa de arte e uma ordem definitiva de seriedade. Há tanto em jogo, além das virtudes do desempenho técnico, que a linguagem do Apóstolo parece maravilhosamente adequada e anuncia a obra como um sombrio clarim.

Vem então a celebrada abertura: "Havia uma grande confusão na casa dos Oblonski". Tradicionalmente, acreditava-se que Tolstói retirara a ideia dos *Contos de Belkin*, de Púchkin. No entanto, os rascunhos e uma carta a Strakhov (publicada somente em 1949) lançam certa dúvida a esse respeito. Em sua versão definitiva, Tolstói prefaciou essa sentença com uma breve máxima: "As famílias felizes se parecem entre si, toda família infeliz é infeliz ao seu modo". Sejam quais forem os detalhes exatos da composição, a força ampla e impetuosa do início é inconfundível e provavelmente Thomas Mann devia estar certo ao afirmar que nenhum outro romance inicia com tanta bravura.

Como diriam os poetas clássicos, somos introduzidos *in media res* (à coisa média) – à infidelidade trivial e, ainda assim, angustiante de Stepan Arkadyevich Oblonski (Stiva). Ao relatar o adultério em

44 TOLSTÓI OU DOSTOIÉVSKI

miniatura de Oblonski, Tolstói anuncia em um tom menor os temas dominantes do romance. Stepan Arkadyevich procura ajuda de sua irmã, Anna Kariênina. Ela vai restaurar a paz em um lar destruído. Que Anna apareça primeiramente como uma reparadora de casamentos rompidos é de uma ironia instigante, o tipo shakespereano de ironia, tão próximo da compaixão. A conversa entre Stiva e Dolly, sua esposa ultrajada, prefigura, apesar de seu brilho cômico, os enfrentamentos trágicos entre Anna e Alexei Alexandrovich Karenin. No entanto, o episódio de Oblonski é mais do que um prelúdio no qual os principais temas são apresentados com consumada habilidade; trata-se da engrenagem que põe em movimento contínuo as inúmeras rodas da narrativa. Pois o dano causado nos assuntos domésticos de Stiva leva ao encontro de Anna e Vronski.

Oblonski vai ao seu escritório – ele tem um encontro com seu temível cunhado – e o verdadeiro herói do romance, Konstantin Dimitrievich Levin, "um ginasta, capaz de levantar 5 *pudi* (16,380kg) com uma mão" encontra-o ali. E ele ingressa com uma disposição imensamente característica. Revela não participar mais das atividades do *zemstvo* rural, zomba da burocracia estéril simbolizada pela sinecura oficial de Oblonski e confessa ter vindo a Moscou por amor à cunhada de Oblonski, Kitty Shtcherbatsky. Temos ali, reunidos em sua primeira aparição, os impulsos que comandam a vida de Levin: sua indagação sobre a reforma agronômica rural; sua rejeição pela cultura urbana, e seu amor apaixonado por Kitty.

Segue-se daí uma série de episódios nos quais o personagem Levin é definido a seguir. Ele encontra seu meio-irmão, o conhecido publicista Sergey Ivanovatchi Koznishev, indaga sobre seu irmão mais velho, Nicholas, e então retoma o contato com Kitty. Trata-se de uma cena profundamente tosltoiana: "as velhas e frondosas bétulas do jardim, cujos ramos pendiam sob a neve, pareciam engalanadas de paramentos novos e solenes". Kitty e Levin patinam juntos e tudo que diz respeito a eles é tingido por uma luz fresca e brilhante. Do ponto de vista estrito da economia narrativa, a conversa de Levin com Koznishev poderia ser criticada como uma digressão. Mas devo voltar a esse problema, pois na estrutura de um romance tolstoiano tais digressões têm papel especial.

Levin reencontra Oblonski e eles almoçam juntos no Hotel d'Angleterre. Levin irrita-se com a impudica elegância do hotel e declara amargamente que preferiria "sopa de repolho e mingau" a todos os esplendores gastronômicos que o garçom tártaro exibe diante dele. Apesar de entusiasmado com sua refeição, Stiva retorna às suas aflições e pede a opinião de Levin sobre a infidelidade sexual. O breve diálogo é uma obra-prima de equilíbrio narrativo. Levin não consegue compreender que um homem vá "diretamente a uma padaria e roube um pão" logo depois de um jantar do qual saiu inteiramente satisfeito. Suas convicções são fortemente monogâmicas, e quando Oblonski alude a Maria Madalena, Levin afirma azedamente que Cristo jamais teria pronunciado aquelas palavras "se Ele soubesse de sua injúria [...] Repugnam-me as mulheres decaídas". No entanto, bem mais tarde no romance, nenhum homem se aproximará de Anna com mais compaixão. Levin continua a expor sua concepção da raridade do amor e refere-se ao *Symposium* de Platão. Mas pára de repente; há coisas em sua própria vida em desacordo com suas convicções. Muito de *Anna Kariênina* está concentrado nesse momento – o conflito entre monogamia e liberdade sexual; as inconsistências entre os ideais pessoais e o comportamento pessoal, a tentativa de interpretar a experiência, primeiro, filosoficamente, e, daí em diante, a partir da imagem de Cristo.

O cenário muda para a casa de Kitty e encontramos o quarto personagem principal na quadrilha do amor, Conde Vronski. Ele entra no romance como admirador e cortejador de Kitty. Esse é mais do que um exemplo da virtuosidade técnica de Tolstói, do seu prazer em refutar as respostas convencionais de seus leitores da mesma maneira como a vida as refuta. Essa é uma expressão do "realismo" e da "economia de grande fôlego" da grande arte. O flerte de Vronski com Kitty tem os mesmos valores estruturais e psicológicos que o encantamento de Romeu com Rosaline. Pois o impacto absolutamente transformador da adoração de Romeu por Julieta e da paixão de Vronski por Anna só pode ser poeticamente realizado e sensivelmente manifestado através do contraste com um amor anterior. Trata-se de sua descoberta da diferença entre o amor anterior e a totalidade demoníaca de uma paixão madura que impele ambos os homens à irracionalidade e ao desastre. O encantamento infantil de Kitty por Vronski (como o amor de Natasha por Bolkonski em *Guerra e Paz)* é similarmente um prelúdio de autoconhecimento. Em virtude da comparação ela irá reconhecer a autenticidade de seus sentimentos por Levin. O desencanto causado por Vronski vai possibilitar que Kitty renuncie ao brilho de Moscou e siga Levin até as suas propriedades. Quão sutilmente e ainda assim com que naturalidade Tolstói enrola seu novelo!

A mãe de Kitty, a Princesa Shtcherbatsky, medita sobre o futuro de sua filha em um desses longos monólogos interiores por meio dos quais Tolstói transmite as histórias de família. Tudo era tão mais simples antigamente, e novamente somos confrontados com o tema primário de *Anna Kariênina* – o problema do casamento em uma sociedade moderna. Levin aparece na propriedade dos Shtcherbatskys para pedir Kitty em casamento:

> Kitty respirava ofegante, sem olhar para Levin. Sentia-se em êxtase. Sua alma estava repleta de felicidade. Kitty não esperava, de forma alguma, que a declaração de amor de Levin produzisse nela uma impressão forte. Mas durou só um momento. Kitty lembrou-se de Vronski. Ergueu para Levin os olhos luminosos e sinceros e, vendo seu rosto desesperado, respondeu depressa:
> – "Não pode ser... perdoe-me".

46 TOLSTÓI OU DOSTOIÉVSKI

Como ela estivera perto dele, um minuto antes, como Kitty era importante para a vida de Levin! E como agora se tornara alheia e distante para ele!
– Não poderia mesmo ser de outro modo – respondeu sem olhar para Kitty. Após uma reverência, fez menção de sair.

Em sua retidão sobrenatural, esse é o tipo de passagem que desafia a análise. É perpassada por tato e graça invioláveis. Ainda assim, a visão não se desvia de sua honestidade e de sua quase aspereza dos caminhos da alma. Kitty realmente não sabe por que o pedido de Levin a inundou de felicidade. Mas o simples fato ameniza o *páthos* da ocasião e mantém em suspenso sua obscura promessa futura. Por sua tensão e veracidade o episódio tem algo do melhor de D. H. Lawrence.

No próximo capítulo (XIV) Tolstói confronta os dois rivais e aprofunda o tema do amor indiscriminado de Kitty. A maturidade e persuasão de sua arte estão presentes em todos os lugares. Quando a Condessa Nordston, uma intrometida tagarela, alfineta Levin, Kitty é levada, sem estar inteiramente consciente, a defendê-lo – e isso apesar da presença de Vronski, a quem ela olha com sincera alegria. Vronski é mostrado à luz mais favorável possível. Levin não tem dificuldade em perceber o que há de bom e atraente em seu afortunado rival. Os temas aqui são tão delicados e ramificados quanto em uma cena de Jane Austen: um toque errado ou um mau uso do *tempo* precipitaria o espírito da cena para o trágico ou artificial. Mas sob as sutilezas há sempre a visão firme, o sentido Homérico de realidade das coisas. Os olhos de Kitty não a impedem de afirmar a Levin: "Estou tão feliz!"; e os dele só conseguem responder: "Eu odeio todos eles, e você e a mim mesmo". Mas por ser concebida sem sentimentalismo ou elaboração, sua própria amargura é humana.

A *soirée* termina em uma dessas "intimidades" familiares que tornam os Rostovs e os Shtcherbatsys tão incomparavelmente "reais". O pai de Kitty prefere Levin e instintivamente sente que a aliança com Vronski pode não se realizar. Ao ouvir seu marido, a princesa não está mais confiante: "e depois de voltar para o quarto, ela, também, tal como Kitty, sentindo-se assustada ante o futuro desconhecido, repetiu várias vezes em pensamento 'Deus me perdoe. Deus me perdoe!'".

Trata-se de uma observação repentina e sombria que marca, muito apropriadamente, a transição para o enredo principal.

Vronski vai à estação de trem aguardar a vinda de sua mãe de São Petersburgo. Ele encontra com Oblonski, pois Anna Kariênina está chegando no mesmo trem. A tragédia começa, como termina, em uma estação de trem (um estudo poderia ser escrito sobre o papel das estações nas vidas e nos romances de Tolstói e Dostoiévski). A mãe de Vronski e a encantadora Anna Kariênina haviam viajado juntas e, ao ser apresentada ao Conde, Anna lhe diz: "Sim, eu e a Condessa conversamos o tempo todo, eu do meu filho e ela do dela". Essa

UM ENSAIO SOBRE O VELHO CRITICISMO   47

observação é um dos toques mais tristes e mais perceptivos de todo o romance. Trata-se do comentário de uma mulher mais velha ao filho de sua amiga, um homem mais novo, que não é propriamente da sua geração. Aí reside a catástrofe do relacionamento Anna-Vronski e a duplicidade que lhe é essencial. A tragédia subsequente está contraída em uma única sentença, e no seu talento em forjá-la Tolstói se equipara a Homero e Shakespeare.

Enquanto os Vronski, Anna e Stiva se encaminham para a saída, acontece um acidente: "Um vigia, ou por estar bêbado, ou agasalhado em damasia devido à forte friagem, não escutou o trem que recuava e foi esmagado". (a calma exposição das duas alternativas é caracteristicamente tolstoiana). Oblonski relata a terrível aparência do homem, e ouvem-se vozes debatendo se ele sofreu ou não muita dor. Meio subrepticiamente, Vronski dá duzentos rublos para ajudar a viúva. Mas seu gesto não é inteiramente genuíno; dá-se provavelmente pela esperança indefinida de impressionar Madame Kariênina. Apesar de rapidamente esquecido, o episódio deixa a atmosfera sombria. Funciona de certo modo como o tema da morte na abertura de *Carmem*, que parece reverberar suavemente muito depois da cortina ter subido. É instrutivo comparar esse recurso temático em Tolstói com as alusões ao arsênico no início de *Madame Bovary* em Flaubert. A versão tolstoiana é menos sutil, mas tem mais autoridade.

Anna chega aos Oblonski e mergulhamos no turbilhão caloroso e cômico da indignação e do crescente perdão de Dolly. Alguém que duvida do senso de humor de Tolstói deve observar Anna que envia seu arrependido, mas envergonhado, irmão a sua esposa: "'Stiva', disse, piscando alegremente, fazendo o sinal-da-cruz sobre ele e apontando para a porta com os olhos. 'Vá, e que Deus o ajude'". Anna e Kitty são deixadas a sós e elas falam de Vronski. Anna o elogia no tom de uma mulher mais velha que encoraja uma jovem apaixonada: "Mas nada contou sobre os duzentos rublos. Por algum motivo, não lhe agradava lembrar-se disso. Sentia haver aí algo que lhe dizia respeito, algo que não deveria existir". Ela tem razão, com certeza.

No decorrer desses capítulos preliminares, dois tipos de material são tratados com igual maestria. As nuances e matizes da psicologia individual são representadas com grande precisão. O tratamento é próximo e não radicalmente distinto da técnica do mosaico psicológico que associamos a Henry James e Proust. Ao mesmo tempo, no entanto, o pulso da energia física e gesticulação bate alto. A fisicalidade da experiência é fortemente expressa e ela envolve, e de algum modo humaniza, a vida mental. Isso pode ser melhor demonstrado nos momentos finais do capítulo XX. A conversa intrincada e firmemente tramada de Kitty e Anna está a reboque de uma vaga nota de mal estar. Kitty pensa que Anna "está irritada com algo". Nesse instante a sala é invadida:

48 TOLSTÓI OU DOSTOIÉVSKI

– "Não! Primeiro eu! Não, sou eu!" – gritavam as crianças, que tinham acabado de tomar chá e corriam ao encontro da tia Anna.

– "Todos juntos!" – disse Anna e, rindo, correu ao encontro deles, abraçou e derrubou no chão todo aquele fervilhante amontoado de crianças que guinchavam de entusiasmo.

Os temas aqui são evidentes: Tolstói novamente focaliza a atenção sobre a idade relativa de Anna e seu status de mulher madura, bem como em seu encanto radiante. No entanto fica-se maravilhado com a facilidade da transição entre o rico jogo interior do diálogo precedente e o brilhante salto da ação física.

Vronski passa por lá, mas recusa-se a entrar no círculo familiar. Kitty acredita que ele tenha vindo por sua causa, mas não tenha aparecido por "pensar que seja tarde, e pela presença de Anna". Ela está vagamente perturbada, e Anna também. Nessa nota menor e oblíqua inicia-se a tragédia de fingimento na qual Anna está destinada a ser enredada e que, finalmente, irá destruí-la.

O capítulo XXII nos conduz ao baile, onde Kitty, como a outra Natasha, aguarda a declaração de amor do Conde Vronski. O *affair* é maravilhosamente descrito e faz com que a dança em La Vaubyessard, de *Madame Bovary*, pareça um tanto pesada. Isso não é porque Kitty é dotada de maior riqueza de consciência do que Emma; nesse estágio do romance ela é, de fato, uma jovem bastante comum. A diferença toda encontra-se na perspectiva dos dois escritores. Flaubert distancia-se da tela e pinta à distância de um braço, com maldade fria. Mesmo na tradução podemos perceber seu empenho pelos efeitos especiais de iluminação e cadência: "ouvia-se o tinir dos luíses de ouro nas mesas de jogo, ao lado; depois tudo começava a um tempo, o pistão marcava o compasso, as saias roçavam, as mãos entrelaçavam-se e soltavam-se, os olhares desviavam-se agora para de novo se encontrarem"[10].

A distância irônica é preservada, porém a visão como um todo é empobrecida e artificializada. Em *Anna Kariênina*, com seu narrador onisciente, não há um ponto de vista único. O baile é visto através da dor súbita de Kitty, através do encantamento atordoado de Anna, à luz da paixão nascente de Vronski e do ponto de vista de Korunski, "a primeira estrela na hierarquia do salão". O ambiente e os personagens são indivisíveis, cada detalhe – e nisso é que Tolstói difere marcadamente de Flaubert – é dado não somente pelo gosto do próprio detalhe ou pela atmosfera, mas porque é dramaticamente pertinente. Pela observação aflita de Kitty vemos Vronski ceder ao encanto de Anna Kariênina. É a jovem princesa, em sua perturbação e vergonha, que nos transmite toda a qualidade do fascínio de Anna. Durante a mazurca, a última observa Kitty com "olhos semicerrados". Trata-se de um pequeno toque,

10. *Madame Bovary*, op. cit., p. 61.

mas que concentra, com absoluta precisão, o sentimento da astúcia de Anna e sua potencial crueldade. Um artista menor teria mostrado Anna através dos olhos de Vronski. Mas Tolstói faz o mesmo que Homero, quando fez o coro de anciões catalogar e exaltar o esplendor de Helena. Nos dois casos somos persuadidos indiretamente.

Os capítulos seguintes aprofundam o retrato de Levin e captamos um breve momento dele em sua propriedade, em seu próprio elemento, em meio aos campos sombrios, os bosques de bétulas, os problemas de agronomia e o silêncio fecundo da terra. O contraste com o baile é proposital e aponta à maior dualidade do romance: Anna, Vronski e a vida social da cidade; Levin, Kitty e o universo natural. Subsequentemente, esses dois *leitmotifs* irão se harmonizar e se desenvolver em complexos padrões. Mas o prelúdio como tal está completo, e nos últimos cinco capítulos do Livro I o conflito em si – o trágico *agon* – está iniciado.

Anna prepara-se para reencontrar seu marido em São Petersburgo. Ela se acomoda em seu compartimento e lê um romance inglês, identificando-se melancolicamente com a heroína. Esse, junto com o famoso episódio do capítulo seguinte, parece derivar diretamente da lembrança de Tolstói de *Madame Bovary*. O trem pára em uma estação em meio a uma tempestade de neve, e Anna, que já está num estado de exaltada tensão, sai para "o ar puro e gélido". Vronski a seguiu e lhe confessa sua paixão: "Para Anna, todo o horror da nevasca parecia, agora, ainda mais belo. Ele declarara precisamente o que ela desejava ouvir do fundo de sua alma, embora sua razão temesse ouvi-lo". De que maneira simples e até arcaica Tolstói divide o espírito humano entre alma e razão. Flaubert não teria escrito essa frase, mas em sua sofisticação encontra-se sua estreiteza.

O trem chega a São Petersburgo; Anna avista Alexei Alexandrovitch Karenin de repente: "Meu Deus! Por que suas orelhas são assim!? pensou ela, enquanto observava sua figura fria e imponente e, em especial, a cartilagem das orelhas, que agora a impressionaram, e que pareciam escorar as abas do chapéu redondo". Não é essa a versão de Tolstói da cena na qual Emma Bovary descobre que Charles faz barulhos grosseiros enquanto come? Quando Anna chega em casa acha seu filho menos encantador do que esperava. Sua capacidade de discriminação e os hábitos de sua vida moral já estão sendo distorcidos por uma paixão da qual ela está, por enquanto, só parcialmente consciente. Para aguçar a dissociação entre Anna e o *milieu* ao qual ela retornou, Tolstói introduz a Condessa Lídia, uma das amigas untuosas e preconceituosas de Karenin. No entanto, exatamente no momento em que esperamos que Anna se revele, que acorde para sua nova vida, a febre diminui. Ela se acalma e admira-se de suas emoções terem se rebelado sobre um assunto tão banal e frívolo quanto um flerte momentâneo com um jovem e elegante oficial.

Na calma do entardecer, os Karenin estão todos juntos. Alexei admite, com sua honestidade brutal, que ele acha a escapada de Oblonski imperdoável. Suas palavras são como um raio de luz no horizonte, mas Anna aceita-as e gosta de sua franqueza. À meia-noite Karenin chama Anna ao leito. Os pequenos toques, os chinelos, o livro sob seu braço, a precisão da hora nos dizem que há nas relações físicas dos Karenin uma monotonia essencial. Quando Anna entra no quarto, "aquela chama parecia extinta, escondida em algum lugar bem distante". A imagem adquire, dado o momento, uma força extraordinária; mas mesmo tocando diretamente em um tema sexual, o talento de Tolstói era casto. Como observou Górki, a linguagem erótica mais grosseira e concreta assumia, na boca de Tolstói, uma pureza natural. O sentimento de incompletude erótica no casamento de Anna é percebido completamente; mas aqui não há nada que se assemelhe aos cordões de um corpete que "sibilavam" como "uma cobra deslizante" em torno dos quadris de Emma Bovary. Esse aspecto tem certa importância, porque foi por seu tratamento luminoso da paixão física que Tolstói esteve mais próximo, pelo menos até os seus últimos anos, do espírito homérico.

A Parte I do romance é concluído num tom leve. Vronski retorna ao seu quartel e mergulha na vida de frivolidade e ambição de um jovem oficial da São Petersburgo imperial. Tolstói repudia profundamente essa vida, mas ele é um artista demasiado talentoso para deixar de mostrar como ela se adapta perfeitamente a Vronski. Somente as últimas frases nos levam de volta ao tema trágico. O Conde planeja "iniciar uma série de visitas à sociedade onde lhe seria mais provável encontrar Anna Kariênina. Como sempre fazia em São Petersburgo, ele saiu da casa com intenção de retornar somente noite adentro". Esse comentário, aparentemente casual, é de uma exatidão profética. Pois o que jaz adiante é a escuridão.

Muito mais poderia ser dito sobre a primeira parte de *Anna Kariênina*. Mas mesmo um exame superficial de como são apresentados e desenvolvidos os temas dominantes bastaria para colocar por terra o mito de que os romances de Flaubert ou Henry James são obras de arte enquanto que os romances de Tolstói são pedaços de vida transmutados em obras-primas por alguma necromancia demoníaca e natural. R. P. Blackmur destaca que *Guerra e Paz* "tem sim toda qualidade" que Henry James prescrevia quando invocava a "economia de grande fôlego de uma forma orgânica"[11]. Isso é ainda mais verdadeiro em *Anna Kariênina*, no qual a integridade do dom poético de Tolstói foi menos ameaçada pelas exigências de sua filosofia.

Ao procurarmos a noção do orgânico nas seções iniciais de *Anna Kariênina*, somos repetidamente conduzidos a um sentido de analogia

---

11. R. P. Blackmur, The Loose and Baggy Monsters of Henry James, *The Lion and the Honeycomb.*

musical. Há efeitos de contraponto e harmonia no desenvolvimento das duas tramas principais do "Prelúdio Oblonski". Há elementos que irão reaparecer com crescente amplitude em etapas posteriores do romance (o acidente na estação de trem, a discussão zombeteira sobre o divórcio entre Vronski e a Baronesa Shilton, o "vislumbre de um fogo vermelho" diante dos olhos de Anna). Acima de tudo, há a impressão de uma multiplicidade de temas subordinados ao impulso de um grande projeto, que leva tudo adiante. O método de Tolstói é polifônico, mas as principais harmonias se desdobram com um tremendo impacto e amplitude. Não é possível comparar técnicas musicais e linguísticas com algum grau de precisão. Mas de que outro modo se poderia elucidar a sensação de que os romances de Tolstói brotaram de algum princípio interior de ordem e vitalidade enquanto os de escritores menores são apenas costurados em emendas?

No entanto, pelo fato de um romance como *Anna Kariênina* ser tão imenso em suas proporções e por ele exercer um controle imediato sobre nossas emoções, a deliberação e sofisticação do detalhe individual tendem a escapar de nós. Na poesia épica e no drama em verso a forma métrica particulariza nossa atenção e a focaliza em uma dada passagem ou numa dada linha ou metáfora recorrente. Ao lermos um extenso pedaço de prosa (particularmente na tradução) nos submetemos ao efeito total. Daí a crença de que os romancistas russos podem ser apreendidos em sua generalidade e que há pouco ganho no tipo de estudo detalhado que aplicamos, por exemplo, em Conrad ou Proust.

Como fica demonstrado em seus rascunhos e revisões, Tolstói trabalhava sobre problemas específicos de narrativa e apresentação com minuciosa atenção. Ele, porém, nunca esquecia que além da virtuosidade técnica, além de "fazer a coisa belamente", estava a coisa a ser feita. Ele condenava *l'art pour l'art* como sendo a estética da frivolidade. E é precisamente por possuir a ficção tolstoiana uma visão de mundo tão ampla e central, uma humanidade tão complexa e um pressuposto tão claro de que a grande arte toca filosofica e religiosamente na experiência, que fica difícil destacar o elemento, o *tableu* ou metáfora específica e afirmar que "esse é Tolstói, o técnico".

Há passagens características em Tolstói: a famosa cena da ceifa em *Anna Kariênina,* a caçada de lobos em *Guerra e Paz*, a missa em *Ressurreição*. Há símiles e "tropos" tão cuidadosamente elaborados quanto quaisquer que encontremos em Flaubert. Considere, por exemplo, a antinomia de luz e sombra que inspirou os títulos dos dois dramas principais de Tolstói e que impregnou *Anna Kariênina*. Na última frase da Parte VII, a morte de Anna é expressa pela imagem de uma luz que brilhou em claridade fugaz e então se extinguiu para sempre; a frase final do capítulo XI da Parte VIII retrata Levin cego de luz no momento em que reconhece o caminho de Deus. O eco é deliberado; resolve a ambiguidade latente da epígrafe paulina, reconcilia os dois enredos

52   TOLSTÓI OU DOSTOIÉVSKI

principais. Como sempre em Tolstói, o recurso técnico é o transmissor de uma filosofia. Toda a grande soma de invenção em *Anna Kariênina* aponta em direção da moral que Levin recebe de um velho camponês: "Não devemos viver para nós mesmos, e sim para Deus".

Sem procurar dar uma definição precisa, Matthew Arnold falou da "alta seriedade" que distingue um pequeno número de obras da grande massa das realizações literárias. Ele encontrou essa qualidade em Dante, por exemplo, mais do que em Chaucer. Talvez esse seja o contraste mais próximo que conseguimos entre Madame Bovary e Anna Kariênina. Madame Bovary é de fato um grande romance; persuade-nos por sua habilidade miraculosa e pelo modo com o qual esgota todas as possibilidades do seu tema. Mas o próprio tema e nossa identificação com ele permanecem, ao final, "uma coisa muito pequena". Em Anna Kariênina ultrapassamos a maestria técnica para o sentido da própria vida. A obra tem seu lugar (de um modo que Madame Bovary não tem) junto às epopeias homéricas, às peças de Shakespeare e aos romances de Dostoiévski.

IV.

Hugo von Hofmannstal observou certa vez que não conseguia ler uma página de Os *Cossacos* de Tolstói sem se lembrar de Homero. Sua experiência tem sido compartilhada não somente pelos leitores de *Os Cossacos,* mas pelos leitores das obras de Tolstói como um todo. De acordo com Górki, o próprio Tolstói disse que *Guerra e Paz*: "Sem falsa modéstia, é como a *Ilíada*". E fez precisamente a mesma observação a respeito de *Infância, Adolescência e Juventude*. Além do mais, parece que Homero e a atmosfera homérica desempenharam um papel fascinante na imagem que Tolstói fazia de sua própria personalidade e estatura criativa. Seu cunhado, S. A. Bers, fala em suas *Reminiscências* de um festival que acontecia na propriedade de Tolstói em Samara:

uma corrida de cavalos de cinquenta verstas, com obstáculos. Os prêmios estavam prontos, um touro, um cavalo, um rifle, um relógio, um vestido, e coisas assim. Escolheram um local plano, prepararam e demarcaram uma enorme pista de quatro milhas, e colocaram pilares ao longo dela. Carneiros assados, e até um cavalo, foram preparados para a diversão. No dia marcado, milhares de pessoas apareceram, Cossacos dos Urais, camponeses russos, Bashkirs e Khirgizes, com suas tendas, samovares, e até seus rebanhos [...]. Em uma colina em forma cônica, chamada no dialeto local de "Shishka" (o furúnculo), foram espalharados tapetes e feltros, e neles sentaram-se os Bashkirs circularmente, acocorados [...]. O festival durou dois dias e era alegre e ao mesmo tempo digno e decoroso[12].

Trata-se de uma cena fantástica; os milênios que separam as planícies de Troia da Rússia do século XIX são conectados, e o livro XXIII da *Ilíada* toma vida. Na versão de Richmond Lattimore:

12. Citado em D. S. Merezhkovsky, op. cit.

UM ENSAIO SOBRE O VELHO CRITICISMO   53

Mas Aquiles os retém. Uma ampla
arena faz dispor; das naus vêm dons, caldeiras
e trípodes, equinos, mulos e bois crânios–
robustos, moças de cintura linda, ferro
sidéreo-cinza[13].

Como Agaménon, Tolstói se entroniza sobre o morro; a estepe está pontilhada de tendas e fogueiras; Bashkirs e Khirgizes, como os Aqueus, correm sobre a pista de quatro milhas e recebem seus prêmios das mãos do rei barbado. Mas aí não há nada de arqueologia, de reconstrução artificial. O elemento Homérico era próprio a Tolstói; estava enraizado em seu gênio. Leia sua polêmica com Shakespeare, e descobrirá que seu sentimento de parentesco com o poeta, ou poetas, da *Ilíada* e *Odisseia* era palpável e imediato. Tolstói falava de Homero de igual para igual. Entre eles as épocas pouco contavam.

O que marcava Tolstói como peculiarmente homérico em sua coleção de memórias da juventude? Creio que o cenário e o estilo de vida que ele recordava. Tomemos a narrativa de "A Caçada" no volume *Infância*:

A colheita estava no apogeu. O limitado campo amarelo brilhante estava ligado, por um lado apenas, a um bosque alto e azulado, que naquela época me parecia um local longínquo e misterioso além do qual a terra acabava ou começavam as terras desabitadas. O campo inteiro estava coberto de meadas de feno e camponeses [...]. O pequeno cavalo ruão, que papai montava, trotava com passo ligeiro e alegre, inclinando às vezes a cabeça sobre o peito, puxando as rédeas, enxotando com a cauda espessa as moscas e os mosquitos que pousavam gulosamente em cima dele. Dois galgos, com os rabos levantados em forma de foice, pulavam graciosamente atrás das patas do cavalo, por cima do restolho alto. Milka corria na frente, e com a cabeça levantada aguardava a presa. As vozes dos camponeses, o patear dos cavalos, o rodar das carroças, o grito alegre das codornizes, o zumbir dos insetos que pairavam no ar em enxames constantes, o cheiro da losna, da palha, do suor dos cavalos; as mil cores e sombras diferentes com que o sol ardente banhava o restolho amarelo claro, o azul escuro da floresta, as nuvens lilás pálido, as brancas teias de aranha que flutuavam no ar ou se espalhavam pelo restolho, tudo aquilo eu via, escutava e sentia.

Aqui não há nada que teria sido incongruente com as planícies de Argos. É do ponto de vista de nossa própria ambientação moderna que a cena parece estranhamente remota. Trata-se de um mundo patriarcal de caçadores e camponeses; a ligação entre o senhor e os cães e a terra flui inata e verdadeira. A própria descrição combina uma sensação de movimento com uma impressão de repouso; o efeito total, como nos frisos do Parthenon, é de equilíbrio dinâmico. E além do horizonte familiar, assim como além dos pilares de Hércules, estão os mares misteriosos e as florestas inexploradas.

13. Homero *Ilíada*, tradução de Haroldo de Campos, São Paulo: Arx, 2002. Canto XXIII, vol.II, p. 347.

O mundo de lembranças de Tolstói, assim como o de Homero, é carregado de energias sensuais. O tato, a visão e o cheiro preenchem-no, a cada momento, com grande intensidade:

No caminho, um samovar no qual Mitka, o cocheiro, soprava, vermelho como uma lagosta, já está fervendo. Lá fora está úmido e enevoado, como se o vapor subisse da pilha de esterco; o sol ilumina com raios brilhantes e alegres a parte oriental do céu e os telhados de palha, refulgentes de orvalho, dos alpendres espaçosos que circundavam o pátio. Sob um deles pode-se ver nossos cavalos amarrados às manjedouras e ouvir o seu mastigar constante. Um vira-lata peludo que dormira até o amanhecer em cima de uma pilha seca de esterco, estira-se preguiçosamente e balança o rabo e começa a correr em direção ao outro lado do pátio. Uma camponesa enérgica abre os portões em meio a rangidos e tange vacas sonolentas para a rua onde já se escuta o ruído dos cascos, o mugir e o balido dos rebanhos.

Assim era quando a "aurora de dedos róseos" chegava à Ítaca dois mil e setecentos anos atrás. Assim deveria ser, proclama Tolstói, se os homens permanecessem em comunhão com a terra. Mesmo a tempestade, com sua fúria animada, pertence ao ritmo das coisas:

O clarão dos relâmpagos aumenta mais e torna-se mais pálido, e o estrondo dos trovões agora é menos forte em meio ao ruído regular e monótono da chuva. [...]

[...] um bosque de álamos com arbustos de aveleiras e cerejeiras silvestres está imóvel como se tomado por excesso de alegria e, vagarosamente, gotas cintilantes de orvalho caem de seus ramos sobre as folhas do ano passado. De todas as partes cotovias voavam em círculos com suas canções alegres [...] o cheiro delicioso da madeira após a tempestade primaveril, o odor das bétulas e das violetas; as folhas em decomposição, os cogumelos e as cerejas silvestres – isso é tão arrebatador, que não consigo ficar na brichtka.

Schiller escreveu em seu ensaio *Ueber naive und sentimentalische Dichtung* (Sobre a Poesia Ingênua e Sentimental) que certos poetas "são Natureza", enquanto outros apenas "procuram a Natureza". Nesse sentido, Tolstói é Natureza; entre ele e o mundo natural a linguagem não se antepunha como um espelho ou uma lente de aumento, e sim como uma janela através da qual a luz passa e ainda é recolhida e tornada permanente.

É impossível concentrar em uma única fórmula ou demonstração as afinidades entre os pontos de vista homéricos e tolstoianos. Pelo menos os seguintes pontos são pertinentes: o cenário arcaico e pastoril, a poesia da guerra e agricultura, a primazia dos sentidos e do gesto físico, o pano de fundo luminoso e harmonizante do ciclo anual; o reconhecimento de que energia e vida são, por si mesmas, sagradas; a aceitação de uma corrente de existência que se estende da matéria bruta às estrelas e na qual cada homem tem seu lugar; e mais profundamente, um bom senso essencial, uma determinação em seguir aquilo que Coleridge chamou de "a grande estrada da vida", ao invés daquelas obliquidades obscuras nas quais o gênio de Dostoiévski sentia-se tão completamente à vontade.

Na épica de Homero, bem como nos romances de Tolstói, a relação entre o autor e as personagens é paradoxal. Maritain faz uma analogia tomística a esse respeito em seu estudo *Intuição Criativa na Arte e na Poesia*. Ele fala "da relação entre a eternidade transcendente criativa de Deus e as criaturas livres, que agem em liberdade como também firmemente atadas aos seus propósitos". O criador está onisciente e presente em toda parte, mas ao mesmo tempo é desprendido, impassível e incansavelmente objetivo em sua visão. O Zeus homérico dirige a batalha da firmeza de sua montanha, segurando os pratos da balança do destino, mas sem intervir. Ou, ainda, intervindo somente para restaurar o equilíbrio, para garantir a mutabilidade da vida humana contra a ajuda milagrosa ou as excessivas conquistas do heroísmo. Assim como no distanciamento do deus, na visão clara de Homero e Tolstói há crueldade e compaixão.

Eles enxergavam com esses olhos vazios, ardentes e diretos, que nos observam através das fendas dos capacetes das arcaicas estátuas gregas. Suas visões eram terrivelmente sóbrias. Schiller maravilhou-se com a serenidade de Homero, com sua capacidade de comunicar o máximo de terror e dor em perfeito equilíbrio de tom. Acreditava que essa qualidade – essa *naïveté* – pertencia a uma época mais anterior e era impossível capturar com o temperamento sofisticado e analítico da literatura moderna. Daí Homero retirava seus efeitos mais pungentes. Tome, por exemplo, o assassinato de Lacoonte por Aquiles, no Livro XXI da *Ilíada*.

> "Meu caro,
> morre também tu. Tanto lamento, por quê?
> Pátroclo, muito acima de ti, não morreu?
> Não vês como sou belo e vigoroso? Venho
> de um pai nobre e uma deusa gerou-me. Mas sobre-
> levam-te, e a mim, a morte, tanto quanto a Moira
> má. De manhã, de tarde ou no pino do dia,
> alguém, na refrega Ares-fogosa, o meu sopro
> vital há de tirar à lança ou, vibrando o arco, à flecha".
> Falou. Joelhos e coração falham
> ao outro: abaixou-se, ergueu as mãos, largou
> o dardo. O gládio agudo sacando da bainha,
> Aquiles golpeou-o, entre a clavícula e a gorja,
> nele embebendo a lâmina bigume. Caiu
> de bruços e estendeu-se na lama. Espirrou
> um sangue escuro que a ensopou[14].

A calma da narrativa é quase desumana, mas, em consequência, o horror expõe-se a nu e nos comove de modo indizível. Além do mais,

14. Tradução de Haroldo de Campos, op. cit, Canto XXI, vol.II, p. 328.

Homero nunca sacrifica a firmeza de sua visão às necessidades do *páthos*. Príamo e Aquiles encontraram-se e expressaram suas queixas, mas então eles se lembram da carne e do vinho. Pois, como diz Aquiles, de Niobe: "Ela se lembrou de comer quando ficou fatigada de chorar". Novamente é a seca fidelidade aos fatos, a recusa do poeta em se comover por questões externas, que comunicam a amargura de sua alma.

A esse respeito, ninguém na tradição ocidental está mais próximo de Homero do que Tolstói. Como notara Romain Rolland em seu diário de 1887: "na arte de Tolstói uma determinada cena nunca é percebida de dois pontos de vista, sempre de um só; as coisas são o que são, e não de outra maneira". Em *Infância*, Tolstói narra a morte de sua mãe: "Eu estava sofrendo muito naquele momento, mas involuntariamente prestei atenção em cada detalhe", inclusive no fato de que a enfermeira era "muito formosa, jovem e incrivelmente bela". Quando sua mãe morre, o menino experimenta "uma espécie de prazer" ao saber-se infeliz. À noite ele dorme "profunda e calmamente", como sempre ocorre depois de grandes sofrimentos. No dia seguinte, ele se dá conta do cheiro de decomposição:

> Foi só então que compreendi o que era o cheiro forte, opressivo que se misturava ao incenso, que enchia toda a sala; e a ideia de que o rosto que há apenas alguns dias tinha sido tão repleto de beleza e ternura, o rosto daquela que eu amava mais que tudo no mundo, podia evocar horror, parecia revelar a mim a verdade mais amarga pela primeira vez, e enchia minha alma de desespero.

"Mantenha seus olhos firmes para a luz", dizia Tolstói, "é assim que as coisas são".

Na inabalável lucidez da atitude homérica e tolstoiana, no entanto, há muito mais que resignação. Há alegria, a alegria que queima nos "antigos olhos cintilantes" dos sábios do *Lapis Lazuli* de Yeats. Pois ambos amavam e reverenciavam a "humanidade" do homem; eles se deleitavam na vida do corpo friamente percebido, mas ardentemente narrado. Além do mais, estava em seu instinto preencher o hiato entre espírito e gesto, relacionar a mão à espada, a quilha à água salgada, o aro da roda aos paralelepípedos cantantes. O Homero da *Ilíada* e Tolstói concebiam a ação total; o ar vibra em torno dos personagens e a força da sua existência eletrifica a natureza insensata. O cavalo de Aquiles chora o seu desastre iminente e o carvalho floresce para persuadir Bolkonski de que seu coração viverá novamente. Essa consonância entre os homens e o mundo circundante se estende até às taças nas quais Nestor procura sabedoria quando o sol se põe e às folhas de bétula que brilham como uma repentina explosão de joias após a tempestade ter arrasado a propriedade de Levin. As barreiras entre mente e objeto, as ambiguidades que os metafísicos discernem na própria noção de realidade e percepção, não detiveram Homero nem Tolstói. A vida transbordava neles como o mar.

UM ENSAIO SOBRE O VELHO CRITICISMO 57

E eles se deleitavam com isso. Simone Weil, ao chamar a *Ilíada* de "O Poema da Força" e enxergar aí um comentário sobre a trágica futilidade da guerra, estava apenas parcialmente certa. A *Ilíada* está longe do desesperador niilismo de *As Troianas* de Eurípides. No poema homérico a guerra é valorosa e, em última instância, enobrecedora. Mesmo em meio à carnificina, a vida pulsa vigorosamente. Ao redor da sepultura de Pátroclo, os chefes gregos lutam, correm e jogam o dardo na celebração de sua força e vitalidade. Aquiles sabe que está condenado, mas "Briseida de faces brilhantes" vem a ele a cada noite. Guerra e mortalidade trazem devastação nos mundos de Homero e Tolstói, mas o centro permanece: é a afirmação de que a vida é, em si, algo belo, que os trabalhos e os dias dos homens valem à pena registrar, e que nenhuma catástrofe – nem mesmo o incêndio de Troia ou de Moscou – é definitiva. Pois além das torres carbonizadas, e além das batalhas, ondula o mar escuro como vinho, e quando Austerlitz for esquecida a colheita irá, na imagem de Pope, mais uma vez "tingir a encosta".

Toda essa cosmologia é resumida na lembrança de Bosola à Duquesa de Malfi, quando ela amaldiçoa a natureza em agonizante rebelião: "Olhe, as estrelas ainda cintilam". Essas são palavras terríveis, repletas de distanciamento e do duro reconhecimento de que o mundo físico contempla nossas aflições impassivelmente. Mas ultrapasse seu impacto cruel e elas transmitem uma certeza de que a vida e o brilho das estrelas resistem além do caos momentâneo.

O Homero da *Ilíada* e Tolstói são semelhantes ainda em outro aspecto. Sua imagem da realidade é antropomórfica; o homem é a medida e o pivô da experiência. Além disso, a atmosfera em que os personagens da *Ilíada* e da ficção tolstoiana nos são apresentados é profundamente humanista e até secular. O que importa é o reino *desse* mundo, aqui e agora. Em certo sentido, isso é um paradoxo: nas planícies de Troia as questões mortais e divinas são incessantemente confundidas. No entanto, é justamente a descida dos deuses dentre os humanos e seu descarado envolvimento em todas as paixões humanas, que confere à obra seus sobretons irônicos. Musset invocou essa atitude paradoxal em seu relato da Grécia arcaica nos versos de abertura de *Rolla*:

> Onde tudo era divino, até as dores humanas;
> Onde o mundo adorava o que hoje mata;
> Onde quatro mil deuses não havia um ateu[15].

Precisamente; com quatro mil divindades guerreando nas batalhas humanas, brincando com as mulheres mortais e comportando-se

---

15. Où tout était divin, jusq'aux douleurs humaines;/ Où le monde adorait ce qu'il tue aujourd'hui;/ Où quatre mille dieux n'avaient pas un athée...

de uma maneira capaz de escandalizar até os códigos mais liberais de moralidade, não havia necessidade de ateísmo. O ateísmo nasce em contrariedade à concepção de um Deus vivo e crível; não é uma resposta a uma mitologia parcialmente cômica. Na *Ilíada* a divindade é fundamentalmente humana. Os deuses são mortais amplificados e, às vezes, amplificados de uma maneira satírica. Quando feridos, gritam mais alto do que os homens; quando apaixonados, seus desejos são mais avassaladores, quando correm das lanças humanas, sua velocidade é maior que a dos carros de guerra da terra. Em termos morais e intelectuais, porém, as divindades da *Ilíada* lembram gigantes brutalhões ou crianças malvadas dotadas de excesso de poder. As ações de deuses ou deusas na Guerra de Troia destacam a estatura humana, pois quando as vantagens se igualam os heróis mortais fazem mais do que se defender e quando os pratos da balança estão contra eles, um Heitor e um Aquiles demonstram que a mortalidade tem seus próprios esplendores. Ao rebaixar os deuses aos valores humanos, o "primeiro" Homero não alcançou somente um efeito cômico, ainda que esse efeito claramente contribua para o frescor e a qualidade de "conto de fadas" do poema. Ele enfatizou, antes, a excelência e dignidade do homem heroico. E esse era, acima de tudo, seu tema.

O panteão da *Odisseia* tem um papel mais sutil e mais assombroso, e a *Eneida* é uma epopeia pela qual perpassa um sentimento de valores e práticas religiosas. A *Ilíada*, no entanto, à medida que aceita a mitologia do sobrenatural, dá um tratamento irônico a essa mitologia e humaniza seu material. O verdadeiro centro da crença não reside no Olimpo, mas no reconhecimento da *Moira*, do destino inelutável que mantém, através de suas ceifas aparentemente cegas, um princípio último de justiça e equilíbrio. A religiosidade de Agamêmnon e Heitor consiste em uma aceitação do destino, em uma crença de que certos impulsos de hospitalidade são sagrados, em reverência às horas santificadas ou aos dias santos, e em uma percepção vaga, mas potente, de que há forças daemônicas no movimento dos astros ou nas obstinações do vento. Mas, além disso, a realidade é imanente ao mundo do homem e aos seus sentidos. Não conheço melhor palavra para expressar a não transcendência e a fisicalidade última de *A Ilíada*. Nenhum poema vai mais contra a crença de que "somos feitos da mesma matéria dos sonhos".

Essa questão toca significativamente a arte de Tolstói. O realismo de Tolstói também é um realismo imanente, um mundo enraizado na veracidade de nossos sentidos, do qual Deus está estranhamente ausente. No capítulo 4, tentarei mostrar que essa ausência de Deus não somente se concilia com os propósitos religiosos dos romances de Tolstói, como também é um axioma oculto do cristianismo dele. Tudo o que é preciso dizer por enquanto é que, por trás das técnicas literárias da *Ilíada* e de Tolstói, há uma crença comparável na centralidade do personagem humano e na permanente beleza do mundo natural. No caso de *Guerra e Paz,* a analogia é ainda mais decisiva; onde a *Ilíada* evoca as leis da *Moira,* Tolstói expõe a sua filosofia da história. Nas duas obras a individualidade caótica da batalha simboliza o acaso maior nas vidas dos homens. E se consideramos *Guerra e Paz* como sendo, em um sentido genuíno, uma epopeia heroica é porque aí, como na *Ilíada,* a guerra é retratada em sua brilhante e exuberante ferocidade como também em seu *páthos.* Nenhum pacifismo tolstoiano pode negar o êxtase que o jovem Rostov sente ao avançar sobre os vacilantes franceses. Finalmente, há o fato de que *Guerra e Paz* relata duas nações, ou melhor, dois mundos engajados em combate mortal. Somente isso levou muitos de seus leitores e o próprio Tolstói a compará-lo com a *Ilíada.*

Mas nem o tema marcial nem o retrato de destinos nacionais devem nos cegar para o fato de que a filosofia do romance é anti-heroica. Há momentos no livro em que Tolstói faz um sermão enfático da guerra como uma carnificina cega e como resultado da glória vã e estupidez em altos postos. Também há momentos nos quais Tolstói se preocupa somente em procurar descobrir a "verdade real" em oposição às verdades defendidas pelos historiadores oficiais e mitógrafos. Nem o pacifismo latente nem sua preocupação com a evidência da história podem ser comparados à atitude homérica.

Guerra e Paz se assemelha mais genuinamente à *Ilíada* onde sua filosofia apresenta-se menos engajada, onde, nos termos de Isaiah Berlin, a raposa está menos preocupada em ser porco-espinho. De fato, Tolstói está mais próximo de Homero em obras menos múltiplas, em *Os Cossacos,* em *Contos do Cáucaso,* nos esboços da guerra da Crimeia e na sobriedade terrível de *A Morte de Ivan Ilitch.*

Mas não se pode afirmar muito enfaticamente que a afinidade entre o poeta da *Ilíada* e o romancista russo era de temperamento e de concepção; não se trata aí (a não ser em pequenos detalhes) de uma imitação tolstoiana de Homero. Pelo contrário, quando Tolstói voltou-se para as epopeias homéricas no grego original, no início dos seus quarenta anos, ele deve ter se sentido incrivelmente à vontade.

V.

Até agora estivemos preocupados com as generalidades, na tentativa de expressar, em grandes linhas, o que significa qualificar as obras de Tolstói de "épicas" e, mais precisamente, de homéricas. No entanto, para que essas generalidades tenham valor, devem ser fundamentadas detalhadamente. Os principais efeitos e qualidades que dão aos escritos de Tolstói sua inflexão particular nascem de um mosaico de práticas técnicas. Quero deter-me em algumas delas.

O epíteto fixo, a analogia recorrente e a metáfora repetida são características conhecidas do estilo homérico. Sua origem foi, provavelmente, mnemônica; na poesia oral as frases recorrentes ajudam a memória do cantor e do público; agem como ecos interiores, trazendo à mente os incidentes anteriores à saga. No entanto, epítetos tais como "a aurora de dedos róseos" ou "o mar vermelho-vinho", e o repertório de comparações no qual a ira é comparada à irrupção de um leão selvagem em meio a um rebanho de ovelhas ou gado, apelam para mais do que a memória. Eles formam uma tapeçaria da vida normal diante da qual a ação heroica se desenvolve. Eles criam um pano de fundo de realidade estável que dá aos personagens do poema seu contorno e suas dimensões. Pois ao evocar o espírito pastoril ou a rotina diária de lavoura e pesca, Homero está dizendo que a Guerra de Troia não invadiu a vida de todos os homens. Em outro lugar o golfinho pula e o pastor cochila na paz das montanhas. Em meio à carnificina e à veloz revolução dos destinos humanos, as frases imutáveis proclamam que o amanhecer seguirá a noite, que as marés cobrirão a terra quando o lugar de Troia for somente uma lembrança incerta, e que os leões da montanha atacarão os rebanhos quando os últimos descendentes de Nestor estiverem senis.

Homero justapõe os elementos em suas analogias e metáforas para conseguir um efeito particular. O olho é conduzido para longe de uma imagem de ação vívida e clamorosa e, à medida que o ângulo de visão se amplia, uma cena de tranquila normalidade entra em foco. O retrato dos guerreiros em suas armaduras, que fogem diante de Heitor, apaga-se e agora vemos a relva curvando-se sob a tempestade. Pela justaposição, ambos os termos da comparação tornam-se mais sutis e fazem parte de nossa consciência de maneira mais imediata. Há pintores flamengos que utilizam esse efeito de modo magnífico; pensemos no *Ícaro* de Brueghel, despencando no mar calmo enquanto o lavrador caminha no primeiro plano, com seu arado, ou nas *Paixões e Massacres*, pintados sobre o fundo de um horizonte opulento e impassível de cidades muradas, prados calmos e picos fantásticos. Essa "dupla percepção" talvez seja a técnica essencial do *páthos* e da serenidade em Homero. Faz parte da tragédia dos heróis condenados à lembrança do outro mundo de caçadas outonais, colheitas e festejos domésticos, que eles deixaram irremediavelmente para trás. Ao mesmo tempo, no entanto, a clareza de sua lembrança e a constante intrusão de um plano mais estável de experiência no interior do som e da fúria da batalha dão ao poema seu poderoso repouso.

Há momentos na arte (e eles impressionam como o auge da imaginação) em que essa "dupla consciência" se torna ela mesma no tema da apresentação formal. Considere a apresentação de uma ária de *Fígaro*, no último ato de *Don Giovanni* de Mozart ou a alusão a *La Belle Dame sans Merci* (A Bela Dama sem Piedade) no *Eve of St. Agnes* (A Véspera de Sta. Agnes) de Keats. Há um momento assim também em Homero. Ele surge no Livro VIII da *Odisseia* quando Demodocus canta uma parte da saga de Troia e Odisseu chora. Nesse episódio pungente, os dois

UM ENSAIO SOBRE O VELHO CRITICISMO 61

planos da realidade, os dois termos da metáfora, foram revertidos. Troia é agora memória distante e Odisseu está novamente no mundo normal.

Como Homero, Tolstói usa seu repertório de epítetos feitos e frases repetidas para ajudar nossa memória nas vastas extensões da sua narrativa e criar uma visão dual da experiência. A imensidão e complexidade de obras como *Guerra e Paz* e *Anna Kariênina*, aliada ao fato de que elas foram publicadas em fragmentos sucessivos ao longo de períodos consideráveis de tempo, criaram problemas comparáveis aos da poesia oral. Através das seções de abertura de *Guerra e Paz*, Tolstói procura ajudar o leitor a manter a multidão de personagens em mente de maneira distinta. A Princesa Maria é apresentada sempre "com seus passos pesados". Pierre é firmemente associado aos seus óculos. Antes mesmo de Natasha crescer enormemente diante de nossos olhos mentais, sua leveza de passo e vivacidade de movimentos já foram enfatizadas. Como escreveu um poeta moderno sobre uma jovem absolutamente diferente:

> Havia tanta destreza em seu corpo miúdo
> E tanta leveza em sua passada...[16]

O defeito na fala de Denisov é introduzido não exclusivamente pelo efeito cômico verbal, mas também para destacá-lo imediatamente de uma hoste de figuras militares. Tolstói, além do mais, continua nesse procedimento em estágios posteriores do romance. As mãos de Napoleão são alvo de constantes alusões, e, como observa Merezhkovski, o "pescoço fino" de Vereshchagin é mencionado cinco vezes durante sua breve mas angustiante aparição.

Um elemento importante do talento de Tolstói é que ele gradualmente complica seus retratos sem apagar as pinceladas mais extensas. Embora cheguemos a conhecer Natasha mais intimamente do que muitas mulheres em nossas vidas, a imagem inicial, a visão de celeridade e impulso gracioso, permanece conosco. É difícil acreditar, realmente, na afirmação de Tolstói, no Primeiro Epílogo, de que Natasha "abandonara toda sua sedução" e se tornara "mais robusta e cheia". Será que acreditaríamos em Homero se ele nos dissesse que Odisseu havia se tornado tolo?

Mais significativamente, o uso que Tolstói faz das imagens e das metáforas procura relacionar e contrastar os dois planos da existência que mais o preocupam: o rural e o urbano. Aqui tocamos no que pode ser o centro de sua arte; pois a distinção entre a vida do campo e a da cidade é ilustrativa, para Tolstói, da distinção primordial entre o bem e o mal; de um lado, os códigos artificiais e desumanos da urbanidade, e do outro, a época dourada da vida pastoril. Esse dualismo fundamental

---

16. There was such speed in her little body/And such lightness in her footfall...

é um dos motivos da estrutura de enredo duplo e triplo do romance tolstoiano e que foi definitivamente sistematizado na ética de Tolstói. Pois se a filosofia de Tolstói é influenciada por Sócrates, Confúcio e Buda; também é penetrada pelo bucolismo de Rousseau.

Como em Homero, também encontramos em Tolstói a justaposição da cena imediata com a lembrança das impressões rurais. Por trás do episódio momentâneo está colocado, em crítica e iluminação, o nível imutável e definitivamente significativo da experiência. Há um belo exemplo dessa técnica em *Infância, Adolescência e Juventude*. O garoto havia fracassado terrivelmente em suas tentativas de dançar a mazurca e se retira coberto de humilhação:

> "...Oh, isso é terrível! Se mamãe estivesse aqui agora, ela não teria se envergonhado do seu Nicholas...". E minha imaginação me levou para longe após essa doce visão. Eu me lembrei dos prados diante de casa, das altas limeiras do jardim, da límpida lagoa sobre qual as andorinhas circulavam, do céu azul com nuvens transparentes, dos perfumados montes de feno recém-cortado, e muitas outras lembranças calmas e claras flutuaram sobre minha imaginação distraída.

Dessa maneira o narrador é revigorado por um sentimento de harmonia com "os ritmos mais profundos da vida", como afirmou Henry James em *Retrato de uma Dama*.

Outro exemplo em que a técnica e a metafísica não mais são inseparáveis ocorre naquele formidável esquete, *Depois do Baile*. (No vocabulário de Tolstói, um baile tem conotações ambíguas; é uma ocasião de graça e elegância e um símbolo de artificialidade consumada). Nesse breve conto, o narrador está extasiado de amor e não consegue dormir após ter dançado a noite toda. Procurando aliviar sua euforia, ele caminha pela aldeia ao amanhecer: "Era o clima normal da época de carnaval – nublado, e a rua encharcada, coberta de neve que derretia, a água pingando dos beirais dos telhados". Ele se depara, por acaso, com uma cena horrível – um soldado sendo açoitado através das fileiras por sua tentativa de deserção. O pai da jovem por quem o narrador está apaixonado preside o ato com uma selvageria pedante. No baile, apenas uma hora atrás, ele era um modelo de decoro e afeição. Qual é, agora, o verdadeiro homem? E o fato do açoitamento acontecer a céu aberto em meio à tranquila rotina de um despertar de aldeia, torna-o ainda mais bestial.

Há dois ótimos exemplos da consciência dividida de Tolstói no Livro IV de *Guerra e Paz*. O capítulo III descreve o jantar de gala feito em honra a Bagration no Clube Inglês de Moscou, em três de março de 1806. O Conde Ilia Rostov se encarrega das pródigas preparações e deixou de lado os problemas financeiros que começam a se acumular em sua casa. Tolstói retrata, em pinceladas cintilantes, os servos correndo de um lado para outro, os membros do clube, os jovens heróis retornando de sua primeira guerra. Ele é cativado pelas "oportunidades" artísticas da cena; tem consciência do seu talento de cronista da alta sociedade. Mas a corrente subterrânea de desaprovação está manifesta. O luxo, o desperdício e a desigualdade entre servos e senhores ficam atravessados na garganta de Tolstói.

Um lacaio de semblante assustado entra para avisar que o convidado de honra está chegando:

> Os sinos tocavam, os mordomos corriam, e – como centeio misturado em uma pá – os convidados, que estavam espalhados em diferentes salas, se reuniram e se amontoaram na grande sala de estar, ao lado do salão de baile.

A comparação opera de três formas: dá um equivalente preciso ao movimento dos convidados, surpreende a imaginação para o estado de atenção já que advém de uma área da experiência totalmente distinta daquela que está diante de nossos olhos e, por fim, carrega um comentário sutil, mas lúcido, sobre os valores de todo o episódio. Ao identificar os elegantes membros do Clube Inglês a grãos de centeio ajuntados sem cerimônia, Tolstói os reduz a algo automático e levemente cômico. A comparação penetra de um só golpe no coração de sua frivolidade. Mais ainda, em sua deliberada guinada à vida pastoril, contrasta o mundo do Clube Inglês – o "falso" mundo social – com o do campo e do ciclo da colheita.

No capítulo vi do mesmo Livro encontramos Pierre no limiar de uma nova existência. Ele duelou com Dolokhov e não tem mais ilusões a respeito de sua esposa, a condessa Helena. Ele contempla a degradação que aconteceu em seu casamento e busca a experiência mística que irá transformar sua alma. Helena entra com "calma imperturbável" para zombar do ciúme de Pierre. Ele olha para ela "timidamente sobre seus óculos" e tenta continuar sua leitura – "como uma lebre rodeada por cães de caça que abaixa suas orelhas e permanece agachada, imóvel perante seus inimigos...".

Eis aí mais uma comparação, que nos leva a várias e conflituosas direções. Há uma impressão imediata de pena misturada, no entanto, ao deleite. Plasticamente, Pierre, com os óculos em seu nariz e suas orelhas baixadas é, ao mesmo tempo, patético e cômico. Mas, referindo-se à situação vigente, a comparação parece irônica: Helena, apesar de seu avanço desavergonhado, é a personagem mais fraca. Daqui a um instante Pierre explodirá com toda sua estatura e quase a matará com o tampo de mármore de uma mesa. A lebre dará uma virada e destroçará os caçadores. Novamente, temos uma cena retirada da vida rural. Funciona como uma explosão de vento e luz solar em uma cena de asfixiante intriga urbana. Mas ao mesmo tempo, a imagem da lebre agachada abala a superfície da postura social e diz claramente que aquilo que estamos testemunhando é consequência de paixões elementares. A alta sociedade caça em bandos.

Os exemplos que citei incorporam em miniatura o projeto principal da criação de Tolstói. Dois modos de vida, duas formas de experiência primordialmente distintas, são apresentados em contraste. Essa dualidade nem sempre é um simples emblema do bem e do mal; em *Guerra e Paz* a vida urbana é revelada em algumas cores mais atraentes e em *O Poder das Trevas* retrata a brutalidade que pode prevalecer no campo. Na essência, porém, Tolstói enxergou a experiência como cindida, moral e esteticamente. De um lado, há a vida da cidade, com suas injustiças sociais, suas artificiosas convenções sexuais, sua ostentação cruel da riqueza, e seu poder de alienar os homens dos padrões essenciais da vitalidade física. Por outro lado, há a vida do campo e das florestas, com sua aliança entre corpo e mente, sua aceitação da sexualidade como santificada e criativa e o seu instinto pelo encadeamento da existência que relaciona as fases da lua às fases da concepção e que associa a aproximação da época da semeadura com a ressurreição da alma. Como observa Lukács, a natureza foi para Tolstói "a garantia efetiva de que, além do mundo das convenções, existe uma Vida 'real'"[17].

Essa dupla visão caracterizou o pensamento e a estética de Tolstói desde o início. Suas últimas doutrinas, a evolução de suas preferências instintivas a uma disciplina social e filosófica coerente, não foram resultado de uma súbita mudança, mas antes a maturação das primeiras ideias da adolescência. O jovem proprietário rural que tentou melhorar a sorte de seus servos em 1847 e fundou uma escola para suas crianças em 1849, era o mesmo Tolstói que, em 1855, concebeu a "ideia imensa" de um cristianismo racional e fundamentalista, e que finalmente abandonou as imperfeições mundanas da vida e fugiu de casa, em Outubro de 1910. Não houve uma brusca conversão, nenhuma renúncia súbita da arte a favor de um bem maior. Ainda muito jovem, Tolstói ajoelhou-se e chorou diante de uma prostituta e anotou em seus diários que a estrada do mundo era a estrada da perdição. Essa convicção sempre ardeu dentro dele, e a inesgotável energia de suas obras literárias reflete o fato de que cada obra foi uma vitória do seu talento poético sobre a atormentada crença de que um homem não se beneficia em nada em perder sua própria alma para galgar os altos postos do reconhecimento artístico. Mesmo em suas conquistas mais imaginativas, Tolstói revela sua luta interior que ele formula em um tema sempre recorrente – a passagem da cidade ao campo, da miopia moral à autodescoberta e salvação.

A visão mais articulada desse tema é a partida do herói, ou protagonista, de São Petersburgo e Moscou para suas propriedades ou para alguma província remota da Rússia. Tanto Tolstói como Dostoiévski vivenciaram essa partida simbólica em suas vidas pessoais: Tolstói, quando deixou São Petersburgo para o Cáucaso, em abril de 1851, e

---

17. G. Lukács, *Die Theorie des Romans*.

UM ENSAIO SOBRE O VELHO CRITICISMO 65

Dostoiévski, quando foi retirado a ferros da cidade na noite de natal de 1849 para iniciar a terrível jornada que o levou a Omsk e à servidão penal. Deveria se supor que dificilmente haveria momentos tão carregados de angústia. Mas, pelo contrário:

> Meu coração batia com peculiar alvoroço, e isso entorpeceu a dor. No entanto, o efeito do ar fresco era revigorante e, já que é comum, antes de todas as experiências novas, estar atento a uma curiosa vivacidade e expectativa, desse modo eu estava no fundo bem tranquilo. Olhei atentamente para todas as casas de Petersburgo, festivamente iluminadas, e me despedi de cada uma delas. Eles nos conduziram passando por sua residência, e as janelas da casa dos Krayevsky estavam brilhantemente acesas. Você havia me contado que eles estavam dando uma festa de natal com pinheiro e tudo, e que os seus filhos iriam para lá com Emilie Fyodorovna; senti-me terrivelmente triste quando passamos pela casa [...]. Depois de oito meses de prisão, as sessenta verstas em um único trenó nos dão apetites nos quais penso até hoje com prazer. Eu estava de bom humor[18].

Trata-se de uma reminiscência extraordinária. Em circunstâncias pessoais atrozes, na separação dos caminhos entre uma vida comum, as afeições familiares e o conforto físico de um lado e, de outro, a morte provável depois de longo degredo, Dostoiévski – como Raskolnikov em circunstâncias similares – vivencia um sentimento de libertação física. Os sons dos festejos noturnos vão diminuindo atrás de si e ele já parece possuir alguma intuição da ressurreição que existe além do purgatório. Mesmo quando a jornada leva em direção à casa dos mortos ou, como no caso de Bezukhov em *Guerra e Paz*, a uma provável execução perante um pelotão de fuzilamento francês, o simples fato da transição da cidade ao campo aberto traz consigo um elemento de felicidade.

Tolstói deve ter explorado esse tema já em 1852, quando trabalhou na tradução de *Sentimental Journey* (Uma Jornada Sentimental), de Sterne. Mas foi em *Os Cossacos,* esboçado posteriormente no mesmo ano, que Tolstói percebeu e dominou plenamente uma situação que se tornaria uma parábola recorrente de sua filosofia. Depois de uma despedida noturna de bebedeiras, Olênin parte para o serviço militar contra as tribos em guerra no distante Cáucaso. O que ele deixa para trás são dívidas de jogo não pagas e memórias ressequidas do tempo desperdiçado em prazeres frívolos da alta sociedade. Apesar da noite ser fria e com muita neve:

> O homem de partida sentia-se aquecido, e até com calor, em seu casaco de pele. Sentou-se no leito do trenó e esticou-se, e os cavalos desgrenhados corriam de uma rua escura a outra, passando por casas que ele nunca vira. A Olênin parecia que somente os que partiam percorriam esses caminhos. A seu redor tudo estava escuro, silencioso e sombrio; e sua alma repleta de lembranças, amor, arrependimentos e de prazerosas lágrimas que o sufocavam.

18. Dostoiévski para seu irmão, Michael, em 22 de fevereiro de 1854, *Cartas de Fyodor Michailovitch Dostoiévski*, tradução de E. C. Mayne, Londres, 1914

66 TOLSTÓI OU DOSTOIÉVSKI

Logo, porém, ele está fora da cidade, contemplando os campos cobertos de neve e se alegrando. Todos os pensamentos mundanos que haviam assediado sua mente tornaram-se insignificantes. "Quanto mais Olênin se afastava do centro da Rússia, mais suas memórias pareciam distantes; e quanto mais se aproximava do Cáucaso, mais feliz se sentia". Finalmente ele chega às montanhas, "com seus contornos delicados e o desenho fantástico e bem definido de seus cimos em contraste com o céu distante". Sua nova vida começara.

Em *Guerra e Paz,* Pierre faz partidas prematuras – como quando ele abandona a falsa existência de jovem e rico aristocrata pelo igualmente falso paraíso da maçonaria. Porém, sua jornada purgatorial começa, de fato, quando é levado das ruínas queimadas de Moscou com os outros prisioneiros e inicia a marcha cruel pelas planícies geladas. Como Dostoiévski, Pierre sobreviveu ao choque da quase-execução interrompida no último instante. No entanto a "mola-mestra de sua vida" lhe havia sido arrancada e "sua fé na ordenação correta do universo, na humanidade, na sua própria alma e em Deus, havia sido destruída". Alguns momentos depois, no entanto, ele encontra Platon Karataev, o "homem natural". Karataev oferece-lhe uma batata assada. É um gesto trivial e de significado simples; mas com esse gesto tem início a peregrinação de Pierre e sua aceitação da redenção. Como Tolstói ressalta, a força de Karataev, sua aquiescência à vida mesmo quando esta parece ser extremamente destrutiva, deriva do fato de que, tendo deixado sua barba crescer (um símbolo carregado de associações com as Escrituras), "ele parecia ter se descartado de tudo que lhe havia sido impingido – tudo o que era militar e estranho a ele — e retornara a seus antigos hábitos camponeses". Desse modo ele se torna, para Pierre, "uma eterna personificação do espírito de simplicidade e verdade, um novo Virgílio, conduzindo-o para fora do inferno da cidade queimada".

Tolstói sugere que o grande incêndio destruiu as barreiras entre Moscou e o campo aberto. Pierre enxerga "a geada esbranquiçada sobre a relva poeirenta, as Colinas do Pardal e os barrancos de madeira no rio sinuoso, desaparecendo na distância arroxeada"; ele escuta o grasnar dos corvos e sente "uma nova alegria e força de vida como nunca conhecera antes". Além do mais, esse sentimento cresce em intensidade à medida que as dificuldades físicas aumentam. Como Natasha observa em seguida, ele emerge do seu cativeiro como se saísse de um "banho moral". Pierre está purificado de seus vícios anteriores e descobriu o dogma tolstoiano essencial: "Enquanto há vida, há felicidade".

O primeiro epílogo de *Guerra e Paz* confirma essa equação da vida rural com a "boa vida". Num leve toque de ironia, em uma das últimas visões de Montes Calvos as crianças da condessa Maria brincam de "ir para Moscou" em uma carruagem feita de cadeiras.

Em *Anna Kariênina,* o contraste entre a cidade e o campo é obviamente o eixo em torno do qual se desenvolve a estrutura moral e técnica do romance. Toda a salvação de Levin está prefigurada em sua chegada ao campo após o mal-sucedido pedido a Kitty:

> Mas quando desembarcou na sua estação e reconheceu o cocheiro caolho Ignat, com a gola do casaco levantada, quando viu, na luz pálida que descoa das janelas da estação, o seu trenó estofado, os seus cavalos de caudas atadas em arreios com argolas e fitas, quando o cocheiro Ignat, ainda enquanto arrumava as bagagens, pôs-se a contar as novidades da aldeia, a chegada de um empreiteiro e o nascimento da cria de Pava, Levin sentiu que aos poucos, a confusão se dissipava e que a vergonha e a insatisfação consigo mesmo se dissipavam.

No campo, até mesmo o relacionamento entre Anna e Vronski, já ameaçado de dissolução, ganha uma qualidade idílica e santificada. Nenhum romance (a não ser *O Pavão Branco* de Lawrence) aproxima tanto a linguagem das formas sensuais da vida rural da doce fragrância do estábulo nas noites de geada, ou do roçar da raposa pela relva alta.

Quando Tolstói chegou a escrever *Ressurreição*, o professor e o profeta violentaram o artista. O sentido de arquitetura e equilíbrio que até então controlara sua invenção foi sacrificado pelas urgências da retórica. Nesse romance, a justaposição de dois modos de vida e o tema da peregrinação da falsidade à salvação são expostos com o despojamento de um panfleto. E, ainda assim, *Ressurreição* marca a concepção definitiva dos temas que Tolstói já havia anunciado em suas histórias iniciais. Nekhlioudov é o Príncipe Nekhlioudov do romance inacabado de juventude *A Manhã de um Proprietário de Terras*. Há, entre as duas obras, trinta e sete anos de reflexão e criação; mas o fragmento já contém, em contornos reconhecíveis, muitos dos elementos do último romance. Nekhlioudov é também o protagonista de um estranho conto, *Lucerne*, escrito por Tolstói em 1857. De fato, esse personagem parece ter servido ao romancista como uma espécie de autorretrato, cujos traços ele podia alterar na medida em que sua própria experiência se aprofundava.

Além disso, em *Ressurreição*, o retorno ao campo, como o correlato físico do renascimento da alma, é ainda mais belamente descrito. Antes de seguir Maslova rumo à Sibéria, Nekhlioudov resolve visitar suas propriedades e vendê-las aos camponeses. Seus sentidos exauridos desabrocham para a vida, ele se vê mais uma vez como era antes da "queda". O sol brilha no rio, o potro fuça e a cena pastoril reforça a total compreensão de Nekhlioudov de que a moralidade da vida urbana é fundada na injustiça. Pois na dialética tolstoiana, a vida rural cura o espírito do homem não apenas por sua beleza tranquila, mas também porque abre seus olhos para a frivolidade e exploração inerentes a uma sociedade de classes. Isso emerge claramente dos rascunhos de *Ressurreição*:

> Na cidade, não compreendemos inteiramente porque o alfaiate, o cocheiro e o padeiro trabalham para nós, mas no campo vemos com clareza porque os meeiros tra-

68 TOLSTÓI OU DOSTOIÉVSKI

balham em suas estufas e jardins, porque eles recolhem o trigo, debulham-no e deixam com o proprietário metade do produto do seu trabalho.

A terra é, ao mesmo tempo, o despertar e a recompensa do herói tolstoiano. Detive-me extensivamente nesse tópico, mas seria difícil exagerar sua importância para uma compreensão de Tolstói e de nosso tema geral. O contraste entre o urbano e o rural atravessa tanto os principais núcleos e esquemas dos romances de Tolstói, como também os recursos particulares do seu estilo. Além do mais, é o elemento que une em unidade essencial os aspectos literários, morais e religiosos do talento de Tolstói. Os dilemas que antes atormentavam Nekhlioudov em 1852 atormentam o Príncipe André, Pierre, Levin, Ivan Ilytch e o narrador da *Sonata Kreutzer*. A questão que Tolstói utilizou como título em um de seus panfletos é sempre a mesma: *Então o Que Devemos Fazer?* O que se pode dizer é que, ao final, o retrato superou o pintor e se apossou de sua alma; Nekhlioudov abandona todas as suas posses mundanas e parte em uma peregrinação final sob o disfarce de Tolstói.

A polaridade entre a cidade e o campo é um dos principais aspectos de comparação entre Tolstói e Dostoiévski. O tema da partida rumo à salvação era comum às vidas e imagens de ambos e *Ressurreição* é, em vários aspectos, um epílogo de *Crime e Castigo*. Mas em Dostoiévski não vemos de fato a terra prometida, (exceto por um vislumbre, momentâneo e nebuloso, da Sibéria de Raskolnikov). O inferno dostoievskiano é a *Grosstadt*, a metrópole moderna, e, mais especificamente, a Petersburgo das "noites brancas". Há partidas purgatoriais, mas a reconciliação e redenção que os protagonistas de Tolstói encontram na terra, os "grandes pecadores" de Dostoiévski só encontrarão no Reino de Deus. E, para Dostoiévski – em absoluta contraposição a Tolstói – esse Reino não é, e nem pode ser, desse mundo. É nesse contexto que se deve pesar o fato frequentemente mencionado de que Dostoiévski, excelente na descrição da vida urbana, quase nunca se atreve a descrever uma paisagem rural ou o campo aberto.

Finalmente, o duplo plano da experiência no romance tolstoiano é um dos traços que possibilitam e iluminam a comparação entre Homero e Tolstói. O ponto de vista na *Ilíada* e na *Odisseia* (o último pode ser agora referido com pertinência) surge de uma associação entre *bas-relief* (o baixo-relevo) e a perspectiva profunda. Como Eric Auerbach observou em *Mimesis,* a contemporaneidade de eventos na narrativa homérica dá a impressão de "achatamento". Mas por trás da superfície, e tremulando através dela, há a grande paisagem marinha e do mundo pastoril. É desse pano de fundo que os poemas homéricos extraem seu poder de sugerir profundidade e *páthos*. Creio que somente desse modo se pode entender porque certas cenas de Homero e Tolstói são tão sobrenaturalmente semelhantes, em composição e

UM ENSAIO SOBRE O VELHO CRITICISMO

efeito. Thomas Mann considerava os capítulos que narram a ceifa de Levin com seus camponeses como arquetípicos da filosofia e da técnica de Tolstói. Eles são de fato. Muitos fios estão entrelaçados: o retorno triunfante de Levin ao seu modo de vida, sua identificação silenciosa com a terra e com aqueles que a cultivam, o teste de sua força física em oposição à dos camponeses, a exaustão física que revitaliza a mente e que ordena a experiência passada na memória purificada e clemente. Tudo isso é, na expressão de Mann, *echt tolstoïch* (autenticamente tolstoiano). Mas encontramos um paralelo próximo no Livro XVIII da *Odisseia*. Odisseu, em vestes de pedinte, senta-se irreconhecível, desdenhado pelas serviçais de Penélope e ridicularizado por Eurímaco. Ele responde:

> Se ambos, Eurímaco aposta firmássemos para uma ceifa
> na primavera, que é o tempo em que os dias mais longos se tornam,
> dentro do campo de feno, estando eu com foice recurva,
> e tu com outra na mão, apostarmos no rude trabalho,
> ambos sem nada comer até à noite – e que o feno abundasse! –
> ou se em vez disso, uma junta de bois, dos melhores, nos fosse
> dado guiar, corpulentos e fartos, de pêlo brilhante,
> da mesma idade e igual força, de nunca dobrada pujança,
> em quatro jeiras de campo, e os torrões aos arados cedessem,
> certo haveria de ver com um sulco direito eu traçara[19].

As palavras são pronunciadas em um contexto de dor e pilhagem infame e Odisseu está evocando memórias da época anterior à sua partida para Troia, vinte anos atrás. Mas sua pungência advém também do fato de sabermos que os pretendentes nunca mais se lamentarão ao entardecer.

Coloque as duas passagens lado a lado; compare sua tonalidade e a imagem de mundo que transmitem. É possível que não se encontre uma terceira que a elas se iguale. Dessa comparação deriva a força da ideia de que *Guerra e Paz* e *Anna Kariênina* podem, de um modo fundamental, ser qualificados de homéricos.

É tentador especular se o tema de uma jornada em direção à ressurreição material ou espiritual e o sentido dos dois mundos, tão fortemente marcados em Tolstói, não são elementos típicos da poesia épica enquanto tal. Essa questão levanta temas fascinantes e difíceis. Há viagens, no sentido real e alegórico, na *Odisseia*, na *Eneida* e na *Divina Comédia*. Em muitas das principais épicas, mais evidentemente em *Paraíso Perdido* e *Paraíso Reconquistado*, encontramos os temas do reino abençoado, a visão pastoral da Atlântida dourada. Diante de tal variedade de exemplos é difícil generalizar. Mas algo dessa ideia da viagem e do mundo dividido está por trás do fato de que *Dom*

---

19. Homero, *Odisseia*, tradução de Carlos Alberto Nunes, São Paulo: Ediouro, 2004, Canto XVIII, p. 208-209.

70 TOLSTÓI OU DOSTOIÉVSKI

Quixote, Moby Dick e *Pilgrim's Progress* (Progresso do Peregrino) sejam os romances para os quais nossa mente se volta mais prontamente quando pensamos em "romances épicos".

VI.

A ficção tolstoiana levanta um antigo problema para a teoria das formas literárias – o do enredo múltiplo ou do centro dividido. Aqui, novamente, uma técnica dirige nossa atenção para as implicações metafísicas ou, ao menos, filosóficas. Apesar da concepção de muitos críticos e exasperados leitores de Tolstói, os enredos duplos e triplos do romance tolstoiano são componentes essenciais da arte de Tolstói, não sintomas de desordem estilística ou de autoindulgência. Ao escrever ao romancista, em 1877, Strakhov referia-se com desdém sobre "um crítico que se admira com o fato de você se deter [...] em um certo Levin, quando você deveria estar lidando somente com Anna Kariênina". O crítico pode ter sido ingênuo em sua leitura, mas as razões por trás do método tolstoiano não são tão óbvias como Strakhov parece supor.

Tolstói pretendeu, desde o início, distribuir o peso narrativo de *Anna Kariênina* entre dois enredos principais, e há uma dualidade sugestiva em sua procura por um título. *Dois Casamentos* e *Dois Casais*, os títulos do livro planejados sucessivamente por Tolstói, refletem tanto um rascunho anterior no qual Anna obtém seu divórcio e se casa com Vronski, bem como o objetivo fundamental de indagação sobre a natureza do casamento sob dois pontos de vista contrastantes. No início, Tolstói não sabia precisamente como o enredo secundário poderia ser mais bem entrelaçado à história de Anna. Inicialmente, ele concebeu Levin (que foi sucessivamente denominado Ordynstev e Lênin) como um amigo de Vronski. Foi só gradualmente, e através das explorações do material que podem ser acompanhadas nos rascunhos em fascinantes detalhes, que Tolstói encontrou as situações e as linhas do enredo que agora nos impressionam como orgânicas e inevitáveis. Além do mais, em meio à escrita de *Anna Kariênina,* Tolstói voltou-se ao problema da educação popular. Por um tempo ele achou que trabalhar no romance era repelente.

Como Empson e outros críticos destacaram, um enredo duplo é um recurso complexo que pode funcionar de diferentes modos. Pode ser usado para generalizar uma ideia particular, para reforçar, através de um sentido de recorrência ou universalidade, alguma intuição que poderia escapar do espectador ou leitor ao considerá-la aplicável somente a uma situação excepcional. Isso acontece em *Rei Lear*. O duplo enredo mostra a universalidade do horror, da libidinosidade e da traição. Ela impede que a mente proteste contra a singularidade do destino de Lear. Há algumas indicações na peça de que Shakespeare

UM ENSAIO SOBRE O VELHO CRITICISMO   71

não se sentia à vontade com a dupla estrutura, mas sentiu uma compulsão interna em expressar sua terrível visão por duas vezes e tornar sua asserção duplamente forte.

Uma dupla trama é um meio tradicional para ironia. *Henrique IV*, de Shakespeare, ilustra ambos os usos: generaliza o material de modo a criar um mosaico, um retrato de toda uma nação e período, e no seu interior os dois enredos principais são justapostos de maneira irônica. Personagens e virtudes encontram-se refletidos entre dois espelhos colocados em ângulos diferentes; o heroísmo fica a meio caminho, entre Shrewsbury e Gashill.

Por fim, uma trama dupla ou múltipla pode funcionar de modo a tornar a atmosfera mais densa e reproduzir as intrincadas complicações da realidade. Observamos um exemplo sofisticado disso em *Ulisses,* onde as divisões do foco narrativo e de consciência comunicam a prolífica densidade e multiplicidade de um dia em uma metrópole moderna.

O duplo enredo em *Anna Kariênina* opera em cada uma dessas direções. O romance é uma *Physiologie du mariage* (Fisiologia do Casamento) mais investigativa do que a de Balzac. O tratamento de Tolstói deriva sua imensa autoridade do fato de retratar três casamentos distintos; a riqueza e maturidade do seu argumento seriam menos esclarecedores se ele houvesse optado por, como Flaubert, permanecer exclusivamente com um único caso. *Anna Kariênina* expõe algumas das teorias de Tolstói sobre pedagogia; Strakhov lhe garantiu que mesmo os mais ilustrados professores encontraram "sugestões importantes para uma teoria da educação" nos capítulos que lidavam com o filho de Anna. A trama múltipla possibilita que o romance contenha o peso da polêmica e da abstração. Alguns dos romances "programáticos" de Dickens parecem retóricos e chapados precisamente porque neles o aspecto ficcional é muito restrito para absorver e dramatizar a polêmica social.

O confronto dos dois casais, Anna-Vronski, Kitty-Levin, é o principal recurso com o qual Tolstói expressa seu conteúdo. O sentido de contraste, a justaposição das duas histórias, concentra a moralidade da fábula. Há algo de Hogarth aí – algo das séries de gravuras paralelas retratando um casamento ou uma carreira virtuosa e licenciosa. Mas luz e sombra são mais sutilmente divididas; a nobreza do coração de Anna é indestrutível, e, no final do romance, Levin é mostrado no início de um caminho muito difícil. Essa é precisamente a distinção entre sátira e ironia. Tolstói não foi um satirista; Flaubert, como evidencia *Bouvard e Pécuchet*, o foi.

Mas é a terceira função de uma trama múltipla – sua capacidade em sugerir veracidade adensando o desenho da obra, tornando-a sinuosa e complexa – que tem mais peso no romance de Tolstói. Frequentemente se afirma que Tolstói é um autor mais "clássico" do que Dickens, Balzac ou Dostoiévski, pois ele confia menos do que eles na mecânica de um enredo, nos acidentes de um encontro fortuito, na carta perdida ou na súbita tempestade. Em uma narrativa tolstoiana, os eventos ocorrem com naturalidade e sem a ajuda daquelas coincidências das quais os romancistas do século XIX dependiam tão francamente. Isso é verdadeiro somente em parte. Tolstói foi muito menos influenciado pelas técnicas do melodrama contemporâneo do que os mestres como Dostoiévski ou Dickens e ele dava menos importância do que um Balzac ou um James aos labirintos da sua história. Mas o fato é que há tantas improbabilidades em um enredo tolstoiano quanto em qualquer outro autor. E frequentemente Tolstói relacionava suas cenas principais a um fino gosto pelo acaso, do mesmo modo como notoriamente dispunham um Dumas e um Eugène Sue. Em *Guerra e Paz* e em *Anna Kariênina* os encontros fortuitos, as fugas temporais e o longo braço da coincidência têm um importante papel. Tudo em *Ressurreição* está fundamentado em um evento do mais puro acaso – o reconhecimento de Maslova por Nekhlioudov e a sua nomeação para o júri que lidava com o caso dela. O fato de que isso tenha acontecido na "vida real" – o evento foi relatado a Tolstói por um certo A. F. Kony, oficial de São Petersburgo, no outono de 1877, e da desafortunada heroína se chamar Rosalie Ony – não altera a sua qualidade improvável e melodramática.

O uso de Tolstói daquilo que James chamou de *ficelles* (barbantes) de um romance se estende às situações principais e aos momentos episódicos de seus enredos. O súbito reaparecimento do Príncipe André em Montes Calvos em meio a uma esplêndida tempestade vitoriana e precisamente quando sua esposa está em trabalho de parto; o reencontro dele com Natasha durante a evacuação de Moscou; a fortuita ida de Rostov a Bogucharovo e seu consequente encontro com a Princesa Maria; a queda de Vronski na presença de Anna e seu marido – todos esses fatos não são menos engendrados do que os alçapões e as conversas ouvidas por aí com as quais os romancistas menores constroem suas obras. Então onde está a diferença? O que é que cria um sentimento de naturalidade e coerência orgânica em uma narrativa de Tolstói? A resposta está no efeito da trama múltipla e na deliberada recusa de Tolstói à proporção formal.

Os fios da narrativa em *Guerra e Paz* e *Anna Kariênina* são tão numerosos e constantemente embaraçados, que formam uma compacta rede no interior da qual todas as coincidências e artifícios necessários a um romance perdem suas arestas e tornam-se aceitáveis e prováveis. Certas teorias sobre as origens do sistema solar postulam uma "densidade necessária" da matéria no espaço para que as colisões criadoras pudessem ocorrer. Os enredos divididos de Tolstói engendram tal densidade e através dela ele comunica uma ilusão maravilhosa da vida, da realidade em toda a sua azafamada fricção. Tanta

UM ENSAIO SOBRE O VELHO CRITICISMO 73

coisa acontece em um romance tolstoiano, tantos personagens estão envolvidos em situações tão variadas e por períodos de tempo tão grandes, que eles estão destinados a se encontrar, a agir um sobre o outro e viver as colisões improváveis que nos irritariam em um meio menos denso.

Há em *Guerra e Paz* marcos de confrontos acidentais; eles são obviamente o aspecto demonstrável da maquinaria do enredo, mas nós os aceitamos como naturais pela densidade vital do "espaço" de Tolstói. Por exemplo, quando Pierre chega à ponte sobre Kolocha em meio às fugas e alaridos de Borodino, os soldados irados lhe ordenam que se afaste das linhas de fogo: "Pierre foi para a direita, e inesperadamente encontrou um dos ajudantes de Raevski que ele conhecia". Aceitamos esse fato porque Pierre esteve conosco por tanto tempo e em tal multiplicidade de contextos que sentimos como se tivéssemos conhecido o ajudante em algum capítulo anterior. Alguns momentos depois, Príncipe André está ferido e é levado à tenda das cirurgias. Ao seu lado, a perna de um homem está sendo amputada; é Annatole Kuragin, e isso apesar da objeção óbvia de que dezenas de milhares de homens estão amontoados nesse mesmo momento em tendas de cirurgia, ao longo de toda a retaguarda. Tolstói transforma a improbabilidade momentânea em algo que é, ao mesmo tempo, essencial a sua história e convincente em si mesmo:

"Sim é ele! Sim, aquele homem ligado a mim de maneira íntima e dolorosa" – disse a si mesmo o Príncipe André, sem compreender ainda bem nitidamente o que se passava a sua vista. "E quais são, pois, os laços que prendem esse homem à minha infância, à minha vida?" – perguntou a si mesmo, sem conseguir encontrar uma resposta. E de repente uma nova figura daquele mundo infantil, cheio de pureza e amor, surgiu em sua lembrança. Reviu Natasha, tal como lhe aparecera pela primeira vez naquele baile de 1810, com seu busto e seus braços magros, seu rosto espantado, feliz, pronto para o entusiasmo. E mais vivos, mais fortes do que nunca, seu amor e sua ternura por ela despertaram no fundo do seu coração. Lembrava-se agora do elo que existia entre ele e aquele homem, que dirigia para seu lado o olhar nublado de lágrimas. Recordou-se de tudo e uma profunda compaixão, um amor apaixonado, encheu-lhe o feliz coração.

O processo de lembrança gradual na mente do Príncipe evoca um processo similar na mente do leitor. A alusão a Natasha, em seu primeiro baile, transpõe uma longa extensão do romance e reúne seus vários temas em uma memória coerente. A primeira associação que surge à consciência do Príncipe André não é o mal feito por Kuragin – é a beleza de Natasha. Em sua lembrança, Príncipe André é levado, por sua vez, a amar Kuragin, ao reconhecimento dos caminhos de Deus, e à paz consigo mesmo.

O tratamento psicológico é de um significado tão convincente e óbvio que o caráter melodramático e improvável das circunstâncias é esquecido.

A malha de enredos paralelos e entrelaçados em um romance tolstoiano demanda um imenso rol de personagens, muitos dos quais estão destinados a ser apoios menores e circunstanciais. E ainda assim, até ao menor papel é concedido uma humanidade intensa. É difícil esquecer completamente quaisquer dos personagens que povoam *Guerra e Paz*. Isso se aplica até ao servo mais humilde. Quem pode esquecer Gabriel, o "lacaio gigante" de Maria Dimitrievna, ou o velho Michel ou Prokof, "tão forte que podia levantar o coche em suas costas" e quem está sentado no hall pregueando chinelos quando Nicholas Rostov retorna das guerras? Tolstói nunca menciona um ser humano em anonimato ou isolamento. Cada personagem, por menor que seja, possui a nobreza de um passado. Ao preparar o jantar para Bagration, o Conde Ilia Rostov diz: "dirija-se a Rasgulyay – que o cocheiro Ipatka conhece – e procure pelo cigano Ilyushka, aquele que dançou no Condado de Orlov, lembra, com um casaco branco de Cossaco". Se você interromper a sentença após o nome Ilyushka perdeu um toque profundamente tolstoiano. O cigano faz somente uma aparição ligeira e indireta no romance. Mas possui sua vida integral e percebemos que ele dançará em outras festas com seu casaco branco de Cossaco.

A técnica de dar até aos menores personagens nomes próprios e de contar algo sobre as vidas que levam fora de sua breve aparição no romance é bastante simples; mas seu efeito é de longo alcance. A arte de Tolstói é humanista; nela não acontece nenhuma daquelas transformações de seres humanos em animais ou objetos inertes através dos quais as fábulas, sátiras, comédias e os romances naturalistas alcançam seus intentos. Tolstói reverenciava a integridade da pessoa humana e não a reduziria a um mero acessório, mesmo na ficção. Os métodos de Proust oferecem um contraste iluminador; no mundo de Proust os personagens menores frequentemente permanecem anônimos e são usados no sentido literal e metafórico. Em *Albertine Disparue* (O Desaparecimento de Albertine), por exemplo, o narrador reduz duas lavadeiras a uma *maison de passe* (casa de passagem). Ele as faz fazer amor e escrutina cada reação para reconstruir imaginariamente o passado lésbico de Albertine. Conheço poucas cenas de comparável crueldade na literatura moderna. Mas o horror não está tanto na ação das duas garotas ou no *voyeurisme* do narrador quanto no anonimato das duas mulheres, em sua metamorfose em objetos despojados de privacidade e de valor inerente. O narrador é totalmente impassível. Ele observa que as duas criaturas "eram incapazes, por sinal, de me fornecer qualquer informação; elas não sabiam quem era Albertine". Tolstói não poderia ter escrito essa frase, e nessa incapacidade reside muito de sua grandeza.

Por fim, a abordagem de Tolstói é mais persuasiva. Confiamos e nos deleitamos com a realidade do Conde Ilia Rostov, do seu cocheiro, do Conde Orlov e de Ilyushka, o dançarino cigano. A não substancia-

UM ENSAIO SOBRE O VELHO CRITICISMO

lidade e degradação das duas lavadeiras, por outro lado, contaminam a cena inteira com um automatismo macabro. Somos perigosamente conduzidos para perto do riso ou da incredulidade. Como Adão, Tolstói nomeou as coisas que se passaram diante dele; elas ainda vivem para nós porque sua própria imaginação não podia concebê-las sem vida.

A vitalidade de um romance de Tolstói é alcançada não somente pelo denso entrecruzamento de várias tramas, mas também por um descaso com a finalização arquitetônica e o esmero. Os grandes romances de Tolstói não "terminam" como os finais conhecidos em *Orgulho e Preconceito, Casa Desolada* ou *Madame Bovary*. Eles não devem ser comparados a um novelo que pode ser desfiado e enrolado e sim a um rio, que corre em incessante movimento para além da nossa vista. Tolstói é o Heráclito dentre os romancistas.

O problema de como ele iria concluir *Anna Kariênina* intrigava seus contemporâneos. Os primeiros esboços e rascunhos mostram que ao suicídio de Anna se seguia alguma espécie de epílogo. Mas foi somente a irrupção da guerra Turco-Russa, em Abril de 1877, quando Tolstói já havia terminado a Parte VII, que o inspirou a escrever a última parte do romance como a conhecemos atualmente. No primeiro esboço, a Parte VIII era uma estridente denúncia da atitude da Rússia em relação à guerra, aos falsos sentimentos despejados sobre os sérvios e montenegrinos, às mentiras espalhadas por um regime autocrático para erguer o entusiasmo marcial, e ao falso cristianismo dos ricos que levantavam fundos para a compra de munição ou enviavam alegremente outros homens para a matança de outros homens em uma causa alardeada. Nesse período (ao qual Dostoiévski fez amarga censura) Tolstói teceu os fios de seu romance.

Mais uma vez encontramos Vronski em uma plataforma de trem; mas dessa vez ele está destinado às guerras. Em sua propriedade, em Prokovskoie, Levin está vivendo seu atormentado caminho rumo à *vita nuova*, a uma nova compreensão de vida. Os temas polêmicos e psicológicos surgem colidentes; Levin, Koznishev e Katavasov discutem sobre os eventos do dia. Levin expõe a tese tolstoiana de que a guerra é uma fraude imposta por uma confraria autocrática a um populacho ignorante. No debate ele é ultrapassado pelas habilidades retóricas de seu irmão. Isso simplesmente o convence de que precisa achar seu próprio código moral e seguir a sua peregrinação sem se importar com o ridículo que ele possa incorrer aos olhos da *inteligentsia* e da sociedade da moda. Levin e seus convidados se apressam para o interior da casa sob as nuvens de tempestade que se aglutinam. Assim que a tempestade explode, Levin descobre que Kitty e seu filho estão fora na propriedade ("O acaso", escreve Balzac, "é o maior romancista do mundo"). Ele corre para fora e os encontra a salvo sob o abrigo das limeiras. O temor e o alívio arrancam-no do mundo dos argumentos sofistas e o recuperam para o mundo da natureza e do amor familiar.

O romance termina em um clima pastoril e no alvorecer de uma revelação. Trata-se, porém, somente de um alvorecer, pois as questões que Levin indaga a si mesmo enquanto encara as serenas profundezas da noite são precisamente aquelas para as quais nem ele nem Tolstói, àquela época, conheciam uma resposta adequada. Aqui, como no final do *Fausto* de Goethe, toda salvação está na busca.

A oitava Parte de *Anna Kariênina* impressionou seus contemporâneos principalmente por causa de sua polêmica contra a guerra. Apesar de Tolstói ter suavizado seu tom em duas versões sucessivas, Katkov recusou-se a publicar qualquer uma delas em o *Mensageiro Russo*, onde o resto do romance havia sido publicado em capítulos. Ao invés, ele publicou uma breve nota editorial resumindo a história.

Como uma expressão do pacifismo de Tolstói e uma versão relativamente prematura de sua crítica ao regime czarista, o relato dos "cavalheiros voluntários" e o debate em Pokrovskoie têm interesse considerável. Mais fascinante, no entanto, é a luz que esses capítulos finais lançam sobre a estrutura do romance como um todo. A injeção de um massivo tema político em uma retícula de vidas privadas – a que Stendhal se referia como "a pistola disparada durante o concerto" não se restringe à *Anna Kariênina*; deve-se pensar somente no final de *Nana* ou no epílogo de *A Montanha Mágica* no qual encontramos Hans Castrop no front oriental. O fato notável é que Tolstói teria fundido a parte conclusiva de seu romance sobre os eventos que ocorreram, quando os sete oitavos da obra já haviam sido compostos e publicados. Alguns críticos consideram isso uma falha definitiva e acreditam que o último Livro de *Anna Kariênina* marca o triunfo do reformista e panfletário sobre o artista.

Não penso assim. O teste de vivacidade mais rigoroso de um personagem imaginário – de sua misteriosa aquisição a uma vida própria que ultrapassa o livro ou a peça na qual ele foi criado e que de longe excede a mortalidade de seu próprio criador – é o de sua capacidade ou não de acompanhar o tempo e preservar coerentemente sua individualidade em um ambiente alternativo. Coloque Odisseu no *Inferno* de Dante ou na Dublin de Joyce e ele continua sendo Odisseu, embora coberto pelas cracas de sua longa viagem através das imagens e lembranças da civilização às quais chamamos de mitos. Como um autor concede esse germe de vida ao seu personagem é um mistério; mas é claro que Vronski e Levin o possuem. Eles vivem em suas épocas e além delas.

A partida de Vronski é um gesto de certo heroísmo e abnegação; mas a visão de Tolstói da guerra Turco-Russa é tal que a ação de Vronski nos atinge como ainda outra submissão aos impulsos que, no fundo, são frívolos. Essa submissão sublinha a tragédia principal do romance. Para Levin a guerra é um desses eventos irritantes, que exasperam sua mente em autoescrutínio. A guerra o compele a articular sua rejeição a códigos morais prevalentes e o prepara para o cristianismo tolstoiano.

UM ENSAIO SOBRE O VELHO CRITICISMO 77

Desse modo, o Livro VIII de *Anna Kariênina*, com sua polêmica não premeditada e sua intenção panfletária não é um acréscimo desajeitadamente anexado à estrutura principal do romance. Ele expande e esclarece essa estrutura. Os personagens respondem a uma nova atmosfera, assim como o fariam, em caso de uma mudança de circunstâncias, na "vida real". Há muitas mansões em um edifício tolstoiano e nelas o romancista e o pregador estão igualmente presentes. Isso é possível somente porque Tolstói constrói com descaso soberano pelos cânones mais formais do projeto. Ele não almeja a espécie de simetria radial que encontramos delineada de maneira admirável em *Os Embaixadores* de Henry James ou o autoacabamento de *Madame Bovary*, na qual a adição ou a supressão seria uma mutilação. Poderia perfeitamente haver um Livro IX em *Anna Kariênina*, que recontasse a procura de Vronski pela expiação marcial ou os inícios da nova vida de Levin. De fato, *Uma Confissão*, no qual Tolstói começou a trabalhar no outono de 1878, começa precisamente onde *Anna Kariênina* termina. Ou seria mais acurado dizer, onde o romance se interrompe?

O último parágrafo de *Ressurreição* é um exemplo ainda mais explícito da ausência de uma cortina final no romance tolstoiano; o efeito é o de um *continuum* vivo no qual a narrativa individual tinha marcado um segmento breve e artificial:

A noite foi o início de uma nova existência para Nekhlioudov. Não que ele tivesse adotado um modo diferente de vida, e sim que tudo que lhe aconteceu, daquele momento em diante lhe parecia sob uma luz completamente distinta. O futuro mostrará qual será a conclusão desse novo período em sua vida.

Tolstói escreveu essas linhas em 16 de dezembro de 1899, e logo depois, quando se ocupava com seu ensaio *A Escravidão de Nossa Era*, a saga de Nekhlioudov estava, num sentido bastante real, sendo levada adiante.

A história da composição de *Guerra e Paz* e das incessantes transformações de seus planos, ênfases e intenção poética é bem conhecida. O erudito francês Pierre Pascal fala da obra:

primeiro, um romance doméstico emoldurado pela guerra, depois um romance histórico, finalmente um poema com tendências filosóficas; primeiro uma descrição da vida em meio a aristocracia, depois uma epopeia nacional; publicado de forma seriada no decurso de quatro ou cinco anos e revisado no processo; então modificado por seu autor, mas sem muita convicção de que a modificação fosse necessária; levado novamente ao seu estado original, mas sem a participação direta do romancista – essa obra não está realmente terminada[20].

20. Prefácio de *La Guerre et la paix*, tradução de H. Mongault, Bibliothèque de la Plêiade, Paris, 1944

Terminada não no sentido de ser uma versão definitiva, nem de haver exaurido todos os seus temas. Os dois amplos epílogos e o pós-escrito dão a impressão de que Tolstói havia tramado uma energia grande demais para ser confinada ainda que no interior das fantásticas dimensões de um *Guerra e Paz*. Ele declarava no pós-escrito: "Não se trata de um romance, tão pouco de um poema e, menos ainda, de uma crônica histórica. *Guerra e Paz* é aquilo que o autor desejou e foi capaz de expressar na forma em que foi expressado. Tal anúncio de descaso pela forma convencional poderia parecer presunçoso se fosse premeditado, e não houvesse precedentes para isso". Depois do que, Tolstói cita *Almas Mortas* e *A Casa dos Mortos* como exemplos de ficção que não podem ser estritamente classificadas de romances. Apesar dessa defesa ser falsa – a obra de Gógol sobrevive somente como um fragmento e a de Dostoiévski é claramente uma autobiografia – a asserção de Tolstói é obviamente justificada. Nas imensidades da obra, em seu "descaso pela forma convencional" encontra-se muito de sua fascinação mágica e perpétua. Ela abriga todo um grupo de romances, uma obra de história, uma filosofia dogmática, um tratado sobre a natureza da guerra. As comportas soltas da vida imaginária e a dinâmica do material tornam-se tão fortes que *Guerra e Paz* alonga-se, ao final, em um epílogo que é o início de um novo romance, em um segundo epílogo que procura organizar a filosofia tolstoiana da história e num pós-escrito que se lê como o prefácio de uma autobiografia.

O papel desses epílogos em relação aos procedimentos de Tolstói como romancista tem recebido pouca atenção. Isaiah Berlin mostrou de modo brilhante as origens e a significação da meditação sobre a necessidade histórica no Segundo Epílogo. Sua fala sobre o antagonismo implícito entre a visão poética de Tolstói e seu programa filosófico esclarece o livro como um todo. Pode-se agora verificar claramente como a técnica "do mosaico" das cenas de batalha de Tolstói – o todo mostrado pelas lascas e fragmentos do detalhe – está de acordo com a crença de que as ações militares são agregações de gestos individuais imensuráveis e incontroláveis. Também percebemos como o romance foi concebido como uma refutação direta da historiografia oficial.

Minha preocupação imediata, no entanto, é outra. A aparente ausência de forma em *Guerra e Paz* – mais exatamente a ausência de um final absoluto – contribui de maneira poderosa para nossa sensação de que aqui há uma obra que, apesar de obviamente ficcional, incorpora uma prolífica riqueza de vida e se apodera de nossas lembranças, como ocorre com as experiências pessoais mais intensas. Nessa perspectiva, o Primeiro Epílogo é mais significativo.

Muitos leitores acharam esse epílogo desconcertante e mesmo repelente. Os primeiros quatro capítulos são um breve tratado sobre a natureza da história na era napoleônica. A sentença de abertura – "Sete anos se passaram" – é provavelmente um acréscimo tardio

UM ENSAIO SOBRE O VELHO CRITICISMO

para relacionar a análise histórica aos eventos do romance. Tolstói há muito havia proposto concluir *Guerra e Paz* com uma expressão categórica de sua visão sobre o "movimento da massa dos povos europeus do Ocidente para o Oriente e, posteriormente, do Oriente ao Ocidente", e sobre a significação do "acaso" e do "gênio" em uma filosofia da história. Porém, depois de quatro capítulos, ele parou para retornar à narrativa ficcional. O argumento da historiografia foi levado adiante em um Segundo Epílogo. Por quê? Será que foi por um irresistível instinto de verossimilhança, por um desejo de representar o papel do tempo nas vidas de seus personagens? Será que Tolstói estaria avesso a se despedir de sua criação, de uma galeria de personagens que mantiveram o espírito do autor sob seu forte comando? Podemos apenas conjeturar. Em maio de 1869, ele escrevia ao poeta Fet que o epílogo de *Guerra e Paz* não havia sido "inventado", mas "arrancado de suas entranhas". Para demonstrá-lo ele despendeu aí imensas energias e reflexão. O efeito de todos esses finais parciais é como o das longas codas das sinfonias de Beethoven – a rebeldia contra o silêncio.

O corpo principal do romance termina em um tom de ressurreição. Até as ruínas queimadas de Moscou comovem Pierre por sua "beleza". O cocheiro da praça, "os carpinteiros cortando a madeira para as novas casas", os mascates e os lojistas "olhavam para ele com alegres olhos brilhantes". No primoroso diálogo final entre Natasha e a Princesa Maria, os dois casamentos, para os quais o enredo foi se encaminhando, são claramente vaticinados. "Pense que alegria será quando eu me tornar esposa de Pierre e você se casar com Nicholas!" exclama Natasha em um momento de profunda alegria.

No Primeiro Epílogo, porém, a "felicidade cai do céu". O sentimento de enlevo e o espírito daquele ano no alvorecer de 1813 estão totalmente extintos. A sentença de abertura do capítulo V estabelece o tom: "O casamento de Natasha com Bezukhov, que ocorreu em 1813, foi o último evento feliz na família dos velhos Rostov". O idoso Conde morre e deixa dívidas que somam o dobro do valor das suas propriedades. Por piedade filial e por sentimento de honra, Nicholas assume esse tremendo fardo: "Ele não desejava nada e não esperava mais nada, gozava no íntimo de sua alma de um prazer sombrio e austero em aceitar sua sorte sem se queixar". Essa retidão sombria, com sua nuance de intolerância e pompa, marcará o caráter de Nicholas mesmo depois de seu casamento com a Princesa Maria e seu próprio trabalho terem lhe restituído a riqueza.

Em 1820, os Rostov e os Bezukhovs estão reunidos em Montes Calvos. Natasha "engordara e desabrochara" e "a flama de outrora nela se reacendia raramente em seu rosto". Mais ainda, "aos seus outros defeitos [...] de não se arrumar e não se cuidar, ela agora somava a sovinice". Ela é perigosamente ciumenta e ao questionar Pierre sobre sua

80 TOLSTÓI OU DOSTOIÉVSKI

viagem a São Petersburgo, lembra-se das discussões que estragaram sua lua de mel. Tolstói escreve: "seus olhos tinham o brilho frio e vingativo". Quando vimos Natasha antes "Uma alegre luz questionadora brilhou em seus olhos e em seu rosto havia uma expressão amigável e estranhamente gaiata". A iconoclastia de Tolstói é incansável; cada personagem, por sua vez, apresenta-se corroído. A velha Condessa está caduca: "Sua face havia encolhido, seu lábio superior desaparecera e seus olhos estavam fracos". Ela é agora uma mulher miserável que chora como "uma criança, porque seu nariz precisava ser limpo". Sonia senta-se, "aborrecida, mas resoluta, junto ao samovar", levando ociosamente sua existência estéril, ocasionalmente lançando um olhar inflamado de ciúmes sobre a Princesa Maria e lembrando a Nicholas de uma inocência mais corajosa em tempos passados.

A metamorfose mais triste é a de Pierre. Com seu casamento com Natasha ele sofreu uma imensa mudança para algo nem rico nem estranho:

A submissão de Pierre era tão completa que ele não ousava fazer a corte, nem mesmo falar, sorrindo, a outra mulher. Também não se atrevia a ir jantar no clube, como passa tempo, nem gastar dinheiro com suas fantasias, ou fazer uma viagem longa, exceto a negócios, na qual sua mulher incluía as pesquisas intelectuais dele a que ela atribuía extrema importância, sem nada compreender das mesmas.

Esse retrato poderia ter sido retirado de uma das mais cínicas e sóbrias investigações de Balzac sobre a fisiologia do matrimônio. A incompreensão de Natasha pelo entusiasmo desordenado de Pierre e sua juventude perene é trágica. Ela é punida por isso com a pequeneza inerente da relação do casal, com sua domesticidade tirânica. Pierre rendeu-se a sua demanda "de cada momento de sua vida" pertencer à ela e à família. Como Tolstói nos conta de maneira penetrante, suas exigências o lisonjeiam. E esse é o Pierre a quem Platon Karataev conduzira através do inferno de 1812.

Tolstói obscurece a imagem que temos de seus personagens com uma honestidade excessiva. O efeito é quase macabro, como em um desses *retablos* espanhóis que retratam o mesmo personagem passando do esplendor ao pó, a cada etapa da dissolução. Através desses onze capítulos a fantasia do romancista se retrai diante das memórias do homem e das crenças do reformista. Muito da narrativa parece uma versão anterior de *Memórias* que Tolstói produziu entre 1902 e 1908. A aceitação da parte de Nicholas Rostov das dívidas de seu pai é paralela à biografia do pai de Tolstói. Ele também passou anos difíceis com "uma velha mãe, acostumada ao luxo, com uma irmã e outro parente". Em suas memórias, Tolstói fala de sua avó que se "sentava no divã e espalhava as cartas, ocasionalmente tomando uma pitada de rapé de sua caixa de ouro". As cartas e a própria caixa – "com o retrato do Conde na tampa" – reaparecem no capítulo XIII do Epílogo.

UM ENSAIO SOBRE O VELHO CRITICISMO 81

A brincadeira das crianças em Montes Calvos é uma reminiscência direta ao "jogo dos viajantes" que se brincava em Yasnaya Polyana. No Primeiro Epílogo, Tolstói fazia um tributo à história familiar sobre a qual ele havia se inspirado com tanta graça inventiva no decorrer do corpo principal do romance.

Como em toda ficção de Tolstói, além do mais, o elemento de doutrina tem o seu papel. Em seu relato da administração de Nicholas em Montes Calvos, no diário da Princesa Maria, na representação do casamento de Natasha e Pierre, Tolstói dramatizou suas teses sobre agronomia, pedagogia e a relação adequada entre marido e mulher. Daí a luz ambígua em que ele situou a nova Natasha. Com a ironia rigorosa de um poeta, ele menciona sua sovinice, seu desmazelo, seu ciúme briguento; mas através dela são proclamadas as doutrinas tolstoianas essenciais. Estamos prestes a endossar o absoluto descaso de Natasha com a elegância e *galanteries* que as mulheres convencionais da alta sociedade aplicam ao seu casamento; estamos prestes a aceitar seus ferozes padrões de monogamia e a aplaudir sua compenetração absoluta nos detalhes da educação das crianças e da vida familiar. Tolstói proclama: "Se o propósito do casamento é a família, aquele que desejar ter muitas esposas ou maridos poderá, talvez, obter muito prazer, mas nesse caso não terá uma família". A Natasha do epílogo encarna essa crença, e a representação inteira de Montes Calvos é um desses estudos para o retrato da boa vida que Tolstói detalhou em *Anna Kariênina* e em tantos de seus últimos escritos.

Os elementos de autobiografia e ética, no entanto, embora expliquem o caráter do Primeiro Epílogo, não dão conta nem da sua existência nem do seu efeito completo. Por trás desse efeito está uma deliberada busca de veracidade às custas da forma. Os epílogos e o pós-escrito de *Guerra e Paz* expressam a convicção de Tolstói de que a vida é contínua, fragmentada e feita de incessante renovação; as convenções de uma cortina final, ou de um final em que todos os fios sejam nitidamente desfeitos, violenta a realidade. O Primeiro Epílogo imita as destruições do tempo. Somente contos de fadas terminam com o artifício imaginário de eterna juventude e de eterna paixão. Ao obscurecer nossa luminosa lembrança de Pierre e Natasha, ao nos trazer para perto dos cheiros e da monotonia da "inquebrantável rotina" de Montes Calvos, Tolstói está exemplificando seu realismo imperativo. Há tipos de ficção essencialmente sujeitas aos cânones da simetria e da dimensão controlada. As ações terminam em um repicar de artilharia. Trata-se de uma concepção realizada no último parágrafo de *A Feira das Vaidades*, quando Thackeray coloca seus fantoches de volta à caixa. Por necessidade, o dramaturgo deve ter um fechamento formal e uma certeza de que agora "nossa história está terminada". Mas Tolstói não; seus personagens envelhecem e definham, e não vivem felizes para sempre. Obviamente, ele sabia que mesmo o romance

82 TOLSTÓI OU DOSTOIÉVSKI

mais longo deve ter o seu último capítulo, mas ele considerava essa inevitabilidade uma distorção e procurava obscurecê-la, elaborando em seus finais os prelúdios de sua próxima obra. Na moldura de cada quadro, na imobilidade de cada estátua, na capa de cada livro, há uma medida de derrota e uma admissão de que, ao imitar a vida, nós a fragmentamos. Mas somos menos conscientes desse fato em Tolstói do que, talvez, em qualquer outro romancista.

É possível traçar o início de *Anna Kariênina* nas seções finais de *Guerra e Paz*. A vida de Nicholas em Montes Calvos e sua relação com a Princesa Maria são um esboço preliminar do retrato de Levin e Kitty. Já existem anotações rascunhadas de temas posteriores: a princesa Maria não entende que Nicholas esteja "tão particularmente animado e feliz quando, depois de se levantar ao alvorecer do dia e passar toda a manhã nos campos ou na debulhadora, ele retorna da semeadura, ou da ceifa, ou da colheita, para tomar chá com ela". Além do mais, as crianças que conhecemos no Primeiro Epílogo nos devolvem uma certa sensação de frescor que Tolstói havia metodicamente destruído nos mais velhos. A filha de três anos de Nicholas, Natasha, é uma reencarnação de sua tia como a conhecemos no passado. Ela tem olhos escuros, é atrevida e tem passos ligeiros. Houve uma transmigração de almas; dali a dez anos, nesse segundo, Natasha irá explodir na vida dos homens com a impetuosidade radiante que marcou a heroína de *Guerra e Paz*. Nicholas Bolkonski também é uma figura na qual um novo romance está tomando forças. Acompanhamos sua relação difícil com Nicholas Rostov e o seu amor por Pierre. Através dele, o Príncipe André reingressa no romance e é o jovem Nicholas quem levará a um desfecho aparente.

Rostov, Pierre e Denisov discutem política em uma situação bastante similar ao debate acrimonioso na seção final de *Anna Kariênina*. Tematicamente, porém, o episódio é como uma ponte que cobre um longo período na obra de Tolstói. Aí há alusões da Conspiração Dezembrista sobre a qual Tolstói havia proposto escrever um romance antes de iniciar *Guerra e Paz*. Pressinto também que esse capítulo incorpora os primeiros impulsos de um romance histórico e político da época de Pedro, o Grande, que ocuparam a mente de Tolstói entre a conclusão de *Guerra e Paz*, em 1869, e o início de *Anna Kariênina*, em 1873.

Esse Epílogo pode, portanto, ser considerado de duas maneiras. Em seu corrosivo relato dos matrimônios de Rostov e Bezukhov está expresso o realismo quase patológico de Tolstói, sua preocupação com os processos temporais e sua aversão pelos ornatos e evasões narrativas que os franceses chamam *de la littérature*. Mas o Primeiro Epílogo também proclama a convicção tolstoiana de que uma forma narrativa deve se empenhar por rivalizar com o infinito – literalmente, o inacabado – da experiência vigente. A última frase da parte ficcional de *Guerra e Paz* resta incompleta. Ao pensar em seu falecido pai,

UM ENSAIO SOBRE O VELHO CRITICISMO   83

Nicholas, Bolkonski diz a si mesmo: "Sim, farei coisas das quais mesmo ele teria se sentido orgulhoso..." Essas reticências são adequadas. Esse romance, que se iguala magistralmente à fluência e à variação da realidade, não pode terminar com um ponto final.

O historiador russo de literatura, príncipe Mirsky, observou que aqui novamente é esclarecedora uma comparação entre *Guerra e Paz* e a *Ilíada*. Pois no romance, assim como no poema épico, "nada é terminado, a corrente da vida continua fluindo". É, claro, extremamente difícil discutir o "final" dos poemas homéricos[21]. Aristarco sustentava que a *Odisseia* terminava no verso 296 do Canto XXIII, e uma boa parte dos eruditos modernos concordam que o restante é uma espécie de adição espúria. Há também muita dúvida sobre o final da *Ilíada* tal como a conhecemos. Não tenho competência para entrar nessas controvérsias altamente técnicas; mas algumas das implicações e efeitos de obras que terminam com a ação suspensa, pairando no ar, estão manifestos. Lukács coloca isso da seguinte forma:

> O início "no-meio" das epopeias homéricas e seus finais "não conclusivos" são motivados pela indiferença do temperamento genuinamente épico em relação às estruturas arquitetônicas formais; a intrusão de materiais estranhos não alterará o equilíbrio (da verdadeira épica): pois na epopeia todas as coisas vivem e criam seu próprio "final" e a profundidade de sua significação absoluta[22].

A incompletude reverbera em nossas mentes e cria uma sensação de energias que se movem para além da obra. O efeito é musical, como observa E. M. Forster, precisamente ao referir-se a *Guerra e Paz*: "Um livro tão desarrumado. No entanto, à medida que o lemos, será que os grandes acordes não começam a soar atrás de nós, e quando terminamos, será que cada item – mesmo o catálogo das estratégias – não conduz a uma existência maior da que era possível à época?"[23]

Provavelmente a passagem mais misteriosa na *Odisseia* é aquela na qual sabemos da viagem predestinada de Odisseu para uma terra na qual os homens nada sabem do mar e nunca experimentaram o sal. Essa viagem final é relatada anteriormente por Tirésias, quando fala dos mortos, e o herói a revela a Penélope logo depois de seu reencontro e mesmo antes deles dormirem juntos. Alguns tomaram essa revelação como textualmente espúria, outros a consideraram como um exemplo explícito do egotismo gélido e sem imaginação que T. E. Lawrence imputa a Odisseu. Eu prefiro enxergá-la como um exemplo da aceitação tão caracteristicamente homérica do destino e de nivelamento de visão que controla o poema mesmo nos momentos

21. Uma das discussões mais lúcidas dessa incômoda questão pode ser encontrada em D. Page, *The Homeric Odyssey*.

22. G. Lukács, op cit

23. E. M. Forster, *Aspects of the Novel*.

de grande *páthos*. O próprio tópico tem uma aura de mágica arcaica. Eruditos falharam, até o momento, em elucidar suas origens e seu significado preciso. Gabriel Germain sugere que essa tópica homérica incorpora memórias de um mito asiático sobre um reino sobrenatural encerrado na terra. Mas, seja qual for a gênese ou o lugar exato do poema como um todo, o impacto da passagem é certo. Ela irrompe as portas do palácio de Odisseu aos mares não navegados e transforma o final do poema, que é o do conto de fadas, para o de uma saga da qual ouvimos apenas uma parte. Ao final do segundo movimento do Concerto do "Imperador" de Beethoven, nós repentinamente escutamos, de uma forma velada e remota, em ascendente ondulação, o tema do rondó. Assim, ao final da *Odisseia,* a voz do cantor envereda por um novo começo. A história da viagem final de Odisseu rumo a uma misteriosa reconciliação com Poséidon ecoou por séculos, através da literatura pseudo-homérica e de Sêneca, até chegar em Dante. Se há um final na *Odisseia* esse pode ser encontrado naquela trágica viagem para além dos Pilares de Hércules, recontada no Canto XXVI do *Inferno.*

A *Ilíada* e a *Odisseia,* tais como são conhecidas pelo leitor, terminam abruptamente, em meio à ação. Depois dos troianos lamentarem os ossos de Heitor, a guerra deve voltar e, quando o Livro XXIV termina, tropas estão sendo enviadas a fim de prevenir um ataque surpresa. A *Odisseia* conclui com um *deus ex machina* não convincente e uma trégua entre o clã de Odisseu e aqueles que iriam vingar os pretendentes. Esses podem não ser os finais "autênticos", mas toda evidência disponível sugere que cada poema épico, ou ciclo de poemas, deveria ser entendido como um elemento de uma saga maior. Tanto para os poetas épicos gregos quanto para Tolstói, o destino que modela os fins de seus personagens pode perfeitamente se encontrar além do conhecimento ou da profecia do artista. Essa é uma noção mítica, mas é ao mesmo tempo sumamente realista. Tanto nos poemas épicos como nos romances de Tolstói, as beiradas mal definidas são similarmente convincentes.

Desse modo, todos os elementos na arte de Tolstói conspiram para diminuir a irremediável barreira entre a realidade do mundo da linguagem e a do mundo do fato. Para muitos, parece que Tolstói supera qualquer romancista. Hugh Walpole escreveu em sua conhecida introdução à Edição Centenária de *Guerra e Paz*:

> Pierre e Príncipe André, Nicholas e Natasha, capturavam-me para junto deles, para seu mundo vivo – um mundo mais verdadeiramente real que o desconfortável mundo no qual eu mesmo estava vivendo [...]. Essa realidade é o último segredo incomunicável.

Essa realidade também se apoderou de Keats quando ele se imaginou gritando nas trincheiras com Aquiles.

VII.

Em seus últimos escritos sobre a arte, nesses ensaios obstinados, autodestrutivos e, ainda assim, estranhamente comoventes, Tolstói considerava Homero como um talismã. Ao final, os poemas homéricos pairaram entre Tolstói e a iconoclastia total. Tolstói procurou, particularmente, o discernimento entre um falso retrato da realidade, que ele associava a Shakespeare, e uma verdadeira descrição, exemplificada pela *Ilíada* e pela *Odisseia*. Com uma majestade segura, que está além da arrogância, Tolstói dava a entender que seu próprio lugar na história do romance era comparável ao de Shakespeare na história do drama e ao de Homero na da epopeia. Lutou para demonstrar que Shakespeare não merecia essa posição, mas a própria veemência do seu ataque trai o respeito do duelista por um oponente à altura.

Em seu estudo sobre S*hakespeare e o Drama*, Tolstói estabelece uma oposição fundamental entre Shakespeare e Homero. Trata-se de um estudo bastante famoso, mas que tem sido mais lido do que compreendido[24]. Dentre os poucos estudos sérios sobre ele está a aula de G. Wilson Knight "Shakespeare e Tolstói" e o trabalho de George Orwell "Lear, Tolstói e o Louco". Nenhum deles é plenamente satisfatório. A leitura de Knight, apesar de toda a sua agudeza, depende de sua interpretação altamente pessoal dos significados e simbolismos de Shakespeare. Ele não está realmente preocupado com os argumentos de Tolstói e não faz alusão ao papel da poesia homérica no debate tolstoiano. Orwell, por outro lado, simplifica excessivamente o caso, no interesse de sua polêmica social.

O ponto central do estudo é o argumento de Tolstói de que "quando comparamos Shakespeare a Homero [...] a infinita distância que separa a verdadeira poesia de sua imitação emerge com especial vivacidade". Uma vida inteira de preconceito e experiência está contida nessa afirmação. Não é possível julgá-la se não considerarmos o quão diretamente ela se apoia sobre a imagem da própria realização de Tolstói. Além do mais, a afirmação concentra em uma única expressão aquilo que eu creio ser o antagonismo inerente entre a arte de Tolstói e a de Dostoiévski.

Primeiramente é preciso que se compreenda a atitude de Tolstói em relação ao teatro. Havia aí uma corrente de puritanismo. Ele via na estrutura física dos teatros um despudorado símbolo do esnobismo social e da frívola elegância da classe alta. Mais radicalmente, Tolstói considerava a disciplina do faz de conta, o âmago da atuação teatral, uma distorção deliberada da capacidade de discernimento entre verdade e falsidade, entre ilusão e realidade. Ele argumentava, em *Varenka,*

---

24. O trabalho de George Gibian, *Tolstoj e Shakespeare*, Gravenhage, 1957, chegou a mim quando esse livro estava indo para a impressão

86 TOLSTÓI OU DOSTOIÉVSKI

um Conto para Crianças, que as crianças – verdadeiras por natureza e ainda não corrompidas pela sociedade – acham o teatro ridículo e implausível. Mas, embora condenasse o palco, Tolstói era também fascinado por ele. Em várias cartas a sua esposa, escritas no inverno de 1864, ele traía sua perplexidade: "Fui ao teatro. Cheguei lá no final do segundo ato. Vindo diretamente do campo, o teatro sempre me parece bizarro, forçado e falso; mas se você se acostuma, ele pode ser novamente agradável". E em outra ocasião ele escrevia sobre uma visita à ópera: "onde eu senti muito prazer com a música e em observar diversos homens e mulheres na plateia, todos me parecem tipos".

Em seus romances, no entanto, o ponto de vista de Tolstói é claro; o teatro é associado à perda da percepção moral. Em *Guerra e Paz* e em *Anna Kariênina* a casa de ópera funciona como um cenário de crise moral e psicológica na vida das heroínas. Em seus camarotes, na ópera, Natasha e Anna (como Emma Bovary) nos são reveladas por uma luz ambígua e preocupante. O perigo surge, na análise tolstoiana, pelo fato dos espectadores se esquecerem da natureza planejada e artificial da representação e por transferirem para suas próprias vidas as emoções artificiais e o falso brilho do palco. O relato da visita de Natasha à ópera, na Parte IX, capítulo VIII de *Guerra e Paz* é uma sátira em miniatura:

> O centro do cenário era de tábuas uniformes; de cada um dos lados, cartões pintados fingindo árvores e, ao fundo, um pano corrido. Moças de blusas vermelhas e saias brancas formavam um grupo ao meio do palco. Uma delas, corpulenta, de vestido de seda branca, estava sentada num banco muito baixo, atrás do qual havia um cartão verde colado. Cantavam em coro. Quando acabaram, a vestida de branco deu alguns passos na direção da caixa do ponto. Então aproximou-se dela um homem de calções de seda, que lhe cingiam as grossas pernas, chapéu emplumado e punhal à cinta, que se pôs a cantar com muitos gestos.

O ridículo intencional é óbvio; o tom é o de um bobo relatando um filme mudo. A resposta inicial de Natasha é a "correta": "Evidentemente ela compreendia a significação do que a cena representava, mas tudo lhe parecia, em seu conjunto, tão convencional e falso, tão pouco natural, que ora tinha vergonha dos atores ora tinha vontade de rir". Gradualmente, a magia negra do teatro a seduz: "pouco a pouco ela se sentiu tomada por uma espécie de embriaguez. Já não sabia o que fazia, onde estava, o que se passava diante de seus olhos". Nesse momento surge Annatole Kuragin: "Vestia o uniforme de gala de ajudante-de-campo, cintilante com dragonas e agulhetas [...] altivo com sua linda e perfumada barba". Os extravagantes personagens no palco começaram a "arrastar do palco a moça que no primeiro ato estava de branco e agora se vestia de azul". Desse modo a ação da ópera parodia a abdução intencional de Natasha por Annatole. Mais tarde, no espetáculo, há uma dança solo na qual "um homem de pernas nuas pôs-se a dar saltos muito altos, batendo muito rapidamente os pés um no outro. (Esse homem era Duport, o qual, somente por fazer aqueles exercícios, ganhava sessenta mil rublos anuais.)". Tolstói se sente ultrajado pela quantia gasta e pela artificialidade. Natasha, no entanto, "já nada achava estranho. Olhava sorrindo e com satisfação para o que acontecia a sua volta". Ao final da apresentação seu senso de discriminação fora radicalmente corrompido:

> Tudo o que passava à sua roda se lhe afigurava agora o que havia de mais natural e nem por um instante sequer lhe vieram à mente as suas antigas preocupações com o noivo, com a princesa Maria, com a vida na aldeia: era como se tudo isso fizesse parte de um passado longínquo.

A palavra "natural" é decisiva aqui. Natasha não distingue mais a natureza real, "a vida no campo" e sua sensatez moral, da falsa natureza revelada no palco. Sua incapacidade de fazê-lo coincide com o início de sua entrega a Kuragin.

O segundo ato dessa quase-tragédia também está associado à arte do drama. Annatole reforça seu galanteio durante uma *soirée* na residência da princesa Helena, em honra à celebrada atriz trágica, Mademoiselle Georges. A atriz recita "alguns versos franceses, que descrevem o amor culpado por seu filho". A alusão a *Fedra* de Racine não é acurada, mas o tom é claro. Por causa de sua forma estilizada e de seu tema incestuoso, *Fedra* parecia a Tolstói profundamente "artificial". Mas, à medida que Natasha escuta, ela é transportada a "esse estranho mundo sem sentido. No qual era impossível saber o que era bom ou mau". A ilusão dramática destrói nossa percepção das distinções morais.

A situação em *Anna Kariênina* é diferente. Ao ir ao concerto beneficente de ópera patrocinado por Patti, Anna está desafiando a sociedade em seu espaço mais consagrado. Vronski desaprova seu gesto e percebemos, pela primeira vez, que seu amor havia perdido o frescor e mistério. De fato, ele a enxerga através da mesma lente da alta sociedade e da convenção que ela está procurando desafiar. Anna é cruelmente esnobada por Madame Kartasova e, apesar da noite terminar com a reconciliação dos amantes, o futuro trágico está claramente prefigurado. A intensidade irônica da situação brota do cenário; a sociedade condena Anna Kariênina exatamente no lugar onde a sociedade é mais frívola, ostensiva e embebida na ilusão.

O elemento da ilusão no teatro obcecou Tolstói. Seu ensaio sobre *Shakespeare e o Drama* é apenas uma dentre as muitas tentativas em dar conta do problema. Ele buscou primeiramente compreender as origens e a natureza da ilusão teatral e distinguir os vários graus de ilusão. Em segundo lugar, ele esperava se assegurar que os poderes da mímesis dramática fossem devotados a promover uma concepção de vida realista, moral e, em última análise, religiosa. Muito do que ele escreveu a respeito desse tópico é seco e áspero; mas esclarece os próprios romances de Tolstói e o contraste do temperamento épico com o dramático.

Na primeira parte de sua crítica, Tolstói começa a mostrar que as peças de Shakespeare são um tecido de absurdos, que elas insultam a face da razão e do bom senso e não têm "absolutamente nada em comum com a arte ou a poesia". A dialética de Tolstói é construída sobre a noção do que é "natural". Os enredos de Shakespeare "não são naturais" e os seus personagens falam em "uma linguagem não natural, que não somente não poderiam falar, mas que pessoas reais nunca poderiam ter falado em lugar algum". As situações em que os personagens de Shakespeare "são arbitrariamente colocados são tão artificiais que ao leitor, ou ao espectador, fica impossível simpatizar com seus sofrimentos ou sequer se interessar por aquilo que lê ou escuta". Tudo isso é realçado pelo fato de que os personagens de Shakespeare "vivem, pensam, falam e agem sem estar de acordo com o período e lugar retratados". Para provar sua tese, Tolstói aponta para a ausência de motivação coerente na conduta de Iago e faz uma análise extensa de *Rei Lear*.

Por que *Rei Lear*? Em parte, sem dúvida, porque o enredo da tragédia está entre os mais fantásticos de Shakespeare e porque há episódios na peça – tais como o salto de Dover Cliff – que forçam até mesmo a mais desejosa suspensão de descrédito. Havia, no entanto, outras razões, e elas nos levam para bem perto dos elementos mais privados e opacos do gênio de Tolstói. Em sua *Lettre sur les spectacles* (Carta sobre os Espetáculos), Rousseau centrou seu fogo mais forte em *O Misantropo* de Moliére, precisamente por considerar Alceste alguém perturbadoramente próximo da imagem que ele, Rousseau, mais apreciava de si mesmo. Um sentimento similar de proximidade parece ter existido entre Tolstói e a figura do Rei Lear. Isso veio a influenciar mesmo suas memórias distantes. Há uma descrição de uma tempestade no segundo capítulo de *Adolescência*. Quando os elementos da natureza estão no auge de sua fúria:

> Nesse instante surge do lado do poente um homem vestido com uma camisa suja. Tem o rosto inchado e inexpressivo, a cabeça pelada, as pernas magras e arqueadas, e uma espécie de coto vermelho e reluzente, no lugar da mão, que introduz na caleche como se nos ameaçasse,
>
> – Paizinhos! Uma esmola pelo amor de Deus! – diz com voz débil. A cada palavra persigna-se e faz profundas reverências.
>
> [...]
>
> No momento em que nos colocamos em marcha, um relâmpago que nos cega ilumina o vale, obrigando os cavalos a pararem. Sem o menor intervalo estala um trovão ensurdecedor. Foi como se a abóbada celeste despencasse sobre nós.

Entre o incidente e a recuperação, está o Ato III de *Rei Lear*.

Esse sentimento de identificação, que Orwell percebeu, é fortalecido por numerosas referências a Lear na correspondência de

Tolstói; e há, em sua própria história, o momento mais próximo de *Rei Lear* quando o envelhecido, mas, ainda assim, o Tolstói pleno de realeza, abandonava seu lar e partia noite adentro em busca de justiça. Não consigo, portanto, escapar da impressão de que nos ataques de Tolstói a *Rei Lear* havia uma raiva obscura e essencial – a raiva de um homem que encontra sua própria sombra lançada a ele por alguma magia negra ou previsão. Em seus momentos de gesticulação e autodefinição, Tolstói sentia-se atraído pela figura de Lear, e ele deve ter se aborrecido – ele o arqui-imaginador de vidas – ao encontrar em seu próprio espelho a criação de um gênio rival. Há aqui algo da fúria frustrada e tenaz de Anfitrião ao descobrir que uma parte essencial de sua própria vida está sendo vivida fora de si mesmo – se bem que por um deus.

Sejam quais forem seus motivos precisos, Tolstói bateu insistentemente no ponto óbvio de que existem, em *Rei Lear*, eventos disparatados e mesmo inexplicáveis. Se houvesse insistido nessa linha argumentativa, Wilson Knight estaria certo ao afirmar que o romancista "sofria da ausência de raciocínio lúcido". Porém Tolstói não repudiou o drama de Shakespeare meramente pelo argumento de não ser "naturalista". Ele próprio era um escritor grande e sutil demais para não perceber que a visão de Shakespeare ultrapassava o critério do realismo de senso comum. Sua acusação principal era a de que a visão shakespeariana "não produz no leitor aquela ilusão que constitui a condição principal da arte". Essa será uma constatação obscura se somente a expressão "aquela ilusão" permanecer indefinida. Por trás dessa obscuridade encontra-se um capítulo complexo na história da estética dos séculos dezoito e dezenove. Mentes tão agudas e distintas como Hume, Schiller, Schelling, Coleridge e De Quincey haviam disputado com as origens e a natureza da ilusão dramática. Muitos dos inflados estudiosos de estética que Tolstói examina em *O Que é Arte?* buscaram determinar as "leis" que governam nossas respostas psicológicas ao teatro. Eles pouco produziram de valor, e apesar de todas as incursões da psicologia moderna sobre o problema dos jogos e da fantasia, não progredimos muito. O que nos faz "acreditar" na realidade de uma peça shakespereana? O que é que torna *Édipo* ou *Hamlet* tão empolgantes, mesmo depois de termos assistido a dez apresentações como se assistíssemos à peça pela primeira vez? Como é que pode haver suspense sem surpresa? Não sabemos; e ao invocar uma noção indefinida como "verdadeira ilusão" Tolstói traiu seu argumento.

O ensaio inteiro sobre *Shakespeare e o Drama* resulta em paradoxo. Para Tolstói, as peças de Shakespeare eram claramente absurdas e amorais. No entanto, seu poder de sedução era um fato e Tolstói tinha consciência disso pela própria veemência de seu protesto. Portanto ele foi impelido a postular dois tipos distintos de ilusão: a primeira,

90 TOLSTÓI OU DOSTOIÉVSKI

uma ilusão tão falsa a ponto de obscurecer o sentido de valores de Natasha durante a ópera, a segunda, uma "verdadeira ilusão". É a última que constitui a "principal condição da arte". Como discerni-las? Determinando a "sinceridade" do artista, o grau de crença que ele acopla às ações e ideias apresentadas em suas obras. Tolstói estava explicitamente engajado naquilo que certos críticos modernos chamam de "a falácia intencional". Ele se recusava a separar o artista da criação e a criação da intenção. Tolstói condenou as peças de Shakespeare porque percebeu nelas um gênio moralmente neutro.

De modo semelhante a Matthew Arnold, Tolstói insistia que a qualidade que distinguia a grande arte era sua "alta seriedade" e uma elevação de tom na qual os valores éticos devem estar refletidos ou dramatizados. Mas enquanto Arnold tendia a limitar seu julgamento à obra vigente diante dele, Tolstói procurava determinar as crenças do autor. Um ato de crítica literária, no sentido tolstoiano, é um ato de julgamento moral que envolve o artista, suas obras e os efeitos destas no público. Do ponto de vista da crítica literária ou do historiador do gosto, os resultados são frequentemente bizarros ou totalmente indefensáveis. Mas, considerados como uma declaração das doutrinas de Tolstói sobre sua própria obra e como uma reflexão do gênio que produziu *Guerra e Paz* ou *Anna Kariênina*, o estudo sobre Shakespeare é revelador. Não pode ser meramente descartado como mais um exemplo da furiosa iconoclastia de um homem idoso. O ódio de Tolstói por Shakespeare pode ser traçado desde 1855. Apesar de dificultado por um sentimento de maldade acerca de suas próprias obras que perseguiu o último Tolstói, o estudo incorpora instintos e reflexões de toda uma vida.

Sua passagem central contrasta Homero e Shakespeare:

> Qualquer que seja a distância entre nós e Homero, podemos, sem o menor esforço, nos transportar para a vida que ele descreve. E desse modo, somos transportados principalmente porque, apesar da estranheza dos eventos que Homero descreve, ele acredita no que diz e fala seriamente a respeito do que está descrevendo, e, desse modo, nunca exagera e o sentido da medida nunca o abandona. E portanto acontece que, sem mencionar os maravilhosamente diferentes personagens de Aquiles, Príamo, Heitor, Odisseu, e as cenas eternamente emocionantes da despedida de Heitor, da embaixada de Príamo, do retorno de Odisseu e assim por diante, a *Ilíada* como um todo, e ainda mais a *Odisseia*, está tão naturalmente próxima de nós como se tivéssemos vivido e estivéssemos vivendo ainda agora em meio aos deuses e heróis. Mas isso não ocorre com Shakespeare. É imediatamente evidente que ele não acredita no que diz, que ele não tem necessidade de dizê-lo, que está inventando os acontecimentos [...] desse modo, não acreditamos nos eventos nem nas ações, tampouco no sofrimento de seus personagens. Uma comparação entre ele e Homero revela mais claramente do que tudo a ausência de um sentimento estético em Shakespeare.

O argumento está repleto de preconceito e cegueira enfática. De que maneira Homero inventava menos ocorrências do que Shakespeare?

UM ENSAIO SOBRE O VELHO CRITICISMO 91

O que Tolstói sabia a respeito das crenças e da "sinceridade" do último? Mas é fútil contestar o estudo de Tolstói tendo por base a razão ou evidência histórica. O obscuro manifesto *Shakespeare e o Drama* revela de maneira concentrada uma das intuições de Tolstói sobre as características de seu próprio gênio. O que devemos reter é o seu elemento positivo – a afirmação do parentesco com Homero.

Afirmar, com Lukács, que o lance mental de Tolstói era "verdadeiramente épico e estranho às formas do romance"[25] é pressupor um conhecimento muito maior dos tipos e da estrutura da imaginação criativa do que o que possuímos. *A Poética* de Aristóteles sugere que apesar da teoria grega reconhecer numerosas distinções práticas entre o drama e a epopeia, ela não considerava uma distinção radical no modo de pensar do poeta épico e do dramaturgo. O primeiro a fazê-lo com convicção foi Hegel; sua distinção entre a "totalidade dos objetos" no mundo da épica e a "totalidade da ação" no mundo do drama é uma reflexão crítica de grande sutileza e implicação. Esclarece-nos muito a respeito do fracasso das formas mistas como *Empédocles* de Hoelderlin ou *Dynasts* (Os Dinastas) de Hardy e sugere como o técnico do drama em Victor Hugo prejudicou o pretenso poeta épico. Mas, além disso, encontramo-nos em terreno precário.

O que podemos afirmar é que, ao considerar sua própria arte, Tolstói fez um convite à comparação com a poesia épica e especialmente com Homero. Seus romances – em contraste absoluto com os de Dostoiévski – percorrem imensas extensões de tempo. Por meio de uma curiosa ilusão de ótica, associamos a extensão temporal com a noção de epopeia. Na prática, os eventos que se relacionam diretamente nas epopeias homéricas, ou na *Divina Comédia*, são compactados em um breve intervalo de dias ou semanas. Portanto, é antes o método da narração do que o tempo decorrido que é considerado para o sentido de analogia entre Tolstói e o gênero épico. Ambos concebem a ação ao longo de um eixo narrativo central; em torno dele, como em uma espiral, encontramos as passagens de lembrança, as profecias que anunciam os desfechos dos eventos, e as digressões. Pelo labirinto todo de detalhes, as formas dinâmicas na *Ilíada*, na *Odisseia* e em *Guerra e Paz* são simples e confiam fortemente em nossa fé inconsciente na realidade e no movimento progressivo do tempo.

Homero e Tolstói são narradores oniscientes. Eles não usam a voz independente e ficcional que romancistas como Dostoiévski ou Conrad interpõem entre si mesmos e os leitores, tão pouco usam o "ponto de vista" deliberadamente limitado do James maduro. As maiores obras de Tolstói (com a importante exceção de *A Sonata Kreutzer*) são relatadas no antigo estilo do contador de histórias, na terceira pessoa.

25. G. Lukács, op. cit.

92 TOLSTÓI OU DOSTOIÉVSKI

Evidentemente, Tolstói considerava as relações entre si mesmo e seus personagens como entre as do criador onisciente com a criatura:

> Quando escrevo, subitamente sinto pena de algum personagem; e então concedo a ele uma boa qualidade ou tiro uma boa qualidade de algum outro, para que na comparação com outros ele não pareça tão negro[26].

E ainda assim, não há os fantoches de Thackeray e seu teatro de marionetes na arte de Tolstói. Ambos, um personagem shakespereano e um tolstoiano, "vivem" independentemente de seus criadores. Natasha não está menos "viva" que Hamlet. Não menos, porém, diferentemente. De algum modo, ela está mais próxima do nosso conhecimento de Tolstói do que o príncipe da Dinamarca está do nosso conhecimento de Shakespeare. A diferença não está, eu creio, em sabermos mais sobre o romancista russo do que sobre o dramaturgo elisabetano, e sim na natureza e nas convenções de suas respectivas formas literárias. Porém nem a crítica nem a psicologia são capazes de explicar isso.

Na linguagem hegeliana há, nos romances de Tolstói, assim como nas grandes epopeias, uma "totalidade de objetos". O drama – e Dostoiévski – reduzem os personagens humanos a um despojamento essencial; o quarto é despido de mobílias para que nada abafe ou rompa a ação. No gênero épico, entretanto, os impedimentos comuns da vida, os utensílios, as casas e a comida têm um papel importante; daí a solidez cômica do *Paraíso* miltoniano, com sua artilharia tangível e suas provisões para a digestão dos anjos. A tela tolstoiana é carregada de abundantes detalhes, particularmente daquilo que, por um lapso hostil de sua mente, Henry James chamou de *Paz e Guerra*. Toda uma sociedade, toda uma época é retratada do mesmo modo que na visão enraizada no tempo, de Dante. Tanto Tolstói como Dante evidenciam o paradoxo frequentemente citado, e ainda assim pouco compreendido, de que há obras de arte que atingem a atemporalidade precisamente por estarem ancoradas em um momento específico do tempo.

Mas toda essa abordagem – a tentativa de relacionar os romances de Tolstói à poesia épica e, primariamente, a Homero – encontra duas dificuldades bem reais. Qualquer que fosse o futuro de sua teoria, Tolstói se envolveu, apaixonadamente e durante toda a sua vida, com a figura de Cristo e com os valores do cristianismo. Como ele poderia escrever, já em 1906, que se sentia mais à vontade "em meio aos deuses e heróis "do politeísmo homérico do que no mundo de Shakespeare, no qual, apesar de toda a sua neutralidade religiosa, abundam os hábitos do simbolismo e da consciência cristã? Merezhkovski apontou

---

26. Tolstói a Górki, em *Gorky: Reminiscences of Tolstoy, Chekhov and Andreev*, traduzido para o inglês por Katherine Mansfield, S. S. Kotelianski e Leonard Woolf, London, 1934.

UM ENSAIO SOBRE O VELHO CRITICISMO   93

aí, no comentário que citei anteriormente, a existência de um problema complexo no fato de Tolstói "possuir a alma de um pagão nato". Retornarei a isso no capítulo final.

A segunda dificuldade é mais óbvia. Dado o profundo ceticismo de Tolstói sobre o valor do teatro, sua condenação a Shakespeare e as claras afinidades entre seus romances e a épica, como devemos considerar o dramaturgo Tolstói? O que torna essa questão ainda mais desconcertante é o fato de que o caso de Tolstói não tem nenhum paralelo. Afora Goethe e Victor Hugo, é difícil citar outro escritor que tenha produzido obras-primas em romance e em drama. E nenhum caso é rigorosamente comparável a Tolstói; os romances de Goethe têm interesse principalmente pelo seu conteúdo filosófico e, quanto aos romances de Victor Hugo, pode-se afirmar que, apesar de toda sua glória festiva, eles de fato não prendem a atenção de um adulto. Não pensamos em *Os Miseráveis* e *Notre-Dame de Paris* da mesma maneira que pensamos, por exemplo, em *Madame Bovary* e *Filhos e Amantes*. Tolstói é a exceção, e essa exceção torna-se perturbadora devido a suas próprias doutrinas literárias e éticas.

Pois o primeiro ponto a ser destacado é que Tolstói teria tido um lugar na história literária se tivesse escrito somente seus dramas. Eles não são um ramo exterior a suas obras como, por exemplo, as peças de Balzac e Flaubert ou *Exiles* de Joyce. Muitas das peças de Tolstói são de primeira categoria. Esse fato tem sido obscurecido pela eminência de seus romances e pelo parentesco de obras como *O Poder das Trevas* e *O Cadáver Vivo*, com a totalidade do movimento naturalista. Ao refletirmos sobre a espécie de dramas escritos por Tolstói, tendemos a pensar primeiramente em Hauptmann, Ibsen, Galsworthy, Górki e Shaw. Consideradas sob esse foco, a importância das peças de Tolstói parece estar principalmente em seu assunto, nas suas representações dos "mais baixos" e em seu protesto social veemente. Mas, na realidade, o seu interesse ultrapassa em muito as polêmicas do naturalismo; as peças de Tolstói são genuinamente experimentais, tais como as do Ibsen tardio. Como Shaw escreveu em 1921, "Tolstói é um tragi-comediante, faltando a invenção de um termo melhor"[27].

Há poucos estudos satisfatórios de Tolstói como dramaturgo. Talvez o mais profundo seja um trabalho recente de um crítico soviético chamado K. N. Lomunov. Refiro-me somente de maneira breve a alguns de seus principais argumentos. O interesse de Tolstói pelo drama se estendeu sobre grande parte de sua vida criativa; ele escreveu duas comédias em 1863, logo depois de seu casamento, e há projetos dramáticos em meio aos seus escritos póstumos. Quando surgiu a questão do aprendizado da técnica do drama, a atitude de Tolstói foi surpreendentemente diversa da que observamos em seu ensaio. Com Goethe,

27. G. B. Shaw, Tolstoy: Tragedian or Comedian, *The Works of Bernard Shaw*, v. 29

Púchkin, Gógol e Moliére, Shakespeare foi um dos mestres atentamente estudados por Tolstói. Como ele escreveu a Fet, em fevereiro de 1870, "quero muito falar de Goethe e Shakespeare, e do teatro em geral. Todo esse inverno estive ocupado somente com o gênero dramático".

O Poder das Trevas foi composto quando Tolstói já estava com quase sessenta anos e quando seu conflito interior entre arte e moralidade havia se tornado mais forte. De todas as suas peças essa é, provavelmente, a mais conhecida. Zola, que foi fundamental para sua primeira produção em Paris, em 1886, viu no triunfo da nova peça a prova de que "o realismo social" poderia atingir os efeitos da alta tragédia. E, curiosamente, foi precisamente com um drama trágico, no sentido aristotélico, que uma sensibilidade romântica como a de Arthur Symons se impressionou pela peça. *O Poder das Trevas* é uma tremenda obra; nela, como Nietzsche, Tolstói "filosofa com um martelo". A peça exemplifica a maciça concretude de Tolstói; seu poder de oprimir através de um agregado de informações exatas. Seus verdadeiros objetos são os camponeses russos: "Há muitos milhões como vocês na Rússia, e todos cegos como mulas – não sabem de nada!". E da sua ignorância cresce a bestialidade. Os cinco atos progridem com a energia despojada de uma acusação. A arte está inteiramente na unidade do tom, e não conheço outra peça da literatura ocidental que realize uma recriação da vida rural com tanta autoridade. Foi uma triste decepção; na leitura de *O Poder das Trevas* realizada por Tolstói, os camponeses não se reconheceram na peça. No entanto, os críticos marxistas observam que se eles tivessem se reconhecido, a revolução teria sido consideravelmente mais próxima.

O clímax passa do realismo para um clima de ritual trágico. A cena grotesca, e ainda assim lírica, entre Nikita e Mitrich (que Shaw admirava tanto) prepara-nos para o momento de expiação. Como Raskolnikov em *Crime e Castigo*, Nikita curva-se até o chão, confessa seus crimes e implora por perdão "em nome de Cristo" aos atônitos passantes. Somente seu pai, Akim, compreende a completa intenção do gesto: "aqui está sendo feito o trabalho de Deus". E com uma percepção caracteristicamente tolstoiana, implora ao oficial de polícia para não interferir até que a verdadeira lei tenha marcado a ferro sua alma.

Para encontrar algo comparável a *O Poder das Trevas* devemos considerar as peças de Synge. *Os Frutos da Civilização*, escrita somente três anos depois para uma celebração de natal em Yasnaya Polyana, reflete as leituras de Tosltói: Moliére, Gógol e, talvez, Beaumarchais. A única grande incursão de Tolstói na alegria encontra-se em *Meistersinger* (O Mestre Cantor). Com seu numeroso elenco, sua azáfama de intriga, a profusão de coisas que ocorrem no palco, e sua alegre sátira ao espiritualismo, a peça poderia tranquilamente passar por uma comédia de Ostrovski ou Shaw. Sabemos por Aylmer Maude que Tolstói desejava que o papel dos camponeses fosse repre-

UM ENSAIO SOBRE O VELHO CRITICISMO   95

sentado com seriedade; mas a risada geral é contagiosa e, pelo menos dessa vez, a voz daquele que está em busca da Verdade é subjugada. Como *A Décima Segunda Noite,* a obra espelha a alegria da estação e o sentimento de ter sido concebida para um número restrito de espectadores. Depois de sua primeira encenação na propriedade de Tolstói, *Os Frutos da Civlização* obteve grande popularidade e foi brilhantemente encenada para o Czar por uma trupe de amadores aristocráticos.

Eu gostaria de falar detalhadamente de *O Cadáver Vivo*, um drama sombriamente fascinante que, como tantos escritos de Tolstói e Dostoiévski, foi inspirado em uma causa judicial real. Shaw falou de Tolstói: "De todos os poetas dramaturgos, Tolstói é o que tem o toque mais fulminante quando pretende destruir". Em *O Cadáver Vivo*, podemos perceber claramente o que Shaw quis dizer. O espírito e até a técnica são strindbergianos. Mas para discutir a obra de modo adequado, seria preciso iniciar um estudo separado sobre o Tolstói dramaturgo.

Finalmente, chegamos àquele fragmento colossal, *A Luz que Brilha na Escuridão*. A lenda diz que Molière satirizou suas próprias enfermidades em *O Doente Imaginário* e parodiou sua morte próxima com uma irônica e macabra mistura de fato e fantasia. Tolstói fez algo ainda mais cruel; em sua última e inacabada tragédia, ele expôs ao ridículo e ao julgamento público suas crenças mais santificadas. Nas palavras de Shaw, ele voltou "seu toque mortal sobre si mesmo, em suicídio". Nicholas Ivanovich Sarintsev destrói sua própria vida e a vida daqueles que mais o amam ao procurar conceber um programa de cristianismo tolstoiano e de anarquia. Ele não é sequer retratado como um santo martirizado. Com veracidade inclemente, Tolstói revela a cegueira do homem, seu egoísmo e a crueldade que pode inspirar um profeta que se crê incumbido da revelação. Há cenas que Tolstói deve ter escrito em profunda agonia de espírito. A princesa Cheremshanov exige de Sarintsev que ele salve seu filho, prestes a ser açoitado por adotar a doutrina do pacifismo e da não violência de Sarintsev:

> Princesa: Eis o que quero de ti: eles o estão mandando para o batalhão de disciplina, e eu não posso suportar isso. E és o responsável – tu és – tu és – tu és o responsável!
> Sarintsev: Eu não – Deus é responsável. E Deus sabe como eu me condoo de ti. Não te oponhas à vontade de Deus. Ele está te testando. Suporte humildemente.
> Princesa: Não consigo suportar humildemente. Meu filho é todo o mundo para mim, e o tiraste de mim e o arruinaste. Não consigo aceitar isso calmamente.

Ao final, a Princesa mata Sarintsev e o reformista agonizante não tem certeza se de fato Deus o teria querido como Seu servo.

É a equidade de Tolstói que dá à peça sua imensa força. Ele apresentou o caso anti-Tolstói com fantástica persuasão. Nos diálogos entre Sarintsev e sua esposa (que parecem ecoar, palavra por palavra, debates similares entre o escritor e a condessa Tolstói), Marie é mais convincente. E, no entanto, é precisamente pelos seus "absurdos"

96   TOLSTÓI OU DOSTOIÉVSKI

que a doutrina de Tolstói deve ser entendida. Em *A Luz que Brilha na Escuridão*, assim como nos últimos autorretratos de Rembrandt, observamos os artistas tentando ser completamente verdadeiros a si mesmos. Em nenhum outro lugar Tolstói esteve mais a nu.

Mas de que maneira as realizações de Tolstói como dramaturgo se harmonizam com a imagem de um romancista épico e essencialmente antidramático? Não existe uma resposta clara e completamente satisfatória, mas o próprio argumento confuso em *Shakespeare e o Drama* dá alguma pista. Nesse estudo tardio Tolstói declarava que o drama "é a esfera mais importante da arte". É provável que tal afirmação reflita o repúdio de Tolstói por seu próprio passado de romancista, mas não temos certeza. Para merecer essa posição exaltada, o teatro "deveria servir à elucidação da consciência religiosa" e reafirmar suas origens gregas e medievais. Na visão de Tolstói, a "essência" do teatro é "religiosa". Se expandirmos essa palavra de modo a incluir a defesa de uma vida melhor e de uma moral mais verdadeira, podemos observar que a definição se ajusta intimamente à própria prática de Tolstói. Pois ele fez de suas peças verdadeiros transmissores de seu programa religioso e social. Nos romances de Tolstói esse programa está implícito, mas parcialmente submerso na obra de arte. Nas peças, bem como nos manifestos e panfletos com que Brecht, um dos herdeiros de Tolstói, decorava seu palco – a mensagem é trombeteada para o mundo ensurdecido.

O que está em causa não é, como Orwell colocaria, "a batalha entre as atitudes religiosas e as humanistas perante a vida"[28] e sim uma batalha entre as doutrinas maduras de Tolstói e sua visão de suas próprias criações passadas. Ele negara seus romances na crença de que o didatismo devia vir antes de tudo mais. No entanto, sabia que *Guerra e Paz*, *Anna Kariênina* e os grandes contos iriam permanecer triunfantes. Desse modo Tolstói procurou conforto no personagem obviamente moralista de suas maiores peças e continuou sustentando que Shakespeare havia distorcido e traído as funções adequadas ao drama. Uma questão que Tolstói se recusa a explorar é a de por que a "moralidade" e o "norte da vida" deveriam ser as principais responsabilidades do dramaturgo. Havia muita coisa em jogo em seu esforço obstinado para impor um princípio de unidade a sua própria vida, para afirmar que ele sempre havia sido um porco-espinho.

Mas não nos deixemos cair nessa armadilha. Nenhuma anatomia do gênio de Tolstói pode reconciliar inteiramente o homem que detestava Shakespeare e caracterizava os teatros como locais de corrupção, com o autor de uma única comédia brilhante e de pelo menos dois dramas de primeira categoria, nos quais, em todos eles, há traços de um profundo estudo da técnica dramática. O que se pode afirmar é que,

---

28. G. Orwell, Lear, Tolstoy and the Fool, *Polemic*, VII, London, 1947

ao escolher Homero contra Shakespeare, Tolstói expressou o espírito predominante de sua própria vida e arte.

Diferentemente de Dostoiévski, que aprendeu enormemente com o teatro mas não escreveu peças (com exceção de alguns fragmentos em verso compostos na adolescência), Tolstói escreveu romances e peças, mas conservou os dois gêneros estritamente separados. No entanto, a sua tentativa de introduzir na ficção em prosa elementos da épica, foi a mais sutil e a mais abrangente jamais feita. A confrontação de Shakespeare e Homero em seu último ensaio foi uma defesa do romance tolstoiano e o encantamento de um velho mágico demoníaco que procurava demarcar sua porção de salvação e, ao mesmo tempo, exorcizar os encantamentos forjados no passado por seus próprios e incomparáveis feitiços.

3

É preciso vir do teatro[1].

BALZAC para Mme. Hanska

I.

Foi através da música que o século XIX realizou seu sonho de criar formas trágicas comparáveis às do drama clássico e renascentista, em nobreza e coerência: nas cerimônias de luto dos quartetos de Beethoven, no quinteto em C maior de Schubert, no *Otello* de Verdi, e, consumadamente, em *Tristão e Isolda*. A grande ambição de "reviver" a tragédia poética, que obcecou o movimento romântico, permaneceu irrealizada. Quando o teatro voltou a viver, com Ibsen e Tchékhov, os antigos modos de heroísmo haviam sido irremediavelmente alterados. E ainda assim o século fez surgir, na pessoa de Dostoiévski, um dos grandes mestres do drama trágico. À medida que a mente se move, pela via da cronologia, de *Rei Lear* e *Fedra* em diante, ela suspende o imediatismo do reconhecimento quando, e somente quando, se depara com *O Idiota*, *Os Demônios* e *Os Irmãos Karamazov*. Como afirmou Viatcheslav Ivanov, em sua busca por uma imagem definidora, Dostoiévski é "o Shakespeare russo".

Embora se destacasse pela poesia lírica e pela ficção em prosa, o século XIX considerava o drama como o gênero literário supremo.

---

1. Il faut en venir au théâtre.

Havia razões históricas para esse olhar. Na Inglaterra, Coleridge, Hazlitt, Lamb e Keats tinham formulado os cânones do romantismo em nome do drama elisabetano; conduzidos por Vigny e Victor Hugo, os românticos franceses consideraram Shakespeare como seu santo titular e escolheram o teatro como seu principal campo de batalha contra o neoclassicismo; a teoria e a prática do romantismo alemão, de Lessing a Kleist, estava encantada pela crença de que a tragédia sofocliana e shakesperiana poderia ser fundida em uma forma nova e total. O estado da literatura dramática era considerado pelos românticos como a pedra de toque da saúde da linguagem e do corpo político. Shelley escrevia em seu *Defense of Poetry* (A Defesa da Poesia):

> é indiscutível que a maior perfeição da sociedade humana tem sempre correspondido à mais alta excelência: e que a corrupção ou a extinção do drama de uma nação em que ele floresceu certa vez, é uma marca de uma corrupção de modos, e uma extinção das energias que sustentam a alma da vida social.

Ao final do século, encontramos a mesma ideia exposta nos ensaios de Wagner e encarnada na própria concepção de Beyreuth.

Essas doutrinas históricas e filosóficas encontram-se espelhadas na sociologia e economia da literatura. O teatro foi igualmente considerado, pelos poetas e romancistas, como o principal acesso à respeitabilidade e ao ganho material. Em setembro de 1819, Keats escrevia a seu irmão, referindo-se a *Otho the Great* (Otho, o Grande):

> Em Convent Garden há uma grande chance dela ser considerada maldita. Se fosse bem sucedida mesmo ali, me tiraria da lama. Refiro-me à lama da má reputação que se ergue continuamente contra mim. Meu nome, junto aos que estão literariamente na moda, é vulgar – para eles sou um rapaz tecelão – uma Tragédia me livraria dessa confusão. E é confusão na medida que atinge nossos bolsos[2].

Trabalhando colado demais em seus modelos elisabetanos, os românticos ingleses fracassaram igualmente em criar um drama vivo. *Os Cenci* e as tragédias venezianas de Byron sobreviveram como monumentos imperfeitos de um esforço obstinado. Na França, somente treze anos separavam a vitória duramente batalhada de *Hernani* do fiasco de *Les Burgraves*. O brusco florescimento do drama alemão não se estendeu além da morte de Goethe. Depois de 1830, o teatro e as *belles lettres* se isolaram sobre um golfo abissal. Apesar das produções de Macready para a penetração gradual de Browning e Musset na Comédie Française, e apesar do gênio isolado de Büchner, esse golfo não seria atravessado até a época de Ibsen.

As consequências foram de longo alcance. Os princípios do dramático – a primazia dramática do diálogo e gesto, as estratégias do conflito através das quais os personagens são revelados nos momentos

---

2. *The Letters of John Keats*, edição de M. B. Forman, Oxford, 1974.

UM ENSAIO SOBRE O VELHO CRITICISMO

de declarações extremas, a noção do *agon* trágico – foram adaptados às formas literárias não destinadas ao teatro. Muito da história da poesia romântica é uma história da dramatização do modo lírico (os monólogos dramáticos de Browning são simplesmente o exemplo mais incisivo). Similarmente, os valores e as técnicas do drama desempenharam um papel fundamental no desenvolvimento do romance. Balzac defendia que a própria sobrevivência da ficção dependia da capacidade ou incapacidade do romancista de dominar o "elemento dramático", e Henry James descobriu no "princípio divino" da ambientação a chave do seu ofício.

As escalas do dramático são amplas e disparatadas, e a ficção se aproximou delas de modo variado. Balzac e Dickens foram artesãos da luz e sombra teatral; eles brincam com nossos nervos à maneira do melodrama. *A Idade Embaraçosa* e *Os Embaixadores*, por outro lado, são "peças bem feitas" retardadas pelos ritmos complicadores da narrativa. Elas retornam à elaboração artística da época de Dumas Filho, Augier, e toda tradição da Comédie Française da qual James foi um estudante tão assíduo.

A tragédia, no entanto, provou ser ouro teimoso aos alquimistas do século XIX. Encontramos em um bocado de poetas e filósofos fragmentos de uma visão trágica coerente. Baudelaire e Nietzsche são exemplos óbvios. Mas creio que somente por duas vezes nos deparamos com uma percepção através das formas literárias – com "uma concretude" – de uma leitura trágica madura e articulada da vida. Em ambos os casos, trata-se de romancistas. São eles Melville e Dostoiévski. E devemos acrescentar imediatamente que é necessário distinguir um do outro, pelo método – sendo Melville um dramaturgo somente em caso excepcional – e pela centralização. A interpretação de Melville da condição humana é maravilhosamente intensa, e poucos escritores têm desenvolvido equivalentes e ambientes simbólicos mais apropriados ao seu objetivo. Mas a visão é tão excêntrica, e se distanciava das correntes mais gerais da existência, como um navio em uma viagem de três anos está distante da terra. Na cosmologia de Melville, os homens são quase ilhas e embarcações para si mesmos. A escala de Dostoiévski é muito maior; ela segue não somente os arquipélagos dos assuntos humanos – os extremos e as solidões da desrazão – mas também os continentes. Em nenhum lugar, da linguagem, o século XIX chegou tão perto de sustentar por experiência o grande espelho da tragédia quanto em *Moby Dick* e *Os Irmãos Karamazov*. Mas a quantidade e qualidade de luz reunida são muito diferentes. A diferença sendo da espécie que invocamos quando fazemos a distinção entre as qualidades de Webster e Shakespeare.

Nesse capítulo quero destacar os aspectos do gênio de Dostoiévski que nos possibilitam reconhecer em *Crime e Castigo*, *O Idiota*, *Os Demônios* e *Os Irmãos Karamazov* a arquitetura e a substância do drama. Aqui, como no caso da épica tolstoiana, as questões da técnica levam direta e racionalmente a uma discussão sobre a metafísica do autor. O texto dado é o início necessário.

Entre os primeiros escritos de Dostoiévski parece que havia dois dramas ou fragmentos dramáticos. Nenhum deles sobreviveu, que eu saiba. Mas sabemos que no ano de 1841 ele estava trabalhando em um *Boris Gudnov* e em uma *Maria Stuart*. O tema de Boris era um prego na literatura dramática russa e sem dúvida Dostoiévski conhecia *Demetrius, o Pretendente* de Alexander Sumarokov e *Boris Gudnov* de Púchkin. Mas a justaposição de Boris e a rainha da Escócia revelam a influência de Schiller. O último foi um dos "espíritos guardiões" do gênio de Dostoiévski; o romancista confidenciava a seu irmão que o próprio nome de Schiller era "uma senha amada e íntima, que desperta inúmeras memórias e sonhos." Certamente ele conhecia tanto *Maria Stuart* como o inacabado *Demetrius* – um fragmento magnífico que bem poderia ter se tornado a obra-prima de Schiller. Não podemos afirmar o quanto Dostoiévski avançou em sua tentativa de dramatizar a história do czar e pretendente; mas os ecos dos dois Schiller, e o motivo de *Demetrius*, ressoam em *Os Demônios*.

A tese de que o teatro continuou a ocupar a mente de Dostoiévski, e de que ele possa, na realidade, ter possuído alguma espécie de manuscrito à mão, fica provada por uma observação em uma carta a seu irmão em 30 de setembro de 1844: "Afirmas que minha salvação está em meu drama. Mas passará um longo tempo para ser encenado, e mais longo ainda para que eu consiga dinheiro para isso".

Além do mais, nessa época, Dostoiévski havia traduzido *Eugénie Grandet* de Balzac e quase terminado *Gente Humilde*. Mas sua fascinação pelo palco nunca cessou completamente; sabemos de planos para uma tragédia e uma comédia no inverno de 1859 e, bem no final de sua vida criativa, enquanto trabalhava no décimo primeiro livro de *Os Irmãos Karamazov*, no verão de 1880, Dostoiévski se perguntava se não deveria transformar um dos principais episódios do romance em uma peça.

Seu conhecimento da literatura dramática era profundo e muito abrangente. Ele bebia das palavras de Shakespeare e Schiller, pois eram eles as deidades tradicionais do panteão romântico. Mas Dostoiévski também conhecia o teatro francês do século XVII e o valorizava. Em janeiro de 1840, ele escrevia uma carta fascinante a seu irmão:

> Mas diga-me como, ao discorreres sobre as formas, podes desenvolver a tese de que nem Racine nem Corneille conseguem nos agradar, porque suas formas são ruins? Patife miserável! E aí acrescentas com tamanho descaramento: "Crês então que ambos foram maus poetas?". Racine não poeta – Racine o ardente, o passional, o Racine idealista, não poeta! Ousas questionar isso? Leste sua Andrômaca – eh? Leste sua Ifigênia? Confirmas por algum motivo que não é esplêndida? E o Aquiles de Racine não é da mesma raça do que o de Homero? Eu te garanto que Racine roubou de Homero, mas

UM ENSAIO SOBRE O VELHO CRITICISMO 103

de que modo! Que esplêndidas são suas mulheres! Tente apreendê-lo. Irmão, se não concordares que Fedra é a poesia mais elevada e soberba, não sei o que pensar a teu respeito. E daí, se existe a força de um Shakespeare, que o médium seja o emplastro de Paris em vez de mármore.

Agora a respeito de Corneille. Porque ignoras que Corneille, com suas figuras titânicas e seu espírito romântico, quase se aproxima de Shakespeare? Patife miserável! Por acaso sabes que Corneille fez sua estreia somente depois de cinquenta anos do inepto miserável Jodelle (autor daquela lamentável *Cleópatra*) e de Ronsard, que foi um precursor do nosso próprio Trediakovsky, e que ele foi quase um contemporâneo do insípido poetastro Malherbe? Como podes exigir forma dele? Seria como esperar que ele tomasse emprestada sua forma de Sêneca. Leste sua *Cinna*? O que, diante da divina figura de Otavius, acontece com Karl Moor, com Fiesco, com Tell, com Don Carlos? Aquela obra honraria Shakespeare. Leste *O Cid*? Leia, infeliz, e tombe na poeira diante de Corneille. Tu o blasfemaste. De qualquer modo leia-o. Se o "Cid" não atinge seu desenvolvimento mais elevado, o que representa o espírito romântico?[3].

Esse é um documento extraordinário criado – é preciso lembrar – por um admirador apaixonado de Byron e Hoffman. Note a escolha dos epítetos para Racine: "ardente", "apaixonado", "idealista". O julgamento a respeito da supremacia de *Fedra* é obviamente bem fundamentado (o fato de Schiller ter traduzido a peça pode ter fortalecido a convicção de Dostoiévski). O parágrafo sobre Corneille é ainda mais revelador. O fato de Dostoiévski ter conhecido a *Cleópatra* de Jodelle é suficientemente surpreendente; o que é extraordinariamente impressionante é a referência a ela, ao defender o arcaico e os elementos toscamente desbastados da técnica de Corneille. Além do mais, ele percebeu que o Corneille inicial poderia ser relacionado mais satisfatoriamente a Sêneca do que à tragédia ática e que isso torna possível uma comparação com Shakespeare. Finalmente é do maior interesse que Dostoiévski tivesse associado Corneille, e particularmente *O Cid*, à noção de romantismo. Esse olhar concorda com as leituras modernas de Corneille tais como as de Brasillach e a noção contemporânea da existência de correntes "românticas" nos heróis, no colorido espanhol, e na exuberância retórica do pré-classicismo francês.

Embora Dostoiévski nunca perdesse contato com Racine – "ele é um grande poeta, queiramos ou não" afirma o herói de *O Jogador* – a influência de Corneille foi mais penetrante. Nos esboços e anotações da última parte de *Os Irmãos Karamazov*, por exemplo, encontramos o seguinte: "Grushenka Svetlova. Cátia: *Rome unique objet de mon ressentiment*". A referência é, naturalmente, da fala inicial das imprecações de Camila contra Roma em *Horácio*, de Corneille. Talvez Dostoiévski concentrasse nessa frase o material bruto para o encontro entre Grushenka e Cátia na ala da prisão de Dimitri. A fala retirada de Horácio atinge o efeito oposto à inexorabilidade:

3. *Letters of Fiodor Michailovitch Dostoevsky*, tradução de E. C. Mayne.

104 TOLSTÓI OU DOSTOIÉVSKI

Cátia precipitou-se para a porta, mas deteve-se diante de Grúchenka e, pálida como cera, murmurou em voz apenas perceptível:

– Perdoe-me!

Grushenka encarou-a e, depois de um instante, disse-lhe com voz áspera cheia de ódio:

Ambas somos malvadas! Como poderíamos perdoar uma a outra? Mas salva-o e rezarei por ti durante toda minha vida.

– E negas-te a perdoá-la! – gritou Mitya, com um tom de censura.

Mas também pode ser que a nota críptica de Dostoiévski refira-se ao repentino impulso de Cátia por vingança e ao seu maléfico testemunho no julgamento. Em qualquer um dos casos, o romancista extraía suas memórias de Corneille para cristalizar e registrar um palco em sua própria criação. O texto cornellino penetrara, literalmente, no tecido mental de Dostoiévski.

Tome-se isso como uma das muitas ilustrações particulares do argumento primário: mais, talvez, além de qualquer romancista de comparável dimensão, a sensibilidade de Dostoiévski, seus modos de imaginação, e suas estratégias linguísticas encontravam-se saturados de drama. O relacionamento de Dostoiévski com o dramático é análogo, em centralidade e ramificação, ao relacionamento de Tolstói com o épico. Isso caracterizava seu gênio particular tão intensamente quanto o contrastava com Tolstói. O hábito de Dostoiévski mimetizar seus personagens enquanto escrevia – como Dickens – era o gesto exteriorizado de um temperamento de dramaturgo. Sua mestria do clima trágico, sua "filosofia trágica", eram expressões específicas de uma sensibilidade que vivenciou e transmutou seu material dramaticamente. Isso vale para toda a vida de Dostoiévski; da adolescência e a encenação teatral relatada em *A Casa dos Mortos*, ao seu uso deliberado e detalhado de *Hamlet* e de *Os Assaltantes*, de Schiller, para controlar a dinâmica de *Os Irmãos Karamazov*. Thomas Mann afirmava que os romances de Dostoiévski eram "dramas colossais, cênicos em quase toda sua estrutura; neles, uma ação que desloca a profundidade da alma humana e que frequentemente é compactada em uns poucos dias, é representada em diálogo surrealista e febril"[4]. Desde o início se reconheceu a possibilidade de encenação desses "dramas colossais"; a primeira dramatização de *Crime e Castigo* foi produzida em Londres, em 1910. E em referência aos Karamazovs, Gide destacava que "de todas as criações imaginativas e de todos os protagonistas da história nenhum teve maiores direitos de ser representado em cena"[5].

A cada ano aumenta a lista das adaptações dramáticas dos romances de Dostoiévski. Somente durante o inverno de 1956-1957, nove "peças de Dostoiévski" foram encenadas em Moscou. Há ópe-

4. T. Mann, Dostojewski – Mit Maassen, *Neue Studien*.
5. A. Gide, *Dostoïevsky*.

UM ENSAIO SOBRE O VELHO CRITICISMO

ras adaptadas dos libretos de Dostoiévski: entre elas, *O Jogador* de Prokofiev, *Os Irmãos Karamazov* de Otakar Jeremiás, e a bizarra, mas profundamente comovente, *Da Casa dos Mortos*, de Janácek.

Leitores tão diversos entre si quanto Suarès e Berdiaiev, Shestov e Stefan Zweig, recorreram ao vocabulário do drama em suas réplicas a Dostoiévski. Mas é somente com a publicação (e tradução parcial) dos arquivos de Dostoiévski que se tornou possível ao leitor em geral verificar a constância do elemento dramático no método dostoievskiano. Agora é possível demonstrar detalhadamente que *Crime e Castigo*, *O Idiota*, *Os Demônios* e *Os Irmãos Karamazov* foram concebidos segundo o "princípio do roteiro" jamesiano, que eles são exemplos da espécie de visão a que F. R. Leavis se refere quando fala "do romance como drama". Frequentemente, ao se examinar essas sintonias e preliminares da criação, se tem a impressão de que Dostoiévski escrevia peças, retinha a estrutura essencial do diálogo, e daí expandia as direções de cena (plenamente reconhecíveis nos esboços) para o que conhecemos agora como sua prosa narrativa. Onde suas técnicas ficcionais revelam insuficiências, verificamos frequentemente que o tipo de material ou de contexto momentâneo é irredutível ao tratamento dramático.

Isso não significa que a obra completa e publicada deva ser julgada à luz de exercícios preliminares e essencialmente privados. Tal evidência se apoia não em julgamento, mas em compreensão. "O principal ideal da crítica", afirma Kenneth Burke, "é usar tudo que está disponível"[6].

II.

A escolha de Dostoiévski pelo assunto era invariavelmente expressão de sua tendência dramática. Turguéniev começava com a imagem de um personagem ou de um pequeno grupo de personagens, o argumento relevante surgiria a partir de sua postura e confrontação. Dostoiévski, pelo contrário, concebia primeiramente a ação; na raiz de sua invenção encontrava-se o *agon*, o evento dramático. Ele sempre iniciava com algum pequeno cataclisma ou uma rajada de violência no interior dos quais o deslocamento dos assuntos humanos comuns produz um "momento de verdade". Cada um dos quatro maiores romances de Dostoiévski está centrado em torno de ou culmina em um ato de assassinato.

Pode-se pensar – à óbvia luz da *Oréstia*, de *Édipo*, de *Hamlet* e *Macbeth* – na antiga e persistente concordância entre assassinato e forma trágica. Talvez existam, como os antropólogos supõem, lembranças obscuras mas indeléveis de ritos sacrificiais nas próprias

6. K. Burke, *The Philosophy of Literary Form.*

106 TOLSTÓI OU DOSTOIÉVSKI

origens do drama. Talvez o movimento pendular, do assassinato à retribuição, seja unicamente emblemático do progresso que parte do ato da desordem até o estado de reconciliação e equilíbrio ao qual associamos com nossas próprias noções de trágico. O assassinato, além do mais, extingue a privacidade; por definição as portas podem, a qualquer momento, ser arrombadas na casa de um assassino. Restam-lhe somente três paredes, e isso é um outro modo de dizer que ele vive "cenicamente".

Dostoiévski não dramatizava assassinatos da história passada ou da lenda. Ele extraía seu material, em minucioso detalhe, dos crimes contemporâneos, da espécie dos *fait divers* sobre os quais Stendhal criou o *O Vermelho e o Negro*. Dostoiévski era um devorador de jornais, e a dificuldade de obter jornais russos no exterior é um tema recorrente em suas cartas. O que a arte do historiador representava para Tolstói, o jornalismo representava para Dostoiévski. Ele encontrava nos jornais uma confirmação de sua própria visão tencionada da realidade. Ao escrever para Strakhov, em 1869, ele observava:

> Em cada jornal que se lê, encontra-se reportagens de fatos totalmente autênticos que, no entanto, chocam como extraordinários. Nossos escritores os consideram como fantasiosos, e não lhes dão atenção; e ainda assim eles são a verdade, pois são fatos. Mas quem se preocupa em observá-los, registrá-los, descrevê-los?

A ligação entre *Crime e Castigo* e o fato vigente é paradoxal e quase aterrador. O tema geral do romance parece ter se desenvolvido na mente de Dostoiévski durante o período prisional siberiano. A primeira versão foi publicada em *O Mensageiro Russo*, em janeiro de 1866. Imediatamente após, em 14 de janeiro, um estudante em Moscou assassinou um agiota e seu servo sob circunstâncias inegavelmente similares àquelas que Dostoiévski imaginara. Raramente a natureza imita a arte com tão rápida precisão.

O assassinato do joalheiro Kalmikov por um jovem chamado Mazurin, em março de 1867, forneceu material para o assassinato de Nastasia Philipovna por Rogojin, em *O Idiota*. Muitos dos famosos toques de Dostoiévski – o pano manchado de óleo, o desinfetante, o mosquito zunindo sobre o corpo de Nastasia – são exatamente comparáveis aos relatos dos jornais sobre o crime. Isso não significa, no entanto, que as explorações luminosas de Allen Tate a respeito de suas funções simbólicas sejam infundadas. Pois, novamente, as conexões entre o material bruto vigente e a obra de arte são complexas e curiosamente bilaterais. Um mosquito zunindo surge na imagem onírica de Raskolnikov do quarto do assassino em *Crime e Castigo*; quando Raskolnikov desperta, um grande mosquito está, de fato, rufando contra a vidraça de sua janela. Em outras palavras, as circunstâncias autênticas do caso Kalmykov combinavam com as imagens prévias de Dostoiévski; como no sonho de Raskolnikov, o mosquito zunia

UM ENSAIO SOBRE O VELHO CRITICISMO

simultaneamente na "realidade exterior" e na complexidade simbólica do romance. Púchkin celebrava essa ordem de coincidência em *O Profeta* (um poema ao qual Dostoiévski se referia frequentemente) e Dostoiévski especulava sobre tal paralelismo em sua procura pelas conexões entre epilepsia e clarividência. Pode-se também pensar no mosquito zumbidor que paira sobre o príncipe Andrew no Livro XI de *Guerra e Paz* e que evoca um sentido de realidade ao homem moribundo.

O aspecto factual da gênese de *Os Demônios* é ainda mais diverso. Como sabemos, a estrutura do romance representa um compromisso instável entre fragmentos do ciclo projetado em *A Vida de Um Grande Pecador* e a dramatização de um crime político. O atentado de Karakozov à vida do Czar, em abril de 1866, figurava entre os primeiros impulsos de *Os Demônios*; mas foi o assassinato de um estudante, Ivanov, sob as ordens do líder niilista Nechaiev, em 21 de novembro de 1869, que forneceu a Dostoiévski seu foco narrativo. Associando todos os jornais russos disponíveis em Dresden, Dostoiévski seguiu o caso Nechaiev com atenção apaixonada. Mais uma vez ele experimentava a estranha sensação de ter previsto o crime, de ter antecipado, através da intuição e devido a sua filosofia política, a progressão necessária que vai do niilismo ao assassinato. Na maior parte dos esboços para *Os Demônios*, o personagem que ia se tornar Piotr Stepanovich Verkhovenski é designado simplesmente de "Nechaiev". Ao escrever para Katkov em outrubro de 1870, o romancista afirmava não estar copiando o crime vigente e que seu personagem imaginado não se parecia, afinal de contas, com o brilhante e cruel niilista. Mas as notas e os esquetes demonstram claramente que Dostoiévski concebia e desenvolvia seu tema no contexto da morte de Ivanov e da reputada filosofia de Nechaiev. À medida que a obra se desenvolvia, no entanto, a realidade acrescentava ainda outro motivo importante: os incêndios de Paris durante a Comuna, em maio de 1871, incitaram profundamente Dostoiévski e evocaram em sua mente o grande incêndio de São Petersburgo de 1862. Daí a conflagração que destrói uma parte da cidade e leva à morte de Liza no romance.

O julgamento de Nechaiev teve início em julho de 1871, e Dostoiévski extraiu dos registros da corte os detalhes dos capítulos finais de *Os Demônios*. Mesmo nas últimas etapas de composição, ele conseguiu incorporar material externo e essencialmente fortuito a sua narrativa. Os esboços revelam, por exemplo, que a famosa imprecação de Virginski pelo assassinato de Shatov – "Não é justo; não é, não é de jeito nenhum!" – deriva de uma carta escrita por um panfletário conservador T. I. Philippov. Na realidade, a crítica a ser feita ao projeto de *Os Demônios* é de que ele foi muito "aberto", muito vulnerável ao impacto dos acontecimentos contemporâneos. A concepção total de Dostoiévski tornou-se fragmentada e algo do esquema narrativo fica obscurecido.

108 TOLSTÓI OU DOSTOIÉVSKI

Por outro lado, raramente as intuições e temores de um profeta tornam-se melodramaticamente concretizadas diante de seus próprios olhos; no caso de *Os Demônios* é precisamente o que aconteceu.

Se em *Os Demônios* há correntes de profecia, em *Os Irmãos Karamazov* há um germe de evocação. O pai de Dostoiévski foi assassinado por três servos sob circunstâncias que um punhado de críticos e psicólogos julgou comparáveis àquelas descritas no romance. Mas existem elementos filosóficos e factuais mais disponíveis a respeito do tratamento de Dostoiévski sobre o parricídio. Para ele, bem como para Turguéniev e Tolstói – cujo *Os Dois Hussardos* era originalmente intitulado "Pai e Filho" – a luta entre gerações, entre os liberais dos 1840 e os seus herdeiros radicais, era o tema russo dominante. Nessa luta o parricídio era símbolo do absoluto. Além do mais, enquanto compunha seu romance, Dostoiévski retornou a um *fait divers* registrado em *A Casa dos Mortos*. Um dos seus inquilinos era um nobre, Ilinsky, falsamente condenado por assassinar seu pai na cidade de Tobolsk. Ilinsky foi libertado depois de vinte anos de prisão, e Tobolsk figura, de fato, em algumas das primeiras notas do romance.

Dois casos criminais contemporâneos contribuíram para o tratamento de Dostoiévski do assassinato de Fyodor Paylovich Karamazov. Esboços preliminares referem-se repetidamente ao assassinato de um certo Von Zon por uma gangue de criminosos, em novembro de 1869. Em março de 1878, Dostoiévski assistia ao julgamento de Vera Zasulich, que tentou assassinar o notório prefeito de polícia Trepov. Desse fato, Dostoiévski juntou material para o julgamento de Dimitri Karamazov; em sua concepção, havia ligações espirituais entre um ato privado de parricídio e o atentado de uma terrorista à vida do czar – o pai – ou um dos seus representantes escolhidos. Outro tema de importância maior no romance é o comportamento criminoso contra criancinhas – uma reversão simbólica do parricídio. Retomarei suas fontes e implicações literárias detalhadamente, mas vale destacar, de início, que a quantidade de bestialidades citadas por Ivan Karamazov em sua acusação a Deus foram extraídas dos jornais contemporâneos e dos dossiês judiciais. Algumas foram relatadas primeiramente por Dostoiévski em seu *Diário de um Escritor*, outras chamaram sua atenção quando partes de *Os Irmãos Karamazov* já haviam sido completadas. Duas desumanidades específicas, o caso Kroneberg e o caso Brunst, julgado em Kharkov, em março de 1879, forneceram a Dostoiévski os seus detalhes mais horríveis. O nono Livro, "A Investigação Preliminar", não havia sido antecipado nos rascunhos de Dostoiévski. Ele resultou de seu encontro com A. F. Kony. Esse encontro complicou e aprofundou o entendimento do romancista a respeito de procedimentos legais. Trata-se de um dos acasos curiosos do contato entre Tolstói e Dostoiévski no qual Kony, no outono de 1887, havia sugerido a Tolstói o argumento para *A Ressurreição*.

Esquemáticos e abreviados, esses são alguns dos principais elementos de fundo factual dos maiores romances de Dostoiévski. Eles apontam para uma moral óbvia: a imaginação de Dostoiévski cristalizada em torno de um núcleo de ação violenta, em torno de incidentes muito semelhantes em natureza e potencial estilístico. O movimento temático do crime ao castigo através da intervenção e da retórica exploratória da detenção contém intrinsecamente – em *Édipo* ou *Hamlet* ou *Os Irmãos Karamazov* – as formas do drama. O contraste com a escolha de Tolstói do material e dos modos de tratamento é radical e instrutivo.

As técnicas de Dostóiévski e os maneirismos característicos do seu ofício surgem das demandas de uma forma dramática. Os diálogos culminam em gesto; toda superfluidez da narrativa é desnudada para tornar o conflito dos personagens despojado e exemplar; a lei de composição é a da máxima energia, expandida sobre a menor extensão possível de espaço e tempo. Um romance de Dostoiévski é um exemplo supremo da "totalidade do movimento", segundo a definição hegeliana do drama. Os esboços e apontamentos de Dostoiévski demonstram, sem dúvida, que ele imaginou e compôs teatralmente. Considere, por exemplo, as duas entradas dos esquetes preliminares para *Os Demônios*:

Explicação entre Liza e Shatov –
e aparição de Nechaiev ao estilo de
Khlestakov
e forma dramática –
E O DESENCADEAMENTO DAS DIFERENTES CENAS TODAS INTERRELACIONADAS A UM ÚNICO NÓ.

A referência a Khlestakov – o herói de *O Inspetor Geral*, de Gógol, é obviamente significativo. À medida que dispunha seu material em esboço bruto, Dostoiévski imaginava seus personagens e situações como se estivessem em cena. A própria anotação para a entrada de Nechaiev Verkhovenski é concretizada através de um processo de ressonância; a comédia de Gógol dá o tom. Ou tome essa nota em que Dostoiévski – como Henry James – dialoga com ele mesmo: "Será que a dificuldade não surge do modo de narrar? Depois de 'prepare-se para o seu aniversário na casa de Drozdov e Lisa', não se deveria continuar *dramaticamente*?". E dentro dos limites da prosa narrativa foi precisamente isso que Dostoiévski continuou a fazer.

Como veremos mais detalhadamente, o temperamento do dramaturgo fica implícito no tom inequívoco e nas idiossincrasias do narrador dostoievskiano. A voz fala diretamente ao destinatário, e naquele que é provavelmente o mais dostoievskiano dos livros, *Memórias do Subsolo*, as relações entre o "eu" e o público estão vestidas com a retórica do drama. Escrevendo a Schiller, em dezembro de 1797, Goethe observava que os romances epistolares são, por sua natureza, "totalmente dramáticos". A questão era relevante ao primeiro romance de Dostoiévski. *Gente Humilde* é narrado em forma de cartas e deve representar uma transição entre as esperanças de Dostoiévski escrever para teatro e sua adaptação posterior do roteiro para a ficção em prosa. Buscando refinar as distinções entre gêneros literários, Goethe acrescentava na mesma carta: "Não se pode perdoar os romances narrativos (*erzählende*) misturados ao diálogo" (e era o diálogo dramático que ele tinha em mente). *Crime e Castigo, O Idiota, Os Demônios* e *Os Irmãos Karamazov* existiam para provar que ele estava errado. Esses romances são, em sentido literal, "imitações" da ação trágica. Neles o diálogo está carregado com o máximo de significância; ele se torna o que R. P. Blackmur chama de "linguagem como gesto". A prosa conexa complica, mas nunca cancela inteiramente, o projeto cênico; ela serve antes, como uma espécie de direção de cena focada para dentro.

Tal leitura de Dostoiévski é evidente e abundante em todas suas maiores obras. Mas em nenhum lugar consegue estar mais claramente visível – a narrativa pode ser vista mais totalmente penetrada pelas convenções e valores do drama – do que nos capítulos de abertura de *O Idiota*. Deve ser lembrado que esses capítulos percorrem um período de vinte e quatro horas.

III.

Os problemas do tempo na literatura são intrincados. A poesia épica carrega um sentido de longa duração. Na realidade, a ação, tanto na *Ilíada* como na *Odisseia*, dura cerca de cinquenta dias somente, e, embora a cronologia precisa da *Divina Comédia* seja uma questão de disputa, fica muito claro que o poema se desenrola em não mais do que uma semana. Mas o épico utiliza as convenções de retardamento – a saga formal ou recitação incorporada pela narrativa principal, o longo parêntese no qual a história prévia de algum objeto ou personagem é registrada, o sonho ou a descida ao mundo subterrâneo – que suspendem momentaneamente a progressão do argumento. Esses motivos que, nas palavras de Goethe, "separam a ação do seu objetivo" já eram reconhecidos pela teoria grega como sendo essencialmente épicos. Eles caracterizam um gênero literário cujos instrumentos principais são a recordação e a profecia.

O oposto continua valendo para o drama. Mas uma compreensão do porque isso deva ser assim foi obscurecida pelo brilho que o Renascimento e o Neoclassicismo colocou nas celebradas observações de Aristóteles referentes à "unidade de tempo". A observação vigente de *A Poética* – "a tragédia empenha-se por manter-se o mas distante possível no interior de um único circuito do sol ou algo próximo disso" – destinava-se, como destacou Humphry House em seu comentário crítico, a reforçar "a comparação elementar entre o comprimento físico de duas espécies diferentes de obra, uma épica de vários mil versos, e

UM ENSAIO SOBRE O VELHO CRITICISMO

uma tragédia raramente com mais de cerca de 1600"[7]. Contrariamente a certas teorias neoclássicas, não existe alusão na prática grega de que a duração da encenação devesse se equalizar aos eventos imaginários. Em *Eumênides*, em *As Suplicantes*, de Eurípides, e provavelmente em *Édipo em Colona* há lapsos de tempo substanciais entre os sucessivos episódios. O que Aristóteles pretendeu expressar com a noção de unidades – a "unidade de ação" sendo abrangente – era o reconhecimento de que o drama concentra, compacta e isola do conteúdo difuso da experiência normal um conflito rigorosamente definido e artificialmente "totalitário". Manzoni percebia isso claramente quando rejeitava a interpretação de Aristóteles que havia surgido com Castelvetro. Ele destacava, em sua *Lettre à M. C. – sur l'unité de temps et de lieu dans la tragédie*, que as "três unidades" eram um modo de afirmar que o drama contrai e intensifica as coordenadas espaciais e temporais da realidade, mesmo a ponto de distorção, para obter seus efeitos de totalidade. Ele transforma em uma ação retilínea aquilo que é comumente descontínuo e misturado a irrelevâncias. O dramaturgo trabalha com a lâmina de Occam; nada é preservado além da necessidade e pertinência estritas (onde se encontra a esposa de Lear?). Como defende D. Johnson em seu *Prefácio para Shakespeare*, "nada é essencial à fábula, a não ser a unidade de ação". Se a última se mantém, mesmo os lapsos substanciais de tempo cronológico não prejudicarão a ilusão dramática. De fato, as peças históricas de Shakespeare sugerem que a justaposição da duração de tempo, retratado no argumento, à duração do tempo necessário à encenação, é rica de consequências dramáticas.

O romance herdou essas complexidades e desentendimentos, e é possível distinguir os romancistas cujo sentido de tempo inclina-os em direção às convenções épicas daqueles que percebem o tempo no modo dramático. Pois, embora a ficção em prosa seja lida, em vez de declamada ou encenada, "uma peça lida", como afirma Dr. Johnson, "afeta a mente como uma peça encenada". Inversamente, um romance lido afeta a imaginação como uma ação visualizada. Assim, tanto para o escritor da ficção em prosa como para o dramaturgo o problema do tempo real e imaginário é uma constante.

Dostoiévski percebia o tempo do ponto de vista de um dramaturgo. Ele indagava nos apontamentos de *Crime e Castigo*: "O que é o tempo?" E respondia: "O tempo não existe; o tempo é uma série de números, o tempo é a relação do existente com o não existente". Nele era instintiva a concentração de ações tortuosas e múltiplas numa porção mínima de tempo que pudesse se conciliar com a plausibilidade. Essa concentração contribui indicialmente para um sentido de pesadelo, de gesto e linguagem despidos de tudo que suaviza e retarda. Enquanto Tostói se movimenta por marés e gradualmente, Dostoiévski altera o

7. H. House, *Aristotle's Poetics*.

112 TOLSTÓI OU DOSTOIÉVSKI

tempo pelo afunilamento e contorção. Ele o esvazia dos encantamentos do ócio que conseguem qualificar ou reconciliar. Deliberadamente, ele compacta a noite tão densamente quanto o dia, com receio de que o sono abafe as exasperações ou dissipe os ódios acalentados pela colisão dos personagens. Os dias de Dostoiévski são compactos, e são alucinantes as "noites brancas" de São Petersburgo; não se trata do amplo meio dia sob o qual o príncipe Andrew se encontra em Austerlitz ou dos profundos espaços estrelados nos quais Levin encontra paz.

O fato de uma parte importante de *O Idiota* decorrer em vinte e quatro horas, da carga de incidentes narrados em *Os Demônios* cobrir somente quarenta e oito horas, e de tudo, exceto o julgamento em *Os Irmãos Karamazov*, se passar em cinco dias, é tão central na visão e intenção de Dostoiévski quanto é a brevidade de tempo aterradora que separa Édipo rei do Édipo mendigo. A velocidade com que Dostoiévski ocasionalmente escrevia – a primeira parte de *O Idiota* foi realizada em vinte e três dias – era como se fosse uma contrapartida física ao ritmo violento dos seus argumentos.

A frase de abertura de *O Idiota* estabelece o andamento: "Lá pelo final de novembro, durante um degelo, às nove horas de uma manhã, um trem da linha Varsóvia e Petersburgo se aproximou da última cidade a toda velocidade". Por uma dessas coincidências essenciais ao esquema dostoievskiano de disposição das coisas, o príncipe Mishkin e Rogojin estão sentados em oposição um ao outro no mesmo vagão de terceira classe. Trata-se de uma proximidade definidora, pois eles são aspectos do que era originalmente uma única figura complexa. Esse uso de "duplos" é mais sofisticado do que o do conto hoffmannesco inicial de Dostoiévski, *Goliadkin*, mas, não obstante, esses homens são duplos. É possível seguir a separação de Mishkin e Rogojin em sucessivas etapas de incerteza nos esboços do romance. Inicialmente, Mishkin é uma figura ambígua, byroniana – um rascunho do Stavrogin de *Os Demônios*. Nele (como no coração mesmo da metafísica dostoievskiana) o bem e o mal estão indissoluvelmente interligados, e associados ao seu nome encontramos frases como "assassino", "estupro", suicídio", "incesto". Naquilo que é, com efeito, um sétimo esboço para *O Idiota*, Dostoiévski questiona: "Quem é ele? Um patife medroso ou um ideal misterioso?". A seguir, a grande percepção lampeja no decorrer da página do livro de notas: "Ele é um *príncipe*". E poucas linhas abaixo: "Príncipe, inocente (com as crianças)?!"[8]. Isso pareceria decisivo. No entanto o caso de Stavrogin e de Aliosha Karamazov revela que na linguagem de Dostoiévski o título principesco carrega sobretons bem ambíguos.

---

8. Os editores dos Livros de Notas da edição da Plêiade destacam que a palavra "príncipe" está escrita de um modo que sugere que Dostoiévski teve consciência de ter atingido um tema central. Porém, Mishkin não tem ainda o título principesco; esse parece pertencer, antes, a um personagem secundário na concepção original.

UM ENSAIO SOBRE O VELHO CRITICISMO 113

Mishkin é uma figura compósita; chegamos a discernir nele aspectos de Cristo, Dom Quixote, Pickwick, e dos santos bobos da tradição da Igreja Ortodoxa. Mas suas relações com Rogojin são inequívocas. Rogojin é o pecado original de Mishkin. Na medida em que o príncipe é humano, e desse modo herdeiro da Queda, os dois homens têm de permanecer companheiros inseparáveis. Eles entram juntos no romance e saem com uma condenação comum. Na tentativa de Rogojin de assassinar Mishkin existe a amargura estridente do suicídio. Sua inextrincável proximidade é uma parábola dostoievskiana sobre a necessária presença do mal nos portões do conhecimento. Quando Rogojin é retirado de sua presença, o príncipe cai novamente na idiotia. Sem a escuridão, como poderíamos apreender a natureza da luz?

No compartimento da ferrovia há também "um homem de cerca de quarenta anos, em vestes rotas que parecia um escriturário, e tinha um nariz vermelho e um rosto muito manchado". Lebedev é um hóspede do grotesco ainda assim desses personagens secundários agudamente individualizados com os quais Dostoiévski cerca seus protagonistas. Desovados pela cidade, eles se agrupam ao menor cheiro de violência ou escândalo e funcionam como público e coro. Lebedev descende do funcionário patético da *O Capote* de Gógol e de Mr. Micawber – um personagem que impressionou profundamente Dostoiévski. Como Marmeladov em *Crime e Castigo*, Lebvadkin em *Os Demônios*, e Capitão Snegiriov em *Os Irmãos Karamazov* (seus próprios nomes falam por volumes de humilhação), Lebedev se apressa, corteja a recompensa ou degradação nas mãos dos ricos e poderosos. Ele e sua tribo vivem como parasitas aninhados nas jubas dos leões.

A única propriedade real de Lebedev é um vasto fundo de intrigas, que ele derrama, nos momentos iniciais de *O Idiota*, em um ritmo de algazarra chaqualhante que sugere o ritmo do trem. Ele relata tudo que precisamos saber sobre os Epanchins aos quais Mishkin é tenuemente relacionado. Ele deduz uma alusão do príncipe de que a casa dos Mishkins é antiga e de alta nobreza (eu interpreto como uma alusão velada à linhagem real de Cristo). Lebedev toma conhecimento do fato de Rogojin ter herdado uma fortuna. Ele explode a intriga a respeito da bela Nastasia Philipovna. Ele até sabe de sua associação com Totski e da amizade do último com o general Epanchin. Exasperado pelas indiscrições do homenzinho, Rogojiin revela seu próprio ardor furioso por Nastasia. A velocidade do diálogo e sua veemência sem adorno transportam-nos para aquilo que é, essencialmente, um modo bastante cru de exposição. Somos literalmente impelidos a aceitar a convenção primária do dramático – a "publicação", pelo diálogo, do conhecimento e das emoções mais íntimas.

Quando o trem chega a São Petersburgo, Lebedev se agrega aos seguidores de Rogojin – uma trupe de bufões, desertados e valentões que se sustentam da vitalidade demoníaca e largueza de seu patrão. A

114 TOLSTÓI OU DOSTOIÉVSKI

falta do que fazer de Lebedev e o desamparo e a ausência de bagagem de Mishkin são traços característicos do modo dostoievskiano. Lionel Trilling observa que "cada situação de Dostoiévski, não importa quão espiritual, começa com uma ponta de orgulho social e uma certa quantidade de rublos"[9]. Isso confunde, na medida que sugere aquele núcleo determinante da economia e das relações sociais estáveis que se encontram, notadamente, nos romances de Balzac. Raskolnikov necessita desesperadamente de certa quantia de rublos, assim como Dimitri Karamazov; e é perfeitamente verdadeiro que a fortuna de Rogojin tem um papel vital em *O Idiota*. Mas o dinheiro envolvido nunca é ganho de modo claramente explicável; não acompanha a rotina atenuante de uma profissão ou das disciplinas da usura sobre as quais os financistas de Balzac despendem seus poderes. Os personagens de Dostoiévski – mesmo os mais necessitados deles – sempre exercem seu ócio no caos ou em um total envolvimento não premeditado. Eles estão disponíveis dia e noite, ninguém precisa ir e espicaçá-los de uma fábrica ou de um negócio estabelecido. Acima de tudo, o seu uso do dinheiro é estranhamente simbólico e oblíquo – como o dos reis. Eles o queimam ou o levam em seus corações.

Homero e Tolstói circunscrevem seus personagens com uma "totalidade de objetos", com as buscas diárias e as normas que envolvem a experiência habitual. Dostoiévski os reduz a um absoluto despojamento, pois no drama os nus se confrontam com os nus. "Do ponto de vista dramático", escreve Luckács, "qualquer personagem, e traço psicológico do personagem, que não são requisitos estritos à dinâmica viva da colisão, devem ser julgados supérfluos"[10]. Esse princípio rege o ofício de Dostoiévski. Mishkin e Rogojin se separam na estação e partem em direções diferentes. Porém, a "dinâmica da colisão" os impelirá para órbitas que se afunilam até colidirem e se reunirem em uma catástrofe final.

Mishkin chega à casa do general Epanchin "cerca de onze horas". Vale a pena observar as referências recorrentes do tempo; através delas o romancista exerce uma medida de controle sobre a marcha alucinatória de sua narrativa. Na sala de espera o príncipe – que começa agora a revelar a inocência da sua sabedoria – derrama sua alma a um criado espantado. Se existe uma atmosfera na qual a comédia nos leva a uma tristeza insuportável e ainda assim permanece comédia, nessa cena, Dostoiévski se revela um mestre. Mishkin possui uma imediatez de percepção angelical. Diante dele a mobília da vida – a reticência, a gradação de conhecimento, as táticas de retardamento e o obscurecimento do discurso – é abandonada. Tudo que o príncipe toca se transforma não em ouro, mas em transparência.

9. L. Trilling, Manners, Morals, and the Novel, *The Liberal Imagination*.
10. G. Luckás, *Die Theorie des Romans*.

UM ENSAIO SOBRE O VELHO CRITICISMO 115

Ele é conduzido ao general Epanchin pelo secretário deste, Gavrila Adalionovich, ou "Gania". Por outra dessas coincidências inerentes ao método dramático, acontece que nesse dia Nastasia faz vinte e cinco anos e havia prometido anunciar se aceitaria casar com Gania. Por razões particulares, o general favorece o casamento. Nastasia deu um grande retrato seu a Gania e ele o trouxe para seu patrão. O retrato – um recurso idêntico prepara a entrada de Catherina Nicolaievna em *Adolescência* – é uma dessas "propriedades" físicas (a cruz de Mishkin, a faca de Rogojin) que liga os diversos fios esparsos da narrativa e lhes dá coerência.

Mishkin observa o retrato e acha-o "deslumbrantemente maravilhoso". Ele parece enxergar aí mais do que aqueles que realmente conhecem a dama. Interpelado por seu anfitrião, ele relata novamente o que antes ouvira de Rogojin no compartimento da estação naquela manhã. Novamente, o palanque da exposição de Dostoiévski choca como óbvio e fabricado; mas a tensão do diálogo e o jogo constante da inteligência dramática sobre o material no qual nossas respostas já se encontram completamente envolvidas evita essa impressão de acumulação de força.

Os sentimentos de Gania em relação à proposta de casamento são ambíguos. Ele sabe que o esquema está sendo planejado por Totski e pelo general por motivos sinistros e até repelentes. Mas ele tem fome da fortuna a ser amealhada de Nastasia por seus protetores. Logo depois de doze e trinta Epanchin deixa a sala. Ele prometeu ajudar Mishkin em seu sustento e o persuadiu a se alojar na família de Gania. O secretário e o "idiota" são deixados com o retrato:

"É também um rosto orgulhoso, terrivelmente orgulhoso! E eu – eu não consigo dizer se ela é ou não boa e gentil. Oh, se ela fosse somente boa! Isso tornaria tudo maravilhoso!"

"E você se casaria com uma mulher como essa, agora?" continuou Gania, não despregando nunca seus olhos excitados do rosto do príncipe.

"Eu não posso casar de jeito nenhum", disse o último. "Eu sou um inválido".

"Você acha que Rogojin casaria com ela?"

"Por que não? Certamente que sim, eu creio. Ele a desposará amanhã! – desposará amanhã e a matará em uma semana!"

O príncipe mal pronunciou a última palavra quando Gania deu um tamanho arrepio de terror que o príncipe quase gritou.

A totalidade de *O Idiota* fica implícita nessa troca. Mishkin percebeu o orgulho mórbido, autolacerante de Nastasia e procura desvendar o enigma de sua beleza. "Tudo" estaria realmente bem se ela fosse "boa" (uma palavra que é preciso tomar aí em sua totalidade teológica); pois são as qualidades morais de Nastasia que finalmente determinam as vidas dos outros personagens. Gania percebeu a força enorme e não convencional das simpatias do príncipe por ela; obscuramente ele faz com que a inocência se movimente com retidão descontrola-

116 TOLSTÓI OU DOSTOIÉVSKI

da para soluções radicais. A ideia de um casamento entre Mishkin e Nastasia vagueia no canto de sua mente. O príncipe foi franco ao afirmar sua impossibilidade de se casar; mas, sendo somente uma verdade material – uma contingência do mundo factual – ela não o prende necessariamente. O que faz Gania arrepiar não é o temor pela vida de Nastasia. É sua confrontação com a vidência final, com a profecia sem esforço. O "idiota" prevê a morte de Nastasia, porque apreendeu realidades de caráter e situação às quais Gania – que é notavelmente inteligente – ou não conseguira perceber completamente ou suprimira de sua consciência perturbada. O fato de que seu único gesto – o "arrepio aterrorizado" – deva nos compelir a uma resposta tão explícita e detalhada aponta para o nível de drama obtido no diálogo.

A seguir somos informados sobre a infância de Nastasia e sua ligação anterior com Totski. Arriscando ser tedioso, destaco mais uma vez que a transmissão do complicado "conhecimento do ambiente" suscita dificuldades particulares ao método dramático. O dilema da exposição em *O Idiota* é obstrutivo precisamente porque, como Allen Tate observa, "o desenvolvimento do argumento é quase exclusivamente 'cênico'"[11].

Totski planeja se casar com uma das filhas de Epanchin, e o casamento de Nastasia com Gania facilitaria as coisas. Além do mais, há "um estranho rumor" de que o próprio general Epanchin está fascinado por Nastasia e conta com a discreta complacência do seu secretário. Com essa alusão temos conhecimento de toda circunstância principal, com exceção de uma situação comprimida e até melodramática.

Lá pela hora do almoço, Mishkin é apresentado à madame Epanchin e a suas três filhas, Alexandra, Adelaida e Aglaia. As moças ficam encantadas com sua lúcida inocência. Estimulado por suas perguntas, o príncipe narra, sob um tênue véu de ficção, a famosa história atormentada da execução simulada de Dostoiévski em 22 de dezembro de 1849. Um discurso similar está inserido em vários romances e contos de Dostoiévski. Parece funcionar como uma espécie de assinatura que dá ao estilo de Dostoiévski, no momento particular, seu requisito chave. Como os gritos animalescos de Cassandra em *Agamêmnon*, isso proclama que uma verdade terrível e vivida se encontra no coração do poema. Assim que Mishkin conclui seu monólogo, Aglaia o desafia: "E por que está contando isso?" É uma questão apropriada para acobertar seus temores subsequentes sobre o mistério de sua "mente simples".

Mas ao invés de responder, o príncipe deslancha mais duas narrativas. Ele fala de suas impressões a respeito de uma execução capital (à qual ele já havia comunicado ao criado e, portanto, ao leitor, na saleta de Epanchin). Finalmente, ele relata um conto francamente dickensiano de sedução e perdão o qual ele afirma ter vivido durante sua estada na Suíça. Os motivos de Dostoiévski para apresentação dessas

---

11. A. Tate, The Hovering Fly, *The Man of Letters in the Modern World*.

UM ENSAIO SOBRE O VELHO CRITICISMO   117

histórias sucessivas são um tanto obscuras. Poderia se argumentar que o tema da mulher decaída e das crianças convertidas à introspecção e ao amor nos prepara para a associação de Cristo com a figura de Mishkin e para o tardio entendimento de Nastasia. Mas Aglaia insiste (corretamente, eu diria) na existência de um "motivo" particular por trás do comportamento do príncipe e por trás de sua escolha dos temas. Dostoiévski falha em conduzi-lo, e deve-se indagar se a urgência retórica com a qual o material é manipulado nessas três "peças de ambientação" não parte mais do autor do que do personagem. Isso torna mais plausível quando se tem em mente o quão radicalmente cada um dos motivos tratados por Mishkin implicava nas memórias e obsessões pessoais de Dostoiévski.

Ao observar Aglaia, o príncipe qualifica-a como "quase tão adorável quanto Nastasia Filipovna". Ele conduziu os nomes das duas mulheres à proximidade perigosa e é forçado a contar à madame Epanchin a respeito da fotografia. A indiscrição coloca Gania em um frenesi; pela primeira vez ele pronuncia a palavra "idiota". Ela nos alerta – e a revelação acontece inteiramente através do contexto dramático – para o fato de Gania estar atormentado não somente por seus sentimentos ambíguos em relação a Nastasia, a quem sua família despreza, mas também por seu amor por Aglaia. Gania implora para que Mishkin leve um bilhete a ela. Nessa mensagem ele reivindica algum encorajamento; se Aglaia lhe der atenção exclusiva, ele estará preparado para renunciar a Nastasia e às suas expectativas fervorosas de enriquecimento. Aglaia imediatamente mostra o bilhete e humilha o secretário na presença de Mishkin. Sua atitude sugere seu interesse nascente pelo "idiota" e a corrente de crueldade histérica que corre sombriamente em seu temperamento.

Odiando seu próprio rebaixamento, Gania volta-se contra o príncipe e insulta sua alegada idiotia. Mas quando Mishkin o reprova com cortesia, a fúria de Gania desaparece e ele convida o príncipe a sua casa. O diálogo deles contém em seu interior as bruscas reversões de clima que deleitavam Dostoiévski. Ele tendia a omitir as transições narrativas, movendo-se diretamente do ódio ao afeto ou da verdade à anulação, por compor teatralmente e visualizar as expressões faciais e os gestos de seus personagens como se estivessem dizendo suas falas num palco. Ao caminharem juntos, Gania relanceia selvagemente para Mishkin. Seu convite amigável visa ganhar tempo. O "idiota" pode ainda ser útil. A interação física toda está lá, cercando a linguagem. Dostoiévski é um exemplo de um romancista que deve ser lido com um empenho constante de nossa imaginação visual.

Agora está entardecendo. A casa de Gania é uma dessas torres de Babel dostoievskianas de cujos quartos úmidos pululam um exército de personagens como morcegos tontos. Os funcionários bêbados, os estudantes sem um tostão, as costureiras famintas, as moças virtuosas, porém vulneráveis, e as crianças de olhos arregalados têm um ar familiar. Eles são descendentes do Little Nell e de toda galeria dickensiana. Eles assombram o romance europeu e russo de *Oliver Twist* a Górki. Eles dormem sobre "um sofá antigo... com um tapete rasgado sobre ele", comem papa rala, vivem cercados pelo terror dos senhorios e dos agiotas, ganham trocados por lavarem roupas ou copiarem documentos legais, e criam enormes famílias pavorosas na melancolia abarrotada. Eles são os coadjuvantes malditos no inferno das grandes cidades através das quais Dickens e Eugène Sue conduziram seus muitos discípulos. O que Dostoiévski acrescentou à convenção foi a quase comédia feroz, que salta do rebaixamento, e a noção de que na ficção, bem como na Escritura, a verdade pode ser ouvida mais claramente pelas bocas das crianças.

Mishkin é lançado a uma multidão de personagens novos: a mãe de Gania, sua irmã Varvara, seu irmão Colia – um desses adolescentes dostoievskianos estranhamente perceptivos – Ptitsin (admirador de Varvara), um dos Ferdishenko (um Micawber bêbado) e o Pai de Gania, general Ivolgin. Essa última figura se encontra no que há de mais humano e belamente arredondado em *O Idiota*. Sua autoapresentação como "aposentado e infeliz" estabelece o tom de escárnio do heroico. Suas memórias, que ele relaciona a todos e a diversos, abrangem desde a pura invenção até os restos de jornais do dia anterior. Quando descoberto ou colocado contra a parede pelos desconfortos do fato, esse Falstaff dos cortiços refere-se pateticamente ao cerco de Kars e às balas em seu peito. A presença de Mishkin funciona como um catalisador; ao seu toque os vários personagens se ascendem numa espécie de intensidade luminosa. Sua natureza – e essa é sua magia totalmente dramatizada – abre-se a toda influência e é definida pelas relações do príncipe com os outros seres; ainda assim ela mantém uma identidade demonstrável e inviolável.

Gania e sua família implodem a questão do casamento de Nastasia. Mishkin deixa a sala e ouve a campainha: "O príncipe pegou o cadeado e abriu a porta. Recuou contente – pois lá estava Nastasia Filipovna. Ele a reconheceu na hora por causa de seu retrato. Seus olhos brilhavam de raiva e ela o encarou". Esse é o primeiro dos *coups de théâtre* em torno dos quais o romance se constrói.

Dostoiévski reuniu seu elenco para uma "grande cena" (compare a reunião na casa de Stavrogin em *Os Demônios* e a conferência na cela de Pai Zossima em *Os Irmãos Karamazov*). O diálogo é interrompido somente pelas esparsas direções de cena: "Gania estava paralisado de terror"; Varia e Nastasia trocam "olhares estranhos".

Gania está dilacerado entre a execração e o embaraço. Sua desdita atinge um paroxismo à medida que seu pai entra em vestes noturnas e começa a relatar, como sua, uma aventura reportada nos jornais. Nastasia pressiona-o cruelmente e expõe a fraude. Como Aglaia, ela é impelida pela histeria e insegurança de sua própria natureza a revelar as deserções das almas masculinas. "Nesse momento aconteceu uma pancada terrível à porta da frente, quase a ponto de quebrá-la". Segunda grande entrada. Rogojin adentra, acompanhado de uma dúzia de rufiões e párias os quais Dostoiévski designa como um "coro". Rogojin chama Gania de "Judas" (somos induzidos a estabelecer claramente em nossas mentes os valores simbólicos associados a Mishkin). Rogojin chegou para explorar a avareza de Gania, para "comprar" Nastasia dele. E parte da textura sutil do argumento é que se Gania "vender" Nastasia pela prata de Rogojin, ele terá traído Mishkin. Deve ser destacado que nossas dificuldades em perceber todos os níveis de ação em uma primeira leitura são estritamente comparáveis às dificuldades que experimentamos quando ouvimos pela primeira vez, no teatro, um complexo trecho de diálogo dramático.

O tom de Rogojin alterna espasmodicamente o orgulho animal e uma espécie de humildade sensual. "Oh, Nastasia Filipovna! Não me abata!" Ela o assegura "com uma expressão arrogante, irônica" que não pretende desposar Gania, mas ainda assim o espicaça, oferecendo-lhe cem mil rublos por ela. Horrorizada com esse "leilão", a irmã de Gania acusa Nastasia de ser uma "criatura desavergonhada". Gania se descontrola e está quase agredindo Varvara (Varia):

> Súbito, porém, outra mão segurou a de Gania no ar.
> Entre ele e a irmã estava o príncipe.
> – Basta, chega! – pronunciou ele em tom insistente, mas também tremendo por completo, como alguém atingido por uma comoção excessivamente forte.
> – Ora, não me digas que tu vais me atravessar eternamente o caminho! – berrou Gánia, largou a mão de Varia e, no último acesso de fúria, com a mão livre deu uma bofetada com toda força no príncipe.
> – Ai! – Kólia ergueu os braços, – Ai, meu Deus!
> Partiram exclamações de todos os lados. O príncipe empalideceu. Fitou Gania diretamente nos olhos com um olhar estranho e exprobatório; seus lábios tremiam e tentavam à força pronunciar alguma coisa; torcia-os um riso estranho e absolutamente impróprio.
> – Bem, vamos que isso tenha acontecido comigo... mas com ela... não vou deixar!... – disse ele enfim; mas de repente não se conteve, largou Gania, cobriu o rosto com as mãos, afastou-se para um canto, ficou de rosto para a parede e com voz entrecortada pronunciou:
> Oh, como o senhor vai se envergonhar do seu ato!

Essa é uma das grandes passagens em O Idiota – na realidade, da história do romance. Mas quão intimamente podem ser minuciosamente examinados certos efeitos na medida em que dependem no mínimo, como em um poema ou em um trecho de música, da totalidade da obra?

Com o instinto de um animal torturado, Gania percebeu que seu real adversário é o "idiota" e não Rogojin. O que está envolvido no choque entre eles – embora nem Gania nem Mishkin devam estar completamente conscientes disso – não é Nastasia mas Aglaia. O príncipe aceita o tapa como Cristo faria, e Rogojin torna o símbolo articulado

120 TOLSTÓI OU DOSTOIÉVSKI

ao se referir a ele, poucos momentos depois, como "um cordeiro". Mas embora o príncipe perdoe, ele não consegue suportar seu próprio envolvimento com a dor e humilhação de Gania. Sua percepção de Aglaia revela seu envolvimento. A posse de tamanha verdade é como um toque de pecado, e mais uma vez observamos como a proximidade de Rogojin aguça a inteligência de Mishkin. A miséria que o empurra contra a parede é sutilmente composta da previsão de suas próprias agonias futuras e de seus sentimentos por Gania. Tampouco devemos esquecer em seu "olhar estranho, feroz" e lábios trêmulos a alusão à epilepsia.

Nastasia testemunhou o incidente. Ela é tomada por "novos sentimentos" (será que Dostoiévski está forçando só um pouco nossa mão?). Referindo-se ao príncipe, ela exclama: "Eu realmente acho que devo tê-lo visto em algum lugar!". Esse é um toque maravilhoso: aponta para a semelhança misteriosa do "idiota" com o outro príncipe a quem Nastasia viu, encarando os ícones. Mishkin lhe pergunta se ela é realmente a espécie de mulher que finge ser. Nastasia lhe sussurra que não e vira-se para partir. Nesse instante ela provavelmente está dizendo a verdade. Mas é somente parte da verdade. Rogojin sabe do resto – na dialética de sua relação com Mishkin é necessariamente verdadeiro que cada um dos dois homens chegue às metades contrárias do conhecimento. Ele sabe o que mais existe em Nastasia e a avalia em cem mil rublos. Acompanhado de seus favoritos, ele faz barulho para receber o dinheiro.

Lembrando a urgência e pressão sob a qual a primeira parte de *O Idiota* foi composta, fica-se maravilhado com a precisão e segurança do tratamento de Dostoiévski. O gesto repentino – Gania estapeando o príncipe, Shatov estapeando Tavrogin, Zossima inclinando-se para Dimitri Karamazov – é linguagem tornada irrevogável. Depois do gesto vem o silêncio momentâneo, e na medida em que o diálogo prossegue, os valores de tom e nossa sensação de relacionamento entre os personagens se alteram. A tensão é tão grande que há sempre o risco da fala se exceder e passar ao movimento – de se tornar explosão, beijo, ataque epilético. As palavras carregam seu contexto com energia e violência latente. Os gestos, por sua vez, são tão surpreendentes que reverberam no interior da linguagem, não como uma realidade física narrada por uma transferência, mas como uma imagem explosiva ou metáfora desatada pela força da sintaxe (e entendo a sintaxe em suas implicações mais amplas). Daí o aspecto equívoco e alucinatório da representação da ação física em Dostoiévski. Somos confrontados com assuntos falados ou encenados? Nossas hesitações confirmam o grau de concretude dramática de um diálogo dostoievskiano. É da essência do drama que a fala se movimente e o movimento fale.

Pulo os incidentes e complicações posteriores que envolvem a família de Gania. Por volta das nove e meia da noite, o príncipe Mishkin chega à recepção de Nastasia. Embora não tenha sido convidado, ele é arrastado pela turba. General Epanchin, Totski,

UM ENSAIO SOBRE O VELHO CRITICISMO

Gania, Ferdishenko e outros convidados aguardam tensos a decisão de Nastasia a respeito do casamento. Em algum lugar da cidade Rogojin espreita e orquestra uma pequena fortuna. A casa de Nastasia é caracteristicamente dostoievskiana e "cênica": parece ter somente três paredes e encontra-se literalmente aberta ao assalto violento de Rogojin ou à invasão silenciosa do príncipe. Para passar o tempo pesado, Ferdishenko propõe "um jogo novo e absolutamente delicioso" (que era, de fato, jogado ocasionalmente durante os anos de 1860). Cada convidado, por sua vez, deve relatar "a pior ação" de sua vida. Totski observa astutamente que essa ideia curiosa – Dostoiévski a usou novamente em seu conto gótico, *Bobok* – é "somente um novo modo de se vangloriar". Ferdishenko arremata o primeiro lote e lembra um furto maldoso no qual ele permitiu que a culpa recaísse sobre uma criada desafortunada. Esse tema assombrava o romancista; ele reaparece, num aspecto mais odioso, em *Os Demônios*. Estimulado pela promessa de Nastasia de revelar "uma certa página" de sua própria vida, Epanchin conta sua história. Ela deriva muito obviamente de *A Rainha de Espadas*, de Púchkin, que influenciou o romance anterior de Dostoiévski, *O Jogador*. Totsky confessa então uma brincadeira cruel que praticamente levou, indiretamente, à morte um jovem amigo.

As três histórias adensam a atmosfera de candura histérica na qual Dostoiévski consegue tornar crível o clímax que se aproxima; elas são alegorias e especulações minimalistas do tratamento mais amplo do bem e do mal na totalidade do romance; atravessam um momento tenso, inevitável, de inação. Mas quando Totski termina, Nastasia, ao invés de tomar seu lugar no jogo, interroga Mishkin diretamente: "'Devo casar ou não? O que decidires, será'. Totski ficou branco como papel. O general ficou pasmo. Todos os presentes se entreolharam e ouviram atentamente. Gania sentou enraizado em sua cadeira". A prosa entre as falas do diálogo é uma espécie de distanciamento cênico. Ela fixa meramente os atores na posição. Como afirma Merezhkovski: "A história não é um texto propriamente, mas é como se fosse, rubricada entre parênteses, notas do drama [...] trata-se da disposição do cenário, da parafernália teatral indispensável – quando os personagens entram e começam a falar, aí a peça começa a acontecer"[12].

– Casar com quem? – perguntou o príncipe com voz entrecortada.

– Com Gavrila Ardalionovich Ivolgin – continuou Nastasia Filippovna na forma brusca, firme e precisa de antes.

Passaram-se alguns segundos de silêncio; o príncipe parecia esforçar-se e não conseguia proferir uma palavra, como se um peso terrível lhe pressionasse o peito.

– N-não... Não case! – sussurrou ele finalmente e tomou fôlego com dificuldade.

---

12. D. S. Merezhkovsky, *Tolstoy as Man and Artist*, with a Essay on Dostoievski.

122   TOLSTÓI OU DOSTOIÉVSKI

Nastasia explica que está submetendo seu destino ao "idiota" por ele ser o primeiro homem dotado "de verdadeira franqueza de espírito" que ela nunca encontrou. Ainda que seja essencial ao paradoxo do romance – a equação entre inocência e sabedoria – sua declaração é injusta. A integridade de Rogojin é a contraparte da de Mishkin, e é quase tão absoluta quanto a sua. Seu nome cristão, Parfen, significa "virginal". Ao ouvir a injunção do príncipe, Nastasia desata suas amarras. Ela não aceitará dinheiro de Totski, não aceitará as pérolas do general Epanchin – que ele as dê para sua esposa! Amanhã ela iniciará uma nova existência:

> Nesse instante ouviu-se de repente uma batida sonora e forte de sineta, tal qual se ouvira não fazia muito no apartamento de Ganietchka. – Ah, ah! Eis aí o desfecho! Até que enfim! Onze e meia! exclamava Nastasia Filippovna – Peço que se sentem, senhores, isso é o desfecho!

Os eventos que começaram às nove horas daquela manhã estão se movendo na direção de um desfecho melodramático. O que se segue (justifica-se uma adicional leitura prolongada atenta) encontra-se entre os mais dramáticos episódios da ficção moderna.

Rogojin entra, "feroz" e "entorpecido". Ele trouxe os cem mil rublos, mas abranda diante de Nastasia "como se aguardasse sua sentença". Do ponto de vista dela, a rude oferta de Rogojin tem a virtude da sinceridade. É a constatação nua de um código sexual do qual Totski e Epanchin se alimentam, mas procuram esmerilhar com maneiras polidas. A crítica social de Dostoiévski aqui é mais enfática por estar implícita. Nastasia volta-se para Gania. Seu servilismo, marcado pelo fato dele se encontrar imóvel em sua cadeira, a enfurece. Para tornar o consentimento de Gania à proposta de casamento ainda mais abjeto, ela se auto designa "amante de Rogojin". "Porque até Ferdishenko não me possuiria!", afirma ela. Mas o Micawber tem um olho penetrante. Ele lhe diz calmamente que Mishkin a possuiria. Ele tem razão. O príncipe propõe: "Eu considero que é a senhora que me dará a honra e não eu à senhora. Eu não sou nada, já a senhora sofreu e saiu de um grande inferno, e pura, e isso é muito". A resposta de Nastasia de que tais ideias surgem "dos romances" e que Mishkin precisa de "uma enfermeira, não de uma esposa", é acurada e deveria ser decisiva. Mas passa desapercebida pelo acúmulo de tumulto. Para dar substância à oferta do príncipe, Dostoiévski faz uso de um recurso que tinha se tornado antiquado mesmo no melodrama popular da época. Sacando uma carta de seu bolso, o "idiota", que de manhã tivera de tomar emprestado dos Epanchins vinte e cinco rublos, revela ser o herdeiro de uma vasta fortuna. O choque, indefensável ao nível temático e racional, é, no entanto, "resgatado" pela pura intensidade do meio circundante. A atmosfera é tão extrema, o caos se aproximou tanto dos limites do comportamento, que aceitamos a metamorfose do pobre em príncipe como aceitaríamos uma virada em um palco giratório.

Nastasia explode em riso, orgulho e histeria – a discriminação entre as nuances de sentimento são mantidas o tempo todo. Ela está fora de si, aparentemente deliciada em se tornar uma princesa que consegue se vingar de Totsky ou mostrar a porta de saída ao general Epanchin. Dostoiévski é inigualável nessa espécie de monólogo semidelirante no decorrer do qual um ser humano dança em volta de sua própria alma. Finalmente, Rogojin entende, e a sinceridade de sua cobiça é inequívoca: "Ele ergueu os braços, e um gemido lhe escapou do peito. – Renuncia! gritou ele ao príncipe".

Mishkin sabe que a paixão de Rogojin é mais forte e, num sentido físico, mais autêntica do que a sua. Mas mais uma vez ele se dirige a Nastasia: "A senhora é altiva, Nastasia Filippovna, mas talvez já seja tão infeliz que realmente se considere culpada". Mas talvez não. Seu sentido de abjeção parece excessivo para os fatos. O príncipe se indaga se o orgulho não adquire seus prazeres mais refinados na autodanação e, desse modo, toca em um dos *leitmotifs* da psicologia dostoievskiana. A claridade tranquila de sua observação tira Nastasia do êxtase de sua desrazão. Ela salta do sofá: "E tu estavas mesmo achando? – levantou-se de um salto do sofá e é coisa para o Afanássi Ivánitch daqueles tempos: é ele quem gosta de crianças".

Ela se refere, com malícia cruel, ao fato de Totski ter primeiramente demonstrado interesse erótico por ela quando menina. Afirmando não ter lhe restado nenhum senso de pudor, que ela tem sido "concubina de Totski", Nastasia propõe ao príncipe que ele se case com Aglaia. Dostoiévski não nos informa como ela chegou a essa ideia. Será que ela está cedendo, em cega lucidez, seu ódio por Gania? Será que ela ouviu algo a respeito da impressão causada pelo "idiota" no criado de Epanchin? Não sabemos. Aceitamos o fato de que, na fúria da ação, os personagens experimentam momentos de percepção total. A própria linguagem está derramando seus segredos.

Rogojin está convencido de ter vencido a contenda e se pavoneia ofegante, com enfado e desejo ao redor de sua "rainha". Mishkin chora e Nastasia procura confortá-lo, dramatizando sua própria vilania. Mas ela ainda tem de combinar com Gania e seus patrões. Essa noite ela rastejou em uma tal imundície espiritual a ponto de precisar compelir outro ser humano a rastejar junto. Ela jogará os cem mil rublos de Rogojin ao fogo. Se Gania recuperá-los, eles serão dele.

Dostoiévski conjurou os últimos poderes da escuridão, e a cena torna-se leitura horrorosa. Talvez a semente disso encontra-se na balada de Schiller *A Luva*. Curiosamente, ela teve seu análogo em um incidente que aconteceu na casa de uma mundana em Paris nos anos de 1860. Essa dama recebeu um admirador, a quem desprezava, ordenou que ele fizesse um círculo de fogo com notas de mil francos, e permitiu que fizesse amor com ela somente enquanto a labareda durasse.

Os convidados de Nastasia estão hipnotizados pela prova. Lebedev não consegue se controlar. Ele vai meter sua cabeça inteira no fogo. Ele grita: "Tenho uma mulher doente sem pernas, treze filhos – todos órfãos, enterrei meu pai na semana passada, todo mundo passando fome, Nastasia Filippovna!!– e depois de berrar fez menção de arrastar-se para a lareira". Ele está mentindo, mas sua voz é como o lamento dos amaldiçoados. Gania está paralisado, com um sorriso imbecil em seus "lábios lívidos como a morte". Somente Rogojin exulta; ele enxerga nessa prova de tortura o espírito selvagem e a soberania excêntrica de Nastasia. Ferdishenko se oferece para arrancar o dinheiro do fogo com os dentes. Tal proposta reforça a bestialidade moral e psicológica da cena por sua forte sugestão de animalização. Ferdishenko procura empurrar Gania em direção ao fogo, mas Gania esquiva-se, empurrando-o, e começa a deixar a sala. Depois de alguns passos ele desmaia. Nastasia recupera o pacote de rublos e proclama que eles lhe pertencem. O ato e a agonia (nossas teorias de drama se fundamentam no parentesco radical das duas palavras) desenham um final. Nastasia proclama: "Vamos embora, Rogojin! Adeus, príncipe. Eu vi o homem pela primeira vez na minha vida".

Cito essa frase desafiando meu próprio objetivo. Em nenhum lugar do romance uma tentativa de fazer funcionar as traduções se mostra mais inadequada. Tanto na versão de Constance Garnett quanto no texto francês preparado por Mousset, Schloezer e Luneau lê-se: "Eu vi *um* homem pela primeira vez na minha vida". Isso tende a uma significação satisfatória: Nastasia presta homenagem ao príncipe Mishkin; em comparação com ele, outros seres humanos chocam-na como brutos e incompletos. A leitura alternativa (a mim sugerida por um acadêmico russo) oferece implicações mais ricas e pertinentes. Nessa noite lúgubre, Nastasia literalmente viu o *homem* pela primeira vez. Ela testemunhou extremos de nobreza e corrupção; a escala de potencialidades da natureza foi definida diante dela.

Nastasia e Rogojin saem rapidamente em meio às despedidas clamorosas. Mishkin se apressa depois deles, salta em uma sege, e inicia a perseguição às troicas voadoras. Epanchin, cujo espírito astucioso começa a ponderar a respeito da fortuna do príncipe e sugestão imperiosa de Nastasia dele se casar com Aglaia, procura em vão mantê-lo ali. O tumulto e o caos se retraem. Em um desses epílogos de início de madrugada, característicos da dramaturgia romântica, Totski e Ptitsin vagueiam para casa discursando a respeito do comportamento extravagante de Nastasia. Ao fechar a cortina, vê-se Gania deitado no chão com o dinheiro carbonizado a seu lado. Os três protagonistas do drama estão correndo a caminho de Ekaterinhof e os sinos da troica diminuem à distância.

UM ENSAIO SOBRE O VELHO CRITICISMO

Estas são as primeiras vinte e quatro horas do Príncipe Mishkin em São Petersburgo. Acrescento, sem procurar julgar se o fato é relevante, que essa parte de *O Idiota* foi escrita enquanto o romancista passava por dois ataques particularmente violentos de epilepsia. Mesmo um estudo parcial do texto demonstra que Dostoiévski acreditava que o modo dramático era o mais próximo das realidades da condição humana. Tentarei, em seguida, limitar esse postulado ao demonstrar como ele concebia sua perspectiva trágica através das estratégias e convenções do melodrama. Mas os principais dogmas estão visíveis nessa primeira parte de *O Idiota*. A primazia do diálogo é estabelecida. Os "clímax episódicos" (na expressão de Allen Tate) chegam similarmente: tanto na casa de Gania como na *soirée* de Nastasia os elementos da ação e da retórica são dispostos de modo idêntico. Encontramos um coro, duas entradas principais, um gesto culminante – o tapa e a provação do fogo – e uma saída planejada para prender o *momentum* do drama à finalidade maior. Por seu modo direto e pleno (que, como nos lembram os críticos russos, não é a mesma coisa que graça verbal), o diálogo dostoievskiano corresponde às sensibilidades e tradições do teatro. "Às vezes", destaca Merezhkovski, "parece que ele não escrevia tragédia somente porque a forma exterior da narração épica, a do romance, era por acaso prevalente na literatura de sua época, e também porque não havia cena trágica à sua altura, e, ainda mais, porque não havia público à sua altura"[13]. Eu questiono somente o termo "narrativa épica".

O uso e mestria dos recursos dramáticos em Dostoiévski levam a comparar seu gênio a Shakespeare. É uma comparação difícil de sustentar a não ser que se trabalhe no avesso do efeito e se reconheça, desde o início, a imensa diferença dos meios específicos. Creio que isso significa que Dostoiévski conseguiu, com sua especial manipulação dos modos dramáticos, situações trágicas concretas e graus de percepção das motivações humanas que nos remetem às realizações shakespearianas mais do que às dos outros romancistas. E, tendo em vista a estrita impossibilidade de comparação do verso shakespeariano com a prosa dostoievskiana, pode-se afirmar que, para os dois escritores, o diálogo era o meio essencial de realização. O romancista teria valorizado a comparação com Shakespeare. Ele escrevia nas anotações de *Os Demônios* que o "realismo" shakespeariano – como o seu próprio – não se restringia às meras imitações da vida cotidiana: "Shakespeare é um profeta, enviado por Deus, para nos proclamar o mistério do homem e da alma humana". Indubitavelmente, esse julgamento sugere a autoimagem de Dostoiévski. O contraste com a condenação de Tolstói a Shakespeare é, em todo caso, esclarecedor.

13. Idem.

126 TOLSTÓI OU DOSTOIÉVSKI

Igualmente adequadas – mas não mais assim – são as analogias propostas entre Dostoiévski e Racine. Vale para ambos os escritores o fato de eles terem expressado através da ação dramática e da retórica dramática uma acuidade comparável na percepção das sombras e multiplicidades da consciência.

Tais comparações têm sua autoridade imperfeita de um reconhecimento de que, nos romances de Dostoiévski, existem valores, concepções, uma espécie de procedimentos da ação que entraram em declínio na literatura ocidental depois da passagem da tragédia elisabetana e neoclássica. Dostoiévski pode ser considerado como um "dramaturgo" de tradição eminente. Ele possuía um instinto infalível para o tema dramático. Sacrificava à unidade de ação os menores clamores de verossimilhança. Ele avançava com soberana desconsideração pelas improbabilidades melodramáticas, coincidências, grosserias de artifício. Tudo que importava era a verdade e esplendor da experiência humana sob a luz ardente do conflito. E a locução direta, do espírito ao espírito ou da alma para si, era seu meio constante.

IV.

Estruturalmente, *O Idiota* é o romance mais simples de Dostoiévski. Ele procede com clareza diagramática do prólogo e da profecia de Mishkin sobre a ruína até o assassinato real. O romance propõe, com imediatez exemplar, o enigma antigo do herói trágico. O príncipe é inocente e também culpado. Ele confessa a Evgenie Pavlovich: "Sou culpado e sei disso – eu sei disso! Provavelmente sou completamente pecador – quase nem sei como – mas sou pecador, sem dúvida". O "crime" de Mishkin é o excesso de compaixão do amor, pois mesmo quando existe uma cegueira de amor (*Rei Lear*), também existe uma cegueira de piedade. O príncipe "ama" Aglaia e Nastasia, no entanto seu amor não envolve nenhuma das duas. Como símbolo da corrente trágica das coisas, esse tema da dispersão do amor entre três personagens fascinou Dostoiévski. Está presente no argumento central de *Humilhados e Ofendidos* (um livro que de muitos modos é um esquete preliminar ao *O Idiota*) e é explorado mais plenamente em *O Eterno Marido, Os Demônios*, e *Os Irmãos Karamazov*. Dostoiévski acreditava ser possível amar dois seres humanos com toda intensidade e de um modo não excludente. Ele não considerava isso como perversão, mas como uma elevação da capacidade do amor. Mas se a qualidade do perdão não é solicitada pela amplitude do uso, a qualidade do amor o é.

A apresentação desses assuntos em uma forma dramática, em uma forma na qual a fala direta e a ação física são os únicos agentes, cria dificuldades óbvias. Procurando objetivar a natureza do amor de Mishkin, delineando para isso leis dramáticas apropriadas,

Dostoiévski separou esse amor de suas raízes físicas. O "idiota" é a encarnação do amor, mas nele o amor propriamente não se torna carne. Em muitas circunstâncias do romance, Dostoiévski está muito perto de nos revelar diretamente que Mishkin é um inválido incapaz de paixão sexual no sentido comum. No entanto, as implicações permitem o desvio de nossa atenção e da atenção dos outros personagens. Aglaia e Nastasia são, em vários momentos, conscientes das limitações do príncipe, mas em outros instantes não são e consideram a possibilidade de casamento como autoevidente. A ambiguidade é complicada pela associação de Mishkin a Cristo. Para essa associação, o motivo do imaculado é essencial. Mas se fosse para ser plenamente percebida, não conseguiríamos suspender o descrédito em nossa leitura do argumento. Como argumenta Henri Troyat em seu *Dostoïevski*, a impotência do príncipe é atribuída não tanto por suas implicações eróticas específicas, quanto por uma incapacidade geral de ação: "Ao tentar agir ele erra. Ele não sabe como se adaptar à condição humana. Ele não consegue se tornar um homem".

Essa situação propõe problemas técnicos e formais os quais *O Idiota* não resolve inteiramente. Cervantes se aproxima muito mais de uma solução realmente convincente: a natureza platônica do amor de Dom Quixote é um exemplo não de privação, mas de virtude em ação: a "irrealidade" que qualifica as relações de Dom Quixote com outros seres humanos é o meio positivo da fábula e não, como em *O Idiota*, um princípio oculto que entra no interior da estrutura do romance em momentos arbitrários. O próprio Dostoiévski retomou o desafio em *Os Irmãos Karamazov*. A transição de Aliosha do monastério ao mundo é a contrapartida gestual da sua transformação psicológica; ele se move da castidade ao envolvimento potencial. Tendo sido monge e homem, ele significa para nós uma humanidade total.

Por muito tempo Dostoiévski não conseguiu se decidir por uma conclusão apropriada para *O Idiota*. Em uma versão, Nastasia se casa com Mishkin; em outra ela foge para um bordel na véspera do casamento; em uma terceira ela se casa com Rogojin; em outra variante ainda ela ajuda Aglaia e promove o casamento dela com o príncipe; há até indicações de que Dostoiévski explorou a possibilidade de tornar Aglaia amante de Mishkin. Tais indecisões evidenciam a profunda liberalidade de sua imaginação. Em contraste com Tolstói, cujo controle incessante e onisciente sobre seus personagens metaforiza o governo de Deus sobre o homem, Dostoiévski, como todos os dramaturgos genuínos, parecia escutar com um ouvido interior a dinâmica independente e imprevisível da ação. À medida que o acompanhamos em seus apontamentos, observamos Dostoiévski permitir que seus diálogos e confrontações se desviem de suas próprias leis integrais e potencialidades. Michelangelo se referia à forma libertadora que escapava do mármore do qual ela estava perfeitamente inserida. Aquilo que eram para ele o grão e as con-

128 TOLSTÓI OU DOSTOIÉVSKI

vulsões imperceptíveis da matéria, para Dostoiévski eram as energias e afirmações latentes de um personagem dramático. Às vezes o jogo de forças é tão livre que sentimos uma certa ambiguidade de intenções (as coberturas semiacabadas das figuras deitadas da capela Médici serão homens ou mulheres?). Na releitura de um romance de Dostoiévski, assim como assistir a uma nova encenação de uma peça muito familiar, a sensação do inesperado se renova por si só.

Desse modo, a tensão em uma cena dostoievskiana advém do fato das soluções alternativas e das conexões entre elas literalmente envolverem o texto. Os personagens parecem admiravelmente liberados da vontade de seu criador e de nossas próprias previsões. Consideremos o episódio na casa de Nastasia no qual os quatro "protagonistas" encontram-se crucialmente reunidos e comparemos com o grande quarteto no auge de *A Taça de Ouro* de Henry James.

Em sua notável leitura do romance, Marius Bewley aponta a explícita organização teatral do encontro entre Maggie e Charlotte no terraço de Fawns. Corretamente, ele destaca a soberba economia do episódio e cita os subtons do ritual formal que James intensifica por sua referência oculta à traição de Cristo em um outro jardim. Há fascinantes áreas de comparação com *O Idiota*. Nos dois exemplos as duas mulheres se envolvem em um duelo cuja questão deve, efetivamente, determinar suas vidas. Nas duas cenas os dois homens em questão estão tremendamente presentes e ainda assim imobilizados. Eles definem a arena sobre a qual a competição é disputada. São como oficiais armados desesperadamente envolvidos, mas momentaneamente neutros. Os dois novelistas estabelecem seu palco com muito cuidado. James caracteriza o estado mental de Maggie como o "de uma atriz fatigada"; ele se refere aos personagens como "figuras ensaiando uma peça" e fornece à cena sua intensidade mimética ao fazer as duas mulheres se encontrarem no lado de fora de uma janela iluminada através da qual elas observam os dois homens. O capítulo se organiza em torno da dualidade de luz e sombra; o avanço de Charlotte – "a criatura dúctil esplendidamente luminosa, encontrava-se fora da jaula" – é marcado por sua transição das faixas de luz às zonas de sombra. Dostoiévski sugere a mesma polaridade: Aglaia encontra-se coberta "por um manto claro" enquanto que Nastasia se encontra completamente de negro. (Um choque igual entre o "moreno" e o "loiro" define o conflito da cena climática em *Pierre* de Melville – e lá, também, observamos um quarteto de personagens em justaposição crucial). James comenta:

> Por instantes vertiginosos [...] imperou a fascinação do monstruoso, a tentação do horrível possível, que detetamos tão frequentemente por causa de sua explosão repentina, para que não siga em frente, em inexplicáveis recuos e reações[14].

14. H. James, *A Taça de Ouro*, tradução de Alves Calado, Rio de Janeiro: Record, 2002, p. 339.

Mas enquanto Maggie, por não se desviar "minimamente" da sinceridade, evita "o monstruoso", Nastasia e Aglaia inclinam-se para "aquela tentação do horrível possível". Elas se insultam mutuamente na espécie de meias verdades fora das quais não há recuo a não ser para o desastre.

O temperamento de Nastasia varia abruptamente no decorrer da cena: vai da aspereza ao contentamento e do *páthos* ao furor insano. Dostoiévski transporta a enorme riqueza de possibilidades latentes ao encontro. Chegamos a perceber que isso poderia se transformar em um número de direções totalmente diversas e que as violências de retórica que levam à catástrofe poderiam – mas com o propósito de uma guinada final – ter levado à reconciliação. No complexo de energias, o diálogo funciona como um dominante; mas acima e abaixo disso devemos escutar as outras notas que Dostoiévski desferia em sucessivos rascunhos e as quais os personagens continuam a desferir em sua liberdade integral. (Estamos nos referindo a um "texto vivo", não é?)

Aglaia chegou a dizer a Nastasia que Mishkin está ligado a ela unicamente por compaixão:

> Quando eu mesma passei a lhe perguntar, ele me disse que há muito não a amava, que até a lembrança da senhora o atormentava, mas que tinha pena da senhora e que quando se lembrava da senhora era como se seu coração "estivesse traspassado para todo o sempre". Eu lhe devo dizer ainda que nunca encontrei uma pessoa na vida semelhante a ele pela simplicidade nobre e pela credulidade infinita. Depois das palavras dele eu adivinhei que quem quiser poderá enganá-lo, e quem quer que o engane ele depois perdoará, a todo e qualquer um, e foi por isso que eu o amei...

Embora seu amor ao príncipe revelara-se durante seu ataque epilético na propriedade dos Epanchin, essa é a primeira vez que ela o declara formalmente. O eco do recado de Otelo aos senadores é deliberado; em seus rascunhos Dostoiévski registra que a declaração de Aglaia deveria ter algo da simplicidade serena do Mouro. Mas nos dois exemplos a simplicidade beira à cegueira. Mishkin é muito mais enganado por si mesmo do que pelos outros; nele a separação entre o amor e a piedade é muito instável para suportar o retrato lúcido de Aglaia. Sendo a mulher mais madura, Nastasia sabe disso e tirará partido brilhantemente. Daí sua insistência para que Aglaia continue falando. Ela adivinha que a jovem literalmente "falará de si" em um sombrio frenesi. Aglaia mergulha na armadilha disposta pelo silêncio de Nastasia. Ela toma de assalto a vida privada de Nastasia e acusa-a de ociosidade. Essa pancada irrelevante, como uma repentina imprecisão de esgrimista, permite a Nastasia sua vingança. Ela retruca: "E você não vive no ócio?".

Isso traz ao foro a crítica social latente mas não desenvolvida em *O Idiota*. Nastasia sugere que a pureza de Aglaia depende de sua fortuna e casta. Ela sugere que sua própria degradação teve ori-

130 TOLSTÓI OU DOSTOIÉVSKI

gem na circunstância social. Impelida pela raiva acumulada e pela consciência de não se encontrar em terreno firme, Aglaia arremete o nome de Totski a sua rival. Nastasia agora incendeia em fúria, mas é a fúria da razão e com agilidade ela domina o debate. Aglaia berra: "Se você fosse honesta, você teria partido como uma lavadeira". O tom de "lavadeira" em russo coloquial e o manuseio de Dostoiévski da frase em seus livros de apontamentos sugerem que o ataque furioso de Aglaia é específico e selvagem. Ela parece estar equivocada pela ideia de um bordel; se Nastasia fosse honesta ela viveria completamente fora do seu papel. O choque fica mais agudo quando lembramos que a própria Nastasia havia predito que ela poderia se tornar uma "lavadeira" no divertimento selvagem do seu arrulho com Rogojin.

Mas Aglaia excedeu na medida. Mishkin lamenta em profunda tristeza: "Aglaia, não! Isso é indelicado". Seu choro é o sinal da vitória de Nastasia. Com essa totalidade de percepção que sempre deixa alguém aterrorizado, Dostoiévski acrescenta na próxima frase que "Rogojin não sorria agora; sentou e ouviu com os braços cruzados, e os lábios bem comprimidos". Aguilhoada por Aglaia, Nastasia é impelida a um triunfo que ela não previa e até pode não ter desejado. Ela vai arrancar Mishkin da filha do general Epanchin. Ao fazê-lo, ela sinaliza sua própria procuração de morte. Aqui novamente uma filosofia trágica da experiência predomina: nos grandes duelos da tragédia não há vitórias, somente ordens diversas de derrota.

Nastasia passa ao ataque. Ela explica a Aglaia porque essa cena totalmente intolerável aconteceu:

– Se resolveu vir aqui foi medo de mim. Não se despreza quem se teme. E pensar que eu a estimava até este instante. E sabe por que a senhora me teme e qual é o seu objetivo principal neste momento? A senhora queria certificar-se pessoalmente se ele ama mais a mim ou à senhora, porque a senhora está com um ciúme terrível...
– Ele já me disse que a odeia... – mal conseguiu balbuciar Aglaia.
– É possível; é possível, eu não o mereço, só... só que a senhora está mentindo, eu acho! Ele não poderia me odiar e dizer isso assim!

Ela tem razão, e a falsidade de Aglaia (na qual a fraqueza é muito manifesta) proporciona a exibição dos poderes de Nastasia. Por um instante, ela propõe à jovem que vá embora com Mishkin. Mas a vingança, e uma espécie de capricho desesperado, prevalecem. Ela ordena ao príncipe que escolha uma delas:

E ela e Aglaia ficaram paradas como quem espera, e como loucas olhavam para o príncipe. Mas é possível que ele não compreendesse toda a força desse desafio, até com certeza, pode-se dizer. Ele viu apenas diante de si o desespero, o rosto de louca que, como disse uma vez a Aglaia, "traspassou-lhe para sempre o coração". Ele não pôde mais suportar e dirigiu-se a Aglaia como uma súplica e uma censura, apontando para Nastasia Filippovna:
– Porventura isso é possível? Ora, ela é... muito infeliz!

UM ENSAIO SOBRE O VELHO CRITICISMO   131

Mas foi só o que conseguiu proferir, emudecido que estava sob o olhar apavorante de Aglaia. Nesse olhar se exprimia tanto sofrimento e ódio infinito ao mesmo tempo que ele agitou os braços, gritou e precipitou-se para ela, mas já era tarde.

Se for pela agudeza da crise e totalidade da resolução, há pouca escolha entre James e Dostoiévski. Porém, o efeito das duas cenas é inteiramente diferente. Quando Maggie e Charlotte recuam no espaço iluminado e são acompanhadas pelos dois homens, é a resistência de James ao melodrama que adquire um sentido de realidade persuasiva. As pressões longamente acumuladas e a nós detalhadas durante a análise do instante são liberadas através do mais estreito dos canais. Prendemos a respiração até que seja necessário que uma das duas mulheres desvie, ainda que por um instante, para um dos modos de retórica ou de gesto que se encontra no exterior da exata cadeia do modo jamesiano. Nada disso ocorre, e nossa resposta é de uma ordem musical ou arquitetural; uma série de esquemas harmônicos são solucionados dentro dos ditames estritos da forma: uma área de espaço e luz foi definida pelo arco de expectativa.

Dostoiévski, pelo contrário, curva-se a toda tentação do melodrama. Não sabemos, até o momento final, se Nastasia entregará sua rival ao príncipe, se Rogojin intervirá, se o príncipe escolherá entre as duas mulheres. A natureza dos personagens garante cada uma dessas alternativas. E, admito, na medida em que lemos o texto, somos levados a supor todas essas possibilidades. Em *A Taça de Ouro* o impacto depende da exclusão de qualquer coisa tangencial; nossa satisfação advém da percepção de que "as coisas não poderiam ter ocorrido de outro modo". Os momentos climáticos em *O Idiota* são momentos de choque. Predestinados (eles existem somente através da linguagem estabelecida), os personagens, não obstante, possuem o sentido de vida espontânea que é o milagre particular do drama.

O final da cena é puro teatro. Nastasia termina como a amante na arena:

– É meu! É meu! – bradou ela. – A grã-senhorinha orgulhosa foi embora? Quá-quá-quá! – ria num ataque de histeria. – Quá-quá-quá! Eu o havia dado àquela senhorinha! E para quê? Para quê? Louca! Louca!... Vai embora, Rogójin, quá-quá-quá!

Aglaia desapareceu e Rogojin parte sem pronunciar uma palavra. O príncipe e seu "anjo caído" ficam juntos num êxtase caótico. Ele afaga o rosto e cabelo de Nastasia como se ela fosse "uma criancinha". A imagem é de uma *pietà* invertida. É Nastasia agora, a encarnação do poder e inteligência, que está incoerente enquanto que o "idiota" a observa em silenciosa sabedoria. Como acontece frequentemente na tragédia, há um interlúdio de paz – um armistício com desastre – entre os eventos que tornam o desastre inevitável e o final trágico. Assim, Lear e Cordélia sentam-se juntos alegre-

132 TOLSTÓI OU DOSTOIÉVSKI

mente entre os seus inimigos assassinos. Nenhuma cena de ficção contém mais belamente um sentido de calma transitória depois da fúria. Talvez se possa acrescentar que Dostoiévski preferia *O Idiota* a todas suas outras obras.

V.

Um estudo dos apontamentos e rascunhos do romance é profundamente revelador. Neles podemos traçar os primeiros impulsos sombrios da memória e imaginação. Podemos observar as listas de nomes e lugares que os romancistas parecem usar como fórmulas de encantamento para conjurar os demônios tentadores com os quais os personagens se envolvem. Podemos seguir as pistas falsas, as soluções prematuras, e o processo de abandono laborioso que precede a percepção. Nos cadernos de notas de Henry James, a intuição e a consciência crítica travam um diálogo fascinante; mas é um diálogo que já revela a marca e a finalização da arte. Nos dossiês dos relatórios, apontamentos, e fragmentos publicados pelas bibliotecas soviéticas e arquivos, os materiais brutos da criação permanecem desse modo no cadinho. Como as cartas e rascunhos de Keats ou as folhas de prova corrigidas de Balzac, esses documentos permitem nos aproximarmos do mistério da invenção.

Os rascunhos de *O Idiota* são esclarecedores em muitas direções. Estabilizado entre a abstração e o jorro da vida criativa, para usar uma frase de D. H. Lawrence, Dostoiévski arriscou aforismos de poder extraordinário. Nos primeiros rascunhos da dupla figura de Mishkin-Stavrogin, encontramos essa anotação apavorante: "Os demônios têm fé, porém estremecem". Aqui, ou na constatação aforismática "Cristo não entendia as mulheres" (nas anotações de *Os Demônios*), a comparação entre Dostoiévski e Nietzsche é mais apropriada. Por vezes, Dostoiévski colocava à margem de sua ambientação afirmações de fé: "Há somente uma coisa no mundo: compaixão direta. Quanto à justiça, essa vem depois". As notas de *O Idiota* são uma lembrança constante da recorrência perene de motivos e temas da ficção dostoievskiana (Proust afirmava que todos os romances de Dostoiévski poderiam se intitular *Crime e Castigo*). Na concepção original, o "idiota" não somente possuía muitas das qualidades de Stavrogin, mas era secretamente casado e publicamente insultado precisamente como o herói de *Os Demônios*. Mesmo em algumas das últimas versões, Mishkin é frequentado por um "clube" de crianças. Elas têm uma função importante no argumento e levam-no a revelar sua verdadeira natureza. Essa é a história de Aliosha no epílogo de *Os Irmãos Karamazov*. Parece que há uma lei de conservação da matéria tanto na poética da criação quanto na natureza.

UM ENSAIO SOBRE O VELHO CRITICISMO   133

Os lapsos que permitem entrar nos estágios da composição literária inconsciente ou semiconsciente são particularmente interessantes. Encontramos Dostoiévski rascunhando repetidamente a frase "Rei dos judeus" ou "Reis da Judeia", por exemplo. Sabemos que Petrashevsky, cujo círculo o romancista aderira vagamente em 1848-1849, designava James de Rothschild como "Rei dos Judeus", e tornar-se "um Rothschild" seria a ambição explícita do herói de *Adolescência*. No contexto dos dois primeiros esboços de *O Idiota* as palavras parecem referir-se aos usurários com os quais Gania está envolvido. No próprio romance, Gania usa a expressão somente uma vez, como símbolo de suas ambições financeiras. Mas, por ser recorrente na escrita de Dostoiévski, ela provavelmente induzia, subliminarmente, ao seu reconhecimento da tematização de Cristo.

Através dos esboços, além do mais, podemos chegar às conexões com o paradoxo do "personagem independente". "Os personagens", escreve Blackmur, "são um produto final, uma forma objetiva, de composição imaginativa, e sua criação depende da aceitação mais profunda das convicções humanas, tão humanamente plenas de erro, por ocasião do gênio tão super-humanamente certo"[15].

O produto final e sua objetividade são consequências de um esforço criativo de enorme complexidade. O que parece, na tradução final, "tão super-humanamente certo" é o resultado de um processo de exploração e contra ataque que engaja o gênio do escritor e a liberdade nascente da "resistência" do seu material. Não somente a concepção inicial de *O Idiota* – as anotações inspiradas pelo crime de Olga Umetzky, em setembro de 1867 – foi inteiramente diferente das versões subsequentes, mas o romance continuou a mudar de foco mesmo depois do surgimento de suas seções iniciais em *O Mensageiro Russo*, de Katkov. As mudanças parecem ter surgido de dentro. Dostoiévski se encontrava quase literalmente despreparado para o papel assumido por Aglaia e lutou, em inúmeros esboços e reexames, contra a fatalidade do crime de Rogojin.

Em seu ensaio *O Que é Literatura?* Sartre rejeita a noção de que um personagem imaginado possua, em qualquer sentido racional, "uma vida própria":

> Desse modo o escritor jamais encontra algo a não ser o seu conhecimento, sua vontade, seus projetos, em suma, ele mesmo: ele se apodera somente de sua própria subjetividade. Proust em tempo algum "descobriu" a homossexualidade de Charlus, na medida em que tinha decidido o fato mesmo antes de assumir seu livro.

A evidência que temos do funcionamento da imaginação não sustenta a lógica de Sartre. Embora um personagem seja, certamente, uma criação de uma subjetividade de um escritor, ele parece representar

15. P. Blackmur, The Everlasting Effort, *The Lyon and the Honeycomb*.

aquela parte de si da qual o escritor ignora completamente. Sartre está afirmando que a formulação de um problema – uma equação algébrica com incógnitas – necessariamente vincula sua solução e a natureza dessa solução. No entanto, esse processo não é nem um pouco criativo; a descoberta da "resposta" é somente, idealmente, uma tautologia. "Todas as coisas que nos cercam, e todas as coisas que acontecem a nós", escrevia Coleridge em um apêndice de *O Manual do Estadista*, "têm somente uma causa final a saber, a ampliação da consciência em tamanha sabedoria que qualquer aspecto da *terra incógnita* de nossa natureza que a consciência ampliada descubra, que nossa vontade pode conquistar e se sujeitar ao domínio da razão". Dom Quixote, Falstaff e Emma Bovary representam tais descobertas da consciência; ao criá-las, e na iluminação recíproca do ato criativo e no crescimento da coisa feita, Cervantes, Shakespeare e Flaubert literalmente chegaram a conhecer "aspectos" de si mesmos previamente desconhecidos. O dramaturgo alemão Hebbel perguntava a que distância um personagem imaginado por um poeta poderia ser concebido "objetivamente". Ele deu sua própria resposta: "Na extensão da distância do homem em suas relações com Deus".

O grau de objetividade de Mishkin, a intensidade com que ele resistiu ao controle total de Dostoiévski, pode ser documentado em seus esboços. O problema da impotência do príncipe é indistintamente percebido por Dostoiévski. Quando o encontramos perguntando nos apontamentos se Aglaia é ou não a amante "do idiota", o romancista encontra-se, em um modo de operação, formulando uma pergunta a seu respeito, mas de outro modo, e não menos legitimamente, ele interroga seu material. A opacidade da resposta de Mishkin aponta para as necessárias limitações do método dramático. Um dramaturgo consegue saber somente "um tanto" a respeito dos seus personagens.

Referindo-se a Tolstói, Henry James falava de personagens cercados por "uma massa maravilhosa de vida". Essa massa reflete e absorve sua vitalidade; reduz as incursões do "horrivelmente possível". O dramaturgo trabalha sem essa plenitude envolvente; ele afina o ar e estreita a realidade para uma atmosfera de conflito na qual a linguagem e gesto choram a destruição . As próprias formas da matéria tornam-se insubstanciais; todas as cercas ou são suficientemente baixas para os Karamazovs saltarem ou possuem beiradas soltas pelas quais Piotr Verkhovenski pode subtrair suas incumbências sinistras. Combinar tal primazia de ação com uma apresentação detalhada e sólida de personalidades complexas é suficientemente difícil no drama (verifique que Eliot denomina como "a falha artística" de *Hamlet*). É ainda mais difícil através do meio, embora "dramatizado", da prosa narrativa. Constantemente, os prazeres da prosa, o fato de *lermos* um romance, colocam a dificuldade de lado, e destacam o fato em um clima diferente (que não ocorre no teatro), colocam em perigo o sentido

UM ENSAIO SOBRE O VELHO CRITICISMO   135

da ação contínua e da tensão incansável sobre a qual se encontra uma fórmula dramática como a de Dostoiévski.

Para demonstrar como ele solucionou algumas dificuldades, proponho o exame das sessenta horas culminantes em *Os Demônios*. "Aquela noite toda, com os seus incidentes quase grotescos e o terrível desenlace a seguir, logo de manhã, ainda me parece um pesadelo horrível", observa o narrador. (Nesse romance temos um narrador indivualizado através do qual a ação é percebida e registrada. Isso complica a tarefa da apresentação dramática mais adiante). Através de todos os acontecimentos selvagens e confusos que se seguem nessa constatação de abertura, Dostoiévski manterá um tom da intensidade do pesadelo. Ele precisa aparar nosso sentimento do implausível e fazê-lo em sessenta páginas de prosa sem os recursos materiais de ilusão disponíveis em dramaturgia.

Dostoiévski usa duas ocorrências exteriores para condicionar nossas respostas para a descida ao caos. Trata-se "da quadrilha literária" que termina a miserável recepção noturna do governador e o fogo no quarteirão que margeia o rio. Ambas são integrais à narrativa, mas elas também carregam valores simbólicos. A quadrilha é uma *figura* (a retórica antiga possui termos dos quais desistimos por nosso risco) do niilismo intelectual e de irreverência de alma na qual Dostoiévski discernia a principal causa dos futuros motins. O fogo é o arauto da insurreição, uma ofensa maligna, misteriosa à normalidade da vida. Flaubert via no incêndio da Comuna um espasmo retardado das Idades Médias; mais perceptivamente, Dostoiévski reconhecia, nas conflagrações, os sintomas de vastas insurreições sociais que buscariam arrasar as velhas cidades e, logo depois, fundariam a nova cidade da justiça. Ele relacionava os fogos raivosos de Paris ao tradicional tema russo do apocalipse feroz. Lembke, o governador, corre para o fogo e exclama a sua comitiva aterrorizada: "É tudo incêndio! Isso é niilismo! Se algo está pegando fogo, é o niilismo!". Sua "loucura" enche o narrador de horror e piedade: mas é, de fato, clarividência exagerada a ponto de histeria. Lembke está certo quando grita em seu pânico delirante que "O fogo está nas mentes dos homens e não nos telhados das casas". Isso poderia passar como epígrafe de *Os Demônios*. As ações do romance são gestos da alma quando esta se encontra em dissolução. Os demônios entraram aí, e por um obscuro acidente as faíscas saltaram dos homens aos meros edifícios.

À medida que as chamas diminuem, Lebyadkin, sua irmã Maria, e seu velho criado são encontrados assassinados (o assassinato sendo mais uma vez o condutor da visão trágica). Tudo indica que ao menos um dos fogos foi ateado para encobrir o crime. Utilizando as chamas como um farol, no centro de seu espaço de ação, Dostoiévski nos conduz a uma das janelas da casa de Stavrogin, Skvoreshniki. É madrugada e Liza observa o brilho evanescente. Stavrogin a acompanha. Sabemos somente que alguns ganchos de seu vestido estão desabotoados, porém a noite inteira está nesse detalhe. A imaginação de Dostoiévski é significativamente casta; como D. H. Lawrence, ele concebia a experiência erótica muito intensamente, muito integralmente para não perceber que são necessários meios mais estritos do que o retrato da coisa em si para evocar os seus sentidos. Quando o realismo se torna representação bruta, como na maior parte da obra de Zola, a representação direta do erótico assume importância novamente. O resultado é um empobrecimento de técnica e sensibilidade.

A noite foi desastrosa. Ela revelou a Liza a desumanidade aleijada de Stavrogin. Dostoiévski não comunica a natureza precisa do fracasso sexual, mas o impacto da esterilidade total é conduzido drasticamente. Esse impacto produz violência em Liza; ela confunde os motivos que a fizeram saltar para a carruagem de Stavrogin no dia anterior. Ela zomba de sua gentileza presente, suas intimações de rapto decoroso: "E esse é Stavrogin, o vampiro Stavrogin, como te chamam". O escárnio tem gume duplo; Liza foi sangrada na vontade de viver. Mas ela também penetrou no âmago de Stavrogin. Ela sabe da existência de um pavoroso e ainda assim ridículo segredo, martelando e corroendo sua mente:

– Sempre achei que você me levaria para algum lugar onde morasse uma enorme aranha má, do tamanho de uma pessoa, e que ali passaríamos toda a vida olhando para ela com medo.

O diálogo é composto de semitons e fragmentos. Mas um imenso guincho fica suspenso no ar.

Entra Piotr Verkhovenski e Stavrogin diz: "Se você ouvir algo diretamente, Liza, estou avisando que a culpa é minha". Piotr procura refutar a assunção de culpa de Stavrogin. Ele se lança em um monólogo em que se confundem inextricavelmente perigosas meias verdades, e as previsões malignas. Foi ele quem "involuntariamente" dispôs a cena dos crimes. Mas os fogos são prematuros. Será que alguns dos seus favoritos se incumbiram das coisas com suas próprias mãos grosseiras? E um dos dogmas ocultos de Piotr despenca do exterior:

– Não, essa canalha democrática com seus quintetos é um mau sustentáculo; aí se precisa de uma vontade magnífica, vontade de ídolo, despótica, apoiada em algo que não seja ocasional e se situe fora...

Piotr se esforça agora para evitar que aquele ídolo se autodestrua. Não se pode permitir que Stavrogin assuma o assassinato para si; no entanto ele precisa partilhar a culpa. Assim ele e Piotr serão emaranhados ainda mais intimamente. O padre permanece essencial a seu deus (ele não o criou?), mas aquele deus deve perdurar em sua aparência exterior. A estratégia niilista para com Stavrogin é desenvolvida em um dos mais espantosos monólogos do romance, um *tour de force*

UM ENSAIO SOBRE O VELHO CRITICISMO 137

de intenção dividida e duplicidade de significado. Piotr muda, pelas modulações de retórica, das realidades morais às realidades legais da inocência:

> – Custa lançar esse tolíssimo boato ao vento? [...] – Mas, no fundo, você não tem nada a temer. Em termos jurídicos é de todo inocente, em termos de consciência, também – porque você mesmo não queria, não é? Não queria? Não há nenhuma prova, apenas uma coincidência [...]. Mas estou contente ao menos porque você está tão tranquilo [...] porque mesmo você não tendo nenhuma culpa nessa história, nem em pensamento, não obstante [...]. E ainda convenha que tudo dá um excelente jeito em sua situação: de repente você é um viúvo livre, e nesse instatante pode casar-se com uma bela moça, dona de enorme soma de dinheiro, que, de mais a mais, já está em suas mãos. Veja o que pode fazer uma coincidência de circunstâncias simples e grosseira, hein?
> – Você está me ameaçando, cabeça tonta?

A agonia na interrogação de Stavrogin move-se não pelo temor de chantagem; a ameaça está no poder de Piotr em destruir os restos de lucidez de Stavrogin. O homem está ameaçando remodelar o deus segundo sua própria imagem vil. O medo de Stavrogin das invasivas trevas – a metáfora da loucura – é belamente enumerada pela rápida resposta de Piotr: "Você é a luz e o sol...".

Eu gostaria de citar em maior extensão, mas creio que o ponto essencial consegue ser claramente exposto. Aqui o diálogo opera através dos mesmos modos do drama poético. A "sticomitia" da tragédia grega, a dialética de *Phaedo*, o solilóquio shakespeareano, a *tirade* do teatro neoclássico, são estratégias de retórica, dramatizações do discurso no qual não se pode separar as formas comuns de expressão da inteireza do significado. O drama trágico talvez seja a declaração mais duradoura e compreensiva dos assuntos humanos ainda que obtida essencialmente através dos meios verbais. Os usos dos modos de retórica são condicionados pela ideia e pelas circunstâncias materiais do teatro. Mas eles podem ser traduzidos para ambientes que não são dramáticos no sentido técnico ou físico. Isso acontece na oratória, nos diálogos platônicos, no poema dramático. Dostoiévski traduziu as linguagens e as gramáticas do drama para ficção em prosa. Isso é o que queremos dizer quando falamos de tragédia dostoievskiana.

Stavrogin diz a Piotr que "Nessa noite Lisa adivinhou de algum modo que eu não a amo... o que ela sabia o tempo todo na realidade". O Iagozinho considera tudo como "horrivelmente gasto":

> Súbito Stavrogin desatou a rir.
> – Estou rindo do meu macaco – explicou de chofre.

A frase situa os dois homens com precisão cruel. Piotr é sordidamente familiar a Stavrogin; ele "macaqueia" Stavrogin de modo a sujar ou destruir a imagem de si mesmo (podemos pensar do papel do babu nas famosas séries de desenhos de artistas e modelos de Picasso). Piotr finge saber o tempo todo que aquela noite foi de "completo fiasco".

138 TOLSTÓI OU DOSTOIÉVSKI

Ele se delicia com isso. Seu sadismo – o sadismo do observador – se situa na humilhação de Liza. A aparente impotência de Stavrogin o tornará mais vulnerável à abjeção. Mas Verkhovenski subestimou o mero cansaço de seu deus. Stavrogin conta a Liza a verdade:

> Eu não os matei, e fui contra, mas sabia que eles seriam mortos e eu não impedi os assassinos.

Sua assunção de culpa indireta – um motivo explorado mais plenamente em *Os Irmãos Karamazov* – enfurece Piotr. Ele se volta para seu ídolo "balbuciando incoerentemente... e espumando". Ele saca um revólver, mas não consegue matar seu "príncipe". De suas explosões frenéticas irrompe uma verdade oculta: "Eu sou um bufão, mas não quero, minha melhor parte, que você se torne um! Você me entende?". Stavrogin entende, provavelmente o único entre todos os personagens. A tragédia de Piotr é a de qualquer padre que erigiu uma deidade à sua própria imagem, e é um golpe de ironia dramática que Stavrogin deva descartá-lo com as palavras "Vá para o diabo agora... Vá para o inferno. Vá para o inferno". Em vez disso, o bufão se vinga em Liza. Ela é salva de suas garras por Mavriky Nicoaevich, seu admirador fiel que aguardou aquela noite no jardim de Stavrogin. Ela o acompanha à cena do assassinato.

Eles chegam quando uma grande multidão está fervilhando e as suposições sobre o papel de Stavrogin no crime estão mais ameaçadoras. A cena se baseia em uma manifestação de massa real – a primeira greve organizada na história da Rússia moderna. Liza é atacada e morta. O narrador comenta que "tudo aconteceu inteiramente acidentalmente durante a ação de homens movidos por sentimentos doentios e ainda assim pouco conscientes do que estavam fazendo – bêbados e irresponsáveis". Mas essa vagueza meramente reforça nossa impressão de que Liza buscou a morte num ato ritual de expiação. Ela morre perto das chamas de combustão lenta nas quais três outros seres humanos foram sacrificados pela desumanidade de Stavrogin.

Daquela madrugada angustiante até o cair da noite, Piotr se empenha em persuadir todo mundo de que ele teve uma participação nobre nesses eventos. Às duas horas, a notícia da partida de Stavrogin para São Petersburgo espouca pela cidade. Cinco horas depois, Piotr se encontra com sua célula de conspiradores. Ninguém dormiu por duas noites, e Dostoiévski sugere admiravelmente o consequente embaçamento da razão. Mais uma vez esse Robespierre de pequena aldeia tange seus agentes amotinados a caminho da obediência e os compele à necessidade de assassinar Shatov. Mas, interiormente, Piotr é um recipiente vazio; o voo de Stavrogin destruiu o pivô de sua lógica fria, enlouquecida. Piotr sai com um de seus seguidores, e a maneira de sua

UM ENSAIO SOBRE O VELHO CRITICISMO

saída é uma imagem simbólica do seu estado mental. Literalmente, na linguagem de Kenneth Burke, trata-se da "dança de uma atitude":

> Piotr Stepanovich caminhava pelo meio da calçada, ocupando-a toda e sem dar a mínima atenção a Lipútin, para quem não sobrava lugar ao lado, de sorte que este devia acompanhá-lo ou um passo atrás, ou para caminhar conversando ao lado, correr para a rua, na lama. Súbito Piotr Stepánovitch se lembrou de como ainda recentemente ele trotara exatamente do mesmo modo pela lama para acompanhar Stavrogin, que, como ele agora, caminhava no meio, ocupando toda calçada.
> Mas Lipútin também estava com a alma tomada de raiva.

Exasperado pelo desprezo de Piotr, Liputin confessa acreditar que "em lugar das muitas centenas de quintetos na Rússia nós somos o único, e não existe rede nenhuma". Mas a tirania de Piotr destruiu a vontade de homens menores e Liputin se recolhe como um cachorro zangado.

As trinta e seis horas restantes antes da partida de Piotr testemunham o assassinato de Shatov, o suicídio de Kirilov, o nascimento do filho de Stavrogin, o acesso de loucura de Liamshin e a desintegração do grupo revolucionário. Essa parte de *Os Demônios* contém uma das maiores realizações de Dostoiévski: os dois encontros entre Piotr e Kirilov, culminando na pavorosa morte do último, a reunião de Shatov com Maria e o redespertar do seu amor depois do nascimento do filho dela, o verdadeiro assassinato no parque noturno, e a hipócrita despedida de Piotr do assassino mais patético, o jovem Erkel. Devo considerar alguns desses episódios mais detalhadamente quando lidar com o gótico em Dostoiévski e quando comparar as imagens de Deus em Tolstói e Dostoiévski.

Quero chamar a atenção, agora, principalmente para a façanha do controle dramático e da organização temporal que faz com que Dostoiévski conduza seu argumento sem causar confusão ou descrença. Na falta do espelho tradicional do homem, que o ritmo das estações e as coordenadas da vida normal fornecem ao épico tolstoiano, Dostoiévski transforma a desordem em virtude. Os acontecimentos frenéticos do romance desenham sobre a superfície da realidade os padrões do caos da mente. Nos termos de Yeats, "o centro não consegue se manter" e o argumento dostoievskiano encarna as formas da experiência quando "a mera anarquia está à solta no mundo". O fracasso da tragédia tem lugar, como observa Fergusson em sua *Ideia de um Teatro*, quando se tornou cada vez mais difícil "aos artistas, ou a qualquer outro, conceber sentido a partir da vida humana que eles conseguiam realmente ver à sua volta". Dostoiévski fez dessa dificuldade um novo foco de entendimento. Se não há sentido na experiência, então o estilo de arte que contém a tragédia da desordem e do absurdo se aproximará ao máximo do realismo. Rejeitar coincidências e tons extremados seria ler na vida uma espécie de harmonia e respeito ao provável que ela simplesmente não possui.

140   TOLSTÓI OU DOSTOIÉVSKI

Desse modo Dostoiévski destemidamente acumula o improvável sobre o fantástico. É bizarro o fato de Maria dever retornar e parir o filho de Stavrogin às vésperas da morte de Shatov; é implausível que nenhum dos cúmplices aterrorizados de Piotr o tenham traído ou ao seu segredo, ou que Kirilov não advertiria Shatov de que existe algo em andamento. É quase inacreditável que Virginski e sua mulher – é ela que faz o parto do filho de Maria – não impeçam o crime depois de perceberem que Piotr está mentindo sobre a alegada traição de Shatov. Finalmente, é difícil de acreditar no suicídio de Kirilov depois de sua experiência de "iluminação" e depois de Piotr ter lhe contado sobre a intenção do assassinato.

Mas aceitamos todas essas coisas como aceitamos o fantasma em *Hamlet*, a força comprometedora da profecia em *Édipo*, *Macbeth* e *Fedra*, e as séries de acidentes interligados e as revelações casuais em *Hedda Gabler*. Pois Aristóteles, Huizinga e Freud afirmaram (em contextos muito diversos), a relação do drama com os jogos. Como um jogo ele estabelece suas próprias leis, e o cânon determinante de coerência interna. A validade das leis só pode ser testada no jogar. Além do mais, jogos e dramas são delimitações arbitrárias da experiência, e à medida que delimitam, eles convencionam e estilizam a realidade. Dostoiévski acreditava que esse "realismo verdadeiro, profundo" deveria, em virtude da contração e intensificação, retratar o significado autêntico e o temperamento de uma era histórica na qual ele concebia a chegada do apocalipse.

Secamente, Dostoiévski registra a cronologia do pandemônio: Shatov é assassinado por volta das sete horas; Piotr chega na casa de Kirilov por volta da uma hora da manhã e seu hóspede se mata cerca das duas e trinta; às cinco e cinquenta Piotr e Erkel chegam à estação; dez minutos depois o niilista entra em um compartimento de primeira classe. Tem sido, nas palavras do romancista, "uma noite atarefada". Possivelmente as coisas teriam acontecido nesse ritmo; provavelmente não. Mas não importa; o sentido de fatalidade e movimentação adiante é mantido até o fim – o trem engata e ganha velocidade.

Qualquer visão do entendimento dos elementos dramáticos na ficção dostoievskiana teria de lidar também com a estrutura de *Os Irmãos Karamazov*. Na realidade, pode-se demonstrar que esse romance é concebido em referência conexa a *Hamlet*, *Rei Lear* e *Os Assaltantes* de Schiller. Em certos momentos – por exemplo, o apelo de Grushenka para ingressar em um convento – o texto dostoievskiano é uma variação de um tema previamente estabelecido no drama. Mas esses aspectos têm sido examinados em vários estudos sobre Dostoiévski e eu prefiro retornar a eles, de um ângulo um pouco diferente, ao discutir a Lenda do Grande Inquisidor.

Que tipo de concepção dramática influenciou Dostoiévski mais intensamente? Pois se ele é um "dramaturgo", ele é também um dramaturgo de uma certa escola e período, e muitos dos motivos que nos

UM ENSAIO SOBRE O VELHO CRITICISMO

atingem como arqui-dostoievskianos são, de fato, lugares comuns da prática literária contemporânea. O "surrealismo" de Dostoiévski ("Sou chamado de psicólogo", ele comentava em 1881. "Isso é errôneo. Sou simplesmente um realista no sentido mais elevado") surgiu em parte da matriz de sua experiência privada. Em parte foi um meio necessário para sua interpretação de Deus e da história. Mas também encarnava uma tradição literária que não é mais familiar a muito de nós.

Na vida atormentada de Dostoiévski, com seus capítulos siberianos, sua epilepsia, seus turnos de destituição e excesso, estava latente a imagem de mundo de seus romances. Muito do que parece forçado e extravagante nos amores dos personagens dostoievskianos retrata, com pouco enfeite, suas próprias relações com Maria Issaïeva e Paulina Suslova. Episódios dos romances que contêm todas as marcas de aumento e invenção frequentemente resultam severamente autobiográficos: Dostoiévski sofreu todas aquelas iluminações e mortes parciais da alma diante de um esquadrão de fogo do qual ele posteriormente contou e recontou em chave de ficção. Ou em outro veio: Dostoiévski desmaiou no gabinete dos Vielgorskys, em janeiro de 1846, sob o impacto do primeiro encontro com a famosa beldade Seniavina. Até o diálogo dostoievskiano – que é tão expressamente uma encenação de intenção dramática – estava relacionado a seus hábitos pessoais, um pouco à maneira do estilo e da metafísica de Coleridge estarem, segundo Hazlitt, relacionados ao seu andar sinuoso. Sofia Kovalesky, a eminente matemática, registrou uma passagem entre o romancista e sua irmã, a quem ele cortejava na época:

> "Onde você esteve a noite passada?", pergunta Dostoiévski tenso.
> "Em um baile", responde minha irmã descuidada.
> "E você dançou?"
> "Naturalmente".
> "Com seu primo?"
> "Com ele e outros".
> "E isso lhe agrada?", Dostoiévski pergunta a seguir.
> "Por falta de coisa melhor, sim", ela responde, e começa a costurar novamente.
> Dostoiévski encara-a em silêncio por alguns momentos.
> "Você é uma criatura superficial, boba", ele subitamente declara[16].

Esse "era o tom da maior parte das conversas", muitas das quais terminavam com Dostoiévski deixando a casa intempestivamente.

Mas as correntes autobiográficas da ficção dostoievskiana não devem, mesmo com toda sua importância, ser exageradas. Ao escrever a Strakhov, em fevereiro de 1869, o romancista declarava: "Eu tenho minha própria concepção sobre a arte e é a seguinte: O que a maioria das pessoas consideram como fantástico e falta de universalidade, eu

---

16. The Reminiscences of Sophie Kovalevsky, citada em *Letters of Fyodor Michailovitch Dostoevsky*.

142   TOLSTÓI OU DOSTOIÉVSKI

afirmo ser a essência mais íntima da verdade". E acrescentava: "será que o meu fantástico Idiota não é minha verdade mais corriqueira?". Dostoiévski foi um metafísico do extremo. Sem dúvida, a experiência pessoal confirmou e afiou seu sentido do fantástico. Mas não devemos identificar um método poético e uma filosofia tão tenaz e sutil como a de Dostoiévski com o domínio mais restrito do fato autobiográfico. Isso seria cair na predisposição do ensaio de Freud sobre *Os Irmãos Karamazov*, no qual o tema do parricídio, que é uma realidade objetiva carregada de conteúdo dramático e ideológico, é reduzido ao nível sombrio da obsessão pessoal. Perguntava Yeats: "como podemos distinguir o dançarino da dança?". Podemos fazê-lo só parcialmente, mas sem essa parte nenhuma crítica racional seria possível.

Vamos nos deter por um momento na imagem yeatsiana. O dançarino traz para a dança sua própria individualidade específica; dois dançarinos não realizam a mesma dança exatamente da mesma maneira. Mas, além dessa diversidade, encontra-se o elemento estável e comunicável da coreografia. Na literatura também existem coreógrafos – tradições de estilo e convenção consentida, modas temporais, valores que penetram a atmosfera geral na qual o escritor particular trabalha. Nem a escatologia milenar de Dostoiévski nem a história de sua vida poderiam dar conta completamente da maneira técnica de sua encenação. Os romances de Dostoiévski não seriam concebidos e escritos do modo que foram se não fosse por uma tradição literária, por um corpo de convenção altamente articulado que surgiu na França e Inglaterra nos anos de 1760, subsequentemente atingiu toda Europa, e finalmente alcançou as fronteiras mais extremas da literatura russa. *Crime e Castigo*, *O Idiota*, *Os Demônios*, *Adolescência*, *Os Irmãos Karamazov* e os principais contos herdaram a tradição gótica. Daí deriva o ambiente dostoievskiano, o conteúdo e sabor do mundo dostoievskiano com seus assassinatos em porões e ruas noturnas, sua inocência despojada e lascívia rapace, seus crimes misteriosos e influências magnéticas corroendo a alma na grande noite da cidade. Mas, pelo fato do gótico ser tão penetrante, e por ter passado assim tão rapidamente às convenções do *kitsh* moderno, perdemos de vista seu caráter especial e o tremendo papel que teve ao determinar o clima da literatura do século XIX.

Percebemos que *Han d'Islande* (Stavrogin visitará a Islândia), de Victor Hugo, *Peau de chagrin* (A Pele de Couro), de Balzac, *Casa Desolada*, de Dickens, os romances das Brontës, os contos de Hawthorne e Poe, *Os Assaltantes*, de Schiller, e *A Rainha de Espadas* de Púchkin são góticos no tema e no tratamento. Sabemos que o romance de terror, refinado e "psicologizado", está vivo na arte de Maupassant, nos contos fantasmagóricos de Henry James e Walter de la Mare. Historiadores literários nos contam que, depois do declínio da tragédia formal, o melodrama conquistou os teatros do século XIX

UM ENSAIO SOBRE O VELHO CRITICISMO   143

e, por fim, criaram o retrato de mundo do filme, da radionovela e da
ficção popular. Em seu ensaio sobre Wilkie Collins e Dickens, T. S.
Eliot comenta a respeito "da substituição do melodrama dramático
pelo melodrama cinematográfico"; em cada um dos exemplos os fundamentos são góticos. Sabemos, além do mais, que a cosmologia do
melodrama – o mundo dos heróis demoníacos de amplas capas, de
jovens envenenadas entre o tormento e a desonra, da virtude empobrecida e da fortuna maligna, de lamparinas a gás, reunindo seu brilho
sinistro sobre alamedas embrumecidas, de vapores através dos quais
os homens subterrâneos emergem em momentos decisivos, de filtros
e pedras da lua, do Svengali e do Stradivarius perdido – representava
a adaptação do modo gótico ao ambiente da metrópole industrial.

Em obras tão diversas quanto *Oliver Twist* e os contos de
Hoffmann, *A Casa das Sete Torres* e *O Processo*, de Kafka, podemos
discernir a substância gótica. Mas somente especialistas têm consciência de que as obras e os autores atualmente relegados às notas de rodapé na história literária, ou ao amarelecimento das listas de museus,
foram os modelos de sensibilidade nos quais um Balzac, um Dickens
e um Dostoiévski procuraram como guia. De modo geral perdemos
a percepção de um critério de valores pelos quais Balzac – buscando distinguir um episódio de *A Cartuxa de Parma*, com alto louvor
– comparou o empreendimento de Stendhal ao do "Monge" Lewis e
"aos últimos volumes de Ann Radcliffe". Esquecemos que os "romances de terror" de Lewis e da sra. Radcliffe eram mais universalmente
lidos e fizeram mais pelo colorido do gosto europeu do século xix do
que quaisquer outros livros com a provável exceção de *As Confissões,*
de Rousseau e do *Werther*, de Goethe. Dostoiévski lembrava que em
sua infância ele "costumava passar as longas noites de inverno, antes
de ir para cama, ouvindo (pois eu ainda não conseguia ler), boquia-
berto de êxtase e terror, meus pais lerem para mim os romances de
Ann Radcliffe. Então, em meu sono, eu enlouquecia delirantemente
sobre eles". Temos somente de pensar na heroína do conto *Dubrovsly,*
de Púchkin, para documentar o fato de que *O Romance da Floresta* e
Os Mistérios de Udolfo eram bem conhecidos pelas fronteiras da Ásia
russa. Quem, hoje em dia, lê Eugène Sue, a quem Sainte-Beuve comparou a Balzac "em fecundidade e composição", ou se lembra que seu
O Judeu Errante e seus *Mistérios de Paris* foram traduzidos em uma
dúzia de línguas e devorados por literalmente milhões de admiradores,
de Madri a São Petersburgo? Quem, presentemente, poderia nomear
os volumes de horror e romance que dispuseram Emma Bovary ao
sonho mortal?

E ainda assim, foi precisamente esses artesãos do horrível e do
necromântico, esses falsos antiquários e ressuscitadores de um mundo
medieval que nunca existiu, que espalharam no exterior o material a
partir do qual Coleridge escreveu *A Balada do Velho Marinheiro* e

Cristabel, que possibilitou que Byron compusesse *Manfredo*, Shelley escrevesse *Os Cenci*, e Victor Hugo seu *Notre-Dame de Paris*. Além do mais, os capitães da indústria literária de hoje, os provedores da ficção histórica e do romance do crime, são descendentes da linhagem de Horace Walpole, Matthew Gregory Lewis, Ann Radcliffe, e Charles Maturin (o autor de *Melmoth*, imensamente influente). Até o gênero especial de ficção científica se originou do impulso gótico de *Frankenstein*, da sra. Shelley e das imagens góticas de Poe.

No âmbito da tradição geral do gótico e do melodrama há formas distintas de sensibilidade. Um dos aspectos mais importantes foi examinado em *A Agonia Romântica*, de Mario Praz. Tem origem em Sade e nos eroticistas do século XVIII e formou um vasto corpo de literatura e arte gráfica até a época de Flaubert, Wilde e d'Annunzio. O gótico dessa ordem é evidente em *A Bela Dama sem Piedade* e *Otho o Grande*, de Keats, em *Salambô*, de Flaubert, na poesia de Baudelaire, nos climas mais sombrios de Proust, e, como travestimento, em *A Colônia Penal*, de Kafka. Dostoiévski conhecia as obras de Sade e os clássicos da luxúria como *Thérèse philosophe* (Tereza Filósofa, o livro de Montigny é referido por várias vezes nas notas de *O Idiota* e *Os Demônios*). Ele habitava temas "decadentes" no sentido histórico e técnico. Suas "mulheres orgulhosas" estão relacionadas às *femmes fatales* e às vampiras citadas em *A Agonia Romântica*. E há elementos sádicos no tratamento do crime sexual em Dostoiévski. Mas devemos ter cuidado para distinguir sua manipulação muito especial das convenções góticas e para entender o aspecto da metafísica dostoievskiana por trás das técnicas do melodrama. Procedendo assim, torna-se difícil aceitar a afirmação de Praz de que "de Gilles de Rais a Dostoiévski, a parábola do vício é sempre idêntica".

Antes de examinar, no entanto, essas formas extremas e herméticas do gótico nos romances de Dostoiévski, quero considerar brevemente o gótico mais "aberto" do melodrama do século XIX. Nos seus primórdios do século XVIII, o modo gótico havia sido medieval e pastoral. Começou, como informou Coleridge a William Lisle Bowles em uma carta escrita em março de 1797, com "Calabouços, e castelos antigos, e casas solitárias à beira-mar, e cavernas, e bosques, e personagens extraordinários, e toda tribo do horror e mistério...". Mas, depois de gasto o deleite inicial pelo exótico e arcaico, o ambiente mudou. Aquilo que os leitores e espectadores dos meados do século XIX conheciam e temiam era a vastidão invasiva da cidade – particularmente quando as crises recorrentes da revolução industrial lhe abasteceram de favelas escuras e da visão da fome. A queda do homem do jardim da graça parecia mais desesperada e irremediável do que em qualquer outro lugar. A noturna Paris, de Balzac, o "sinistro pôr do sol" dos horríveis mendigos vitorianos, a Edinburgo de Mr. Hyde, o mundo de ruas labirínticas e sótãos através dos quais o K. de Kafka se apressa

UM ENSAIO SOBRE O VELHO CRITICISMO 145

a seu destino – são imagens da mesma Babilônia oculta pela noite. Mas de todos os cronistas da metrópole em seus disfarces espectrais e selvagens, Dostoiévski foi proeminente.

Os mestres nos quais ele buscou inspiração formam uma fascinante galeria. Mesmo antes do florescimento do gótico, Restif de la Bretonne, um homem negligenciado e difícil de avaliar porque nele a raiva e variação levaram o talento tão próximo ao tom do gênio, percebera que a cidade depois do pôr do sol seria a *terra incógnita* da sociedade moderna. Em *Les Nuits de Paris* (As Noites de Paris, 1788) os principais elementos da nova mitologia estão claramente expostos: o submundo e as prostitutas, os sótãos gelados e os miasmas das adegas, a contrariedade melodramática entre os rostos nas janelas e nas festas luxuriosas nas mansões dos ricos. Restif, muito como Blake, visualizou os símbolos da desumanidade financeira e judicial concentrados na metrópole noturna. Ele apreendeu o paradoxo de que em nenhum outro lugar, em meio de uma enorme armada de casas, os pobres e os perseguidos são mais desabrigados, "sem teto". Em sua vigília vieram os vagabundos da noite de Victor Hugo e Poe, o Comedor de Ópio e Sherlock Holmes, os personagens de Gissing e Zola, Leopold Bloom e o Baron de Charlus. Nas páginas de abertura de *Noites Brancas de São Petersburgo*, de Dostoiévski, a influência de Restif parece correr forte.

Entre os precursores de Dostoiévski encontrava-se De Quincey. De Quincey demonstrara que, mesmo em meio às habitações e fábricas, um olho de poeta pousaria em momentos de visão alucinante ardente tão autênticos quanto aqueles das florestas góticas e do Oriente fabular do romantismo. Juntamente com Baudelaire, ele recorreu à imagem de uma cidade a um estranhamento tão ameaçador quanto ela outrora possuíra, nas imprecações dos apocalípticos contra Nínive e Babilônia. As reminiscências de Dimitri Grigorovich contam-nos que *Confissões de um Comedor de Ópio* foi um dos livros preferidos do jovem Dostoiévski. Marcou seus primeiros escritos e *Crime e Castigo.* Atrás da figura de Sonia podemos discernir a "pequena Ann" da rua Oxford.

A influência de Balzac e Dickens é muito óbvia e de grande alcance para solicitar prova detalhada. A Paris e Londres que Dostoiévski retratou em seu *Notas de Inverno sobre Impressões de Verão* de 1863 (um livro particularmente favorecido pelos comentadores soviéticos) eram cidades vistas à luz de *O Pai Goriot, As Ilusões Perdidas*, e *Casa Desolada.*

Mas foi em *Les Mystères de Paris* de Eugène Sue (1842-1843) que o gótico urbano atingiu sua expressão mais plena. A obra foi louvada por Belinski e lida tão avidamente na Rússia como em toda Europa. Em *Infância, Adolescência e Juventude*, Tolstói relembra como ele se divertia com as poderosas chaleiras esquisitas de Sue. Dostoiévski conhecia *Les Mystères* e O *Judeu Errante*. Embora escrevesse a seu irmão, em maio de 1845, que Sue era "muito limitado em escala", ele

146 TOLSTÓI OU DOSTOIÉVSKI

aprendeu muito com ele. Isso é particularmente verdadeiro em um número de episódios da Parte I de *Adolescência* – embora às vezes seja difícil distinguir a paródia da imitação. Sue levou a um novo *páthos* a mistura de melodrama com filantropia que caracteriza a descida da ficção do século XIX às profundezas mais baixas. Uma breve citação do famoso capítulo "Miséria" em *Os Mistérios de Paris* contém o tom prevalente: "A segunda das suas filhas... naufragada na consumação, languidamente apoia seu pequeno rosto infeliz, de uma coloração lívida e mórbida, contra o peito congelado de sua irmã, de cinco anos". Nós a encontraremos languidamente imóvel na casa de Marmeladov e nas cabanas em meio das quais Aliosha Karamazov procura seu mestre. Algumas das afirmações revolucionárias de Sue são ecoadas quase textualmente em Dostoiévski. Desse modo vemos reproduzida em *Os Irmãos Karamazov* a observação "Riqueza ociosa... nada a distrai do tédio... nada a resguarda da amargura angustiada". Há analogias na questão de conteúdo e apresentação entre Fleur-de-Marie (em *Os Mistérios*) e as meigas heroínas de Dostoiévski, entre o relato da epilepsia do Marquis d'Harville, de Eugène Sue, e o dilema do casamento em *O Idiota*.

Porém, a herança de Dostoiévski foi além dos exemplos de inspiração específica. Pertenceu a toda sua carreira de romancista. Ele foi mais profundamente versado em literatura europeia e um herdeiro mais imediato dela do que qualquer um dos seus maiores contemporâneos russos. É difícil imaginar que espécie de escritor Dostoiévski poderia ter sido se não conhecesse as obras de Dickens e Balzac, de Eugène Sue e George Sand. Eles dispuseram o solo indispensável para sua concepção de cidade infernal; ele lhes tomou as convenções do melodrama as quais ele, por sua vez, dominou e aprofundou. *Gente Humilde*, *Crime e Castigo*, *Adolescência*, *Noites Brancas* e *Humilhados e Ofendidos* fazem parte de uma linhagem que teve inicio com Restif de la Bretonne e com o escrutínio da vida urbana em *Le Diable boiteux* (O Diabo Boiteux, 1707), de Le Sage, e que persiste no romance de cortiço americano até os dias de hoje.

Tolstói se sentia completamente à vontade em uma cidade quando ela estava sendo queimada. Dostoiévski movia-se com familiaridade intencional em meio a um labirinto de habitações, sótãos, pátios ferroviários e subúrbios tentaculares. A nota dominante soa na primeira página de *Os Humilhados e Ofendidos*: "O dia todo eu vagara pela cidade tentando achar um alojamento. O meu antigo estava muito úmido". O cenário em que Dostoiévski invoca a beleza natural é urbano:

Amo o sol de março em Petersburgo. A rua inteira brilha, de repente, banhada em luz brilhante. Todas as casas parecem, repentinamente, como se fossem faiscar. Suas nuanças cinza, amarela e verde sujo perdem por um instante toda sua melancolia.

UM ENSAIO SOBRE O VELHO CRITICISMO

Há muito poucas paisagens na ficção dostoievskiana. Como observa o professor Simmons, uma única "luminosa atmosfera exterior" prevalece em *O Pequeno Herói*; significativamente, Dostoiévski criou essa história durante seu encarceramento em São Petersburgo. Merezhkovski não é convincente quando argumenta a respeito do fracasso do romancista em retratar a natureza pelo fato de amá-la tão apaixonadamente. Muito simplesmente, a pastoral encontrava-se em um lado da escala de Dostoiévski. Ao escrever um trecho formal de descrição natural, em *Gente Humilde*, a cena imediatamente se transforma em terror gótico:

> Sim, verdadeiramente eu amo a corrente de outono – o outono tardio quando as safras são estocadas, e o trabalho de campo termina, e as reuniões noturnas nas cabanas têm início e todo mundo está aguardando o inverno. Então tudo se torna mais misterioso, o céu encrespa de nuvens, folhas amarelas se espalham pelos atalhos da extremidade da floresta nua, e a própria floresta se torna negra e azul – mais especialmente à noite quando a névoa úmida se espalha e as árvores se insinuam nas profundezas como gigantes, como estranhos fantasmas sem formas. Oh horrores! De repente alguém se sobressalta e treme como alguém que parece enxergar um olhar estranho perscrutando de fora da escuridão da árvore oca. Então um sentimento estranho toma conta de alguém, até que esse alguém parece ouvir a voz de alguém sussurrando: "Corra, corra, criancinha! Não fique fora até tarde, pois esse lugar logo se tornará horrível! Corra, criancinha! Corra!"

Na frase "esse lugar logo se tornará horrível" o temperamento gótico e as técnicas do melodrama são concentrados. Tendo em vista a dívida de Dostoiévski para com ambos, voltemo-nos para o que usualmente é considerado como um *leitmotiv* nos seus escritos – a ordenação do molestamento infantil.

VII.

Era opinião corrente de que o romance do século XIX, ao menos até Zola, evitara os aspectos mais escabrosos e patológicos da experiência erótica. Dostoiévski era citado como um pioneiro na revelação do submundo da repressão e da lascívia não natural da qual Freud expôs ao nosso consciente de modo tão rico. Mas os fatos são diferentes. Mesmo no romance "elevado" encontramos obras primas como as *La Cousine Bette* (A Prima Bette), de Balzac e *Os Bostonianos* de Henry James, tratando de temas sexuais precários com livre inteligência. *Armance* de Stendhal e *Rudin* de Turguéniev são tragédias da impotência; o *Vautrin* de Balzac depreda o *invertis* proustiano em quase três quartos de século e *Pierre* de Melville é um saque extraordinário, embora não realizado, nas tortuosidades do amor.

Tudo isso é duplamente verdadeiro ao "baixo" romance, aos *romans noirs* góticos e à imensa expansão do horror e romance seriado. Sadismo, perversão, culpa não natural, incesto, o maquinário à serviço da abdução e hipnotismo, eram temas vulgares. A imposição de Lucien de Rubempré, livreiro de Balzac, quando o último chega pela primeira vez a Paris, "escreva algo à maneira da Sra. Radcliffe", estava gravada nas regras da lei literária. A coleção de argumentos que envolviam donzelas desgraçadas, opressores licenciosos, assassinatos por lampiões, e redenção através do amor mantinha-se de prontidão ao aspirante a romancista. Com gênio ele conseguiria transformá-los em *A Antiga Loja de Curiosidade* e *A Menina dos Olhos de Ouro*; com talento, em *Trilby* e *Os Mistérios de Paris*; com mero artesanato ele poderia torná-los em uma das centenas de milhares dos *romans feuilletons* (romances de folhetim) agora esquecidos até pelos bibliógrafos. É por causa desse esquecimento que, em Dostoiévski, certos temas recorrentes e situações dramáticas nos parecem únicos e patológicos. Na realidade, seus argumentos – considerados puramente como material bruto ou como estórias a serem resumidas – eram tão dependentes de um corpo de tradição e prática contemporâneas quanto os de Shakespeare. Aí a leitura desses assuntos de obsessão privada pode ser esclarecedora; mas tal leitura deveria acompanhar, não preceder, a atenção para com o material público disponível.

Em muitos autores há certas imagens ou situações típicas que recorrem abertamente ou veladamente na maioria de suas obras. Nos poemas e dramas de Byron, por exemplo, é a insinuação do incesto. Como é bem conhecido, Dostoiévski alude repetidamente ao molestamento sexual de um homem mais velho a uma menina ou mulher. Para traçar esse tema ao longo de seus escritos e para mostrar aonde ele se apresenta em formas simbólicas veladas seria preciso um outro ensaio. Ele surge no primeiro romance de Dostoiévski, *Gente Humilde*, onde a órfã Varvara é perseguida por Monsieur Buikov. Encontra-se sugerido em *A Senhoria*, um conto no qual as relações entre Murin e Katerina são obscurecidas por um pecado misterioso. Em *A Árvore de Natal e Um Casamento*, ele assume o disfarce transparente das atenções de um velho para com uma menina de onze anos a quem ele propõe casamento quando ela completar dezesseis. Um tema similar se desenrola na magnífica novela *O Eterno Marido*. A heroína de *Netochka Nezvanova*, um romance fragmentário, é morbidamente atraída por seu padrasto bêbado. Em *Humilhados e Ofendidos* o tema torna-se dominante: Nellie (o original dickensiano está colado) é resgatada melodramaticamente da violentação, e murmura-se que Valkovsky foi indulgente com o "deboche secreto" e "os vícios odiosos e misteriosos". Nos esboços de *Crime e Castigo*, as confissões de Svidrigailov de ataques às meninas são lúgubres e repetitivas:

Violação cometida ao acaso. De repente, ele conta anedotas como se nada de anormal estivesse acontecendo à maneira das de Reisler. Sobre a violação de crianças,

UM ENSAIO SOBRE O VELHO CRITICISMO 149

impassivelmente. (Ele fala ao pensionista que sua filha fora violentada e afogada, mas não conta quem foi, só mais tarde explica que é ele).
N. B. Ele a chicoteou até a morte.

Na versão definitiva, esses detalhes ficam obscuros. Svidrigailov fala de seus deboches menores, e o tema do ataque sexual é traduzido pela corte de Luzhin a Dunia e pela tentativa de Svidrgailov de seduzi-la. Como vimos, as relações anteriores entre Nastasia e Totski em *O Idiota* se fundam sobre a corrupção erótica de uma jovem por um amante maduro. Esse tema ia ocupar um espaço maior em *A Vida de um Grande Pecador* – o romance em cinco partes primeiramente projetado no final de 1868 e do qual *Os Demônios* e *Os Irmãos Karamazov* são fragmentos. Nele, o herói devia atormentar uma menina aleijada e passar por um período de crueldade e perversão. "A Confissão" de Stavrogin incorpora essas ideias e é a mais famosa tradução da sensualidade sádica de Dostoiévski. Mas mesmo depois de ele ter retratado tão terrivelmente o assunto, isso continuou a assombrá-lo. Atos de violência contra crianças são catalogados e detalhados em *O Diário de um Escritor*. Versilov, em *Adolescência*, é envolvido em desumanidades secretas. Antes de se dedicar ao *Os Irmãos Karamazov*, Dostoiévski compôs dois contos em puro estilo gótico: *Bobok* e *O Sonho de um Homem Ridículo*. À beira do suicídio, o "homem ridículo" relembra o seu tratamento sórdido dispensado a uma menininha. Finalmente, vemos o tema espalhado ao longo do último romance. Ivan Karamazov declara que as bestialidades cometidas contra crianças são o supremo desafio contra Deus. Fica sugerido que Grushenka foi ultrajada quando criança. Liza Hohlakova conta a Aliosha que sonha com a crucificação de uma criancinha:

> Ele ficava lá pendurado, gemendo, e eu sentada à sua frente comendo compota de abacaxi. Gosto muito de compota de abacaxi.

(Uma cena similar é, na verdade, descrita em *Afrodite*, de Pierre Louÿs.) Além do mais, a noção de submissão erótica e sexualidade forçada fica implícita na narrativa da visita de Katia a Dimitri Karamazov, quando o último salva seu pai da desgraça pública.

Mesmo durante a vida de Dostoiévski, havia rumores de que esse motivo recorrente brotava de alguma violência sombria no seu próprio passado. Mas não há um fragmento de evidência sólida que apóie tal argumentação. Mais tarde os psicólogos foram atraídos pelo faro. Suas descobertas podem ou não iluminar a personalidade do romancista; no que diz respeito às suas obras são essencialmente irrelevantes. Estas constituem uma realidade objetiva; estão condicionadas pela técnica e circunstância históricas. Ao colocarmos plumas nas profundezas podemos frustrar a superfície; e na precisa medida em que se torna formal e pública, uma obra de arte é uma superfície. O tema da perseguição

150   TOLSTÓI OU DOSTOIÉVSKI

erótica e sádica de crianças na ficção dostoievskiana tem significação articulada e generalizada; e é sustentada por uma tradição literária cuja influência sobre Dostoiévski pode ser amplamente documentada.

Dostoiévski considerava o tormento de crianças, e especialmente sua degradação sexual, como um símbolo do mal sobre a ação pura e irreparável. Ele concebia isso como a encarnação – alguns críticos chamariam de "o universal concreto" – do pecado imperdoável. Torturar ou violentar uma criança é dessacralizar no homem a imagem de Deus, onde essa imagem é mais luminosa. Mas ainda mais execrável, é colocar em dúvida a possibilidade de Deus, ou, constatado rigorosamente, a possibilidade de que Deus retenha algum sentido de afinidade com Sua criação. Ivan Karamazov torna tudo perfeitamente claro:

> Enquanto há tempo, procuro cercar-me por um muro e recuso-me a aceitar essa harmonia superior. Ela não vale uma só das lágrimas daquela criança torturada, que batia no peito com o punho e rezava ao "Deusinho" num lugar infecto. Não, essa harmonia não pode valer tais lágrimas porque elas não foram resgatadas. Esse resgate deve ser feito; sem isso nem pode haver harmonia. Mas... como as resgatar? Pela vingança? Para que preciso eu da vingança, do inferno para os verdugos se as crianças já foram supliciadas?

A doutrina de que o homem cai em desgraça através da mera passagem para idade adulta é estranha teologia; mas o significado de Dostoiévski está explícito e não podemos responder a ela adequadamente procurando atar as obsessões privadas que podem estar estranguladas em suas raízes. O que está em questão – como na *Oréstia*, nas "tempestades" e na "música" das últimas peças de Shakespeare, em *Paraíso Perdido*, e, tão diversamente, em *Anna Kariênina* – é o problema da teodiceia. Tolstói cita a promessa de que a vingança pertence a Deus. Dostoiévski questiona se tal vingança tem qualquer equidade ou sentido "desde que essas crianças já foram torturadas". Depreciamos o enorme terror e compaixão do seu desafio ao atribuí-lo a algum rito inconsciente de expiação.

Como já mencionei, além do mais, os crimes contra crianças são a contraparte real e simbólica do parricídio. Dostoiévski considerava nessa dualidade a imagem da luta entre pais e filhos na Rússia dos anos de 1860. Shakespeare emprega recurso idêntico na Terceira Parte de *Henrique VI* para cobrir a totalidade do genocídio da Guerra das Rosas.

Ao escolher motivos de crueldade erótica para objetivar sua visão filosófica e moral, Dostoiévski não estava se entregando a um impulso autônomo e excêntrico. Ele estava trabalhando no cano do esgoto central da prática contemporânea. Na realidade, até a época em que ele iniciou a publicar seus romances e contos, a perseguição a crianças e a sedução a mulheres por dinheiro ou por chantagem eram lugares comuns da ficção europeia. No início mesmo do movimento gótico, em *Os Mistérios de Udolfo*, encontramos uma bela e virtuosa jovem

UM ENSAIO SOBRE O VELHO CRITICISMO 151

sendo atormentada e encarcerada em uma masmorra. A panóplia gótica se altera: masmorras tornam-se mansões solitárias, como nos melodramas das Brontës, ou apartamentos ocultos, como em *A Duquesa
de Langeais*, de Balzac. Igualmente difundida, como destaca Praz, foi
a fábula da criança aleijada e do órfão miserável. O *mendiante rousse*
(mendigo russo) de Baudelaire e Tiny Tim, em *Christmas Carol* (Um
Canto de Natal), são primos distantes. Muito antes de Dostoiévski, os
artesãos do suspense e *pathos* tinham explorado a verdade psicológica
de que a mutilação e a precariedade podem tentar à depravação. Se
procurarmos por uma tradução dessa percepção comparável ao escopo
trágico de Dostoiévski, precisamos somente olhar para as gravuras e
últimas telas de Goya.

As jovens perseguidas de Dostoiévski – Varvara, Katerina, Dunia,
Katia – são variações, frequentemente frescas e sutis, sobre um tema
vulgar. Nellie, em *Humilhados e Ofendidos*, claramente reflete seu
modelo Dickensiano. Quando Raskolnikov protege Sonia e o príncipe
Rodolfe resgata *la Goualeuse* (em *Os Mistérios de Paris*), eles estão
atuando em um argumento que universalmente se transformou em
ritual. Mesmo onde suas intenções eram mais complexas e radicais,
Dostoiévski aderia ao estoque de situações do melodrama contemporâneo. Velhos luxuriosos cortejando meninas imprudentes, filhos cor-
rompidos pelo deboche, heróis demoníacos assaltados pelo demônio,
"mulheres decaídas" com corações de ouro – essas eram a casta convencional do repertório melodramático. Sob a feitiçaria do gênio, eles
se tornaram as *dramatis personae* de *Os Irmãos Karamazov*. E aqueles que insistem que as confissões de Svidrigailov e Stavrogin não têm
precedentes na literatura e é necessário arrancá-los do desnudamento
da alma de Dostoiévski provavelmente não leram *La Rabouilleuse* de
Balzac (1842), no qual os desejos de um velho por uma jovem de vinte
anos encontram-se diretamente expostos.

A mesma consciência da tradição deveria guiar nossa compreensão dos heróis dostoievskianos – aqueles anjos decaídos nos quais as
memórias de salvação se alternam com a malícia infernal. Sua an-
cestralidade inclui o Satã miltoniano, os amantes ferozes da novela
gótica e da balada romântica, os "homens de poder" de Balzac como
Rastignac e Marsan, o Onegin de Púchkin, e Pechorin de Lermontov.
O próprio Dostoiévski, é interessante notar, considerava o príncipe
Andrew de *Guerra e Paz* como típico entre os "heróis sombrios" da
mitologia romântica.

Os esboços iniciais de Svidrigailov se leem como um pastiche de
Byron ou Victor Hugo:

N.B. O ESSENCIAL – Svidrigailov tem consciência de certas atrocidades miste-
riosas que ele não expõe a ninguém, mas revela através de ações: a sua necessidade de
romper, de matar com fria paixão, é convulsiva, bestial. Uma besta selvagem, um tigre.

Valkovsky, em *Humilhados e Ofendidos*, marca um aprofundamento do tom gótico. Nele acontece o choque da bestialidade com o autocontentamento o qual Byron dramatizou em Manfredo, e Eugène Sue em seu Judeu Errante:

> Eu era um filantropo. Bem, eu quase açoitei o camponês até a morte por conta de sua mulher. Fiz isso quando estava em minha fase romântica.
>
> . . . .
>
> Tenho até orgulho do vício secreto, oculto, um pouco mais estranho e original, um pouco obsceno para variar, há há há!

A vilania gótica frequentemente irrompia em riso selvagem.

Em um dos rascunhos de Thomas Lovell Beddoes, um purista do clima romântico, encontramos uma fórmula exatamente pertinente a Svidrigailov, Valkovsky, Stavrogin e Ivan Karamazov:

> suas palavras devem ser sombrias, profundas, e traiçoeiras: com uma simulação ocasional de candura; variada por explosões de sarcasmo venenoso e ridículo pecaminoso; com uma rudeza de frase.

Muito de Rogojin também é parte do legado de Byron. Ele é um jovem sombrio, melancólico, que sacrifica todos os bens do mundo pelo absoluto de sua paixão e que mata o objeto do seu amor em um momento de adoração e ódio. Seus olhos possuem virtudes magnéticas e assustam Mishkin durante as andanças desse último por São Petersburgo. Esse é um traço aprovado pelo modo gótico; mesmo antes de Coleridge, o dom do suspiro hipnótico – o olho brilhante do Velho Marinheiro – havia se convertido em uma das marcas convencionais do Caim romântico.

Mas, inquestionavelmente, é em Stavrogin que observamos os materiais tradicionais utilizados com a maior habilidade. Como toda sua tribo, ele é precedido de rumores que o relacionam a crimes não declarados. E aqui Dostoiévski utiliza um motivo muito curioso, embora prevalente. Fica sugerido que certa vez Stavrogin pertenceu a uma sociedade secreta de treze homens que participavam de orgias satânicas. Tais associações secretas, usualmente em número de doze ou treze, reaparecem na obra de Dostoiévski. Aliosha, em *Humilhados e Ofendidos*, por exemplo, refere-se entusiasticamente a um grupo com "cerca de doze homens" reunidos para discutir as questões do momento. A noção teria atraído o romancista por seus símbolos religiosos – Cristo e os apóstolos – e por seus elos com a tradição do cisma russo. Mas novamente Dostoiévski, ao lidar com o tema, não precisa obscurecer seu fundo literário. No romance gótico abundam contos de assembleias satânicas e associações que praticam magia negra e exercem poder sobre as questões políticas e pessoais. *Kätchen von Heilbronn* de Kleist é um exemplo famoso. Balzac dedicou três romances melodramáticos a atividades desse tipo de aliança unida pelo

UM ENSAIO SOBRE O VELHO CRITICISMO 153

segredo e ajuda mútua. Reunidos sob o título de *Histoire des Treize* (História dos Treze), esses livros abalizam a penetração da sensibilidade gótica no tecido da "alta" ficção. Para se obter uma perspectiva contrastante e essencialmente clássica, é preciso somente relembrar o tratamento irônico da Livre Maçonaria em *Guerra e Paz*.

Embora ele tenha concedido o título somente no texto final de *Os Demônios*, os esboços revelam simplesmente que Dostoiévski concebeu Stavrogin como "um príncipe". Os sobretons e as implicações são excessivamente sutis: a dupla figura Mishkin-Rogojin era um príncipe, e Grushenka confere o mesmo título a Aliosha Karamazov. Para Dostoiévski o termo continha valores rituais e poéticos de uma ordem específica, mas talvez quase privada. Em todos os três personagens os aspectos do Cristo messiânico estão latentes. Stavrogin é, como tentarei mostrar no próximo capítulo, um instrumento tanto da graça como da danação. Para Maria ele era, em algum momento da ação, o redentor principesco e o cavaleiro assemelhado ao falcão. Mas a visualização de Stavrogin nesse plano de significação não deveria – e esse é o peso do meu argumento – evitar nossa percepção de que nele há empréstimos da figura de Steerforth em *David Copperfield* ou da suposição de que seu título possa ser um eco distante do príncipe Rodolfo em *Os Mistérios de Paris*. Existiu um "Rei Lear" antes de Shakespeare.

Dostoiévski seria o último a negar a cadeia de sua dívida. A referência aos *Mistérios de Udolfo* da Sra. Radcliffe em *Os Irmãos Karamazov* é como uma saudação, oferecida com ironia e reconhecimento, a um remoto mas inegável ancestral. Ele não fazia segredo da influência que o mais sentimental e melodramático de Balzac, Dickens e Geoge Sand, exercera em sua própria arte. Ele louvava *Os Assaltantes* de Schiller por seu frenesi e terror, acima das realizações maduras do poeta. Diz-se que os apontamentos de Dostoiévski (alguns deles ainda inéditos) são cheios de desenhos a caneta tinteiro de janelas e torres góticas, e sabemos, pelas memórias de sua mulher, de sua fascinação por tais arquitemas do melodrama como os das práticas da Inquisição. Esta é somente uma das afinidades entre as imagens góticas de Dostoiévski e as de Poe – um escritor que Dostoiévski ajudou a introduzir ao público russo.

Sempre existiram aqueles que reconheceram a especial qualidade contemporânea da visão de Dostoiévski e aqueles que a deploraram. Ao escrever a Edward Garnett, Conrad condenava toda essa imagem de experiência como se fosse de "estranhas bestas em um zoológico, ou almas condenadas se dilacerando aos pedaços". Henry James informava a Stevenson que era incapaz de ler *Crime e Castigo* até o final. O autor de *Dr. Jekyll e Mr. Hyde* calculava que por essa afirmação era ele – Stevenson – quem havia sido quase "aniquilado" pelo romance de Dostoiévski. A rejeição de D. H. Lawrence pelo modo

154 TOLSTÓI OU DOSTOIÉVSKI

dostoievskiano é notório; ele odiava esse confinamento estridente, semelhante a ratos.

Outros têm procurado minimizar a extensão da relação verdadeira do gênio de Dostoiévski com a tradição gótica. Lembre do comentário do narrador de La Prisonnière de Proust:

> Essa beleza nova e terrível de uma casa, essa beleza nova e mista de um rosto de mulher, eis o que Dostoiévski nos deu de único no mundo, e as aproximações que os críticos literários possam fazer entre ele e Gógol, ou entre ele e Dostoiévski e Paul de Kock, não têm nenhum interesse, visto que são exteriores a essa secreta beleza[17].

Essas "afinidades" são as convenções e respostas usualmente mantidas na visão de mundo gótico e melodramático. Por "beleza secreta" Proust parece se referir à transfiguração da realidade dostoievskiana através de um sentido trágico de vida. Admito que um não poderia ter sido concebido sem o outro.

O problema de Dostoiévski era esse: apreender e tornar concretas as realidades da condição humana em uma série de crises extremas e definidoras; traduzir experiência ao modo do drama trágico – o único modo que Dostoiévski considerava verificável – e ainda assim se manter no âmbito da ambientação naturalista da vida urbana moderna. Impossibilitado de confiar nos hábitos e discriminações apropriados à tragédia dos seus leitores – hábitos suficientemente difusos e tradicionais a ponto de terem sido aprofundados pelos dramaturgos elisabetanos, por exemplo – e impossibilitado de apresentar a totalidade de seu significado em uma das ambientações históricas e mitológicas anteriormente disponíveis aos poetas trágicos, Dostoiévski teve de curvar aos seus próprios usos as convenções do melodrama existentes. Claramente, o melodrama é antitrágico; sua fórmula de raiz pede por quatro atos de aparente tragédia seguidos por um quinto ato de resgate ou redenção. A compulsão do gênero foi tal que em duas obras primas de Dostoiévski, *Crime e Castigo* e *Os Irmãos Karamazov*, a ação termina na "propensão para o alto"; característica dos finais felizes do melodrama. *O Idiota* e *Os Demônios*, pelo contrário, terminam naquele limbo crepuscular de desolação e veracidade, de calma que surge do desespero, no qual reconhecemos como genericamente trágico.

Pense em algumas fábulas, episódios e confrontos através dos quais Dostoiévski comunica sua visão trágica – a perseguição a Rogojin e o quase assassinato do príncipe, o encontro de Stavrogin e Fedka na ponte açoitada pela tempestade, os diálogos entre Ivan Karamazov e o Demônio. Cada uma delas, à sua própria maneira, escapa das dimensões de uma convenção racionalista ou totalmente

---

17. *A Prisioneira*, de Marcel Proust, tradução de Manuel Bandeira, Porto Alegre: Globo, 1983, p. 324.

UM ENSAIO SOBRE O VELHO CRITICISMO 155

secular. Mas cada uma delas podia se justificar ao leitor nos termos das respostas semeadas em sua sensibilidade pelos romancistas góticos e melodramáticos. Um leitor que passasse de *Casa Desolada* ou *O Morro dos Ventos Uivantes* para *Crime e Castigo* experimentava aquela familiaridade inicial sem a qual o *rapport* vital entre autor e público não consegue se estabelecer.

Em suma: Dostoiévski aceitou a injunção de Belinski de que a ficção russa devia sinalizar realismo e retratar autenticamente os dilemas sociais e filosóficos da vida russa. Mas Dostoiévski insistiu na diferença entre o seu realismo e o de Goncharov, Turguéniev e Tolstói. Ele considerava Goncharov e Turguéniev meros pintores do superficial ou típico; suas visões não penetravam nas profundezas caóticas porém essenciais da experiência contemporânea. As realidades mostradas por Tolstói, por outro lado, chocavam Dostoiévski como arcaicas e irrelevantes para a angústia da época. O realismo dostoievskiano – para usar uma frase que ele mesmo usou nos esboços de *O Idiota* – era "trágifantástico". Ele procurou fornecer um retrato total e verdadeiro ao concentrar os elementos nascentes da crise russa em momentos de drama e revelação extrema. As técnicas através das quais Dostoiévski obtinha essa concentração foram traduzidas, em medida significativa, de um mercado quase gasto da tradição literária histérica. Mas com os usos que seu gênio fez do gótico e melodrama, ele foi capaz de responder afirmativamente à questão levantada por Goethe e Hegel: seria possível criar ou apresentar uma visão trágica da experiência em uma era pós voltaireana? Será que a nota trágica poderia soar em um mundo no qual a feira, os pórticos dos templos, e as paredes do castelo do drama grego e renascentista perderam sua atualidade?

Desde a plataforma de Elsinore e os espaços marmóreos vibrantes, nos quais os personagens de Racine representam seus destinos solenes, não houvera nada mais próximo do lócus e da arena do drama trágico do que a cidade dostoievskiana. Rilke escreveu em *Malte Laurids Brigge*: "A cidade me pressionou, atentou contra minha vida; foi como um exame que eu não passei. O grito da cidade, o grito sem fim, irrompeu em meu silêncio, o terror da cidade me perseguiu em meu quarto lúgubre". O terror da cidade e seu "grito" (pode se pensar no famoso quadro de Edvard Munch) ecoaram na arte de Balzac, Dickens, Hoffmann, e Gógol. Dostoiévski reconheceu escrupulosamente sua dívida quando destacava, no início de *Humilhados e Ofendidos,* que a ambientação "escapara de uma página de Hoffmann ilustrada por Gavarni". Não obstante, ele conferiu àquele "grito da cidade" sua significação coral; em suas mãos a cidade se tornou mais trágica do que meramente melodramática. A diferença é visível quando do se compara *Casa Desolada* ou *Tempos Difíceis* com os efeitos obtidos por Rilke e Kafka – ambos foram seguidores explícitos da maneira dostoievskiana.

156 TOLSTÓI OU DOSTOIÉVSKI

Nos romances de Dostoiévski não podemos separar "o trágico" do "fantástico". Na realidade, o ritual trágico é apresentado e erigido acima da superficialidade corriqueira da experiência com os recursos do fantástico. Há momentos em que podemos visualizar claramente como o *agon* trágico penetra e por fim transforma os gestos do melodrama. Mas, mesmo transformado, o último tem sido um recurso tão essencial a Dostoiévski quanto os mitos estabelecidos foram para os dramaturgos gregos ou a ópera séria foi para o Mozart inicial.

O episódio da morte de Kirilov em *Os Demônios* ilustra, com perfeito detalhe, como a fantasia gótica e a maquinaria do horror nos conduzem ao efeito trágico. Os pressupostos são melodramas espalhafatosos: Piotr precisa assegurar o suicídio de Kirilov depois dele assinar um papel se autoacusando do assassinato de Shatov. Mas o engenheiro, que se move entre estados de êxtase metafísico e desprezo rude, pode não levar isso adiante. Tanto Mefistófeles e seu equivocado Fausto estão armados. Piotr é astuto demais para não perceber que se estimular Kirilov em demasia, pode fazer ruir a barganha demoníaca entre eles. Depois de um diálogo apaixonado, Kirilov cede à tentação do desespero. Ele pega seu revólver e se apressa ao quarto ao lado, fechando a porta. O que se segue é estritamente comparável – em termos de técnica literária – aos momentos climáticos de *A Queda da Casa dos Usher* ou à frenética morte do herói em *A Pele de Couro* de Balzac. Depois de dez minutos de torturante expectativa, Piotr agarra uma vela mortiça:

não se ouvia o mínimo som; abriu de supetão a porta e levantou a vela: algo berrou e lançou-se contra ele. Ele bateu a porta com toda força e tornou a apoiar-se nela, mas tudo já era silêncio – outra vez um silêncio de morte.

Piotr calcula que terá de atirar no metafísico relutante e se arremete para a porta aberta, com o revólver à mão. Um suspiro horrível lhe saúda. Kirilov está em pé contra a parede, imóvel, desnaturadamente pálido. Com fúria cega Piotr deseja chamuscar o rosto do homem e ter certeza que ele está vivo:

Em seguida deu-se algo tão revoltante e rápido, que depois Piotr Stepanovich não encontrou nenhum meio de pôr suas lembranças em alguma ordem. Mal tocou Kirilov, este baixou rapidamente a cabeça e com uma cabeçada derrubou das mãos dele a vela; o castiçal voou tinindo pelo chão, e a vela apagou-se. No mesmo instante sentiu uma dor terrível no mindinho da mão esquerda. Deu um grito, e lembrou-se apenas de que, fora de si, batera três vezes com toda força com o revolver na cabeça de Kirilov, que caíra sobre ele e lhe mordera o dedo. Por fim liberou o dedo e se precipitou dali em desabalada carreira, procurando a saída na escuridão. Gritos terríveis voaram atrás dele no escuro.
– É agora, agora, agora, agora....
Umas dez vezes. Mas ele corria sem parar, e já correra até o vestíbulo, quando ouviu de chofre um tiro estridente.

O motivo da mordida é curioso. Provavelmente derivado de *David Copperfield*, e o encontramos nos esquetes iniciais da figura de

Razumihin em *Crime e Castigo*. Ele surge três vezes em *Os Demônios*: Stavrogin morde a orelha do governador; ficamos sabendo a respeito de um jovem oficial que mordeu seu superior; e vemos Piotr sendo mordido por Kirilov. O último exemplo é peculiarmente horroroso. O engenheiro parece ser drenado de consciência humana. A parte da razão nele está congelada a ponto da autodestruição. A morte, na forma de um animal que "urra" e utiliza seus dentes selvagens, o domina. Quando a voz humana irrompe, é com um único grito dez vezes repetido. A insanidade "direta" de Kirilov é uma contrapartida da repetição de cinco vezes seguidas do "nunca" de Lear. No caso de Lear, o espírito de um homem recusa a anulação e ecoa uma única palavra como se nos portões da vida; no outro, é revelada a adesão à sombra. Kirilov se mata em desespero abjeto, porque não consegue se matar em uma afirmação de libertação. Ambos os gritos nos comovem impronunciavelmente embora surjam de circunstâncias totalmente fantásticas.

Piotr rasteja de volta e encontra "esguichos de sangue e miolos" sobre o chão. A vela derretida, o engenheiro morto, Piotr com seu dedo sangrando e rosto desumano – temos aqui, como ambientação, um mesmo recorte de melodrama da aparição de Fagin à janela ou como da apavorante cena de tortura em *Nostromo* de Conrad. Mas as convenções não abrandam ou desviam o objetivo trágico; elas o servem. O episódio confirma uma distinção proposta em *A Poética* de Aristóteles: "Aqueles que empregam meios espetaculares para criar um sentido não do terrível mas somente do monstruoso, estão alheios ao objetivo da tragédia". O romance dostoievskiano é um "romance de terror"; mas ele explica o termo no sentido definido por Joyce em *O Retrato do Artista*: "Terror é o sentimento que arrasta a mente à presença de tudo que seja grave e constante nos sofrimentos humanos e o unifica com a causa secreta".

O realismo "trágifantástico" de Dostoiévski e seus implementos góticos distinguem sua concepção sobre a arte do romance da de Tolstói, de modo irreconciliável. Nos escritos de Tolstói, especialmente nos últimos contos, há elementos de demonismo e obsessão que lançam a narrativa aos limites do melodrama. Em um fragmento póstumo, *Memórias de um Lunático*, encontramos efeitos de puro horror:

> Vida e morte fluíam uma no interior da outra. Um poder desconhecido tentava romper minha alma em pedaços, mas não conseguia despedaçá-la. Mais uma vez eu saí para dentro da passagem para observar os dois homens adormecidos; mais uma vez eu tentei dormir. O horror era sempre o mesmo – às vezes vermelho, às vezes branco e quadrado.

Mas esse tom, com sua sugestão de como o gótico passará mais tarde ao surrealismo, é extremamente raro em Tolstói. Concebida como um todo, a atmosfera de seus romances é plena de um sentido de normalidade e saúde. É penetrada por uma clara luz dura. Aceitando as diferenças óbvias, a perspectiva é como a pretendida por D. H. Lawrence, quando afirmava em *O Arco-Íris* que "O ciclo de criação ainda girava engastado no ano cristão". Com exceção de *A Sonata Kreutzer* e *Pai Sergius*, podemos afirmar que Tolstói evitou deliberadamente os motivos do mal e da perversão próprios do gótico. Às vezes ele o fazia às custas da riqueza. Um exemplo visível encontra-se em *Guerra e Paz*. Nos primeiros esboços há fortes sugestões de que Annatole e Hele Kuragin praticaram relações incestuosas. Mas, na medida em que prosseguiu, Tolstói começou a eliminar todos os traços de seu tema e, na versão final, somente umas poucas alusões oblíquas permanecem. Rememorando seu casamento arruinado, Pierre relembra como "Annatole costumava tomar emprestado dinheiro dela e beijava seus ombros nus. Ela não lhe dava dinheiro, mas se deixava beijar".

O "pastoralismo" de Tolstói estava obviamente relacionado à sua rejeição ao melodrama contemporâneo. É sob um céu aberto, gelado, ou em ruínas, que Pierre acha Moscou linda. Chegando a Moscou, Levin se apressa para aquela parte da cidade – a lagoa congelada – mais próxima de um ambiente rural. Tolstói conhecia intensamente a miséria e escuridão urbanas; passava horas nas profundezas das favelas e albergues de caridade. Mas ele não associava essa consciência aos materiais de sua arte – particularmente quando aquela arte estava no auge. A questão de o modo épico estar relacionado inevitavelmente a um fundo pastoral é, como mencionei anteriormente, muito complexa. Mas um número de críticos, como Philip Rahv, argumenta que as diferenças entre a arte de Tolstói e Dostoiévski – diferenças de técnica bem como de imagem de mundo – podem ser resolvidas, finalmente, pelo contraste atemporal entre a cidade e o campo.

VIII.

De todas criaturas que habitam aquilo que o Professor Poggioli chamou de "as mônadas dos tijolos e cal"[18] de Dostoiévski, o mais famoso é o "homem subterrâneo". Seu papel simbólico e o significado dos seus inúmeros disfarces têm sido examinados em críticas numerosas. Ele é o *l'étranger*, *l'homme révolté*, *der unbehauste Mensch*, o proscrito, o estrangeiro. Dostoiévski o considerava como a mais pungente de suas criações. Ele proclamava em seus apontamentos de *Adolescência*:

> Somente eu tenho evocado a condição trágica do homem subterrâneo, o trágico de seus sofrimentos, de sua autopunição, de suas aspirações em direção ao ideal e de sua incapacidade para alcançá-lo; somente eu tenho evocado a apreensão lúcida que esses seres desgraçados possuem da fatalidade de sua condição, uma fatalidade tal que seria inútil reagir contra ela.

No drama da cidade, o homem subterrâneo finalmente é, ao mesmo tempo, o sujeito da experiência da humilhação e o coro neces-

---

18. R. Poggioli, Kafka and Dostoevsky, *The Kafka Problem*.

UM ENSAIO SOBRE O VELHO CRITICISMO

sário cujo comentário irônico põe a nu as hipocrisias da convenção. Aprisione-o em meio aos cascos de *Amontillado*; seus sussurros abafados desmoronarão a casa. O homem das profundezas mais baixas possui inteligência sem poder, desejo sem meios. A revolução industrial o ensinou a ler e deu-lhe um mínimo de lazer; mas o triunfo concomitante do capital e da burocracia o deixou sem um sobretudo. Ele se empoleira em sua mesa de funcionário – Bartleby em Wall Street ou Joseph K. em seu escritório – labuta arduamente em servidão acrimoniosa, sonha com mundos mais ricos, e arrasta-se para casa à noite. Ele vive no que Marx caracterizou como um limbo amargo entre o proletariado e a genuína burguesia. Gógol relata o que lhe acontece quando ele finalmente adquire um capote; e o fantasma de Akaky Akakievich Bashmatskin assombrará não somente oficiais e guardas noturnos em São Petersburgo, mas as imaginações dos romancistas europeus e russos da época de Kafka até Camus.

Apesar da importância do arquétipo de Gógol e dos justos clamores de Dostoiévski pela originalidade de suas *Memórias do Subsolo*, o homem subterrâneo possui raízes na mais remota antiguidade. Se o concebermos como o *ewig verneinende Geist* (o eterno espírito negativo), como o espinho do desprezo da parte da criação, ele é tão antigo quanto Caim. Na verdade, ele se encontra junto ao primeiro Adão, pois, após a Queda, uma parte de todo homem desceu ao subsolo. A conduta, o tom de escárnio, a mistura de abjeção e arrogância emblemática da figura dostoievskiana, pode ser observada no Thersites homérico, nos parasitas da sátira e comédia romanas, no legendário Diógenes, e nos diálogos lucanianos.

O tipo está representado duas vezes em Shakespeare: em Apemantus e Thersites. À saudação generosa de Timão, o "rude filósofo" responde:

Não;
Não me dês as boas vindas.
Eu vim para que confies em mim lá fora.

Como o narrador dostoievskiano, Apemantus vem para "observar" e se enfurece ao ter de sustentar a carne de um homem mais rico. Ele louva a verdade onde ela fere e leva a intimação da honestidade muito ao largo da malevolência. Quanto a Thersites: Trousotsky em *O Eterno Marido* se designa como tal e se refere ao famoso dístico de *Siegesfest* de Schiller:

Pois Pátroclo encontra-se enterrado
E Thersites navega para casa.

Não se sabe se Dostoiévski conhecia a versão shakespeariana, embora seja provável. Há monólogos de Thersites em *Tróilo e Créssida* que seriam apropriados à epígrafe de *Memórias do Subsolo*:

160 TOLSTÓI OU DOSTOIÉVSKI

E agora, Thersites! Perdido no labirinto de tua fúria! O elefante Ájax deve levar desse modo? Ele me espanca, e eu o xingo. Oh, satisfação valiosa! Se fosse de outro modo; se eu pudesse espancá-lo, ele me xingaria. Sfoot, aprenderei a conjurar e invocar demônios, mas verei alguma coisa de minhas execrações malvadas.

Como Thersites, o homem do subsolo fala incessantemente consigo mesmo. Seu senso de alienação é tal que ele enxerga "alteridade" até em seu espelho. Ele é o contrário de Narciso e odeia a criação precisamente porque não consegue acreditar que algo tão abjeto quanto ele mesmo teria sido criado à imagem de Deus. Ele inveja a opulência e o poder do rico; a ironia não deterá o frio do inverno. Mas em seu porão, no "labirinto de fúria", ele trama por vingança. Ele "invocará os demônios" e um dia os burocratas mesquinhos, que imperam acima dele, os cocheiros que lhe esguicham lama, os lacaios majestáticos que lhe dão com as portas na cara, as damas que zombam de sua veste rasgada, os senhorios que o emboscam nas escadas escuras – todos eles rastejarão a seus pés conquistadores. Esse é o sonho de Rastignac e Julien Sorel e o devaneio que sustenta a hoste de funcionários famintos e tutores desempregados que observam de fora as janelas festivas do romance do século XIX.

Mas o homem do subsolo é necessário aos seus superiores. Ele é a recordação da mortalidade em instantes de *hubris*, um bufão que fala a verdade e um confidente que solapa a ilusão. Há algo dele em Sancho Pança, no Leporello de Don Juan, reclamando seu salário mesmo diante do inferno, em Fausto de Wagner. A ecoar ou contradizer ou questionar seus senhores, ele participa do processo de autodefinição, e esse processo – verificamos isso no papel do Bobo em *Rei Lear* – é uma das principais dinâmicas da tragédia. Com os cânones do decoro inerentes ao neoclassicismo, o homem subterrâneo tornou-se um cortesão respeitoso. Porém, sua função essencial foi preservada; ele se mantinha despido das hipocrisias da alta retórica e compelia os grandes personagens a viver seus momentos de verdade (pense na Ama de *Fedra*). Desse modo, os confidentes de Corneille e Racine marcam um avanço da concepção do "estrangeiro" como um indivíduo literalmente aparte para o reconhecimento de que ele pertence a uma das *personae* da psique.

Esse reconhecimento estava latente na representação exterior da Boa e da Má Consciência, disputando a alma de Todohomem (*Everyman*)* ou de Fausto nas peças de moralidade medievais. Ficara sugerido nos discursos alegóricos entre "razão" e "paixão" da poesia amorosa e filosófica do renascimento e do barroco. Mas a asserção de que existem no interior dos homens individuais inúmeras personalidades conflituosas, e de que os fluxos mais básicos, irônicos, irracionais de consciência podem ser mais autênticos do que a aparência de coerência e razão ofe-

---

*. *Everyman* é título e gênero dramático de moralidade inglês, do século XV. (N. da T.)

UM ENSAIO SOBRE O VELHO CRITICISMO

recida ao mundo exterior, foi estabelecida somente no século XVIII. Foi nessa época, como escreve Berdiaiev em seu estudo sobre Dostoiévski, que "uma fenda se abriu nas profundezas do próprio homem e, nesse sentido, Deus e o Céu, o Demônio e o Inferno foram novamente revelados". O primeiro personagem "moderno", com destacou Hegel, foi o sobrinho de Rameau no diálogo imaginário de Diderot. Ele foi, além do mais, um ancestral direto do homem do subsolo.

Músico, mimo, parasita, filósofo, o sobrinho de Rameau é, ao mesmo tempo, arrogante e obsequioso, enérgico e indolente, cínico e cândido. Ele escuta a si mesmo como um violonista escuta seu instrumento. Exteriormente, ele tipifica a espécie subterrânea:

> Eu, pobre diabo, quando volto ao meu sótão e me enfio no meu catre, e me encolho debaixo de minha coberta, tenho o peito opresso e a respiração perturbada: é uma espécie de gemido fraco que mal se ouve; ao passo que um financista faz ressoar seu apartamento, e espanta a rua inteira[19].

Na arquitetura do simbolismo, os sótãos são os porões ao contrário. Os porões, ou na frase dostoievskiana, o espaço imediatamente abaixo do rés do chão, fornecem a imagem mais forte. Tendemos a retratar a alma em camadas e formamos hábitos de linguagem sugerindo que as forças do protesto e da desrazão se acumulam "a partir de baixo".

O sobrinho de Rameau foi profético em sua autoconsciência divisora, mas também em sua afirmação da espécie de verdades íntimas que as convenções literárias anteriores haviam disfarçado ou suprimido. Ele foi um dos primeiro confessores no sentido moderno, e encontra-se na origem de uma longa tradição. Em *Memórias do Subsolo* essa tradição é explicitamente invocada. Porém Dostoiévski afirmava que seus antecessores, inclusive Rousseau, tinham sido bem menos honestos. Alguns deles tinham se embrulhado em trapos; nenhum havia se desnudado verdadeiramente.

Segundo o famoso apodo de Nisard, o romantismo provou que a linguagem da nobreza não era necessariamente equivalente à nobreza de linguagem. Os homens subterrâneos foram além. Eles declararam a literatura que lidava somente com os atos públicos e gabinetes – gabinetes da alma e da casa – como um adjunto da hipocrisia. Havia mais escuridão no homem do que fora sonhado na psicologia do racionalismo. Eles glorificaram a decida da mente à suas próprias profundezas – uma aventura tão grande que tornou a realidade exterior parecer não substancial. Ao escrever, em 1799, um livro intitulado significativamente de *Cataractes de l'imagination* (Cataratas da Imaginação), J. M. Chassaignon afirmava:

---

19. D. Diderot, *O Sobrinho de Rameau, Obras III*, organização, tradução e notas de J. Guinsburg, São Paulo: Perspectiva, 2006, p. 55.

162 TOLSTÓI OU DOSTOIÉVSKI

Eu me prefiro a tudo que existe; é somente com esse ser que tenho, que superei os momentos de maiores escolhas da minha vida; esse "eu" isolado, cercado de túmulos e invocando o Grande Ser, seria suficiente para me contentar em meio às ruínas do universo.

A imagem final é profética dos extremos que o solipsismo pode atingir. Ela antecipa, exatamente, a afirmação do narrador de Dostoiévski:

Na verdade, se eu tivesse tido a oportunidade de escolher entre o mundo que está acabando e a manutenção da minha liberdade de beber chá, eu lhe afirmo que o universo poderia ir para o diabo desde que eu possa continuar bebendo chá.

Mas, embora os sucessores de Diderot, e o próprio Dostoiévski, tivessem chegado a uma múltipla imagem da alma individual e tivessem avançado bastante no vocabulário do inconsciente, a figura do homem subterrâneo passou por uma bizarra etapa intermediária. O "duplo" da literatura gótica foi uma tentativa de tornar a nova psicologia articulada e concreta. Uma metade do "duplo" encarna os aspectos habituais, racionalistas, sociais do homem. A outra metade encarna aquilo que é nele demoníaco, subconsciente, antagonista da razão e potencialmente criminoso. Às vezes – como nos contos de Poe e Musset, em Ahab e Fedallah, em Mishkin e Rogojin – o "duplo" usualmente conota a coexistência fatal de dois seres dependentes mas distintos. Em outros momentos, o "duplo" se funde em um agente, em Jekyll-Hyde ou Dorian Gray. Mesmo onde ele utilizou as versões menos sofisticadas do mito, como em *Goliadkin* ou nos colóquios de Ivan Karamazov com o Demônio, Dostoiévski passa como um dos mais eminentes estudantes da esquizofrenia. Mas em *Memórias do Subsolo* ele solucionou mais decisivamente o problema ao dramatizar o caos multilinguista da consciência humana através de uma única voz.

Não tentarei lidar com as implicações filosóficas técnicas da obra. Se Dostoiévski não tivesse escrito nada mais, ele teria sido lembrado como um dos mestres construtores do pensamento moderno. Como é bem conhecido, as *Memórias* são apresentadas em duas partes, das quais a primeira é basicamente um monólogo sobre o paradoxo do livre-arbítrio e da lei natural. Reinhard Lauth discute a significação epistemológica desse texto em seu tratado massivo, *Die Philosophie Dostojewskis* (A Filosofia de Dostoiévski). Ele sugere que grande parte do argumento pretendia refutar o otimismo utilitário e empírico de Bentham e Buckle (Dostoiévski debateu repetidamente com Buckle nos esboços de *Os Irmãos Karamazov*). Lauth argumenta adiante que a leitura existencialista de *Memórias* – a de Shestov, por exemplo – é equivocada pelo fato de negligenciar a ironia do tom de Dostoiévski e suas opiniões pessoais conservadoras.

Há também uma literatura substancial no que concerne ao material psicológico e psicanalítico de *Memórias do Subsolo*. De todas as "superfícies" de Dostoiévski, nenhuma oferece menos resistência a esse estilo de abordagem. Tem-se um argumento forte, além do mais, pelo fato da obra ter sido composta em um momento em que seu autor sofria dolorosas turbulências emocionais.

Mas, ao se admitir a eminente fascinação de *Memórias* do ponto de vista da metafísica e da psicologia, não se deve subestimar o modo no qual Dostoiévski transformou os recursos literários e convenções prevalentes às suas finalidades particulares. O enterro vivo, as descidas em cavernas, os turbilhões ou cloacas, e a figura da prostituta redentora eram os lugares comuns do melodrama. O submundo que o narrador "carrega com ele" tem entonações especificamente literárias e históricas; não era necessariamente o do próprio Dostoiévski. Na realidade, na breve nota do prefácio, o romancista afirma estar representando um personagem "característico da época presente", e que sua personalidade é "consequência do *milieu* que todos nós compartilhamos na Rússia". A esse respeito, a totalidade da obra faz parte de outras polêmicas dostoievskianas contra o niilismo espiritual.

No final da Parte I, Dostoiévski considera o problema da forma literária. O narrador propõe fundar um manual de sinceridade total: "Mas agora, que não apenas lembro, mas até mesmo resolvi anotar,agora quero justamente verificar: é possível ser absolutamente franco, pelo menos consigo mesmo, e não temer a verdade integral?". A frase ecoa o celebrado parágrafo de abertura de *As Confissões*, de Rousseau, e o narrador dostoievskiano imediatamente observa que Heine considerava Rousseau um mentiroso "em parte sem propósito, e em parte sem vaidade". Ele acrescenta: "Estou certo de que Heine tem razão". A presença de Heine nesse contexto ilustra como a imaginação simbólica opera: devido ao seu longo e cruel sepultamento no Matratzengruft – literalmente em uma galeria sepulcral de enfermidade – Heine tornara-se um arquétipo do homem subterrâneo. Contrariamente a Montaigne, Cellini ou Rousseau,

> E eu escrevo unicamente para mim, e declaro de uma vez por todas que, embora escreva como se me dirigisse a leitores, faço-o apenas por exibição, pois assim me é mais fácil escrever. Trata-se de forma, unicamente de forma vazia, e eu nunca hei de ter leitores.

Essa ficção é transmitida através de um recurso tradicional do qual Poe utilizou para efeitos similares; somos induzidos a acreditar que um manuscrito nunca publicado foi anonimamente "transcrito".

Tais pretensões à privacidade são, naturalmente, retóricas. Mas um problema real está em questão. Com a irrupção do inconsciente na poesia, com o esforço para retratar personagens em sua inteireza dividida, os métodos clássicos de narrativa e discurso se tornaram inadequados. Dostoiévski acreditava que o dilema da forma inadequada – *As Confissões* de Rousseau – vinculava o dilema mais significativo

164 TOLSTÓI OU DOSTOIÉVSKI

da verdade inadequada. A literatura moderna tem procurado resolver esse problema de várias maneiras, mas nem o uso alternado da fala "pública" e "privada" em *Estranho Inerlúdio* de O'Neill, nem o fluxo de consciência aperfeiçoado por Joyce e Hermann Broch se provou inteiramente satisfatório. O que se consegue escutar da linguagem do inconsciente é incorporado muito rapidamente à nossa própria sintaxe. Talvez ainda não saibamos como ouvir.

As *Memórias do Subsolo* são mais experimentais na escala do conteúdo do que no deslocamento ou aprofundamento da forma narrativa. Mais uma vez, o modo primário é dramático: ao comprimir o desenrolar dos acontecimentos exteriores em uma série de crises, Dostoiévski fez o narrador falar com uma sinceridade frenética na qual os seres humanos, sob circunstâncias finais mínimas, reservam seus pensamentos inconfessáveis. Em *Memórias*, o espírito e a desrazão se confrontam ao extremo, e o leitor escuta verdades tão intimidantes quanto as verdades que Dante escutou no inferno.

O ambiente é arqui-dostoievskiano: "um quarto mesquinho e roto", nos arredores de São Petersburgo – "a cidade mais abstrata, mais alienante da nossa esfera terrestre". O clima está em chave apropriada:

> Agora está nevando, uma neve quase molhada, amarela, turva. Ontem nevou igualmente e dias atrás, também. Tenho a impressão de que foi justamente a propósito da neve molhada que lembrei esse episódio que não quer agora me deixar em paz. Pois bem, aí vai uma novela. Sobre a neve molhada.

Na frase seguinte, na abertura da Parte II, se lê:

> Naquele tempo, eu tinha apenas vinte e quatro anos. Minha vida já era, mesmo então, desordenada e sombria até a selvageria.

Lembramo-nos de Villon – a primeira grande voz do subterrâneo da metrópole europeia. Nele também, a meditação seguida de *les nieges d'antan* e o alcance de *l'an de mon trentiesme aage* (e não é uma excelente coincidência que a antiga lenda santa da Maria do Egito, à qual Villon se refere em inúmeros poemas, deva reaparecer em *Adolescência*?).

O "eu" de *Memórias* afirma repetidamente que sua filosofia "é o fruto de quarenta anos de submundo", de quarenta anos despendidos no isolamento do autoescrutínio. É difícil esquecer o eco dos quarenta anos de Israel no deserto ou dos quarenta dias de Cristo no descampado. Pois as *Memórias do Subsolo* não podem ser consideradas isoladamente. Elas estão intimamente ligadas aos valores simbólicos e ao material temático das maiores ficções de Dostoiévski. Desse modo, a prostituta é chamada de Liza. No quadro final ela senta no chão, soluçando:

> Ela adivinhara que o arroubo da minha paixão fora justamente uma vingança, uma nova humilhação, e que ao meu ódio de antes, quase sem objeto, se acrescentara já um ódio pessoal, invejoso, um ódio por ela...

As falas são um brilho da cena entre Liza e Stavrogin, em *Os Demônios,* e prefiguram o tratamento de Dostoiévski das relações entre Raskolnikov e Sonia em *Crime e Castigo.* Nem o emblema dostoieveskiano do mal primordial está ausente no relato do narrador. Quando ele pergunta a Liza o motivo dela ter abandonado a casa de seu pai para vir a um bordel, ela sugere uma infâmia misteriosa: "Mas e se as coisas fossem piores ali do que aqui?". Inconscientemente – a dramatização sendo tão sutil e aberta a cada guinada de valor quanto em Shakespeare – o homem subterrâneo apreende sua sugestão. Ele confessa que se tivesse uma filha, "Eu a amaria ainda mais do que eu amei meus filhos". Ele fala de um pai que beija as mãos de sua filha "enquanto ela está dormindo". A referência imediata parecia ser a *O Pai Goriot,* de Balzac. Lá está implícito o tema do incesto pai-filha que, sob o disfarce do caso Cenci, fascinara Shelley, Stendhal, Landor, Swinburne, Hawthorne e até Melville. O narrador faz uma confissão reveladora; ele não permitiria o casamento de sua filha: "Porque, pelos céus, eu sentiria ciúmes. O quê? Ela beijar um outro homem – amar um estranho mais do que seu pai? Ofende-me só de pensar nisso!". E conclui com a intuição freudiana clássica de que "o homem a quem a filha ama é geralmente o homem que destaca a pior aparência aos olhos de seu pai".

Em *Memórias* encontramos até mesmo traços do mito do "duplo" do qual o conceito de Dostoiévski da alma humana tornara, de fato, arcaico. O Apolón azedo serve ao homem do subterrâneo e é sua sombra inseparável:

> Eu não podia morar em chambres-garnies (quartos mobiliados): meu apartamento era meu palacete, minha casca, o estojo em que me escondia de toda humanidade, e Apolón,o diabo sabe por que, parecia-me pertencer aquele apartamento, e durante sete anos eu não consegui enxotá-lo.

E ainda assim, apesar dos tradicionais elementos literários de *Memórias* terem sido isolados, e apesar das afinidades íntimas com as outras obras de Dostoiévski terem sido observadas, a profunda originalidade da questão continua se afirmando. As cordas que antes não eram ouvidas foram tocadas com precisão admirável. Nenhum outro texto de Dostoiévski teve tamanha influência no pensamento ou na técnica do século XX.

O retrato do narrador é uma realização à qual não se encontra um precedente genuíno:

> Tenho agora vontade de vos contar, senhores, queirais ouvi-lo ou não, por que não consegui tornar-me um inseto. Vou dizer-vos solenemente que, muitas vezes, quis tornar-me um inseto.

Essa noção, que obviamente contém o germe de *A Metamorfose* de Kafka, é perseguida no decorrer da narrativa. Os outros personagens consideram o locutor "como uma espécie de mosca comum". Ele se descreve como "o mais sórdido [...] o verme mais reacionário da terra". Para eles, essas imagens não são novas. A fonte do simbolismo do inseto de Dostoiévski, na realidade, foi traçada por Balzac[20]. O que é novo e terrível é o sustentado uso metódico de tal imagem para desumanizar o homem. O narrador "rasteja" em seu covil e aguarda "em sua fenda". O sentido de animalidade contamina sua consciência. As antigas metáforas relacionando o homem a vermes e animais daninhos, a representação da morte do homem, em *Rei Lear*, como um massacre temerário de moscas, são transformadas por Dostoiévski em realidades psicológicas, em condições presentes da mente. A tragédia do homem subterrâneo é, literalmente, seu recuo da humanidade. Esse recuo torna-se explícito na impotência cruel do seu estupro em Liza. Ao final, ele considera a questão simplesmente:

> Para nós é pesado, até, ser gente, gente com corpo e sangue autênticos, *próprios*; Temos vergonha disso, consideramos tal fato um opróbrio e procuramos ser uns homens gerais que nunca existiram. Somos natimortos, já que não nascemos de pais vivos, e isto nos agrada cada vez mais. Em breve, inventaremos algum modo de nascer de uma ideia.

Se há um elemento principal da literatura moderna que contribuiu para nossa visão de mundo, é precisamente esse sentimento de desumanização.

O que levou a isso? Talvez seja um resultado da industrialização da vida, da degradação da pessoa humana pela vazia monotonia anônima dos processos industriais. Em *Memórias*, Dostoiévski descreve "o tropel dos trabalhadores apressados e dos artesãos (seus rostos macilentos quase até a brutalidade)". Junto com Engels e Zola, ele foi um dos primeiros a perceber o que o trabalho na fábrica pode fazer para erradicar os traços individuais ou o jogo da inteligência em um rosto humano. Mas quaisquer que sejam suas origens, a "vergonha do ser humano" assumiu, em nosso século, proporções mais severas do que as previstas por Dostoiévski. Em sua parábola *Les Bêtes* (As Feras), Pierre Gascar conta como o reino das bestas suplanta o dos homens no mundo dos campos de concentração e câmaras de gás. E, em uma chave menor, ainda que grave, James Thurber demonstrara o despertar dos animais por detrás da fenda imperfeita que envolve a pele humana. Pois desde *Memórias do Subsolo* sabemos que o inseto está avançando sobre a porção do homem. A mitologia antiga lidava com homens que eram semideuses; a mitologia pós dostoievskiana pinta baratas que são semi-humanas.

As *Memórias* levaram a concepção do não heroico a uma finalidade nova. Mario Praz demonstrou que o abandono do tipo heroico

---

20. Esse aspecto das imagens dostoievskianas foi detalhadamente pesquisado por R. E. Matlaw, Recurrent Images in Dostoevskij, *Harvard Slavic Studies*, III.

UM ENSAIO SOBRE O VELHO CRITICISMO

foi uma das maiores correntes da ficção vitoriana. Gógol e Goncharov fizeram do protagonista não heroico uma figura simbólica da Rússia contemporânea. Mas Dostoiévski foi além. Seu narrador não somente assume um sentido de degradação e autorrejeição; ele é genuinamente odioso. Ele relata suas experiências abjetas "como uma punição muito merecida" e o faz com malevolência histérica. Considere o terrível *Diário de um Louco* de Gógol e *O Diário de um Homem Supérfluo* de Turguéniev; ambos são ensaios sobre o não heroico, mas ambos induzem-nos à compaixão pela graça e ironia da apresentação. O Ivan Ilitch de Tolstói, uma criatura verdadeiramente medíocre e egoísta, é, finalmente, enobrecido pela tenacidade do seu desespero. Em *Memórias*, no entanto, Dostoiévski trata seu material com um toque seco. O "transcriador" indica no pós-escrito que esse "manipulador de paradoxos" escreveu notas posteriores, mas que essas não mereciam ser preservadas. Somos deixados com um nada intencional.

Em seu retrato do "anti-herói" Dostoiévski teve uma legião de discípulos. Acrescente ao seu método a mais antiga tradição do picaresco e você encontra o confessor pecador dos romances de Gide. *A Queda*, de Camus é uma imitação palpável do tom e da estrutura de *Memórias*; em Genet, a lógica da admissão e degradação é levada ao excremental.

Finalmente, as *Memórias do Subsolo* têm tremenda importância pelo fato de formularem, com o máximo de clareza, uma crítica à razão pura que foi ganhando ímpeto em grande parte da arte romântica. Algumas das passagens nas quais o narrador se amotina contra a lei natural tornaram-se as pedras de toque da metafísica do século xx:

> Meu Deus, que tenho eu com as leis da natureza e com a aritmética, se, por algum motivo, não me agradam essas leis e o dois e dois são quatro? Está claro que não romperei esse muro com a testa, se realmente não tiver forças para fazê-lo, mas não me conformarei com ele unicamente pelo fato de ter pela frente um muro de pedra e de terem sido insuficientes as minhas forças.

Como pode o desejo humano conquistar liberdade total "a não ser para romper o muro", questiona Ahab. A geometria não euclidiana e os mais obtusos devaneios da álgebra moderna iriam romper algumas dessas paredes do axioma. Mas a rebelião do narrador dostoievskiano está cercada. Com sua rejeição derrisiva pelos sábios, idealistas hegelianos e crentes do progresso racional, ele ofereceu uma declaração de independência da razão. Muito antes de seus seguidores existencialistas, o homem do subsolo proclamou a majestade do absurdo. Essa é a razão de Dostoiévski ser tão frequentemente citado no panteão da metafísica moderna junto com outros amotinados contra o empirismo liberal – Pascal, Blake, Kierkegaard e Nietzsche.

Seria fascinante inquirir as fontes da dialética dostoievskiana. Condorcet assegurava que se os homens afirmassem *calculemus* – se eles agarrassem os instrumentos da razão em um mundo newtoniano

– a natureza cederia suas respostas. Dostoiévski afirmava: "Não". Ele afirmava "Não" à fé spenceriana no progresso e na fisiologia racional de Claude Bernard (um homem de gênio a quem Dimitri Karamazov se refere com fúria particular). Pode-se examinar os elementos do rousseaunismo no desprezo do homem subterrâneo pela autoridade formal e em sua obsessão com a primazia da vontade. Pois entre o pronunciamento rousseauniano de que a consciência privada é um "juiz infalível do bem e do mal, tornando o homem parecido com Deus", e a convicção do narrador de que ele pode se descartar da lei natural e das categorias da lógica convencional, há uma relação complexa e autêntica. Essas questões pertencem, no entanto, a um estudo mais técnico.

O que deve ser enfatizado é o fato de que *Memórias do Subsolo* foi uma solução brilhante para o problema do conteúdo filosófico no interior da forma literária. Distintamente dos *contes philosophiques* do Iluminismo ou dos romances de Goethe, nos quais o aspecto da especulação é tão deliberadamente externo à ficção, as *Memórias* coalescem o abstrato ao dramatizado – ou na terminologia aristotélica, elas fundem a "reflexão" ao "argumento". Como gênero, nem o *Zaratustra* de Nietzsche nem as alegorias teológicas de Kierkegaard impressionam tanto quanto a obra dostoievskiana. Juntamente com Schiller, a quem ele considerava como um modelo constante, Dostoiévski alcançou uma instância rara de equilíbrio criativo entre os poderes poéticos e filosóficos.

As *Memórias do Subsolo* são, de fato, uma *summa* dostoievskiana – mesmo com a garantia de que as concepções do narrador não podem ser identificadas ao programa político do romancista e da ortodoxia oficial. É adequado que o contraste com Tolstói deva ser o mais extremado. Mesmo em abjeção, um personagem tolstoiano permanece homem; no mínimo, sua humanidade se aprofunda e fica mais brilhante com a desgraça. Na colocação de Isaiah Berlin, Tolstói considerava os homens "sob a luz diurna natural, inalterada". O colapso alucinatório do humano ao bestial era alheio à sua visão. Mesmo em seu estado mais brutal, o pessimismo tolstoiano era corrigido por uma crença central de que os seres humanos não somente "permaneceriam", para usar a distinção de Faulkner, mas também "prevaleceriam".

Os anti-heróis de Tolstói – como, por exemplo, o narrador de *A Sonata Kreutzer* – possuem uma humanidade no sofrimento e uma assertiva moral que os situam em mundos separados do masoquismo bilioso do homem subterrâneo. As diferenças lampejam belamente ao longo de um diálogo entre Apemantus e o decadente Timão de Shakespeare. Mesmo quando o último é reduzido ao ódio e ao autoescárnio, parece como se o "ar desolado" tivesse aquietado seu "ministro rude".

A filosofia de Tolstói, por toda sua rejeição aos acadêmicos e aos idealistas, é profundamente racionalista. Durante toda sua vida ele buscou um princípio unificador através do qual a individualidade múltipla da experiência observada pudesse se reconciliar com uma apreensão

UM ENSAIO SOBRE O VELHO CRITICISMO   169

de ordem. A homenagem de Dostoiévski ao absurdo, o seu ataque à mecânica comum da tautologia e definição, teria parecido a Tolstói uma loucura rabugenta. Tolstói era, na definição de Vyazemsky, um "negativista". Mas suas negações eram choques axiais para escavar uma clareira de luz. Sua representação da vida culmina em humanismo, naquele "Sim" final do solilóquio de Molly Bloom. Em seu diário de 19 de julho de 1896, Tolstói registrava a visão de uma moita de bardana no meio de um campo arado; um tiro estava vivo.

> Preto de pó, mas ainda vivo e vermelho no centro. Isso me faz querer escrever. Ele afirma a vida até o fim e solitário, no meio do campo inteiro, de um modo ou outro afirmou isso.

O narrador de *Memórias do Subsolo* expressa através de seus atos e linguagem um "Não" final. À época em que Tolstói observava a Górki que Dostoiévski "deveria conhecer os ensinamentos de Confúcio ou dos budistas; que o acalmariam", o homem subterrâneo deve ter cavado sarcasticamente em sua caverna. Nossa época forneceu substância à sua derrisão. O *univers concentrationnaire* – o mundo dos campos de morte – confirma além da negação as intuições de Dostoiévski sobre a selvageria dos homens, sua inclinação, tanto como indivíduos como hordas, para gravar dentro de si as brasas da humanidade. O narrador subterrâneo define sua espécie como "Uma criatura que caminha sobre duas pernas e é desprovida de gratidão". Tolstói também percebeu que não havia abundância de gratidão, mas no lugar de "criatura" ele teria sempre escrito "homem".

Pensar nele, às vezes, como antiquado, marca a profanação do nosso estado.

4.

> *O julgamento de uma obra de arte através de padrões artísticos ou religiosos, o julgamento de uma religião através de padrões artísticos ou religiosos deve resultar finalmente no mesmo: embora seja um fim ao qual nenhum indivíduo consegue chegar[1].*
>
> *Notes Towards the Definition of Culture*, T. S. ELIOT

Os antropólogos e historiadores da arte sabem que os mitos se transformam em estátuas e estátuas geram novos mitos. As mitologias, credos, imagens do mundo ingressam na linguagem ou no mármore; os movimentos interiores da alma, que Dante denominou de *moto spirital*, são concebidos pelas formas da arte. Mas no ato da concepção, a mitologia será alterada ou recriada. Quando Sartre afirmava que as técnicas de um romance nos remetem a um sistema metafísico, a uma filosofia da experiência subjacente, ele apontava unicamente para uma direção em um duplo ritmo. A metafísica do artista antecipa-nos sobre as técnicas de sua arte. É com as técnicas que temos, até agora, nos preocupado – com o modo épico nos romances de Tolstói e com os elementos do drama em Dostoiévski. Nesse capítulo final, deverei abordar as crenças e mitologias por trás dessas formas exteriores.

---

1. To judge a work of art, by artistic or by religious standards, to judge a religioun by artistic or religious standards should come in the end to the same thing; though it is an end at which no individual can arrive.

Mas ao afirmarmos "por trás", ao sugerirmos que um romance possa ser um aspecto ou uma máscara de uma doutrina filosófica, estaremos incorrendo em erro. A relação entre filosofia e expressão é, em todos os tempos, recíproca e dinâmica. A imagem menos inadequada disso pode ser encontrada na dança (e foi por isso que o renascimento considerou a dança como uma alegoria da criação): o dançarino traduz para a fala do movimento a meditação sobre a paixão ou a realidade – as metafísicas são traduzidas em técnicas pela coreografia. Mas a cada momento da dança, as formas e a eloquência do gesto engendram novas percepções, novas mitologias. O prazer, nascido na mente, atinge o auge da onda corpórea; mas o estilo formal, as particularidades do gesto jamais repetido, são por si mesmas criadoras de mito e êxtase. Quando Hazlitt nos conta que Coleridge passava continuamente de uma calçada a outra enquanto Wordsworth compunha quando andava se equilibrando em linha reta, ele está nos oferecendo uma parábola de como a forma e o conteúdo atuam uma sobre o outro em contínua reciprocidade.

Mitologias são as formas que buscamos impor, por meio da vontade ou do desejo ou na sombra dos nossos temores, na alteridade do caos incontrolável da experiência. Elas não são, como lembra I. A. Richards em *Coleridge on Imagination*, meros devaneios, mas "a elocução da totalidade da alma do homem e, como tal, infatigável à meditação. Sem as suas mitologias o homem é somente um animal cruel sem uma alma [...] um conglomerado de possibilidades sem ordem e sem objetivo".

Tais mitologias ("metafísicas" no vocabulário de Sartre, *Weltanschauungen* no da crítica alemã) podem ser de ordens diversas: políticas, filosóficas, psicológicas, econômicas, históricas ou religiosas.

Os romances de Aragon e as peças de Brecht, por exemplo, são representações, através de eventos imaginários, da mitologia política e econômica do marxismo. Do ponto de vista do marxismo, suas virtudes encontram-se na explicitude e na fidelidade com que elas reencenam os mitos oficiais. Do mesmo modo, há mitologias do *élitisme* (como, por exemplo, nas ficções e nos dramas de Montherlant). O romance de Lionel Trillin, *Em Meio à Jornada*, atualiza uma mitologia liberal. Parte da estratégia dessa fábula delicada encontra-se em seu título: junto ao eco de Dante, devemos lembrar que o liberalismo reinvindica o "andar do meio".

O *De Rerum Natura* (Das Obras da Natureza) de Lucrécio, o *Essay on Man* (Ensaio sobre o Homem) de Pope, e *Alastor* de Shelley são incorporações da poesia e recriações, por meio da poesia, de metafísicas particulares. Ao julgá-las, detemo-nos mais na harmonização do instrumento poético com a visão de mundo abstrata do que nos méritos específicos do atomismo ou do neoplatonismo romântico. Uma resposta comparável é mencionada a respeito do tratamento da filosofia de Schopenhauer nos primeiros romances e contos de Thomas Mann.

UM ENSAIO SOBRE O VELHO CRITICISMO 173

Vários mitos da psicologia têm um papel importante na arte moderna. Falamos dos romances "freudianos"; há poetas que evocam em sua prosódia as mediações deslocadas do subconsciente; através de seu próprio meio, os pintores buscaram visualizar o mundo-símbolo da mente aleijada ou desnuda. Mitologias de tal ordem não são nenhuma novidade; elas começaram com as primeiras tentativas dos homens em racionalizar suas apreensões da alma. A mitologia dos "humores" e da influência astral atua poderosamente nas caracterizações do drama elisabetano. *O Alquimista* de Ben Jonson e *A Duquesa de Malfi* de Webster são representações, através das técnicas do teatro, de imagens particulares da consciência humana. Distintas imagens – mitos alternados – encontram-se implícitos nas comédias de Molière ou nos "Provérbios" de Goya.

Uma outra distinção deve ser observada: há mitologias cujas formas de conteúdo conceitual e simbólico são privadas e únicas. Blake e Yeats desenvolveram corpos de mitos altamente complexos e idiossincráticos. Em contraste, existem grandes mitologias que foram reunidas e codificadas por longos períodos da história e que pertencem à herança de formação do poeta. Foi assim que Dante trabalhou, no interior das mitologias estabelecidas da Idade Média latina.

Mas toda mitologia, ainda que tradicional, é transmutada pela alquimia do artista particular e pelos materiais e técnicas da forma artística particular. Brecht foi acusado de formalismo por seus censores precisamente porque seu estilo dramático pessoal tendia a questionar, por meio do riso, ou liberalizar através do *pathos*, a "mensagem" proletária oficial. Segundo os preceitos marxistas, um artista deveria portar, com precisão sem desvio, a mitologia reinante; os passos da dança, ou ao menos os seus limites precisos, são traçados no chão do palco. A questão é se a grande arte consegue florescer desse modo, pois o verdadeiro poeta é sempre um modificador e inventor de mitos. O tomismo de Dante foi, em aspectos notáveis, de Dante. A mitologia tomística entrava no poema, mas refratada pelo meio especial da linguagem e prática poética de Dante. Mesmo que o "verso" de um arquiteto particular modele as formas da percepção, também a prosódia – *terza rima*, o *couplet* heroico, o alexandrino – fornece contornos particulares às formas da razão.

O exemplo mais puro, no âmago da linguagem, do intertexto entre mitologias e técnicas de expressão pode ser encontrado nos diálogos platônicos. Esses diálogos são poemas da mente, quando a mente está na condição de drama. Na *República*, no *Phaedo* ou no *Symposium*, o procedimento dialético, o choque e julgamento do argumento, é direcionado a cada tensão do questionamento dado pelo dramático do encontro humano. A contenda filosófica e percepção dramática são inseparáveis. Ao realizar esse grau de unidade, Platão aproximou muito sua metafísica da unidade da música, pois na música conteúdo e forma (mitologia e técnica) são idênticos.

174   TOLSTÓI OU DOSTOIÉVSKI

Em uma obra de arte, várias mitologias podem ser percebidas concomitantemente. As *Memórias do Subsolo* incorporam tanto um mito filosófico – a rebelião contra o positivismo – como um mito psicológico, a descida do homem aos lugares sombrios da alma. Em *Guerra e Paz* encontramos um conflito de mitologias: uma voz proclama o mito da história impessoal e incontrolável, a outra, com sua cadência homérica, invoca uma mitologia clássica, heroica do valor pessoal e do impacto dos indivíduos no decorrer dos eventos.

As mitologias centrais nas obras e vidas pessoais de Tolstói e Dostoiévski são religiosas. No decorrer de suas vidas, os dois romancistas lutaram com o anjo, cobrando dele um mito coerente de Deus e uma avaliação verificável do papel de Deus no destino do homem. As respostas que eles obtiveram de seu questionamento passional são, se eu os compreendo corretamente, irreconciliáveis. As metafísicas de Tolstói e Dostoiévski se opõem mutuamente como a morte e o sol da famosa imagem de Pascal a respeito do eterno antagonismo. Além do mais, elas prefiguram uma divisão radical de intenção, que se encontra subjacente nas guerras ideológicas e quase religiosas do século xx. A contrariedade entre as interpretações tolstoianas e dostoievskianas do mundo e da condição do homem são encarnadas em, e expressas através de, seus métodos contrastantes enquanto escritores de ficção. As mitologias irreconciliáveis apontam para formas de arte contrastantes.

Em seu valioso livro *Le Dieu caché* (O Deus Oculto), Lucien Goldmann estabelece uma concordância sustentada entre uma imagem jansenista de Deus e a concepção da tragédia nas peças de Racine. Não tenho esperança de ser tão rigoroso. Minha evidência, particularmente a respeito das afinidades enigmáticas entre a teologia tolstoiana e a imagem de mundo do romance tolstoiano, é de uma natureza experimental e preliminar. Com Dostoiévski, creio que nos encontramos em solo seguro. Mas mesmo aí, as correspondências entre metafísica trágica e arte trágica precisam ser interpretadas com a máxima cautela.

Contemporaneamente, achamos difícil responder plenamente à arte religiosa. Nossa época saúda a banalidade e a religiosidade difusa dos pseudoteólogos, e grandes massas se juntam para ouvir as trivialidades confortantes dos profetas matutinos e dos mascates da salvação. Mas nossas mentes empacam diante das asperezas sutis da doutrina tradicional, da aridez e da exigente ciência de Deus praticada em uma teologia disciplinada. Como o professor Kitto afirma:

> Nem hoje em dia, nem por alguns séculos passados mantivemos contato imediato e imaginativo com a cultura religiosa – com seus hábitos mentais, seus naturais meios de expressão.
>
> Podemos refletir sobre o que acontece conosco desde a época elisabetana. Esta não perdeu contato com a Idade Média tardia; e o drama dessa época era encenado, literalmente, não em dois níveis, mas em três: Céu, Terra e Inferno, lado a lado. Tratava-se

UM ENSAIO SOBRE O VELHO CRITICISMO   175

de um drama com a mais ampla referência. Mas a sucessiva Idade da Razão perdeu completamente o contato com aquela[2].

O romantismo reagiu contra essa alienação. Mas, ao invés da retomada de uma apreensão orgânica da experiência religiosa, o século XIX fez surgir teorias confusas e, às vezes, totalmente errôneas sobre as relações entre religião e arte. À Idade da Razão seguiu-se uma época na qual ao menos um grande poeta conseguiu equacionar a verdade com a beleza. A essência da confusão está contida no famoso pronunciamento de Matthew Arnold em *The Study of Poetry* (O Estudo de Poesia):

> Nossa religião se materializou por si mesma no fato, no fato suposto; ela relaciona suas emoções ao fato, e agora o fato está lhe faltando. Mas para a poesia a ideia é tudo; o resto é um mundo de ilusão, de divina ilusão. A poesia relaciona sua emoção à ideia; a ideia é o fato. O aspecto mais forte de nossa religião hoje em dia é sua poesia inconsciente.

Inevitavelmente, essa identificação entre doutrina e estética levou às "religiões artísticas" do final do século XIX. A teoria de Arnold foi levada às últimas consequências por Wagner. Em seu ensaio sobre *Religião e Arte*, Wagner declarava que os artistas salvariam a religião por meio de suas recriações sensuais dos símbolos religiosos antigos, que perderam sua posse sobre o espírito moderno. Endereçados ao espírito atordoado pela mágica de *Parcifal*, os emblemas de origem da Cristandade revelariam, mais uma vez, "sua verdade oculta".

A "poesia inconsciente" de Arnold e a *ideale Darstellung* (representação ideal) de Wagner (dos quais ambos são exemplos representativos de uma corrente intelectual dominante) possuem pouco em comum com a religião, como Dante e Milton entendiam. Eles não conseguiam, de modo algum, contribuir para uma estrutura coerente de fé e *gnosis*. Apesar de *Parsifal*, as casas de ópera não se tornaram templos. O caráter consagrado da cena ateniense e medieval era incapturável até mesmo em Bayreuth.

Em nossa época, há tentativas de restabelecer um "contato imediato e imaginativo" com as culturas religiosas genuínas do passado. Por meio da antropologia e do estudo do ritual, Frazer e seus discípulos têm confirmado a noção de que o drama surgiu dos ritos sagrados planejados para assegurar o renascimento do ano morto. Os acadêmicos têm mantido em seu estudo de Shakespeare a busca pelas "formas rituais" que "espantam e assombram a peça, qualquer que seja o argumento, como os antigos fantasmas tradicionais"[3]. Essa espécie de pesquisa enriqueceu nosso sentimento pelo drama grego e medieval; ela tem nos fornecido chaves para os aspectos mais enigmáticos

2. H. D. F. Kitto, *Form and Meaning in Drama*.
3. J. E. Harrison, *Ancient Art and Ritual*

das peças tardias de Shakespeare. Mas a abordagem antropológica é limitada em escopo e pertinência; não joga muita luz sobre os gêneros não dramáticos e é realmente relevante somente ao drama arcaico, em época ou em estilo.

Exilada dos hábitos mentais prevalentes pelo racionalismo e pelas "filosofias científicas" do materialismo, a sensibilidade religiosa assumiu formas oblíquas e subterrâneas. A psicologia e a psiquiatria seguem suas pistas no limiar do inconsciente. Munidos de provas psicológicas, os críticos modernos leem em profundidade e frequentemente elaboram sondagens brilhantes. Mas, novamente, essa espécie de apreensão se aplica somente a certas escolas e tradições de literatura. Melville, Kafka e Joyce, por exemplo, foram cabalistas. Suas práticas de retórica retrocedem para dentro, na direção de um significado protegido e muito desse significado pode ser qualificado como religioso. Mas seria incorreto esse modo de abordar – "decodificar", como se fosse – obras nas quais os poderes formais do sentimento religioso ou os materiais da teologia estão explícitos e têm sido formulados em termos tradicionais.

Em suma: a antropologia e as magias negras do psiquiatra nos possibilitam reconhecer alusões aos cultos de fertilidade em *A Terra Devastada* ou em versões ambíguas dos *rites de passage* nos contos de caçada de Faulkner. Mas elas não colaboram minimamente para a compreensão da estrutura teológica de *Paraíso Perdido*; elas não dizem nada sobre as gradações de luz por meio da qual Beatriz se aproxima de Dante no Canto XXX do *Purgatório*. Na realidade – e esse é o ponto crucial – o estudo comparativo do ritual e das anatomias da mente do século XX, com seus modos abertos e naturais de expressão, tornam ainda mais difícil para nós respondermos a uma sensibilidade religiosa. O ideário em torno do qual a literatura e a vida do intelecto gravitavam, de Ésquilo a Dryden – teodiceia, graça, danação, profecia, e o paradoxo do livre-arbítrio – tornou-se, para a maior parte do público contemporâneo, um mistério indiferente ou relíquias de uma linguagem morta.

Confrontada com esse legado de confusão e ignorância, a teoria crítica moderna tem desenvolvido o que pode se chamar de uma técnica de separação. A afirmação crucial ocorre em *A Crítica Prática* de I. A. Richards: "a questão de crença ou descrença, no sentido intelectual, nunca surge quando estamos lendo bem. Se surgir desafortunadamente, paramos o momento da leitura e nos tornamos astrônomos, ou teólogos, ou moralistas, pessoas engajadas em um diferente tipo de atividade".

Mas será que somos capazes de preservar tal neutralidade realmente? Como destaca Cleanth Brooks, o poema ou o romance nunca é autônomo. Abordamos um texto do exterior e carregamos conosco uma bagagem de crenças prévias. O ato da leitura implica em nossas

UM ENSAIO SOBRE O VELHO CRITICISMO

memórias e na totalidade de nossa consciência. Em seu comentário sobre Dante, T. S. Eliot admite que um católico pode apreender o poema mais facilmente do que um agnóstico, mas argumenta, como faria Richards, que isso é "uma questão de conhecimento e ignorância, não de crença ou ceticismo". Será que podemos dissociar o conhecimento da crença? Um marxista lerá uma peça de Brecht diferentemente de um não marxista, embora eles possam ter igual intimidade com o material e com o processo dialético. O conhecimento é o prelúdio da crença e arrasta a última consigo. Um espírito neutro genuíno, além do mais, estaria fechado a essa ordem de literatura na qual se faz o apelo direto às nossas convicções. Nem o *Phaedo* nem *A Divina Comédia* têm a pretensão de nos manter imparciais. Essas obras cortejam nossas almas com seus argumentos. Muito da grande arte exige a crença. O que precisamos almejar é tornar nossas imagens tão liberais quanto for possível para que possamos responder com conhecimento escrupuloso e apreensão caridosa à mais ampla gama de persuasões.

Mas será que esses problemas de arte e religião são relevantes ao romance moderno?

Afirma-se frequentemente que a concepção de mundo do romance é predominantemente secular. O predomínio da ficção europeia em prosa durante o século XVIII não pode ser separado do concomitante declínio do sentimento religioso. O romance prevaleceu de acordo com uma interpretação racionalista e essencialmente social da realidade. Ao submeter o seu tratado de mecânica celeste a Napoleão, Laplace observou que aí não havia necessidade "da hipótese de Deus". Também não havia necessidade real disso no mundo de Moll Flanders e no de Manon Lescaut. Balzac, que juntamente com Sir Walter Scott marcou um território para o ofício da ficção moderna, definiu o conteúdo apropriado de um romance como "o da história e da crítica da sociedade, da análise de seus males e da discussão de seus princípios". Ao fazê-lo, ele percebeu que áreas significantes haviam sido omitidas. Repetidamente, ele procurou trazer a religião e a experiência transcendente à *Comédia Humana*. Mas suas realizações no veio secular suplantaram de longe experiências como *Jesus Cristo em Flandre* e *Serafita*

Um dos sonetos mais nobres de Wordsworth nos diz que o mundo pode ser demais para um homem. Os descendentes de Balzac – Flaubert, Henry James, Proust – afirmam o contrário. Eles declaram que o mundo não pode ser demais para um romancista; ou, em sua concretude e profusão secular, o mundo é a matriz de sua arte. Até o final do século, além do mais, a rica intimidade com os valores e o vocabulário da religião, que modelou as mentes de escritores como Coleridge e George Eliot, passara de movimento geral para reserva de teólogos e acadêmicos. Como consequência, o tratamento de temas religiosos no decorrer da mais importante tradição do romance europeu

178   TOLSTÓI OU DOSTOIÉVSKI

tende a ser romântico, como em *Taís* de Annatole France, ou social e político, como em *Rome* de Zola. *Madame Gervaisais*, dos Goncourts, e *Robert Elsmere* de Mrs. Humphry Ward (que tanto perturbou Mr. Gladstone) são exceções à regra. Como afirmava André Gide, a ficção ocidental é social; ela retrata as inter-relações dos homens na sociedade, "mas nunca, ou quase nunca, uma relação do homem consigo mesmo ou com Deus"[4].

O extremo oposto é verdadeiro para Tolstói e Dostoiévski. Eles eram artistas religiosos no sentido dos construtores de catedrais, ou de Michelangelo quando trabalhava em sua imagem de eternidade na Capela Sistina. Eles eram possuídos pela ideia de Deus e percorreram suas vidas como os caminhos de Damasco. A ideia de Deus, o enigma de Seu ser, capturara suas almas com força inconsciente e constrangedora. Em sua orgulhosa humildade feroz, eles se consideravam não como mero inventores de ficção, ou homens de letras, mas como videntes, profetas, vigias da noite. "Eles buscam a salvação", escrevia Berdiaiev, "que é a característica dos escritores russos criativos, eles buscam salvação [...] eles sofrem pelo mundo"[5].

Seus romances são fragmentos de revelação. Eles nos falam como Laerte fala a Hamlet, "Tenha consigo agora", e mobilizam nossas convicções mais íntimas no julgamento mortal. Quando lemos bem Tolstói e Dostoiévski (parafraseando Richards), surgem incessantemente as questões da fé ou da descrença, não por "falha" deles ou nossa, mas por sua grandeza e nossa humanidade.

Como, então, devemos lê-los? Como lemos Ésquilo e Dante em vez de, digamos, Balzac ou mesmo Henry James. Ao comentar que o final de *A Taça de Ouro* se aproxima muito de um romance religioso, Fergusson escreve: "Maggie não possui mais um Deus para se referir ao Príncipe, não mais como James possuía"[6]. Tal referência a Deus e sua assombrosa proximidade com a vida da alma são o próprio centro e fundamento da arte dos mestres russos. A cosmologia de *Anna Kariênina* e d'*Os Irmãos Karamazov*, como a retratada na cena da antiguidade e do medievo, está aberta para a direção do perigo da danação e para a do mistério da graça. Não se pode afirmar o mesmo a respeito do mundo de *Eugénie Grandet*, *Os Embaixadores*, ou *Madame Bovary*. Essa é uma constatação não de valor, mas de fato. Tolstói e Dostoiévski cobram de nós hábitos de sensibilidade e formas de compreensão que, na totalidade, estiveram ausentes da literatura europeia depois de meados do século XVII. Dostoiévski propõe um problema adicional; sua concepção de mundo é macerada no vocabu-

4. A. Gide, *Dostoievsky*.
5. N. A. Berdiaev, *L'Ésprit de Dostoievski*.
6. F. Fergusson, *The Golden Bowl* Revisited, *The Human Image in Dramatic Literature*.

UM ENSAIO SOBRE O VELHO CRITICISMO

lário e simbolismo de uma versão semi-herética da ortodoxia oriental. A maior parte dos leitores ocidentais tem pouco conhecimento do seu material primário.

Um crítico contemporâneo afirmou que literatura e religião, "com suas diferentes autoridades e diferentes revelações", nos fornecem as principais "formas teóricas" e imagens de nossas vidas[7]. Elas fornecem à nossa visão de mortalidade talvez o seu único foco durável. Em ocasiões eminentes, como as de *Oréstia*, da *Divina Comédia*, e os romances de Tolstói e Dostoiévski, essas autoridades e revelações são reunidas em uma única couraça. Sua conjunção – a abordagem do logos pelas duas grandes avenidas da razão – foi celebrada no início da Idade Média pela inclusão no calendário da Igreja de um São Virgílio-Poeta. É sob seu patronato que devo proceder.

II.

A história espiritual de Tolstói e do desenvolvimento do cristianismo tolstoiano tem sido frequentemente mal interpretada. A condenação da literatura por Tolstói, no inverno de 1879-1880, foi tão enfática a ponto de sugerir uma dissociação radical entre duas eras de sua vida. Presentemente, a maior parte das ideias e crenças expostas pelo Tolstói tardio aparece em seus primeiros escritos e a substância viva de sua moralidade encontrava-se claramente discernível durante os anos de aprendizado. Como destaca Shestov, em seu ensaio sobre *Tolstói e Nietzsche*, o fato extraordinário não é o contraste aparente entre o Tolstói inicial e o tardio, mas antes a unidade e consequência do pensamento tolstoiano.

Entretanto, seria também errôneo destacar três capítulos da vida de Tolstói – um período de criação literária circunscrito a um lado ou outro por décadas de atividade filosófica e religiosa. Em Tolstói, não é possível separar os dois poderes modeladores; o moralista e o poeta coexistem em proximidade angustiada e criativa. No decorrer de sua carreira, o impulso religioso e o artístico lutaram pela supremacia. A batalha foi particularmente aguda na época em que Tolstói estava no meio da criação de *Anna Kariênina*. Em um momento, seu espírito vasto inclinava-se para a vida da imaginação; em outro, pendia para o que Ibsen chamou de "clamores do ideal". Tem-se a impressão de que Tolstói encontrava tranquilidade e equilíbrio somente por meio da ação física e no jogo selvagem da energia física; pela exaustão do corpo ele conseguia silenciar momentaneamente o debate furioso em sua mente.

Em *The Hedgehog and The Fox* (O Ouriço e a Raposa), Isaiah Berlin fala de Tolstói:

---

7. R. P. Blackmur, Between the Numen and the Moha, *The Lion and the Honeycomb*.

180 TOLSTÓI OU DOSTOIÉVSKI

Seu gênio encontra-se na percepção de propriedades específicas, a qualidade individual quase inexpressiva em que o dado objeto é unicamente diferente de todos os outros. Mesmo assim ele almejou um princípio universal explicativo; que é a percepção das semelhanças ou origens comuns, ou meta única, ou unidade na aparente variedade dos fragmentos e pedaços mutuamente exclusivos que compõem a mobília do mundo.

A percepção do específico e integral é a marca característica da artesania de Tolstói, de sua concretude sem rival. Em seus romances, cada peça da mobília do mundo é distinta e permanece com solidez individual. Mas, ao mesmo tempo, Tolstói foi possuído pela fome da compreensão última, pelo desfecho totalmente inclusivo e justificado dos caminhos de Deus. Foi essa fome que o impeliu para seus trabalhos polêmicos e exegéticos.

Em raros momentos de experiência sensual, ou pela lembrança dos prazeres naturais, Tolstói harmonizou seus impulsos provocadores. Mas, ao final, a polaridade do seu gênio requeria esforços intoleráveis. Ele se dispôs, no escuro da razão, a descobrir a visão final da reconciliação. Por três vezes, em *Anna Kariênina*, as plataformas da ferrovia são o palco de ações momentâneas. A escolha foi profética, e em Astapovo a vida de Tolstói terminou como imitação de sua arte.

Essa coincidência entre realidade imaginada e experienciada simboliza o padrão cíclico da evolução de Tolstói, a recorrência de um pequeno número de temas decisivos e de ações emblemáticas. Em seu *Journées de lecture* (Jornadas de Leituras) Proust destacou: "Apesar de tudo, parecia que Tolstói repetia a si mesmo em suas criações visivelmente inesgotáveis; aparentemente ele tinha à sua disposição uns poucos temas somente, disfarçados e renovados, mas sempre idênticos".

O motivo é que a exigência de unidade, de revelação do significado total, encontra-se subjacente à arte de Tolstói, mesmo onde sua percepção sensual é mais entranhada na desatada diversidade da vida.

Os principais temas estavam explícitos desde o início. Em janeiro de 1847, com dezenove anos somente, Tolstói escreveu leis de comportamento que claramente prefiguram os maduros preceitos do cristianismo tolstoiano. No mesmo mês, ele iniciava seu diário – o testemunho de toda vida do diálogo entre o espírito de exatidão e a carne rebelde. Também durante aquele inverno, ele tentou melhorar a condição de seus camponeses. Em 1849, Tolstói fundou, em sua propriedade, uma escola para crianças camponesas e fez experiências com teorias pedagógicas similares àquelas que ocupariam sua velhice. Em maio de 1851, ele registrou em seu diário que a vida da alta sociedade de Moscou o revoltava; lemos que seu espírito estava acossado por "uma luta interior constante". Em setembro do ano seguinte, Tolstói começou a escrever uma primeira versão de *A Manhã de um Proprietário de Terras*; nada expressa mais habilmente a unidade de seus esforços do que o fato de o herói ter o mesmo nome do herói de *Ressurreição*. Príncipe Nekhlioudov está presente no início e no fim

UM ENSAIO SOBRE O VELHO CRITICISMO

da carreira literária de Tolstói; em ambos os extremos ele é acossado por similares dilemas religiosos e morais.

Em março de 1855, Tolstói formulava explicitamente a filosofia que iria lhe nortear até o momento de sua morte. Ele concebia, a partir de uma "reflexão estupenda", a fundação de uma nova religião que correspondia ao estado presente da humanidade: a religião de Cristo, mas purgada dos dogmas e do misticismo, que prometia não uma felicidade futura, mas uma felicidade na terra. Esse é o credo tolstoiano; as obras que ele escreveu e publicou depois de 1880 são meras elaborações disso.

Mesmo antes de produzir seus maiores romances, Tolstói havia considerado a rejeição às *belles lettres* como um todo. Em novembro de 1865, ele expressava profundo desgosto pela "vida literária" e pelo meio social no qual ela florescia. No mesmo mês, ele escreveria uma carta a Valeria Arsenyeva (com quem ele se considerava comprometido); aí encontramos um preceito quase trágico, mas arquitolstoismo: "Não se desespere por tornar-se perfeita".

Os fundamentos de seu programa maduro de reforma religiosa e moral foram dispostos no período de março de 1857 até o final de 1861. Em abril de 1857 (novo estilo), em Paris, Tolstói testemunhou uma execução. Ele deixou a cidade com uma sensação de ultraje; sua reverência à vida fora cruelmente afrontada. Ele formulou a consequência de que "o ideal é o anarquismo", e escreveu ao crítico russo Botkin:

> Vejo muitos sinais severos e terríveis na guerra bem como no Cáucaso, mas ainda que eles tivessem despedaçado um homem diante dos meus olhos, o choque não seria tão terrível como a visão dessa máquina engenhosa e elegante pela qual um jovem, forte e saudável, ficava reduzido à morte em um instante. Estou decidido em uma questão: desse dia em diante não somente não assistirei a nenhum desses espetáculos, mas nunca novamente, sob nenhuma circunstância, prestarei serviço para qualquer forma de governo.

Em outubro de 1859, Tolstói informava a Chicherin, o conhecido editor e reformador, sobre sua renúncia à literatura de uma vez por todas. A morte de seu irmão, um ano depois, parecia confirmar sua decisão. Em 1861, ele discutiu amargamente com Turguéniev, a quem ele tendia considerar como o campeão da arte pura e mundana, e mergulhou em um estudo sistemático sobre educação.

Em sua *Confissão*, o romancista nos informa que a visão da guilhotina e a morte de Nicolas Tolstói foram os dois impulsos cruciais ao seu despertar religioso. É interessante lembrar que duas experiências precisamente análogas – a execução pública e a morte do irmão – foram instrumentais na "conversão" de Dostoiévski. A passagem em *Uma Confissão* remete ao relato do príncipe Mishkin sobre seu testemunho da execução de um criminoso diante de uma multidão pasmada em Lyon. Tolstói expressou sua crise interior por meio de uma imagem tradicional, ainda assim capaz de refletir suas memórias do Cáucaso ou uma leitura de Dante: "Em minha procura por respostas para as questões da vida, eu experimentei justamente o que é sentido por um homem perdido em uma floresta". Mas, ao invés de entrar no Inferno ou voltar-se de vez à teologia, Tolstói começou a reunir anotações para "um livro sobre o período de 1805". Esse viria a ser *Guerra e Paz*.

Desse modo, podemos afirmar que os romances de Tolstói são erigidos sobre uma fundação de forças morais e religiosas que, pelo menos algumas, são hostis à literatura. As austeridades associadas ao Tolstói tardio – a denúncia das *belles lettres*, a convicção de que faltava à maior parte da arte seriedade moral, a suspeita da beleza – eram características de sua visão muito antes da criação de suas principais obras. Em *Guerra e Paz* e *Anna Kariênina* uma imaginação não perfeitamente liberada acumulava dúvidas corrosivas relativas à validade da arte. Como Tolstói perseguia suas questões sobre o sentido da vida humana, sobre suas autênticas finalidades, essas dúvidas ganhavam força. "O pensamento que, entre outros, mais frequentemente e conspicuamente o remói", afirmava Górki, "é o pensamento de Deus". Em *Ressurreição* esse pensamento arde com fulgor intolerável e simplesmente consome a estrutura da narrativa.

Foi a peculiar tragédia de Tolstói que o teria induzido a considerar seu gênio poético como corrupto e como um agente de julgamento. Por sua compreensão e vitalidade, *Guerra e Paz* e *Anna Kariênina* fragmentaram ainda mais uma imagem de realidade da qual Tolstói estava determinado a descobrir um único sentido e uma coerência perfeita. Esses romances haviam oposto a desordem da beleza à sua procura desesperada pela pedra filosofal. Górki o considerava um alquimista idoso e confuso: "O velho mágico permanece diante de mim, alheio a tudo, um viajante solitário por todos os desertos do pensamento em busca de uma verdade completamente abrangente que ele não encontrou".

A travessia pelos desertos havia claramente começado antes das duas décadas nas quais Tolstói pareceu viver mais plenamente a vida da imaginação. Mas será que podemos afirmar que *Guerra e Paz* e *Anna Kariênina* refletem verdadeiramente a angústia metafísica de Tolstói? Será que esses romances não são típicos da perspectiva secular dominante da ficção do século XIX?

Qualquer um familiarizado com a vida pessoal de Tolstói e com a história de sua mente se sensibilizará – talvez demais – com as implicações problemáticas e doutrinais inerentes a tudo que ele escreveu. Apreendidos na totalidade do seu contexto, os romances e contos têm o papel de tropas poéticas e de mitos exploratórios em uma dialética essencialmente moral e religiosa. Eles são etapas da visão no decorrer da longa peregrinação. Mas se colocarmos *Ressurreição* de lado, fica claro que os temas religiosos e atos de caráter religioso ocupam um

UM ENSAIO SOBRE O VELHO CRITICISMO

lugar secundário na ficção tolstoiana. Tanto *Guerra e Paz* como *Anna Kariênina* são imagens do mundo empírico e crônicas de obras e épocas temporais humanas.

Até um olhar momentâneo em Dostoiévski oferece uma nota contrastante. Nos romances de Dostoiévski, as imagens e situações, os nomes dos personagens e seus hábitos de fala, os termos gerais de referência, e as qualidades da ação são prevalentes e dramaticamente religiosos. Dostoiévski retratava os homens nas crises de fé ou negação, e frequentemente é pela negação que seus personagens suportam o testemunho mais forçoso das incursões de Deus. "Quem for tentar lidar com o elemento religioso na obra de Dostoiévski, logo percebe que tomou como objeto não menos do que a totalidade do universo dostoievskiano"[8]. O mesmo não se pode afirmar de Tolstói. Pode-se ler *Guerra e Paz* e *Anna Kariênina* como os mais proeminentes romances históricos e sociais somente com uma vaga consciência do seu sentido filosófico e religioso.

Para a maioria dos críticos, o proeminente aspecto da arte de Tolstói tem sido o da sua vitalidade sensual, sua vívida e detalhada imagem da vida militar, social e rural. Afora o tormento bem desenhado da sua própria enfermidade, Proust considerava Tolstói como um "Deus sereno". Thomas Mann considerava-o, como a Goethe, um favorito da natureza, um olímpico agraciado de saúde inesgotável. Ele invocava "a obrigatória sensualidade da épica tolstoiana", seu gozo helênico no jogo da luz e do vento. Como temos observado, os críticos russos de um grupo religioso formulavam uma inferência mais radical: Merezhkovski declarava que Tolstói possuía a alma de "um pagão nascido", e Berdiaiev argumentava que "por toda sua vida Tolstói procurou por Deus como um pagão o procura".

Devemos supor que a imagem convencional de Tolstói é, afinal, acurada? Será que houve uma ruptura decisiva (possivelmente no período de 1874 a 1878) entre o criador "pagão" de *Guerra e Paz*, o ascético cristão de *Ressurreição* e os últimos anos? Não creio. A biografia de Tolstói e o registro que ele nos deixou de sua vida espiritual dão a impressão de uma unidade implícita. Se estivermos corretos ao supor que *Guerra e Paz* e *Anna Kariênina* estão mais próximos de Homero do que de Flaubert, então a noção de paganismo não é inesperada; na realidade, ela se torna uma parte vital da metafísica à qual as analogias entre Homero e Tolstói nos referem. Há elementos pagãos no cristianismo tolstoiano, e particularmente na imagem de Deus de Tolstói; se a *Ilíada* e *Guerra e Paz* são comparáveis no terreno formal (como consideramos que são), então suas mitologias governantes também se comparam. Mantendo nossa atenção atenta e descompromissada, creio que poderemos perceber que o paganismo e o cristianismo tolstoianos não

8. R. Guardini, *Religiöse Gestalten in Dostojewskis Werk*.

são diametralmente opostos, mas atos sucessivos e inter-relacionados no drama de uma única inteligência. *Guerra e Paz*, *Anna Kariênina*, os contos dos primeiros anos e dos meados, sensuais, magnificamente serenos em seu efeito, foram, no entanto, pioneiros e preparatórios da teologia sacrificial de Tolstói. Eles estabelecem a imagem de mundo que essa teologia procurará interpretar. Inversamente, as doutrinas do Tolstói tardio levam à loucura de premissas conclusivas que se encontravam nos escritos do seu período áureo.

Quando consideramos as modulações a partir do pensamento abstrato à personificação artística e das formas poéticas às novas mitologias, tendemos à simplificação. Enxergamos linhas retas e sequências diretas onde há, na realidade, arabescos. É por isso que o testemunho de Górki, ele mesmo um criador de formas, é tão sem valor. Ele afirma a respeito de Tolstói: "ninguém foi mais complicado, contraditório, e grandioso em tudo – sim, em tudo. Grandioso em certo sentido curioso, amplo, indefinível por palavras, existe algo nele que me faz desejar gritar alto a todo mundo: "Vejam o homem maravilhoso que habita a terra!".

Sem dúvida, uma natureza contraditória, mas também alguém que estava estranhamente unificado e tinha em seu centro um antigo dilema: Deus é um criador – o poeta da arquimitologia; mas um artista mortal também é um criador. Quais são, então, as relações entre eles?

III.

Meu propósito não é tentar um perfil sistemático da teologia tolstoiana. Seus ensinamentos estão expostos em tratados lapidares. Tolstói foi um polemista e panfletário que acreditava nas virtudes da clareza e da repetição. Ele foi um mestre na arte de expor ideias complexas através de imagens simples e parábolas gráficas, e seus significados primários são raramente obscuros. Lênin e Bernard Shaw podem ter aprendido com ele algumas das artes da veemência. Eu me restringirei aos aspectos da metafísica de Tolstói, que podem estar seguramente mais relacionados à poética do romance tolstoiano.

Dando sequência ao que foi dito anteriormente, em toda obra de arte madura e completa está implícita uma visão de totalidade. Mesmo um curto poema lírico afirma constatações definidoras sobre duas esferas da realidade – a do próprio poema e do que está fora dele (no sentido em que um vaso define duas áreas no espaço). Mas, na maioria dos casos, não podemos documentar completamente as continuidades entre uma mitologia e sua incorporação estética. Conjeturamos, lemos "entre as linhas" (como se o poema fosse uma tela e não, como deve ser, uma lente), ou extrapolamos daquilo que sabemos da biografia do escritor e do clima intelectual do seu tempo. Frequentemente tais adivinhações nos induzem ao erro completo. A magnitude da arte de Shakespeare, por exemplo, a

UM ENSAIO SOBRE O VELHO CRITICISMO 185

firmeza e a largueza da iluminação que ele lança sobre os grandes temas da condição humana, sugerem que realizou uma filosofia de profunda autoridade e articulação. De todas as "críticas da vida" apresentadas na literatura, a de Shakespeare impressiona como provavelmente a mais compreensível e profética. No entanto se tentarmos sistematizar as apreensões de Shakespeare, se procurarmos isolar um programa metafísico da perpétua mobilidade do meio dramático, chegamos a um livro fragmentado de frases famosas que têm pouco em comum, exceto a perfeição da elocução. A universalidade especulativa de Shakespeare levou os românticos a identificá-lo com Hamlet. Atualmente, somos inclinados a estudar o Duque de *Medida por Medida,* e o Próspero de *A Tempestade,* supondo que através desses dois personagens a filosofia pessoal do poeta foi exposta e com a estrutura de um argumento sustentado. Desse modo, Fergusson imagina que Shakespeare pode ter assumido o disfarce do Duque de Viena, "iluminando seu grande tema por vários lados ao mesmo tempo"[9]. Porém, como podemos afirmar que em *Medida por Medida* Shakespeare não é também Ângelo? Goethe destacou, em um curto ensaio escrito no verão de 1813, que "um homem naturalmente pio, como foi Shakespeare, teve a liberdade de desenvolver seu ser interior religiosamente, sem referência a uma religião específica". Mas isso também é conjectura e há acadêmicos que acreditam que a chave da interpretação da vida de Shakespeare, de suas "crenças provisórias", se encontra não na catolicidade, mas no catolicismo oculto.

Por outro lado, há escritores em cujas obras fica explícito o parentesco entre uma filosofia específica e a representação literária, e pode ser demonstrado nos textos vigentes. Entre eles poderíamos mencionar Dante, Blake e Tolstói. Nas cartas de Tolstói, nos rascunhos e diários podemos seguir uma linha de pensamento que vai dos vislumbres da consciência ao edifício final da doutrina. Às vezes podemos segui-la, com muita clareza, no tecido dos romances. Os elementos da abstração não foram transpostos em todos os lugares no interior da chave da ficção. Em *Ressurreição,* e mesmo em *Guerra e Paz,* os imperativos morais e os fragmentos de teoria se destacam como seixos meteóricos da paisagem imaginada. O panfleto invade o poema. Em *Anna Kariênina,* pelo contrário, a concordância é perfeita: o decorrer purgatorial desde o reconhecimento trágico até a última graça é exatamente representado pelo movimento da fábula.

Na teologia de Tolstói há quatro grandes temas: a morte, o Reino de Deus, a pessoa de Cristo, e o encontro do próprio romancista com o Deus Pai. Não é sempre possível determinar a opinião final de Tolstói a respeito desses assuntos. Suas convicções mudaram, em certa medida, entre 1884 e 1889. Além do mais, ele professou seus significados de vários modos adequados à apreensão intelectual do público particular.

---

9. F. Fergusson, Measure for Measure, *The Human Image in Dramatic Literature.*

186 TOLSTÓI OU DOSTOIÉVSKI

Daí a opinião de Berdiaiev de que a teologia tolstoiana é frequentemente simplória. Mas, no cânone essencial – em *Uma Confissão, A Breve
Palavra, O Que Eu Creio, A Respeito da Vida, O Ensinamento Cristão*
e nos diários, notadamente dos períodos de 1895 a 1899 – uma metafísica consequente e acabada é exposta. Havia elementos aí que faziam
Górki afirmar a respeito de Tolstói: "Certamente, ele possui algumas
ideias das quais ele teme".

Como Goya e Rilke, Tolstói foi aterrorizado pelo mistério da
morte. Esse terror se aprofundou com os anos, pois nele, assim como
em Yeats, a vida queimou com mais ardor e revolta no envelhecimen-
to. A experiência de Tolstói da vida física e intelectual transcorreu em
uma escala tão heroica, que a totalidade do seu ser se rebelou contra
o paradoxo da mortalidade. Seus terrores não eram primariamente os
da carne (ele fora um soldado e caçador de grande audácia); sofria de
um desespero racional pela ideia de que as vidas dos homens eram
submetidas pela doença ou violência ou pelos furores do tempo à ex-
tinção irremediável, ao desaparecimento palmo a palmo no interior do
"saco escuro" registrado por Ivan Ilitch em seus últimos momentos
de agonia.

Diametralmente oposto a Dostoiévski, que confessou permanecer com Cristo ainda que "alguém provasse que Cristo está fora da
verdade", Tolstói afirmava: "Eu amo a verdade mais do que qualquer
coisa no mundo". Sua veracidade inexorável o compelia ao reconhecimento da inexistência da prova definitiva da imortalidade da alma
ou até mesmo da sobrevivência de qualquer forma de consciência.
Quando Anna Kariênina morre sob as rodas explosivas, seu ser passa irreversivelmente para as mãos da escuridão. Como Levin – que
tão frequentemente sustenta um espelho do romancista – Tolstói foi
perseguido até o extremo da autodestruição pelo absurdo aparente
da existência humana. Em seu diário ele examinou a possibilidade
de suicídio:

> Umas poucas pessoas excepcionalmente fortes e consequentes agem desse
> modo. Tendo compreendido a estupidez da piada que lhes pregaram, e tendo com-
> preendido que é melhor estar morto do que vivo, e que o melhor de tudo é não existir,
> eles agem apropriadamente e terminam imediatamente com essa piada estúpida, já
> que há meios de fazê-lo: uma corda em torno do pescoço, água, uma faca para cravar
> no coração.

Fora dessa reflexão desesperada, ele desenvolvia um mito consolador. Ao declarar que "Deus é vida", e que "Conhecer Deus e viver é
uma única e mesma coisa", Tolstói chegou a negar a realidade da morte. Ele escrevia em seu diário, em dezembro de 1895, que um homem
"não nasce nunca e nunca morre e existe eternamente". E até onde ele
estava preparado para reconhecer uma experiência limitante na morte, ele concebia essa experiência como uma consagração da força da

UM ENSAIO SOBRE O VELHO CRITICISMO

vida. Escrevendo à condessa Tolstói em maio de 1898, ele descrevia uma caminhada por uma floresta florescente de início de verão: "E eu refleti, como sempre faço, a respeito da morte. E para mim ficou tão claro que do outro lado da morte será tão bom quanto, embora de um modo diferente, e entendi porque os judeus representam o paraíso como um jardim".

No mês seguinte, com a glória da estação sobre si, e em termos caracterizadamente retirados do mundo do teatro, Tolstói registrava uma de suas mais belas visões: "A morte é a passagem de uma consciência a outra, de uma imagem de mundo a outra. É como se você passasse de uma cena e seu cenário a outra. No instante da passagem, fica evidente, ou pelo menos se sente, a realidade mais presente".

Não suponho que essa crença, com seus sobretons orientais e silenciosos, removesse completamente as angústias de Tolstói. Mas, como metafísica, a negação do tempo e a terrível brecha entre o ser vivo e o morto lança uma luz fina sobre o mistério da criação poética. Tolstói percebia, no ato da ficção, um análogo ao trabalho da Deidade. No início era o verbo – tanto para Deus como para o poeta. Os personagens de *Guerra e Paz* e *Anna Kariênina* brotaram da lucidez de Tolstói completamente armados de vida e carregavam, em seu interior, as sementes de imortalidade. Anna Kariênina morre no mundo do romance; mas cada vez que lemos o livro ela atinge a ressurreição; e mesmo depois de termos terminado ela ainda leva uma outra vida em nossa lembrança. Cada figura literária possui algo do inextinguível Pássaro de Fogo. Por meio das vidas regressivas e progressivas de seus personagens, a própria existência de Tolstói teve suas origens de eternidade. Se nos maravilhamos, no entanto, com a vitalidade de suas invenções e com a "infinitude" formal dos seus romances, devemos ter em mente a sua intenção de dominar a morte. Muito depois de ter condenado suas obras literárias, Tolstói acalentava a crença secreta delas serem um desafio à mortalidade. Ele confessava em seu diário, em outubro de 1909, que "ele gostaria de voltar a escrever literatura", e até o fim definitivo ele rascunhou planos de romances, contos, dramas, como se fossem talismãs de longevidade.

A concepção de Tolstói sobre o Reino de Deus surgiu diretamente de suas tentativas obstinadas de cercar a alma saqueada pela morte e retê-la incessantemente dentro dos limites do mundo tangível. Ele rejeitava enfaticamente a noção de que o Reino se encontrava "em outro lugar", que ascendemos a ele através de uma transcendência da própria vida. Grande parte da filosofia ocidental é fundamentada em uma divisão platônica entre o mundo das sombras das sensações mortais e o "verdadeiro", imutável âmago das ideias e da luz absoluta. A crença entranhada em nossa poética é de que a arte nos revela, por meio da alegoria e da metáfora, o mundo "real" do qual o nosso próprio mundo é somente uma imagem corrompida ou fragmentária. A ascensão de Dante à roseta de luz é uma imitação – provavelmente a mais sutil e coerente que possuímos – da ação principal da mente ocidental como um todo: a ascensão do transitório ao real, através da filosofia ou ciência, ou a súbita iluminação da poesia e graça.

No romance tolstoiano há uma "dupla consciência", mas ambos os termos das metáforas essenciais são deste mundo. O que se encontra em justaposição não é a vida terrena e a experiência transcendente depois da morte, mais autêntica, mas a vida boa e maldita daqui, da terra, no fluxo do tempo material. A arte de Tolstói é antiplatônica; ela celebra a completa "realidade" do mundo. Ela nos afirma, e repetidamente, que o Reino de Deus deve ser estabelecido aqui e agora, nessa terra e no interior dessa, a única vida real que nos está destinada. Por trás dessa convicção encontra-se o programa de um reformador prático, determinado a construir a nova Jerusalém, e a fé secreta, atormentada, de um homem de letras na realidade e imanência de suas imagens. O poeta de *Guerra e Paz* e *Anna Kariênina* não estava preparado para considerar essas criações como "apenas uma espuma que brinca/ Sobre o paradigma fantasmal das coisas".

Sem querer, Tolstói expunha o ensinamento de que não existe evidência da existência de outro mundo e de que o Reino de Deus deve ser construído por mãos mortais. Ele identificava a voz de Cristo com "toda consciência racional da humanidade", e reduzia o Sermão da Montanha a cinco regras elementares de conduta:

> A realização dos ensinamentos de Cristo expresso nos cinco mandamentos instauraria o Reino de Deus. O Reino de Deus na terra é a paz de todos os homens um com o outro. A totalidade do ensinamento de Cristo consiste na doação do Reino de Deus, que é a paz, ao homem.

Qual é a essência do ensinamento de Cristo? Ele ensina ao homem a "não cometer estupidez". Todo empirismo brutal de Tolstói e toda impaciência aristocrática ressoam nessa resposta extraordinária. O Cristo dostoievskiano, pelo contrário, ensina os homens a cometerem as mais graves estupidezas. O que é sabedoria a Seus olhos pode ser idiotia aos olhos do mundo.

Tolstói não teria relação alguma com a "Igreja morta" que aceita os crimes, loucuras e desumanidades da vida terrena na expectativa de que a justiça seja mensurada no futuro. A teodiceia da compensação, a crença de que os torturados e pobres sentarão ao lado direito do Pai em outro reino, lhe parecia uma lenda fraudulenta e cruel calculada para preservar a ordem social existente. A justiça deve ser realizada aqui e agora. A versão tolstoiana da segunda vinda é de um milenarismo terreno, no qual os homens despertarão aos ditames da moralidade

Tolstoi's Excommunication
Hinaus mit ihm! Sein Kreuz ist viel zu groß für unsre Kirche!

"Expulsem-no! Sua cruz é muito grande para nossa Igreja."

racional. Não está escrito na Revelação de João que a obra de Deus "consiste na crença da vida que Ele lhe deu"?. Com um instinto sombrio Tolstói sentiu que Ele não lhe ofereceria nenhuma outra. A única que possuímos deve se tornar a mais saudável e perfeita possível.

Tolstói afirmava que suas doutrinas estavam solidamente enraizadas na Escritura. Os comentadores iniciais haviam simplesmente interpretado mal os relevantes textos por perversidade ou pobreza de espírito. Em 1859, Benjamin Jowett afirmara a respeito dos problemas exegéticos que "A verdade universal facilmente se rompe com os acidentes de tempo e lugar". Tolstói levou essa crença a extremos de certeza: "a explicação comum dos versos 17 e 18 em Mateus (que anteriormente haviam me chocado por sua obscuridade) devem estar incorretas. E ao reler esses versos [...] fiquei impressionado com o seu significado simples e claro, que subitamente se revelou a mim".

Suas soluções são despudoradamente dogmáticas: "O texto confirmou minha suposição, de modo que nenhuma dúvida a respeito foi mais possível". Esse desdém impaciente pelas obscuridades filológicas e doutrinais da Santa Escritura não era um acidente de temperamento; ele aponta para o profundo parentesco de Tolstói com todos os movimentos radicais e iconoclastas que assaltavam a Igreja oficial, entre os séculos onze e final do século XVI, em nome da justiça milenar e da fundação da Cidade de Deus na terra. Cada uma dessas insurreições, e a própria Reforma, iniciava pela declaração de que o significado das Escrituras era claro e acessível ao espírito comum. A "luz interior" não reconhece os enigmas da sabedoria textual.

No decorrer da história, as mitologias da justiça e do estado ideal tenderam para uma ou duas direções. Ou postulam a falibilidade inerente do homem, a permanência de uma medida de injustiça e absurdo

190 TOLSTÓI OU DOSTOIÉVSKI

nas questões humanas, a necessária imperfeição de todos os mecanismos de poder, e os consequentes perigos da tentativa de estabelecer uma utopia mortal, ou elas afirmarão que o homem é perfectível, que a razão e a vontade conseguem vencer as iniquidades da ordem social, que a *civitas Dei* deve ser construída agora e sobre a terra, e que as justificações transcendentais sobre os caminhos de Deus ao homem são mitos traiçoeiros que visam sufocar os instintos revolucionários dos oprimidos. Entres os adeptos da primeira alternativa estão os pensadores e dirigentes políticos, aos quais qualificamos de empíricos ou liberais, e todos os que desacreditam nas soluções finais e creem que a imperfeição é inseparável da realidade histórica; entre eles incluímos aqueles que se inclinam a acreditar que qualquer governança ideal imposta sobre a maioria pela inteligência passional e pelo humanitarismo ultrajante de poucos irá degenerar, por alguma lei fatal da entropia, em odiosa desordem. Em oposição a essa atitude de ceticismo e resignação encontram-se os partidários de *A República*, os chiliastas, os visionários da Quinta Monarquia, os Comtianos – todos os inimigos da sociedade aberta e imperfeita. Esses homens são assaltados pelas estupidezas e pelos demônios prevalentes nas questões humanas. Eles estão preparados, às custas do estado de guerra apocalíptica e autonegação fanática, para desestabilizar as antigas cidadelas da corrupção e para atravessar, se necessário for, os "mares de sangue" (a imagem constante dos Taboritas medievais) a caminho da nova "cidade do sol".

O mistério do Reino de Deus é central nesse conflito. Se esse Reino existe além da mortalidade, se acreditamos na existência de um julgamento redentor, então podemos aceitar a persistência do mal nesse mundo. Podemos então achar suportável que as nossas vidas presentes não exemplifiquem a perfeição, a justiça total, ou o triunfo dos valores morais. Nessa perspectiva, o próprio mal se torna um adjunto necessário da liberdade humana. Mas se não existe "outra vida", se o Reino de Deus é meramente uma fantasia nascida do sofrimento do homem, então devemos fazer tudo que estiver ao nosso alcance para purgar o mundo dessas falhas e construir a Jerusalém das pontes terrenas. Para essa realização, podemos ter de derrubar a sociedade existente. A crueldade, a intolerância, o rigor fanático tornam-se virtudes temporárias a serviço do ideal revolucionário. A história pode ter de passar pelo Armagedon ou por décadas de terror político. Mas, ao final, o Estado será banido e o homem despertará novamente no primeiro jardim.

É um sonho antigo. Foi sonhado pelos apocalípticos medievais, pelos Annabatistas, Adamitas, por Ranters, o mais extremado dos teocratas puritanos. Sob disfarce moderno, ele inspirou os discípulos de Saint-Simon, os seguidores de Cabet, e a franja religiosa do movimento anarquista. Embora o quiliatismo frequentemente declarasse sua aderência ao Evangelho e proclamasse que ele decretava a verdadeira mensagem de Cristo, as igrejas estabelecidas perceberam aí

UM ENSAIO SOBRE O VELHO CRITICISMO 191

uma arqui-heresia. Qual é a necessidade da existência de um Deus consolador e redentor se os homens conquistam a perfeita justiça e o repouso em suas vidas mortais? A própria noção de Deus não é alimentada pelos sofrimentos da carne e pelas agonias do espírito? Em 1525, Thomas Müntzer tentou governar Mülhausen à imagem da cidade da Revelação. Lutero condenou a experiência com severa lucidez. Ele afirmava que os artigos da constituição de Müntzer: "almejam tornar todos os homens iguais, tornar a essência espiritual de Cristo em um reino dessa terra, um aparente reino – e isso é impossível"[10].

Muito do conflito irreconciliável entre a teologia tolstoiana e dostoievskiana, entre a fé de *Ressurreição* e a profecia trágica de *Os Demônios*, está implícito nesse julgamento. "Transformar a essência espiritual de Cristo em um reino dessa terra" foi o principal esforço de Tolstói. Em *Os Demônios* e *Os Irmãos Karamazov*, Dostoiévski não somente assegurava que "isso era impossível", mas que acabaria em bestialidade política e em destruição da ideia de Deus.

Em nosso próprio tempo esse conflito foi irrompido com violência apocalíptica. Os "mil anos" do Nacional Socialismo do *Reich* e o desaparecimento final do estado sem classes do comunismo soviético são imagens escatológicas e objetivos recentes da antiga procura do milenarismo[11]. A escatologia é secular na medida em que surge de uma negação de Deus. Mas a visão implícita é a de todos os movimentos quiliásticos e utópicos: o homem deve criar a boa vida aqui na terra ou se resignar a sofrer sua vida em uma jornada caótica, injusta e frequentemente incompreensível entre os dois pólos da escuridão. O Reino de Deus deve ser percebido como o Reino do Homem. Essa é a teologia das utopias totalitárias. A possibilidade de ele vencer seus oponentes imperfeitos e divididos parece ser a questão inescapável do nosso século aflito. Outro modo de colocar a questão é inquirir se foi Tolstói ou Dostoiévski quem deu a imagem mais verdadeira da natureza humana e a mais profética avaliação da história.

Claramente, Tolstói percebeu um Reino terreno de Deus; sua concepção vigente desse Reino é, no entanto, mais difícil de determinar. A sucessão apostólica à qual ele frequentemente se refere é equívoca:

> Moisés, Isaías, Confúcio, os primeiros gregos, Buda, Sócrates, até Pascal, Spinoza, Fichte, Feuerbach e todos aqueles, frequentemente despercebidos e desconhecidos, que não passaram pelos ensinamentos da fé, refletiram e falaram sinceramente sobre o significado da vida.

Durante as primeiras etapas dos seus questionamentos filosóficos, Tolstói certamente acreditou que sua imagem da vida boa fosse uma

---

10. M. Lutero, *Ermahnung zum Frieden auf die zwölf Artikel*.
11. As relações entre as modernas filosofias totalitárias e a tradição quiliástica são expostas por N. Cohn, *The Pursuit of the Millennium*.

192 TOLSTÓI OU DOSTOIÉVSKI

parte integral de sua fé cristã. Mas, posteriormente, seu espírito tornou-se mais secreto e há momentos nos quais ele parece ter tido medo de perseguir seu desejo apaixonado por justiça e reforma social até sua última coerência. Quando chegou a escrever que "O desejo pelo bem-estar universal [...] é o que chamamos de Deus", Tolstói tinha se colocado consideravelmente mais próximo de Feuerbach do que de Pascal. Lênin descreveu Tolstói como um "espelho da revolução russa", e, em novembro de 1905, Tolstói parece ter adotado algumas das teorias especiais do marxismo sobre a insurreição que surgia e do "banimento" final do estado. Mas a respeito de todas essas questões, sua inteligência e lucidez autodilacerantes levavam a contradições. Mesmo na época em que ele mais veementemente pregava o texto da perfectibilidade dos homens e da fundação da utopia radical, ele percebia a possibilidade de desastre que assaltava Herzen e Dostoiévski. Em agosto de 1898, ele anotava em seu diário: "Mesmo se o que Marx predisse acontecer, a única coisa que acontecerá então é que o despotismo terá passado. Agora os capitalistas governam, mas no futuro os diretores da classe operária governarão".

Ao examinar a complexa massa de evidência, tem-se a impressão de que Tolstói, como muitos outros quiliastas e profetas do apocalipse pendente, foi mais explícito a respeito da necessidade de reformas e de ideais definitivos a serem realizados do que do método de realização ou das etapas transitórias de organização. Em seus momentos de análise mais convincente fica claro que "o ideal é a anarquia" em vez da teocracia temporal. Porém ele estava brandindo o aspecto essencial: o convento da graça e justiça deve ser executado nesse mundo e por meio do ensinamento da razão.

Tenho insistido nesses aspectos políticos da metafísica tolstoiana, pois eles dramatizam a raiz do antagonismo entre Tolsói e Dostoiévski. A escatologia de Tolstói, além do mais, estava diretamente relacionada ao olhar e às técnicas do romance tolstoiano. Ele condenava a noção da obra de arte ser um reflexo da realidade transcendente. A contenda tem de ser representada aqui e agora nos limites da experiência racional e filosófica. Isso se mantinha válido tanto para o filósofo como para o romancista. A terra é nossa única província e, às vezes, nossa prisão. Em seu diário, em fevereiro de 1896, Tolstói imaginou uma parábola aterrorizante:

> Se você sair das condições desse lugar, se você se matar, daí a mesma coisa se apresentará novamente diante de si. Consequentemente não há lugar algum para ir. Seria bom se aquele que cometesse suicídio em uma vida passada escrevesse a história daquilo que o homem passa nessa vida; como, deparando-se diante das mesmas exigências que foram colocadas diante dele na outra vida, ele toma consciência de que deve cumpri-las.

Mas em seus períodos de criação poética, Tolstói não desejava abandonar as "condições daqui". Ele exultava no mundo sensível, em

UM ENSAIO SOBRE O VELHO CRITICISMO

sua infinita variedade, com a solidez das coisas. Berdiaiev afirmava a respeito de Dostoiévski que "ninguém foi menos preocupado com o mundo empírico [...] sua arte está completamente imersa nas realidades profundas do universo espiritual"[12]. A arte de Tolstói, pelo contrário, está fincada na realidade dos sentidos; nenhuma imaginação foi mais carnal ou mais serenamente possuída daquilo que D. H. Lawrence chamava de "sabedoria do sangue". Tolstói escrevia ficção do mesmo modo como caçava lobos ou patos selvagens, com uma fisicalidade e apreensão da "substancialidade" que tornam as invenções dos outros romancistas parecerem vagas.

Nos cadernos de notas de *Os Demônios*, Dostoiévski escrevia, com evidente sarcasmo, um fragmento de diálogo:

> Liputin: Não estamos distantes do reino de Deus.
> Nechaiev: Sim, em Junho.

Aquele mês, ou a expectativa dele, assomava generoso ao ano tolstoiano. Em sua arte e em sua mitologia religiosa, ele celebrava o mundo – seu passado dourado e seu porvir revolucionário. Ele não acreditaria que aqueles que habitam nele são meramente sombras sem substância.

Além disso, apesar dos seus desvarios e demônios, tratava-se de um mundo acessível à razão. Na realidade, a razão era o supremo árbitro da realidade. Tolstói indagava a Aylmer Maude: "como é possível [...] que esses cavalheiros não entendam que mesmo diante da morte, dois e dois ainda são quatro?". Os "cavalheiros" em questão eram membros da hierarquia ortodoxa que se esforçavam para manter o romancista na linha. Mas o desafio está endereçado ainda mais crucialmente à metafísica do irracional exposta por Dostoiévski. "O que é que tenho de fazer com as Leis da Natureza", questionava o narrador de *Memórias do Subsolo*, "ou com a aritmética, quando o tempo todo essas leis de que duas vezes dois são quatro não se encontram com minha aceitação?". Muito está em questão nessa contrariedade: uma teoria do conhecimento, uma interpretação da história, uma imagem de Deus – mas também uma concepção de romance. É impossível separar um dos outros. Nesse ponto reside a estatura e dignidade da ficção tolstoiana e dostoievskiana.

O gênio imaginativo de Tolstói e suas especulações filosóficas estão mais intimamente ligados em sua atitude para com a pessoa de Cristo e o mistério de Deus. Toca-se aqui no coração mesmo da sua vida criativa, onde os poderes do escritor, as convicções do teólogo e o temperamento do homem são indivisíveis. Cristo e Deus, o Pai, estão imensamente presentes no pano de fundo da literatura russa. De *Almas Mortas* a *Ressurreição*, o romance russo fala de uma civilização na qual muitas das mais agudas mentes estavam envolvidas em uma bus-

12. N. A. Berdiaev, op. cit..

ca angustiada por um redentor e viviam no terror do Anticristo. Aqui, novamente, a posição tolstoiana pode ser mais precisamente definida em contraste com a de Dostoiévski.

Em meio às suas notas finais, Dostoiévski observou: "O Mestre não desceu da cruz porque não queria converter os homens pela compulsão de um milagre externo, mas pela liberdade da fé".

Nessa recusa, nessa liberalidade suprema, Tolstói percebia a origem do caos e da cegueira que afligia a mente humana. Cristo complicara infinitamente a tarefa daqueles que iriam estabelecer o Seu reino, situando o enigma do Seu silêncio pelo corredor reto da razão. Se Cristo Se mostrasse em esplendor messiânico, as crenças humanas poderiam, em um sentido, ter sido constrangidas; porém, elas teriam sido purgadas da dúvida e eliminadas da tentação demoníaca. Para Tolstói, a política de Cristo parecia a de um monarca vagando em andrajos e na obscuridade, permitindo que seu reino caísse em desordem, para santificar os poucos entre seus acólitos suficientemente capazes de reconhecê-lo, mesmo disfarçado. Górki nos diz:

> Quando ele fala de Cristo, é sempre peculiarmente modesto – sem entusiasmo, sem sentimento em suas palavras e sem faísca de fogo verdadeiro. Acho que ele considera Cristo simples assim e merecedor de piedade; e embora ele às vezes o admire, raramente o ama.

Tolstói não podia ter amado um profeta que declarava que o Seu reino não era desse mundo. O temperamento aristocrático do homem, seu amor de energia física e heroísmo, rebelava-se com o despojamento e *pathos* de Cristo. Certos historiadores da arte apontam na pintura veneziana (com exceção de Tintoretto) a figura pálida e não convincente de Jesus. Eles atribuem o fato ao internacionalismo exuberante de Veneza, à recusa de uma cultura, que transformou a água em mármore, em acreditar que as riquezas da terra eram mero entulho ou que os escravos deveriam passar antes dos doges para alguma outra vida. Recusas semelhantes aconteciam a Tolstói. Impeliam-no a pensamentos que ele evidentemente temia. Ele confessava em *O que Eu Creio:*

> É terrível afirmar, mas às vezes me parece que se o ensinamento de Cristo, junto ao ensinamento da Igreja que se desenvolveu a partir daí, não existisse absolutamente, os que agora se denominam cristãos estariam mais próximos da verdade de Cristo – ou seja, de uma compreensão razoável do que é bom na vida – do que agora.

Em linguagem clara, isso significa que se Cristo não tivesse existido teria sido mais fácil aos homens atingir os princípios racionais tolstoianos de conduta e, desse modo, perceber o Reino de Deus. Por Sua humilde ambiguidade e por Sua indisponibilidade para Se revelar à glória militante, Cristo tornou as questões humanas infinitamente mais difíceis.

UM ENSAIO SOBRE O VELHO CRITICISMO 195

Sete anos mais tarde, ao responder ao édito de excomunhão promulgado contra ele pelo Sínodo Sagrado, Tolstói declarou seu credo público: "Creio que o desejo de Deus encontra-se mais clara e inteligivelmente expresso nos ensinamentos do Jesus homem, a quem eu considero um Deus e rezo para o que considero a maior blasfêmia".

Duvida-se que ele tenha feito tal concessão ainda que na privacidade dos pensamentos. Além do mais, para Tolstói, "os ensinamentos do Jesus homem" significavam uma leitura intensamente pessoal e frequentemente arbitrária dos Evangelhos.

Entre os dramas espirituais registrados, o das relações de Tolstói com Deus é o mais absorvente e majestático. Ao contemplá-lo, fica-se espantado com o fato de que as forças mobilizadas em cada lado não foram infinitamente disparatadas em magnitude. Essa é uma noção à qual um punhado de grandes artistas têm em mente. Tenho ouvido estudantes de música deduzirem um confronto similar das últimas composições de Beethoven, e há peças da estatuária de Michelangelo que aludem aos assustadores encontros entre Deus e Sua criatura mais semelhante a deus. Ter esculpido as figuras na capela dos Médici, ter imaginado Hamlet e Falstaff, ter ouvido a *Missa Solemnis* a partir da surdez é ter afirmado, de alguma maneira mortal, mas irredutível: "Que se faça luz". É ter disputado com o anjo. Algo do artista é consumido ou mutilado no combate. A própria arte possui seu emblema na imagem de Jacó se arrastando das margens de Jabbok, consagrado, ferido e transformado por sua terrível contenda. Talvez seja por isso que se imagina que havia uma justiça terrível, mas apropriada, na cegueira de Milton, na surdez de Beethoven, ou na peregrinação final de Tolstói para a morte. Que domínio sobre a criação um homem consegue conquistar e ainda assim permanecer ileso? Como afirmava Rilke, na Primeira Elegia de Duíno: "Ein jeder Engel ist Schrecklich" (Em Cada Anjo Há Terror).

O diálogo de Tolstói com Deus, como o de Pascal e Kierkegaard, tinha todos os elementos do drama. Havia crises e reconciliações, êxitos e derrotas. Ele escrevia em seu diário, em 19 de janeiro de 1898: "Ajude-me, Pai. Venha e permaneça em mim. Tu já estas dentro de mim. Tu já és "eu". Minha obra existe somente para reconhecer-Te. Escrevo isso somente agora e estou cheio de desejo. Mas, apesar disso reconheço, quem sou".

É um pedido estranho. Tolstói estava inclinado a acreditar que o autoconhecimento conduzia imediatamente ao reconhecimento de Deus. Uma glória alheia o invadira. E ainda assim, havia correntes de dúvida e rebelião na asserção meio desesperada, meio exultante, "apesar disso reconheço quem sou". Tolstói não conseguia se conciliar nem com a ausência de Deus nem com Sua realidade independente, exterior ao próprio Tolstói. Com apavorante intuição, Górki apreendeu esse espírito dividido:

196 TOLSTÓI OU DOSTOIÉVSKI

Em seu diário, que ele deu para eu ler, fiquei chocado por um estranho aforismo: "Deus é meu desejo".

Então, ao devolver o livro, eu lhe perguntei o que significava aquilo. "Uma reflexão inconclusa", ele disse, fitando a página e apertando seus olhos. "Eu devo ter querido dizer: Deus é meu desejo de conhecê-lo. Não não é isso". Ele começou a rir e, enrolando o livro em um tubo, ele o colocou no grande bolso de sua camisa. Com Deus ele tem relações muito suspeitas, elas me lembram às vezes as relações de "dois ursos em uma caverna".

O próprio Tolstói, em seus momentos de verdade, deve ter concebido tal imagem rebelde e secreta da relação. Mais uma vez em seu diário, em maio de 1896, ele se referia a "esse Deus que está encerrado no homem". Para ele, a própria existência de Deus parece ter sido aceitável somente em termos da identidade humana. Essa ideia, combinada com egotismo poético e *hauteur* (elevação) espiritual – Tolstói foi um rei em cada polegada –, o levou a vários paradoxos. Ao recordar uma experiência que aconteceu no verão de 1896, ele escrevia: "Eu senti claramente Deus pela primeira vez; a Sua existência e a minha existência Nele; que a única coisa que existia era eu Nele: Nele como uma coisa limitada em uma coisa ilimitada, também Nele como um ser limitado no qual Ele existia".

É esse tipo de passagem que os estudiosos de Tolstói têm em mente ao relacionarem sua reflexão à teosofia oriental e ao taoísmo. Mas, no geral, Tolstói foi obcecado pela razão e por um desejo de compreensão clara. O seu lado Voltaire era muito destacado para aceitar por muito tempo intimações obscuras da presença divina. Se Deus existiu, Ele foi "alteridade" do homem. O enigma da Sua realidade atormentou o intelecto orgulhoso e perscrutador de Tolstói. "O homem Jesus" podia, na esteira de Renan e Strauss, ser rebaixado a uma escala humana. Deus era um oponente mais formidável. Daí, talvez, a exigência tolstoiana de que Seu reino seja concebido na terra. Se isso se realizasse, Deus poderia ser tentado a caminhar mais uma vez no jardim. Ali Tolstói O aguardaria em uma tocaia do desejo. Os dois ursos se encontrariam finalmente no mesmo covil.

Mas, apesar das atividades revolucionárias de 1905 e o progresso de Gandhi na Índia, o qual Tolstói seguia com apaixonada atenção, o Reino de Deus não se encontrava mais próximo. O próprio Deus parecia se afastar dos árduos desejos de Tolstói. Em seu abandono final do lar, há um protesto específico, material contra a "vida ruim" e uma peregrinação mais secreta da alma enlouquecida em perseguição a uma deidade enganosa. Mas foi Tolstói o caçador ou o caçado? Górki o imaginava como um

desses peregrinos que durante toda sua vida, o cajado à mão, caminha sobre a terra, viajando milhares de quilômetros de um monastério a outro, de um relicário santificado a outro, terrivelmente desabrigado e alheio a todos os homens e coisas. O mundo não é

UM ENSAIO SOBRE O VELHO CRITICISMO

para eles, nem Deus tampouco. Eles rezam a Ele por hábito, e em sua alma secreta eles
O odeiam – porque Ele os arrasta sobre a terra, de um extremo a outro?

Essa alternância de amor e ódio, de epifania e ceticismo, torna difícil definir a teologia tolstoiana com algum rigor. Por sua imagem do Cristo humano, por suas especulações sobre a inscrição de Deus no homem, e em virtude do seu programa quiliástico, ela pode estar relacionada a uma das maiores heresias da Igreja primitiva e medieval. Mas a dificuldade real é mais profunda e de tal natureza que poucos comentadores se prepararam para examinar seriamente. Na religião de Tolstói os termos principais são perigosamente fluídos: "Deus é deliberadamente substituído por 'o Deus' e 'o Caridoso' é, por sua vez, substituído pelo amor fraternal entre os homens. Na realidade, tal credo não exclui o ateísmo completo nem a total descrença"[13]. Isso é uma verdade inegável; as concepções definidoras são intercambiáveis e, por um processo gradual de equacionamento, chegamos a uma teologia sem Deus. Ou, ainda, chegamos a uma antropologia da grandeza mortal na qual os homens criaram Deus à sua própria imagem. Ele é a mais absoluta projeção de sua própria natureza; às vezes um guardião titular, outras vezes um inimigo cheio de astúcia antiga e vingança súbita. Tal visão de Deus e o drama dos encontros entre Deus e o homem que ela vincula não é nem cristã nem ateia. É pagã.

Não creio que essa teologia antropomórfica determinou a metafísica tolstoiana em sua totalidade. Por períodos consideráveis sua imagem de Deus era indubitavelmente mais próxima da doutrina cristã estabelecida. Mas, no espírito complexo e mutável de Tolstói, havia elementos muito fortes daquilo que Dostoiévski teria chamado de ideia do "Deus-homem". Uma ideia semelhante regia o mundo homérico. Diante dos portões de Troia, os homens e deuses se encontram em comércio equitativo e antagonismo bem emparelhado. Os deuses são homens ampliados em coragem ou força bruta ou astúcia ou desejo. Entre os deuses e os homens encontramos as gradações do ultra-heroísmo e da semidivindade. Essa ausência de uma diferença qualitativa essencial entre o humano e o divino tornou possível alguns dos mitos arquetípicos: a descida dos deuses sobre as mulheres mortais, a deificação dos heróis, as contendas de Hércules com a morte, a amotinação de Prometeu e Ájax, o diálogo entre a música e o caos material na lenda de Orfeu. Mas, acima de tudo, a humanidade dos deuses significa que a realidade – o pivô controlador da experiência do homem – é imanente ao mundo natural. Os deuses habitam o Olimpo; mas este é meramente uma montanha alta sujeita aos assaltos de demônios e gigantes. As vozes do divino são ouvidas no murmúrio das árvores terrenas e das águas terrestres. Essas são algumas das convenções da crença que invocamos quando nos referimos a uma cosmologia pagã.

13. L. Shestov, *Tolstoi und Nietzsche.*

Traduzido em termos mais miúdos, mais ambíguos, tal cosmologia está implícita também na arte de Tolstói. Onde ele não percebeu Deus como um equivalente metafórico de uma utopia social e racional, Tolstói O concebeu, através de uma blasfêmia encoberta de solidão ou amor, como um ser quase semelhante a ele mesmo. Sinto que esse foi o enigma central de sua filosofia e o pensamento que ele mais temia. Em uma carta ao dramaturgo e diretor A. S. Suvorin, datada de 11 de dezembro de 1891, Tchékhov tocou, com grande precisão, na qualidade pagã da grandeza tolstoiana. "Oh, aquele Tolstói, aquele Tolstói! Ele, atualmente, não é um ser humano, mas um super-homem, um Júpiter". Tolstói concebia Deus e o homem como artífices ou antagonistas comparáveis. Qualquer que seja o esteio sobre a redenção de sua alma, essa representação pagã e verdadeiramente homérica foi inseparável de seu gênio como romancista.

É a respeito do gênio que tenho insistido até agora: a respeito de sua escala de sensualidade, a respeito de sua autoridade e amplitude, a respeito da fecundidade e humanidade da invenção de Tolstói. Mas se a mitologia de um artista é diretamente instrumental nas virtudes e realizações técnicas de sua arte, ela implica também em suas falhas ou incompletudes. Onde observamos um defeito recorrente ou característico, uma instabilidade de tratamento ou inadequação de concepção, podemos encontrar uma falha correspondente na metafísica. Desse modo, os críticos contemporâneos têm afirmado que as fraquezas dos poetas românticos em sua técnica poética e as imprecisões em seu uso da linguagem apontam diretamente para as incoerências do equipamento filosófico do período romântico.

Confrontados com temas narrativos particulares e modos específicos de ação, os romances de Tolstói revelam imperfeições inequívocas ou perdas de poder. Existem áreas definíveis nas quais a composição é borrada e a apresentação vacila. Em cada instância acharemos que a narrativa assumiu valores ou espécies de materiais que a filosofia tolstoiana hostilizava ou aos quais estava insuficientemente atenta. Significativamente, essas são áreas nas quais Dostoiévski se sobrepuja.

IV.

Gostaria de considerar três passagens de *Guerra e Paz*. A primeira é a famosa representação do retrato do príncipe André, no momento em que ele é abatido em Austerlitz:

"O que é isso? Estarei caindo? Minhas pernas estão cedendo", ele pensou, e caiu de costas. Ele abriu seus olhos, com esperança de ver como a batalha entre os franceses e os atiradores terminara, e se o canhão havia sido capturado ou salvo. Mas ele não viu nada. Acima dele não havia nada a não ser o céu – o céu imponente, não claro, mas imensuravelmente imponente, de nuvens cinzentas, deslizando lentamente através dele. "Que quietude, paz e solenidade, completamente diferente de quando eu corria",

UM ENSAIO SOBRE O VELHO CRITICISMO

pensava o príncipe André – "diferente de quando corríamos, gritando e combatendo, diferente de quando os atiradores e os franceses, com rostos apavorados e zangados, batalhavam pela esfrega: quão diferentemente deslizam essas nuvens através daquele céu imponentemente infinito! Como é que eu não reparei naquele céu imponente antes? E como estou contente de o ter encontrado afinal! Sim! Tudo é vaidade, tudo falsidade, exceto esse céu infinito. Não há nada, nada a não ser isso. Mas mesmo isso não existe, não há nada a não ser quietude e paz. Graças a Deus!".

A segunda passagem (do vigésimo segundo capítulo da Parte VIII) é um relato dos sentimentos de Pierre enquanto ele vai para casa em sua sege depois de assegurar a Natasha que ela merece amor e tem a vida pela frente:

Estava claro e gelado. Acima das ruas sujas mal iluminadas, acima dos telhados negros, se estendia o negro céu estrelado. Somente olhando para o céu Pierre interrompeu o sentimento de sordidez e humilhação de todas as coisas mundanas, sua alma se elevava nas alturas. À entrada do quarteirão árabe uma imensa expansão do negro céu estrelado se apresentava diante dos seus olhos. Quase em seu centro, acima do bulevar Perchistenka, rodeado e salpicado de estrelas por todos os lados, mas destacando-se de todas elas por sua proximidade com a terra, cintilava o enorme e brilhante cometa do ano de 1812 com sua luz branca, e longa cauda erguida – o cometa conhecido por anunciar todo tipo de agouros e o final do mundo. Pierre, no entanto, não temia o cometa, com sua longa cauda luminosa. Pelo contrário, ele contemplava cheio de alegria, seus olhos úmidos de lágrimas, esse enorme cometa que, tendo viajado em sua órbita com velocidade inconcebível pelo espaço imensurável, surgia de repente – como uma flecha penetrando na terra – para permanecer fixado em um lugar escolhido, mantendo vigorosamente sua cauda ereta, brilhando, e espalhando sua luz branca em meio das outras incontáveis estrelas cintilantes. A Pierre parecia que esse cometa correspondia plenamente ao que estava acontecendo com sua própria alma suavizada e elevada, florescendo agora para uma nova vida.

Finalmente, desejo citar uma curta passagem do relato da prisão de Pierre na Parte XIII:

O imenso acampamento infinito que previamente havia ressoado o espocar dos fogos de campanha e as vozes de muitos homens germinara em silêncio, os fogos vermelhos foram empalidecendo progressivamente até morrer. Bem no alto da cruz pendia acesa a lua cheia. As florestas e campos abaixo do campo de batalha, que antes não eram vistos, agora pareciam visíveis à distância. Ainda mais adiante, além daquelas florestas e campos, de luminosidade oscilante, a distância ilimitada atraía a pessoa para si mesmo. Pierre olhou para o céu e as estrelas faiscantes em suas profundezas sem fim. "E isso sou eu, e tudo isso está dentro de mim, e tudo sou eu!", refletiu Pierre. "E eles apanharam tudo isso e colocaram em uma treliça bordejada de placas!". Ele sorriu e foi e se deitou para dormir ao lado de seus companheiros.

Essas três passagens ilustram como o que "no romance, como em outros aspectos da arte literária, é chamado de forma técnica ou elaborada tem a função de fazer viver – de trazer à cena, ao escritor e ao leitor – uma instância do sentimento do que é a vida"[14]. Em todas as três, a

14. R. P. Blackmur, The Loose and Baggy Monsters of Henry James, *The Lion and the Honeycomb*.

forma técnica é uma enorme curva do movimento, que se desloca para fora a partir de um centro consciente – o olho do personagem através do qual a cena é ostensivamente observada –, e retorna decisivamente à terra. Esse movimento é alegórico. Ele comunica os valores do argumento e as realidades visuais por si mesmo; mas é, ao mesmo tempo, um tropo estilístico, um meio de transportar um movimento da alma. Dois gestos espelham um ao outro: a visão do olho para o alto e o acolhimento para baixo da consciência humana. Essa dualidade almeja a um conceito caracteristicamente tolstoiano: as três passagens desenham uma figura fechada, elas retornam ao seu ponto de partida – mas o próprio ponto foi imensamente ampliado. O olho se voltou para dentro para achar que os vastos espaços exteriores ingressaram na alma.

Todos os três episódios articulam, ao seu redor, uma separação entre terra e céu. A vastidão do céu se estende acima do príncipe caído; o "negro" e o "estrelado", enchem os olhos de Pierre enquanto ele inclina sua cabeça contra sua gola de pele; a lua cheia pende e atrai seu olhar para profundidades bem distantes. O mundo tolstoiano é curiosamente ptolomaico. Os corpos celestes cercam a terra e refletem as emoções e os destinos dos homens. A imagem não é diferente da cosmografia medieval, com seus portentos estelares e suas projeções simbólicas. O cometa é como uma flecha transpassando a terra, e essa imagem alude ao simbolismo perene do desejo. A terra está enfaticamente no centro. A lua pende acima dela como uma lâmpada e mesmo as estrelas distantes parecem ser um reflexo dos campos de batalha. E, no centro da terra, está o homem. A visão inteira é antropomórfica. O cometa, "mantendo vigorosamente sua cauda ereta", sugere um cavalo em uma paisagem terrestre.

O movimento temático, depois de alcançar a "suavidade imensurável" do céu, a "imensa expansão da noite", ou as distâncias "oscilantes", é levado para baixo, para a terra. É como se um homem tivesse lançado sua rede na imensidão e a estivesse recolhendo. A vastidão do céu desaba na consciência ferida do príncipe André, e sua posição física é quase de sepultamento, de confinamento no interior da terra. A mesma coisa se faz verdadeira no terceiro exemplo: a "treliça bordejada de placas" é mais do que a cabana na qual Pierre é mantido prisioneiro – ela evoca a imagem de um caixão. O significado implícito é reforçado pelo gesto de Pierre: ele se deita ao lado de seus companheiros. O efeito da contração na segunda passagem é mais rico e mais oblíquo: passamos rapidamente do cometa à alma "suavizada e elevada" de Pierre "agora florescendo para uma nova vida". Suavizada e elevada como a terra recém-evoluída; florescendo como uma planta enraizada na terra. Todos os contrastes implícitos, entre o movimento celestial e o crescimento legado à terra, entre o jogo incontrolável dos fenômenos naturais e os ciclos ordenados, humanizados da agricultura, são relevantes. No macrocosmo, ergue-se a cauda do cometa; no microcosmo, ergue-se a

UM ENSAIO SOBRE O VELHO CRITICISMO

lama. E então, por uma transformação crucial de valores, somos levados a perceber que o universo da alma é mais amplo.

Em cada exemplo, um fenômeno natural desloca a mente do observador para alguma forma de intuição ou revelação. O céu e as nuvens cinzentas, deslizando sobre Austerlitz, revelam ao príncipe André que tudo é vaidade; seus sentidos obliterados clamam pela voz do Eclesiastes. O esplendor da noite resgata Pierre das trivialidades e da malevolência da sociedade mundana. Sua alma é literalmente erguida à altura de sua fé na inocência de Natasha. Há ironia no tema do cometa. Ele pressagiava "todo tipo de agouros" à Rússia. E ainda assim, embora Pierre não consiga saber, esses agouros provarão ser sua salvação. Ele acabou de declarar a Natasha que se ambos estivessem livres ele lhe ofereceria seu amor. Quando o cometa tiver desaparecido nas profundezas do céu e a fumaça tiver se espalhado sobre Moscou, Pierre estará destinado a realizar seu impulso. Desse modo, o cometa tem a ambiguidade clássica dos oráculos e Pierre é tão profeta quanto equivocado em sua interpretação. Na passagem final, o espetáculo expansivo de florestas e campos e de horizontes vislumbrados evoca nele uma sensação de inclusão total. Fora de seu ser cativo irradiam círculos concêntricos de consciência. Momentaneamente, Pierre está hipnotizado pela mágica do distanciamento total – como Keats em *Ode ao Rouxinol*, ele sente sua alma se esvaindo em dissolução. A rede arrasta o pescador com ela. Mas então lampeja nele a intuição – "tudo isso está em mim", a jubilosa afirmação de que a realidade exterior nasce da autoconsciência.

Essa progressão através do movimento exterior e o perigo da dissolução para o solipsismo é arqui-romântica. Byron zombava disso em *Don Juan*:

> Que descoberta sublime estava por fazer o
> Universo do egoísmo universal,
> De que tudo é ideal – tudo nós mesmos[15].

Na arte de Tolstói, no entanto, essa "descoberta" tem implicações sociais e éticas. A calmaria do céu florido de nuvens, a fria claridade da noite, a desdobrada grandeza do campo e da floresta revelam a irrealidade sórdida das questões humanas. Elas expõem a estupidez cruel da guerra e o vazio cruel das convenções sociais que resultaram na dor de Natasha. Com frescor dramático elas proclamam duas peças antigas de moralidade: que nenhum homem pode ser completamente cativo de outro homem, e que as florestas irão murmurar muito depois que os exércitos dos conquistadores invasores terem se transformado em pó. As circunstâncias do tempo e do ambiente físico em Tolstói atuam

---

15. What a sublime discovery 't was to make/ Universe universal egotism,/That's ideal – *all ourseves*...

202 TOLSTÓI OU DOSTOIÉVSKI

como um reflexo do comportamento humano e um comentário sobre ele – como nas cenas de repouso pastoral, em que os pintores flamengos cercavam suas representações de violência ou agonia mortal.

Mas, em cada uma dessas três passagens, tão ilustrativas do gênio de Tolstói e de suas maiores crenças, experimentamos uma sensação de limitação. Lamb escreveu uma interpretação famosa sobre a nênia de *O Demônio Branco* de Webster:

> Nunca vi nada semelhante a essa nênia, exceto a Canção em que Ferdinando se lembra do seu Pai afogado na Tempestade. Como esta é da água, aquosa, a primeira é da terra, terrena. Ambas possuem a intensidade de sentimento, que parece se dissolver nos elementos que ela contempla.

Guerra e Paz e *Anna Kariênina* são "da terra, terrenos". Esse é seu poder e sua limitação. O enraizamento de Tolstói no fato material, a intransigência de sua exigência por percepções claras e certeza empírica, constituem a força e a fraqueza de sua mitologia e de sua estética. Na moralidade tolstoiana há algo frio e superficial; os clamores do ideal são apresentados com finalidade impaciente. Talvez seja por isso que Bernard Shaw escolheu Tolstói para ser seu profeta. Nos dois homens havia uma veemência muscular e um desprezo pelo desconcertante, que sugerem uma derrota da caridade e da imaginação. Orwell destacou a tendência da "intimidação espiritual" no aprendizado de Tolstói.

Nos três exemplos citados, chega-se a um ponto em que o tom hesita e a narrativa perde algo do seu ritmo e precisão. Isso ocorre na medida em que passamos da descrição da ação para o monólogo interior. A todo momento, o próprio monólogo surpreende pela inadequação. Ele assume uma nota forense, uma ressonância neutra, como se uma segunda voz se intrometesse. A atordoante incerteza da consciência do príncipe André, sua tentativa de juntar o *débâcle* repentino de seus pensamentos, são belamente traduzidos. Repentinamente a narrativa decai para o anúncio abstrato de uma máxima moral e filosófica: "Sim! Tudo é vaidade, tudo falsidade, exceto aquele céu infinito. Não há nada, nada, a não ser aquilo". A mudança de foco é importante: diz muito sobre a inabilidade de Tolstói de conter uma desordem genuína, de submeter seu estilo à representação do caos mental. O gênio de Tolstói foi incansavelmente literal. Na margem de sua cópia de *Hamlet*, ele colocou um ponto de interrogação depois da rubrica "Entra o fantasma". Sua crítica a *Lear* e sua apresentação do surto de inconsciência do príncipe André são um remendo. Ao abordar um episódio ou uma condição mental que não fosse suscetível à descrição lúcida, ele tendia à evasão ou à abstração.

A visão do cometa e as impressões imediatas que surgem de seu encontro com Natasha provocam uma resposta complexa na mente de Pierre e em sua visão das coisas. A proposta de amor, que ele criou por

UM ENSAIO SOBRE O VELHO CRITICISMO 203

um impulso generoso e ao mesmo tempo profético, já está influenciando os sentimentos de Pierre. Mas pouca luz é jogada nessas mudanças pela declaração superficial de Tolstói de que a alma de seu herói estava "florescendo agora para uma nova vida". Considere como Dante ou Proust abordariam o drama interior. Tolstói conseguia perfeitamente sugerir processos mentais antes de eles atingirem a simplificação da consciência: basta referir-se ao famoso momento da repentina reviravolta de Anna Kariênina diante da visão das orelhas de seu marido. Porém, em todos os casos, ele transmitia uma verdade psicológica por uma constatação retórica, exterior, ou introduzindo nas mentes de seus personagens uma cadeia de pensamento que impressiona pelo didatismo prematuro. A generalidade moralizante da imagem – a alma como uma planta florescente – fracassa em conduzir a delicadeza e a complicação da ação subjacente. A técnica é empobrecedora pela fragilidade da metafísica.

Conhecendo a abordagem de Tolstói da teoria do conhecimento e do problema da percepção sensorial, pode-se reconstruir a gênese da declaração de Pierre: "E tudo aquilo sou eu, tudo aquilo está em mim, e é tudo eu!". Mas, no contexto da narrativa (e somente a última é decisiva), a afirmação de Pierre tem uma finalidade intrusiva e um tom de platitude. Uma inundação tão imensa de emoção deveria, supõe-se, culminar em um momento de maior complexidade e em linguagem mais carregada da individualidade do narrador. Isso se aplica ao tratamento inteiro das relações de Pierre com Platón Karataev: "Mas para Pierre ele sempre permaneceu aquilo que aparecera na primeira noite: uma eterna personificação não fantasmática, arredondada, do espírito de simplicidade e verdade".

A escrita frágil é reveladora aqui. A figura de Platón e seu efeito sobre Pierre são temas para um personagem "dostoievskiano". Eles estão nos limites do domínio de Tolstói. Daí a série de epítetos abstratos e a noção de "personificação". O que não está de acordo com essa terra, o que está para ser encontrado no outro lado da normalidade – o subconsciente ou o místico – parecia irreal ou subversivo a Tolstói. Quando isso pressionava sua arte, ele tendia a neutralizá-lo pela abstração e generalidade.

Essas falhas não são unicamente, ou até primariamente, questões de técnica inadequada. Elas são consequência da filosofia tolstoiana. Isso pode ser claramente observado quando examinamos uma das principais objeções à concepção do romance de Tolstói. Argumenta-se frequentemente que os personagens da ficção tolstoiana são encarnações das próprias concepções do autor e reflexos imediatos de sua própria natureza. Eles são suas marionetes; ele sabia e havia dominado cada polegada de sua existência. Nada é concebido nos romances que não seja concebido aos olhos de Tolstói. Há romancistas que acreditam que tal onipotência narrativa viola os princípios norteadores do

204 TOLSTÓI OU DOSTOIÉVSKI

seu ofício. Pode-se citar Henry James como o exemplo mais destaca-do. No prefácio de *A Taça de Ouro* ele registrou sua predileção

em lidar com minha matéria subjetiva, em "conceber minha história", através da opor-tunidade e da sensibilidade de uma testemunha ou narrador mais ou menos indepen-dente, que não esteja estritamente envolvido, embora cuidadosamente interessado e inteligente, alguém que contribua para o caso principalmente com uma certa crítica e interpretação disso.

O "ponto de vista" jamesiano implica em uma concepção particu-lar do romance. Nessa concepção, a virtude suprema é dramatizada e também a habilidade do autor em permanecer "fora" do seu trabalho. Em contraste, o narrador tolstoiano é onisciente e conta sua história com objetividade desvelada. Isso não é tampouco um acidente da his-tória literária. À época da criação de *Guerra e Paz* e *Anna Kariênina*, o romance russo desenvolvera alta sofisticação de estilo e exemplifi-cara modos variados de obliquidade. A relação de Tolstói com seus personagens nasceu de sua rivalidade com Deus e de sua filosofia do ato criativo. Como a Deidade, ele alimentava sua própria vida para as bocas de seus personagens.

O resultado é uma amplitude de apresentação imbatível e uma ob-jetividade de tom que evoca as liberdades arcaicas da arte "primitiva". O próprio Percy Lubbock, um expoente da obliquidade jamesiana, escreve:

Aparentemente com menos hesitação do que qualquer outra pessoa pudesse sentir ao dispor a cena de uma rua ou paróquia, Tolstói procede na elaboração de seu mundo. A luz do dia parece brotar de sua página e envolver seus personagens tão velozmente quanto ele os esboça; a escuridão eleva-se de suas vidas, suas condições, suas remotas questões, e abandona-os sob um céu aberto. Na totalidade da ficção, a cena de Tolstói é a mais continuamente banhada do ar comum, liberado a todos nós[16].

Mas o preço foi considerável, especialmente em termos de pro-fundezas exploradas.

Em cada uma das três passagens examinadas, Tolstói passa do exterior ao interior de cada personagem; em cada movimento ocorre uma perda de intensidade e certa ingenuidade de realização. Há algo perturbador no modo fácil pelo qual Tolstói se dirige à noção de alma. Ele entra muito lucidamente na consciência de suas criações e sua própria voz penetra em seus lábios. O conceito de conto de fadas, "da-quele dia em diante, ele era um novo homem", funciona muito ampla e acriticamente na psicologia tolsotiana. Somos solicitados a conceder bastante no que diz respeito à simplicidade e abertura dos processos mentais. Na totalidade, asseguramos isso porque Tolstói fechava seus personagens em circunstâncias tão maciças, e elaborava suas vidas

16. P. Lubbock, *The Craft of Fiction*.

UM ENSAIO SOBRE O VELHO CRITICISMO

para nós com tanta emoção paciente, que acreditamos em tudo o que ele afirma a respeito deles.

Mas há efeitos e profundidades na apreensão para os quais essas criações esplendidamente arredondadas não se prestam. Geralmente, são efeitos de drama. O dramático surge da margem de opacidade entre um escritor e seus personagens, do seu potencial (dos personagens) para o inesperado. No personagem dramático pleno espreita o inesperado, o dom da desordem. Tolstói pagou um preço por sua onisciência; a tensão final da irracionalidade e a espontaneidade do caos escapavam à sua apreensão. Há um trecho de diálogo entre Piotr Stepanovich Verkovenski e Tavrogin em *Os Demônios*:

– Eu sou mesmo um bufão, mas não quero que você, minha metade principal, seja um! Você me entende?

Stavrogin entendia, talvez só ele entendesse. Shatov ficara surpreso quando Stavróguin lhe disse que em Pietr Stiepanovitch havia entusiasmo.

– Vá agora daqui para o diabo, e até amanhã arrancarei alguma coisa de mim mesmo. Apareça amanhã.

– Sim? Sim?

– Como é que eu vou saber! É, como é que eu vou saber!...Vá para o inferno! Vá para o inferno!

E saiu do salão.

– Vai ver que isso é até para melhor – murmurou consigo Piotr Stepanovich, guardando o revólver.

As intensidades aqui obtidas se encontram fora da escala de Tolstói. A compressão, o tom elevado do drama são mobilizados pelo jogo de significados ambíguos, de ignorância parcial com apreensão parcial. Dostoiévski dá a impressão de ser um espectador de seus próprios inventos; ele fica tão perplexo e chocado quanto nós devemos estar, pelo desdobramento dos eventos. Em todos os momentos ele mantém distância dos "bastidores". Para Tolstói, essa distância não existia. Ele concebia suas criações como alguns teólogos acreditam que Deus concebe as Suas: com total sabedoria e amor impaciente.

No momento em que o príncipe André tomba, Tolstói ingressa nele; ele está junto a Pierre no trenó e no acampamento. As palavras proferidas pelos personagens brotam somente em parte do contexto da ação. E isso nos remete mais uma vez ao maior problema da crítica tolstoiana – ao que o professor Poggioli descreveu como o reflexo do Alceste mortalizante e didático de Molière na própria natureza de Tolstói.

O aspecto da arte de Tolstói mais severamente condenado é o do seu didatismo. Tudo que ele escreveu parece ter, nas palavras de Keats, um "desígnio palpável" sobre nós. O ato de invenção e o impulso para instrução eram inseparáveis, e as formas técnicas do romance tostoiano reproduzem claramente essa dualidade. Quando as faculdades poéticas de Tolstói trabalhavam sob a mais alta pressão, elas traziam em sua vigília a generalidade abstrata ou o fragmento da teoria.

206   TOLSTÓI OU DOSTOIÉVSKI

Sua descrença na arte avivava agudamente onde a narrativa, através de sua energia ou do seu calor lírico, ameaçava se tornar um fim em si. Daí as súbitas rupturas de clima, as falhas de tom, as diminuições da emoção. Em vez de se concretizar pelas formas estéticas, a metafísica fazia suas próprias exigências retóricas ao poema.

Isso ocorre nos exemplos que estamos considerando. A mudança para baixo é delicada, e a pressão da imaginação de Tolstói é tão constante que raramente percebemos a fratura. Mas está lá – nas meditações do príncipe André, na afirmação superficial de Pierre a respeito da alma, e na súbita conversão de Pierre a uma doutrina filosófica que, como sabemos, representou um esforço específico da metafísica tolstoiana. A esse respeito a terceira passagem é a mais instrutiva. O movimento externo da visão é retido e freado abruptamente à consciência de Pierre. Ele exclama a si mesmo: "E tudo isso sou eu, tudo isso está dentro de mim, e tudo isso é eu!". Enquanto uma peça de epistemologia, essa constatação é problemática. Ela expressa uma entre inúmeras suposições possíveis sobre as relações entre percepção e o mundo sensível. Mas será que surge do contexto imaginativo? Não creio, e a prova é que o conceito exposto por Pierre é contrário ao tom geral da cena e ao seu efeito lírico intencional. Esse efeito está latente no contraste entre a eternidade calma da natureza física – a lua no céu imponente, floresta e campos, a luminosa expansão ilimitada – e as crueldades triviais do homem. Mas o contraste desaparece se assumirmos que a natureza é uma simples emanação da percepção individual. Se "tudo isso" está em Pierre, se o solipsismo é a interpretação mais legítima da realidade, então os franceses foram bem-sucedidos ao colocar "tudo" em "uma treliça orlada de placas". A explícita afirmação filosófica corre contra o fluxo da narrativa. Tolstói sacrificou à inclinação especulativa de sua mente o colorido lógico e particular do episódio ficcional.

Imagino que a linguagem de Pierre possa ser lida mais flexivelmente, que possa ser interpretada como um vago momento de panteísmo ou de comunhão rousseauista com a natureza. Mas a mudança de ritmo é inequívoca e, mesmo tomando o final da passagem no sentido mais geral, a voz seria antes de Tolstói do que de Pierre.

Quando uma mitologia é percebida na pintura ou escultura ou coreografia, o pensamento é traduzido da linguagem para o material relevante. O meio vigente é radicalmente transformado. Mas quando uma mitologia é corporificada na expressão literária, uma parte do meio subjacente permanece constante. Tanto a metafísica como a poesia é encarnação da linguagem. Isso suscita um problema crucial: existem hábitos linguísticos e técnicas historicamente apropriadas ao discurso da metafísica, mesmo que sejam hábitos e técnicas mais naturalmente apropriadas ao discurso da imaginação ou da fantasia. Quando um poema ou romance é expressivo de uma filosofia específica, os modos verbais daquela filosofia tendem a invadir a pureza da forma poética.

Desse modo somos inclinados a afirmar que, em certas passagens de *A Divina Comédia* ou de *Paraíso Perdido*, a linguagem da teologia técnica ou cosmografia se sobrepõe à linguagem da poesia e da mediaticidade poética. Era esse tipo de interposição que De Quincey tinha em mente ao distinguir a "literatura do conhecimento" da "literatura do poder". Tais invasões ocorrem sempre que uma explícita visão de mundo é demonstrada e traduzida em um meio poético – quando um agenciamento de linguagem é traduzido em outro. Elas ocorrem com particular acuidade no caso de Tolstói.

O didatismo e a propensão ao argumento exortativo se revelaram na ficção tolstoiana desde o momento em que ele começou a escrever. O pouco que ele escreveu depois foi mais uma extensão de *A Manhã de um Proprietário de Terras* ou do primeiro conto *Lucerne*. Tolstói não concebia que um homem sério pudesse publicar um trecho de ficção sem outro objetivo a não ser pelo entretenimento ou exclusivamente a serviço do lúdico ou da invenção. É espantosamente irônico o fato de que seus próprios romances e contos significassem tanto aos leitores que nem conheciam nem se importavam com sua filosofia. O exemplo supremo e notório de uma divergência de atitudes entre Tolstói e seu público surge a respeito dos aspectos da historiografia e da peroração filosófica em *Guerra e Paz*. Em uma carta muito conhecida endereçada a Annenkov, o crítico literário e editor de Púchkin, Turguéniev denunciava essas seções do romance como "farsescas". Flaubert exclamava: "Il philosophise" (Ele faz filosofismo) e sugeria que nada podia ser mais alheio à economia da ficção. E a maioria dos críticos russos de Tolstói, de Botkin a Biryukov, considerava os capítulos filosóficos de *Guerra e Paz* como uma intrusão – valiosa ou não, qualquer que fosse o caso – no próprio tecido do romance. E ainda assim, como Isaiah Berlin afirma,

certamente existe um paradoxo aí. O interesse de Tolstói pela história e pelo problema da verdade histórica era passional, quase obsessivo, tanto antes como durante a escrita de *Guerra e Paz*. Ninguém que lê seus diários e cartas, ou até mesmo o próprio *Guerra e Paz*, pode duvidar que o próprio autor, de qualquer maneira, considerava esse problema como o coração do assunto todo – a questão central em torno da qual o romance é construído.

Inquestionavelmente isso ocorre. As constatações ponderadas e sem adornos de uma teoria da história entediam a maior parte dos leitores ou lhes parece extrínsecas; para Tolstói (pelo menos à época em que ele escrevia *Guerra e Paz*) elas eram o pivô do romance. Como mencionei anteriormente, além do mais, o problema da história é somente uma das questões filosóficas surgidas na obra. De significação comparável são a procura pela "vida do bem" – dramatizada nas sagas de Pierre e Nicolas Rostov –, a junção do material em torno de uma filosofia do casamento, o programa de reforma agrária e a reflexão de toda vida de Tolstói sobre a natureza da propriedade.

208 TOLSTÓI OU DOSTOIÉVSKI

Por que é então que a intrusão de práticas metafísicas nos ritmos literários e as consequentes falhas de realização – tais como ocorrem nas três passagens em questão – não constituem uma barreira mais drástica ao sucesso do romance como um todo? A resposta encontra-se em suas dimensões e na relação das partes individuais com a estrutura total. *Guerra e Paz* é tão amplamente concebido, gera um ímpeto e movimento progressivo tão intenso, que as fragilidades momentâneas ficam submersas no esplendor geral; o leitor consegue planar sobre grande trechos – como os ensaios de historiografia e tática – sem sentir que perdeu o fio principal. Tolstói teria considerado tal seletividade como uma afronta maior ainda ao seu propósito do que ao seu ofício. Muito do seu rancor posterior por seus próprios romances, o estado de espírito que o induziu a descrever *Guerra e Paz* e *Anna Kariênina* como exemplos representativos de "arte ruim", refletem o seu reconhecimento de que eles tinham sido escritos em uma chave e estavam sendo lidos em outra. Eles tinham sido parcialmente concebidos em uma fria agonia da dúvida e em assombrado espanto pela estupidez e desumanidade das questões do mundo; mas foram sendo considerados como imagens de um passado dourado ou como afirmações da excelência da vida. Nessa controvérsia, Tolstói pode bem ter se equivocado; ele pode ter sido mais cego do que seus críticos. Como escreveu Stephen Crane, em fevereiro de 1896:

> O objetivo de Tolstói é, eu suponho – eu creio –, fazer-se bom. Trata-se de uma tarefa incomparavelmente quixotesca para qualquer homem assumir. Ele não conseguirá; mas conseguirá mais do que ele mesmo possa saber, e assim, quanto mais próximo do sucesso, mais cego ficará. Esse é o pagamento para essa espécie de grandeza[17].

Muito da perfeição de *Anna Kariênina* está no fato da forma poética ter resistido às exigências da intenção didática; desse modo, existe entre elas um constante equilíbrio e tensão harmoniosa. No duplo argumento a dualidade da intenção de Tolstói é expressa e organizada. A epígrafe Paulina inicia e colore a história de Anna, mas não a controla inteiramente. O destino trágico de Anna inclina-se para valores e enriquecimentos de sensibilidade que desafiam o código moral que Tolstói geralmente sustentava e procurava dramatizar. Era como se duas deidades tivessem sido invocadas: um Deus antigo, patriarcal, de vingança, e um Deus que não estabelece nada acima da candura trágica de um espírito ferido. Ou para colocar de outro modo: Tolstói foi se enamorando por sua heroína e, por meio da liberalidade de sua paixão, ela conseguiu uma liberdade rara. Quase solitária em meio aos personagens de Tolstói, Anna parece se desenvolver por caminhos que se afastam do controle e da presciência do romancista. Thomas Mann tinha razão ao afirmar que o impulso ordenador que está por trás de

17. H. Cady e L. G. Wells (eds.), *Stephen Crane's Love Letters to Nellie Crouse*.

UM ENSAIO SOBRE O VELHO CRITICISMO 209

Anna Kariênina é moralista; Tolstói moldou uma acusação contra uma sociedade que tomou para si uma vingança reservada a Deus. Mas, ao mesmo tempo, a própria posição moral de Tolstói foi ambivalente; sua condenação ao adultério estava colada ao julgamento social vigente. Como os outros espectadores da ópera – por mais mundanos ou acrimoniosos que possam parecer –, Tolstói não podia deixar de se chocar com o comportamento de Anna, com sua tentativa de avançar para um código mais livre. E, em sua própria perplexidade – na ausência de um caso perfeitamente lúcido tal como o polemizado em *Ressurreição* –, encontram-se oportunidades para liberdades narrativas e para a predominância do poeta. Em *Anna Kariênina,* Tolstói sucumbiu mais à sua imaginação do que à sua razão (sempre a tentação mais perigosa).

Mas se as partes do romance imediatamente concernentes à Anna ficaram livres do peso da doutrina, foi também porque a história de Levin e Kitty funcionava como um pára-raio sobre o qual eram descarregadas as energias do didatismo. O equilíbrio da obra encontra-se, desse modo, rigorosamente dependente de sua estrutura de duplo argumento. Sem isso Tolstói não conseguiria ter retratado Anna com tal largueza e com a justiça poética do amor. Porém em muitos aspectos *Anna Kariênina* marca o final do período em que os impulsos contrários do gênio de Tolstói eram mantidos em equilíbrio criativo. Como temos observado, Tolstói viveu a dificuldade de terminar o livro; o artista nele, o técnico da ficção, recuava diante do panfletário.

Depois de *Anna Kariênina*, as correntes moralistas e pedagógicas da inspiração de Tolstói, com suas frequentes técnicas de retórica, tornaram-se progressivamente dominantes. Logo depois de sua finalização, Tolstói começou a trabalhar em alguns de seus maiores tratados urgentes de *paideia* e de teoria religiosa. Ao voltar-se novamente para a arte do romance, sua imaginação tinha incorporado o fervor sombrio de sua filosofia. Tanto *A Morte de Ivan Ilitch* como *A Sonata Kreutzer* são obras-primas, mas obras-primas de uma ordem singular. Sua terrível intensidade surge não de uma prevalência da visão imaginativa, mas do seu estreitamento; elas possuem, como as figuras anãs dos quadros de Bosch, as energias violentas da compressão. *A Morte de Ivan Ilitch* é uma contraparte a *Memórias do Subsolo*; em vez da descida aos lugares escuros da alma, ele desce aos lugares sombrios do corpo, com ócio agonizante e precisão. É um poema – um dos mais atormentados já concebidos – da carne insurgente, do modo no qual a carnalidade, com suas dores e corrupções, penetra e dissolve a tênue disciplina da razão. *A Sonata Kreutzer* é, tecnicamente, menos perfeita porque os elementos de moralidade articulada se tornaram muito massivos para serem inteiramente absorvidos pela estrutura narrativa. O sentido se impõe sobre nós, com extraordinária eloquência; mas não lhe foi dado completa forma imaginativa.

O artista em Tolstói continuou sobrevivendo muito perto da superfície; uma leitura de *A Cartuxa de Parma*, em abril de 1887, reacendeu em Tolstói o desejo de escrever um romance maior. Em março de 1889, ele se referiu especificamente ao desejo de compor uma peça de ficção "vasta e livre" à maneira de *Anna Kariênina*. Em vez disso, ele continuou a escrever *O Diabo* e *Pai Sergius*, duas de suas mais sombrias parábolas contra a carne. Foi somente em 1895, dezoito anos depois da conclusão de *Anna Kariênina*, que ele retornou à grande forma.

É difícil pensar em *Ressurreição* como um romance no sentido comum. Os esboços preliminares de sua criação começam em dezembro de 1889; mas Tolstói não conseguia reconciliar-se com a ideia de ficção, particularmente em uma larga escala. Ele conseguiu submeter-se à tarefa somente quando percebeu na obra uma oportunidade de transmitir seu programa religioso e social de uma forma acessível e persuasiva. Se não fosse, finalmente, para a necessidade dos Dukhobors (aos quais os direitos autorais de *Ressurreição* foram destinados), é possível que Tolstói nunca tivesse terminado o livro. A obra reflete essas mudanças de clima e uma concepção puritana de arte. Mas há páginas espantosas aí, e momentos nos quais Tolstói dá vazão aos seus poderes imutáveis. O relato do transporte dos prisioneiros em direção ao leste é elaborado com uma largueza de motivo e de vivacidade, que transcendem qualquer intenção programática. Quando Tolstói abria seus olhos para as cenas e acontecimentos vigentes, em vez de mantê-los fixos no interior das maquinações de sua raiva, sua mão se movia com imbatível talento.

Isso não é acidental. Em um romance completo, mesmo o Tolstói tardio podia se permitir a uma medida de liberdade. No decorrer das repetidas exemplificações possíveis de um longo romance, as abstrações assumem uma coloração de vida. A carnação ampla envolve os ossos do argumento. Em um conto, pelo contrário, ficam faltando tempo e espaço. Os elementos de retórica não conseguem ser absorvidos pelo meio ficcional. Desse modo, nas histórias posteriores de Tolstói, os temas didáticos, a mitologia de conduta, permanecem visíveis e opressivos. Por sua mera extensão, *Guerra e Paz*, *Anna Kariênina* e *Ressurreição* possibilitam a Tolstói a abordagem do ideal de unidade que ele perseguia com tamanha paixão obstinada. Na paisagem imaginária de seus três romances principais (como diria Marianne Moore) havia espaço para um verdadeiro ouriço e para uma verdadeira raposa.

Talvez tocamos aí em uma lei mais geral da forma literária – uma lei de necessária amplitude. Onde uma filosofia complexa está envolvida, a estrutura poética em que se expressa precisa ser de certa extensão. Por contraste, as últimas peças de Strindberg sugerem que o drama não pode adequar suas formas severamente condensadas à exposição sistemática, à "demonstração", de uma posição metafísica.

UM ENSAIO SOBRE O VELHO CRITICISMO 211

No estado vigente – distintamente do teatro ideal dos diálogos platônicos – não há suficiente tempo ou lugar. Somente no poema longo
ou no romance longo "o elemento de reflexão" pode permitir-se a um
papel independente.

Tolstói teve um discípulo e sucessor no qual o sentido da forma épica e o sentido do conceito filosófico foram tão pronunciados
e tão intimamente aliados quanto no próprio Tolstói. Thomas Mann
foi o metafísico mais sofisticado, o usuário mais deliberado de mitos.
Porém, em sua aplicação confiante da história e das formas massivas,
o exemplo de Tolstói foi decisivo. Os dois escritores foram, para usar
uma distinção antiga e vulnerável, poetas da mente racional bem como
do coração sensível. Em *Doutor Fausto*, Mann obteve a síntese de um
mito da história, uma filosofia da arte e uma fábula imaginada de rara
solenidade. Nesse livro, a reflexão surge inteiramente da circunstância ficcional. As transições de Tolstói do poema à teoria eram, como
temos observado em exemplos específicos, mais elaboradas e mais visíveis ao olho do leitor. Porém Tolstói e Mann permanecem juntos em
uma tradição da arte filosófica. Eles recuperaram à nossa consciência
uma compreensão de como as estruturas complexas da metafísica – as
mitologias formais que incorporam as crenças dos homens a respeito
do céu e da terra – são traduzidas para as verdades da poesia.

V.

O gênio de Tolstói foi o de um profeta e religioso reformista, mas
não, como comentou Berdiaiev, o de um teólogo no sentido tradicional ou técnico. Ele menosprezava os ritos cerimoniais e litúrgicos das
igrejas estabelecidas; as disputas teológicas, formal e historicamente
consagradas, impressionavam-no como sofismas vãos. Nele, como em
Rousseau e Nietzsche, a corrente de iconoclastia corria forte. Daí sua
preocupação permanente, como artista e como professor religioso, com
a natureza do comportamento social e com o estabelecimento de um
código meramente racional para as questões do mundo. Ele tendia a
considerar a cristandade "não como uma revelação divina nem como
um fenômeno histórico, mas como um ensinamento que nos dá o sentido da vida". Nas palavras de um crítico recente, Tolstói produziu um
evangelho "destituído de irracionalidade, desprovido da visão metafísica e mística, espoliado por metáforas e símbolos, mutilado por seus
milagres, assim como por parábolas, às vezes"[18]. Consequentemente,
o tratamento do material religioso, emTolstói, ficou isento do esforço
iconográfico tão prevalente no pensamento russo. Ele considerava as
representações simbólicas e analógicas das ideias religiosas como um
obscurantismo deliberado, uma tentativa dos padres e falsos mestres de

18. R. Poggioli, A Portrait of Tolstoy as Alceste, *The Phoenix and the Spider*.

afastar as pessoas comuns das verdades simples e irrefutáveis da vida de bem. Em *O Ensinamento Cristão*, Tolstói escrevia que o amor está presente em todo homem "como o vapor confinado em uma chaleira: o vapor expande, alcança os pistões e aciona o trabalho". Trata-se de um símile curioso – tão prosaico e literal que pode ter surgido de um sermão de renovação. É impossível imaginá-lo na boca de Dostoiévski.

A metafísica de Dostoiévski e sua teologia constituem um assunto formidável. Mesmo se seus romances fossem de menor magnitude do que são, nós os leríamos ainda como obras seminais na história das ideias. Ao redor da teologia radical de Dostoiévski e, por meio do comentário ou da oposição, desenvolveu-se uma literatura que é complexa e brilhante de mérito próprio. Ela inclui os escritos de Vasili Rozanov, Leon Shestov, Vladimir Soloviev, Merezhkovski, Viatcheslav Ivanov, Constantine Leontiev e Berdiaiev. Do ponto de vista da filosofia contemporânea, do existencialismo em particular, as obras de Dostoiévski estão em meio aos livros proféticos. O autor de *Os Irmãos Karamazov* foi, como afirmou Berdiaiev, "um grande pensador e um grande visionário bem como um grande artista, um dialético de gênio e o maior metafísico da Rússia". A fórmula merece destaque; projeta em alto relevo a imagem do artista como um criador e um intérprete de mitos. Berdiaiev continua: "Dostoiévski não pode ser entendido – na realidade seria melhor que seus livros fossem abandonados – ao menos que o leitor esteja preparado para imergir em um vasto estranho universo de conceitos".

Devo tocar apenas nos aspectos que mais se destacam. Em contraste com Tolstói, a metafísica de Dostoiévski assumiu sua forma madura no interior dos próprios romances. Os escritos expositivos e polêmicos são de interesse histórico. Mas é nos romances que a visão de mundo dostoievskiana fica mais coerente e plenamente exposta. Ao ler *Crime e Castigo*, *O Idiota*, *Os Demônios* e, acima de tudo, *Os Irmãos Karamazov*, não podemos separar a interpretação filosófica da resposta literária. O teólogo e o estudioso de ficção, o crítico e o historiador de filosofia se encontram numa área comum. A cada um, Dostoiévski oferece um domínio rico.

No capítulo VIII, da Primeira Parte de *Os Demônios*, Kirilov afirma ao narrador:

não sei como fazem aos outros, mas sinto que não posso fazê-lo como qualquer um. Qualquer um pensa, e logo depois pensa em outra coisa. Não posso pensar em outra coisa, pensei a mesma coisa a vida inteira. Deus me atormentou a vida inteira.

As palavras são muito próximas das que Dostoiévski usou a seu respeito. Ao escrever a Maikov em 1870, referindo-se ao projeto de *A Vida de um Grande Pecador*, o romancista confessava: "A ideia fundamental, que percorrerá cada uma das partes, tem me atormen-

UM ENSAIO SOBRE O VELHO CRITICISMO 213

tado, consciente e inconscientemente, por toda minha vida: trata-se da questão da existência de Deus". Esse tormento atingia o coração do gênio de Dostoiévski; seus instintos seculares – o poder do contador de história, o senso dramático nato, sua fascinação pela política – estavam profundamente condicionados pela matiz religiosa do seu espírito e pela qualidade essencialmente religiosa de sua imaginação. Seguramente, pode-se afirmar que poucas vidas foram assombradas por Deus ou que a presença de Deus invadisse sua própria identidade com mais força tangível. Em torno "da questão da existência de Deus", os romances de Dostoiévski elaboram sua concepção especial e sua dialética. Elas às vezes surgem pela afirmação e às vezes pela negação. O problema de Deus foi o impulso constante por trás das teorias apocalípticas e ultranacionalistas de Dostoiévski da história; tornou as discriminações morais sobre a intuição extrema uma arte necessária; deu impulso e tradição às atividades do intelecto. Como Aliosha afirma a Ivã, em *Os Irmãos Karamazov:* "Sim, para os verdadeiros russos as questões da existência de Deus e da imortalidade, ou, como você afirma, as mesmas indagações, é claro que surgem primeiro de dentro para fora".

Às vezes, o romancista ia mais longe ainda. Ele acreditava que a pessoa humana, como tal, derivava sua única realidade da existência ou da privação de Deus: "Pois o homem existe unicamente se for uma imagem e um reflexo de Deus, ele existe unicamente se Deus existe. Se Deus for inexistente, que o homem se torne um deus e não mais um homem – sua própria imagem perecerá. A única solução para o problema do homem está em Cristo"[19].

O mundo dostoievskiano tem sua arquitetura característica: o plano da experiência humana corre estreitamente entre o céu e o inferno, entre Cristo e o Anticristo. Os agentes da danação e da graça assaltam nossos espíritos, e os assaltos do amor são os que mais consomem. Nos termos dostoievskianos, a salvação do homem depende de sua vulnerabilidade, de sua exposição aos sofrimentos e crises de consciência que o compelem a encarar inequivocamente o dilema de Deus. Para torná-los mais sujeitos a emboscadas, o romancista despojava seus personagens de impedimentos protetores. Quando a sombra de Deus intercepta seus caminhos, nem a rotina da vida social nem o envolvimento temporal diminui a terrível intensidade do desafio. Aos personagens dostoievskianos resta pouco a fazer a não ser serem intensamente eles mesmos. Raramente os vemos adormecidos ou à mesa (quando Verkhovenski devora seu bife cru, a singularidade da ação nos choca tanto quanto a brutalidade de seus modos). Como os agentes do drama trágico, as *dramatis personae* de Dostoiévski movem-se na nudez de um Último Julgamento. Ou como Guardini propõe: a paisagem

19. N. A. Berdiaev, op. cit.

214   TOLSTÓI OU DOSTOIÉVSKI

de Dostoiévski está em todo lugar ligada a uma estreita margem "na qual Deus está do outro lado"[20]. Os romances de Dostoiévski marcam etapas sucessivas de um questionamento da existência de Deus. Neles é elaborada uma profunda e radical filosofia da ação humana. Os heróis de Dostoiévski são intoxicados de ideias e consumidos pelos fogos da linguagem. Isso não significa que sejam tipos alegóricos ou personificações. Ninguém, com exceção de Shakespeare, representou mais plenamente as energias complexas da vida. Isso significa simplesmente que personagens como Rashkolnikov, Umishkin, Kirilov, Versilov e Ivan Karamazov se alimentam de reflexão assim como os outros seres humanos se alimentam de amor ou ódio. Onde outros homens queimam oxigênio, eles queimam ideias. É por isso que as alucinações têm um papel tão amplo nas narrativas de Dostoiévski: as alucinações são o estado no qual a urgência do pensamento através do organismo humano e os diálogos entre o ser e a alma são exteriorizados.

De quais materiais ideológicos brutos e de doutrina religiosa Dostoiévski extraiu sua concepção particular? Em que termos ele se colocou essa questão da existência de Deus?

Em termos bem menos excêntricos e exclusivos do que um leitor ocidental poderia supor. Muito do que parecia aos não russos como mais pessoal e autônomo na mitologia de Dostoiévski era, de fato, característica da época e do lugar de locução. O contexto é completamente nacional, e sob as grandiosas iluminações de Dostoiévski encontra-se uma longa tradição do pensamento ortodoxo e messiânico do qual uma grande parte data do século XV. Muito frequentemente Dostoiévski foi considerado como pertencente a um grupo de visionários isolados como Blake, Kierkegaard e Nietzsche. Porém isso é somente uma perspectiva. O ambiente dostoievskiano é ricamente histórico. Os elementos significantes de sua visão de mundo derivam de Santo Isaac, o Sírio, cujas obras encontram-se na cabeceira de Smeerdyakov durante a tardia reunião final com Ivan Karamazov. A concepção de Tiutchev a respeito de Cristo e da missão de apoio a Cristo pelo povo russo passou quase imutável pelo cadinho de Dostoiévski. Sem o poema de Nekrasov "Vlas", Dostoiévski poderia não ter alcançado com objetividade tão bela sua imagem dos "humildes", dos mendigos vagabundos de inteligência ressequida e espírito santificado que sussurram os segredos de Deus pelo país. Se Bakunin não declarasse: "Deus existe – e o homem é um escravo; se o homem é livre – Deus não existe", a dialética de Kirilov em *Os Demônios* poderia bem ter sido menos reforçada. Toda vez que questionamos os grandes temas da metafísica dostoievskiana, a variedade e explicitação de suas origens se tornam manifestas; a acusação contra Deus, pronunciada por Ivan Karamazov, aprofunda e enobrece uma página de

---

20. R. Guardini, op. cit.

UM ENSAIO SOBRE O VELHO CRITICISMO

Belinski; a *Rússia e Europa* de Danilevsky inspirou as crenças do romancista no papel messiânico teocrático do czar e sugeriu a ele o significado espiritual de Bizâncio reconquistada; um ensaio de Strakov lhe forneceu a noção aterrorizante de que a experiência pode ser cíclica e eternamente recorrente. Não se trata de questionar a originalidade do gênio de Dostoiévski; trata-se de afirmar que, para qualquer leitura séria de seus romances, é indispensável alguma consciência do ambiente ortodoxo e nacional.

No mundo dostoievskiano, a imagem de Cristo é o centro de gravidade. Enquanto Tolstói citava com aprovação a advertência de Coleridge contra aqueles que amam "o cristianismo mais do que a verdade", Dostoiévski afirmava, em seu próprio nome, e pela boca de seus personagens que, no evento da contradição, Cristo lhe foi infinitamente mais precioso do que a verdade ou a razão. Sua imaginação detinha-se na figura do Filho de Deus em exame tão apaixonado que é possível ler uma grande parte da ficção dostoievskiana como um resplendor do Novo Testamento. A concepção de Dostoiévski sobre Cristo provém da injunção augustiniana: "per hominem Christum tendis ad Deum Christum". Mas, como a maioria dos artistas, ele foi por instinto um nestoriano. Ele se inclinava para a heresia poderosa do século quinto, que distinguia o humano do divino Salvador. Foi Cristo o homem a quem ele procurava visualizar e glorificar. Diferentemente de Tolstói, Dostoiévski foi ardentemente persuadido pela divindade de Cristo, mas essa divindade movia sua alma e solicitava sua inteligência mais forçosamente através do seu aspecto humano.

Aqui, a abordagem técnica do romancista sobre o velho problema de como o bem pode ser dramatizado e ainda mostrado em sua pureza, coincidia com a fé do crente. Os esforços de Dostoiévski em incorporar algo do tom ou resplendor de Cristo em seus retratos da pessoa humana são do maior interesse: são exercícios de delimitação, que nos instruem com o fato de que as possibilidades da arte são finitas. Somos similarmente instruídos com a cegueira de Dante no auge da visão. A imagem física de Cristo por Dostoiévski foi influenciada pela "Descida da Cruz", de Holbein, que o romancista vira em Basileia e que o comovera profundamente. Uma reprodução da pintura está pendurada na casa de Rogojin:

> Eu sei que a Igreja cristã já estabeleceu desde os primeiros séculos que Cristo não sofreu de maneira figurada mas real e que, por conseguinte, o seu corpo na cruz foi subordinado à lei da natureza de forma plena e absoluta. No quadro esse rosto está horrivelmente fraturado pelos golpes, inchado, com equimoses terríveis, inchadas e ensanguentadas, os olhos abertos, as pupilas esguelhadas; as escleróticas graúdas e abertas irradiam um brilho mortiço, vítreo.

Para Dostoiévski essa rendição do Messias foi mais do que um ato de realismo. Ele considerava o quadro como um ícone no sentido medieval da palavra, como uma "forma real" daquilo que existira realmente. Ele propunha, com urgência gráfica, o problema da possibilidade de Cristo ter sido, verdadeiramente, o filho de Deus, bem como do homem e da possibilidade de qualquer redenção em um mundo no qual um ser como Ele fora torturado até a morte. Se Dostoiévski respondeu às duas questões afirmativamente, foi somente depois de uma longa evolução espiritual e uma exposição lacerante a toda espécie de descrença. Bem no final de sua vida, encontramos o romancista admitindo ter chegado a Deus atravessando o coração "do fogo do inferno da dúvida". Dostoiévski fez inúmeros estudos e esboços importantes de um retrato de Jesus: príncipe Mishkin, Makar Ivanovich em *Adolescência*, Aliosha Karamazov. O único retrato completo é o do Cristo retornado da lenda do Grande Inquisidor. Sua beleza e graça inefável são sutilmente evocadas, mas Ele não fala. Esse silêncio não é, como argumentava D. H. Lawrence perversamente, um sinal de aquiescência; trata-se de uma parábola da humildade do artista e uma das mais verdadeiras intuições oferecidas a nós no interior das derrotas necessárias da linguagem.

A concepção de Cristo sugerida na figura de Mishkin está enraizada no folclore russo e na hagiografia da Igreja oriental. Como observa Dostoiévski em *O Diário de um Escritor*: "Tem passado de geração a geração, e está imersa no coração das pessoas. Talvez, Cristo seja o único amor do povo russo, e eles amam Sua imagem a seu próprio modo, no limite do sofrimento".

É a imagem do Filho do Homem andarilho e perseguido que pode nos confundir com um idiota, ou com o príncipe oculto reconhecido por crianças, mendigos sagrados e epiléticos. Dostoiévski teve a visão Dele na Sibéria, na casa dos mortos e acreditava, contrariamente ao dogma romano, que Ele finalizaria o próprio tempo e assim revogaria a eternidade da danação. E Ele faria isso não como Cristo *Pantokrator*, o dissipador Senhor da Revelação, mas com inextinguível caridade pelos insultados e ofendidos.

O príncipe Mishkin é, como afirmei anteriormente, uma figura compósita com empréstimos de Cervantes, Púchkin e Dickens. Sua humildade, sua sabedoria tosca, sua limpeza de coração – todos os traços implícitos de Cristo – são contidos no decorrer da ação. Porém, há muito pouco de substância mortal nele. É pálida a imagem que temos de *O Idiota*, com aquela palidez quase mórbida encontrada nas representações de Jesus por pintores da escola romântica alemã. Aliosha Karamazov é uma invenção mais plausível. Dostoiévski observou, no prefácio do romance, que Aliosha confrontara-o com dificuldades técnicas. Mesmo depois de terminado o livro, ele não tinha certeza de ter sido bem-sucedido na representação, na fusão adequada de pureza e inteligência, de graça angelical e paixão humana. Se Aliosha é escolhido para ser uma alegoria de Cristo, as dúvidas de Dostoiévski

UM ENSAIO SOBRE O VELHO CRITICISMO 217

se justificavam. Ele preenche o papel tão imperfeitamente quanto Mishkin, mas pelo motivo contrário. Há sangue demais nele, muito sangue dos Karamazov. Mas ele é, ainda assim, um exemplo raro e convincente de como o bem pode tornar-se dramático. Aliosha atua segundo o mandamento de Cristo, "Deixe que os mortos enterrem seus mortos: mas vá e pregue o Reino de Deus". Ao fazê-lo, ele desce cada vez mais fundo à condição da humanidade, mas Dostoiévski nos persuade (ao menos nos fragmentos da pretendida saga que foram realmente completados) que a radiação enigmática da graça continuará a envolver sua pessoa. Nele, "o comportamento deveria de repente, no momento de uma vida, encarnar completamente sua inspiração"[21].

Mas, apesar de todo o refinamento de sua concepção, ou talvez por causa dela, tanto o príncipe Mishkin como Aliosha Karamazov encarnam essencialmente as representações canônicas e tradicionais de Cristo. Creio que foram invocadas na criação das revelações de Stavrogin de um modo mais sutil, mais radical e mais angustiante. A figura de Stavrogin encontra-se no centro da escuridão do mundo de Dostoiévski. Mas todos os pátios conduzem a ele, pois lá também a sensibilidade do poeta e o argumento revolucionário, apocalíptico do "maior metafísico russo" estão mais intimamente unidos. Stavrogin encarna as duas explorações definitivas das técnicas do romance e da criação do mito. Mas antes de abordá-lo, é essencial uma visão resumida da dialética circundante.

A teologia dostoievskiana e a ciência do homem de Dostoiévski se fundamentavam no axioma da liberdade total. O homem é livre – completa e terrivelmente livre – para perceber o bem e o mal, para optar por um deles, e para encenar sua escolha. Três forças exteriores – a trindade do Anticristo, que se ofereceu a Jesus em tríplice tentação – procuram socorrer o homem de sua liberdade: os milagres, as igrejas estabelecidas (o catolicismo romano em particular), e o estado. Se milagres aconteciam em algum sentido que não o psicológico, privado e interior, se Cristo tinha descido da cruz ou se o corpo de Zossima tivesse exalado doces odores, a aceitação do homem não mais seria livre. Seria forçada pela mera evidência, assim como a obediência dos escravos é forçada pelo poder material. As igrejas privam os homens de sua liberdade essencial ao interpor entre Deus e a agonia da alma individual a segurança da absolvição e dos mistérios do ritual. As funções do padre diminuem a nobreza e a solidão do adorador de Deus atormentado. O catolicismo romano e o estado político, quando atuam no que Dostoiévski considera como um concerto natural, ameaçam tornar a salvação impossível através de sua promessa de um milênio terreno. O programa proposto por Shigalov em *Os Demônios* – a sociedade perfeita dirigida por poucos solitários para a beatitude material

21. R. P. Blackmur, Between the Numen and the Moha, op. cit.

dos milhões desprovidos de alma – é monstruoso, não porque destrói os direitos legais e civis (a respeito dos quais Dostoiévski pouco se importava), mas porque transforma os homens em brutos satisfeitos. Ao encher suas barrigas ele sufoca suas almas.

Com intuição sombria, Dostoiévski percebeu que há afinidades entre o desejo material e a fé religiosa. Daí sua polêmica de toda vida contra o "palácio de cristal" do socialismo, contra Rousseau, Babeuf, Cabet, Saint-Simon, Fourier, Proudhon e todos os positivistas que acreditam na realidade da reforma secular e que pregam justiça à custa do amor. Daí seu ódio por Claude Bernard, cuja fisiologia racional parecia invadir o acobertamento e autonomia daemônica do espírito. Dostoiévski detestava a crença de Tolstói e de todos os radicais sociais de que os homens devem ser persuadidos a amar um aos outros através da razão e da iluminação utilitária. A noção lhe parecia psicologicamente fraudulenta. Ele afirmava no *Diário de um Escritor*, em dezembro de 1876, "que o amor pela humanidade é inconcebível, ininteligível e *impossível de todo, sem o seguimento da fé na imortalidade da alma humana*. Eu até acrescento e ouso afirmar que o amor pela humanidade *em geral, como um conceito*, é uma das noções mais incompreensíveis à mente humana". E em uma reflexão sobre Cristo, escrita em 16 de abril de 1864, ao lado do cadáver de sua primeira mulher, Dostoiévski afirmava que " 'amar todas as coisas como a ti mesmo' é impossível no plano terreno, porque contradiz a lei do desenvolvimento da personalidade".

Essa lei não é imutável. Existem apocalipses privados, momentos de iluminação nos quais a alma humana é rompida e santificada. Nesses momentos, que podem conter a característica e os sintomas exteriores de epilepsia, um criminoso como Raskolnikov é possuído de amor universal; dominado pela graça, Aliosha se livra da agonia da dúvida e desce ao nível da adoração por todos os homens e por toda natureza sensível. Os clarões da revelação são os únicos milagres autênticos. Dostoiévski intitulou o relato da experiência de Aliosha de "Canaã na Galileia" – a água transforma-se em vinho ou, parafraseando a reza de Platão Karataev em *Guerra e Paz*, deitamos como uma pedra e acordamos como pão fresco. Essas epifanias podem acontecer somente se o homem for livre, somente se nem os assombros, nem os dogmas eclesiásticos, nem as conquistas materiais do estado utópico o tiverem resguardado das abduções de Deus. Tudo que o desvia disso conduz sua alma à escravidão da cegueira.

Dessa dialética, com sua precisão psicológica e sua poesia feroz, surge a teoria dostoievskiana do mal. Sem o mal não haveria possibilidade do livre-arbítrio e nenhum tormento que impele o homem ao reconhecimento de Deus. A respeito do paradoxo essencial, Berdiaiev, que penetrou mais agudamente nas proposições de Dostoiévski, afirma:

UM ENSAIO SOBRE O VELHO CRITICISMO   219

A existência do mal é uma prova da existência de Deus. Se o mundo consistisse total e unicamente no bem e na correção, não haveria necessidade de Deus, pois o próprio mundo seria deus. Deus é, porque o mal é. E isso significa que Deus é, porque a liberdade é.

Se a liberdade de optar por Deus tiver algum significado, a liberdade de recusá-Lo deve existir igualmente. Somente por meio da oportunidade de cometer o mal e de experimentá-lo pode o homem obter uma apreensão amadurecida de sua própria liberdade. A liberdade suprema do ato criminoso lança uma luz violenta, porém verdadeira, sobre a separação dos caminhos; uma trilha conduz à ressurreição da alma, a outro ao suicídio moral e espiritual. A peregrinação para Deus pode ter significação real somente enquanto os homens puderem escolher o caminho da escuridão. Como demonstra Kirilov inexoravelmente, aqueles que são possuídos pela liberdade, mas não conseguem aceitar a existência de Deus, são impelidos à autodestruição. Para eles, o mundo é um absurdo caótico, uma farsa cruel na qual a desumanidade resulta em destruição. Somente aqueles que conseguem equacionar, na medula mesma do seu ser, o paradoxo da liberdade total e a onipotência de Cristo e de Deus conseguirão conviver com a consciência do mal. Haverá algo a ser temido mesmo além da tortura e das monstruosas injustiças das questões humanas; é a indiferença de Deus, Seu afastamento definitivo de um mundo que os Shigalovs ou os Tolstóis tornaram materialmente perfeito e no qual os homens observam a passagem terrena com os olhos de brutos satisfeitos.

Como o protagonista de uma peça de moralidade, o homem dostoievskiano oscila entre os ministérios da graça e as subversões do mal. Os poderes demoníacos ocupam um lugar eminente na cosmologia dostoievskiana, mas não é inteiramente claro como ele concebeu sua natureza. Tanto quanto podemos saber, ele não acreditava em espiritismo no sentido usual. Os médiuns procuravam persuadi-lo que a comunicação com os mortos era possível, mas ele acusava-os de charlatões. Sua imagem da realidade psíquica era mais sutil. A concepção múltipla de Dostoiévski sobre a alma permitia a semelhança com a fragmentação ocasional. Nos termos tomísticos, "os fantasmas" poderiam ser manifestações do espírito humano quando o espírito atua como energia pura, se divorciando do governo coerente da razão ou fé, em vez de afiar o diálogo entre as facetas diferentes da consciência. Referir-se ao fenômeno como esquizofrênico ou paranormal é, até agora, mais uma questão de terminologia do que conhecimento total. O que está em jogo é a intensidade e a qualidade da experiência, o impacto modelador da aparição sobre nosso entendimento. Como Henry James em seus contos fantasmais, Dostoiévski envolvia seus personagens em uma zona de energias ocultas; forças são imantadas em sua direção e crescem luminosas ao seu redor, e as energias correspondentes irrompem do interior e adquirem forma palpável.

220   TOLSTÓI OU DOSTOIÉVSKI

Em tais estudos aterrorizantes do sobrenatural, como os colóquios de Ivan Karamazov com o demônio, observamos uma fusão perfeita entre as técnicas do gótico e o mito da alma instável de Dostoiévski. Correspondentemente, ele não delimitou uma barreira firme entre o mundo da percepção sensorial usual e os outros, mundos virtuais. Como afirmou Merezhkovski:

> Para Tolstói existe somente o eterno antagonismo de vida e morte; para Dostoiévski somente sua eterna unicidade. O primeiro observa a morte do interior da casa da vida, com os olhos desse mundo; o último, com olhos do mundo espírito, observa a vida a partir de uma posição que, para aqueles que vivem, parece morte[22].

Para Dostoiévski, a pluralidade de mundos foi uma verdade manifesta. Frequentemente ele considerou a realidade empírica como insubstancial e fantasmática. As grandes cidades são uma miragem tinhosa; as noites brancas sobre São Petersburgo são a prova da iluminação espectral que brinca em torno das coisas materiais; aquilo que os positivistas tomam como fato palpável, ou leis da natureza, são meramente finas redes de suposição lançadas sobre um abismo de irrealidade. A esse respeito, a cosmologia de Dostoiévski foi medieval e shakespeariana. Mas, enquanto seus sucessores, como Kafka, chegaram a perceber na bruxaria e no assombro das coisas um sintoma de danação psicológica, o próprio Dostoiévski percebia no demoníaco uma marca da proximidade especial do homem com Deus.

Apesar de sua aspereza carnal e sua imersão tosca na vida temporal, o espírito do homem retém sua vulnerabilidade para a graça ou perdição. O destituído, o inseguro e o epilético possuem vantagens importantes: por meio do seu despojamento material e em suas carências, eles sofrem a totalidade da percepção que retira a defesa da sensualidade e da saúde normal. Mishkin e Kirilov são epiléticos; o seu confronto com o problema de Deus possui uma imediatez privilegiada. Mas os clamores demoníacos e as tentações envolvem todo homem. Somos todos convidados a cear em Canãa na Galileia.

Assim como o epilético, o criminoso e o ateu são protagonistas na teodiceia dostoievskiana. Eles estão nos limites mais extremos da liberdade; o seu próximo passo necessariamente os conduzirá a Deus ou ao abismo do inferno. Eles rejeitaram a taxa do decoro tal como foi imaginada por Pascal. Pascal propunha aos homens viverem piamente, acreditassem ou não em Deus; se Deus existisse, seu pietismo seria eternamente recompensado; caso contrário, suas vidas teriam sido, não obstante, decorosas e racionais. Os heróis de Dostoiévski se rebelam contra tal equívoco. Para eles, a existência ou a inexistência de Deus é indiferente ao significado da vida. Ele precisa ser encontrado ou é preciso demonstrar indubitavelmente que Ele se reti-

---

22. D. S. Merezhkovsky, *Tolstoy as Man and Artist, with na Essay on Dostoïevski*.

UM ENSAIO SOBRE O VELHO CRITICISMO 221

rou da criação, deixando os seres humanos, como sugere Versilov em *Adolescência*, com a terrível liberdade dos abandonados. A procura por Deus pode bem conduzir aos reinos da noite e da abominação. Essa ideia está refletida nas lendas e no simbolismo da igreja cristã. Os ladrões e as prostitutas ocupam um lugar consagrado mesmo na tradição latina. Na visão ortodoxa, o lugar deles está bem próximo do centro. Os teólogos eslavos se deliciam com o paradoxo do amor preeminente de Cristo por aqueles que chegam até Ele do extremo da danação. A essa doutrina Dostoiévski acrescentou sua experiência pessoal de servidão e redenção. Quando os idosos se inclinam diante de Stavrogin e de Dimitri Karamazov, prestam homenagem profética à sacralidade do mal, às tentações infernais tão destrutivas que nelas o poder ameaçador de Deus e a infinitude do Seu perdão se encontram duplamente manifestos.

Mas se o livre-arbítrio do homem fornece o único acesso a Deus, ele também fornece as condições da tragédia. A possibilidade da falsa escolha, da negação de Deus, está sempre à mão. Um mundo em que o problema da existência de Deus não fosse mais objeto de preocupação da alma humana seria, na definição dostoievskiana, um mundo sem tragédia. Poderia ser uma utopia social, segundo a fórmula de Shigalov, de "ilimitado despotismo". Aí a "boa vida" material poderia ser alcançada. Mas no teatro do Grande Inquisidor, não poderia existir drama trágico. "Assim que o homem vencer a natureza", anunciava Lunacharski, o primeiro comissário da educação, "a religião torna-se superficial; portanto, o sentido do trágico desaparecerá de nossas vidas". Todo mundo, exceto um punhado de loucos incuráveis, saberia e se regozijaria com a certeza de que duas vezes dois são quatro, que Claude Bernard penetrara no centro do sistema vascular e que o conde Tolstói estava construindo escolas-modelo em suas propriedades. O primeiro dos insanos seria Dostoiévski e seus protagonistas. Eles se encontravam em antagonismo radical com as utopias mundiais, com todos os paradigmas da reforma secular que embalassem a alma humana em um sono de conforto e saciedade material, banindo, desse modo, o sentido trágico da vida. Pela frase comtiana, Tolstói era um "servidor da Humanidade". Dostoiévski desconfiava amargamente do credo humanitarista e preferia permanecer com os angustiados, enfermos e, às vezes, com os criminalmente perturbados "servidores de Deus". Entre essas duas servidões podem prevalecer grandes ódios.

VI.

Nos romances de Dostoiévski, a filosofia e a experiência religiosas se apresentam de dois grandes modos; um sendo essencialmente explícito e ortodoxo, o outro encoberto e herético. Sob o modo explícito incluiria a riqueza de citações da Escritura, o dialeto e a terminologia

222 TOLSTÓI OU DOSTOIÉVSKI

teológicos, os elementos dos argumentos fundados na vida da igreja vigente, os temas litúrgicos e as incontáveis alusões aos análogos bíblicos, que fornecem à cena dostoievskiana sua iconografia específica. Os romances literalmente arrepiam a questão religiosa frequentemente comunicada por formas bem primitivas. Dostoiévski dá nomes característicos e alegóricos a seus personagens. Raskolnikov, o "herético", aquele que permanece no cisma; Shatov, o "oscilante"; Stavrogin, que carrega em seu nome a palavra grega "cruz"; Aglaia, a "ardente". Muito do simbolismo nomenclativo de *Os Irmãos Karamazov* é desdobramento do calendário dos Santos da Igreja Ortodoxa. Aliosha é o "ajudante" e o "homem de Deus"; o nome de Ivan advém do evangelista do Quarto Evangelho, pois ele também está intoxicado pelo mistério do Mundo; com Dimitri ouvimos o eco de Demeter, a deusa da terra, e esse eco nos remete à epígrafe joanina do romance – "nisi granum frumenti cadens in terram mortuum fuerit, ipsum solum manet". Fiodor Pavlovich anula o nome que significa "dádiva de Deus"; ao tentar elucidar essa alusão irônica e paradoxal, encontramo-nos precisamente no limite entre o uso de recursos simbólicos explícitos de Dostoiévski e sua mitologia não ortodoxa mais particular. No próprio Karamazov encontramos a palavra tártara "negro".

Alegorias comparáveis estão implícitas nos nomes das heroínas dostoievskianas. A noção de *sophia*, de intelecção através da graça, é um ponto cardeal para a teologia ortodoxa. Dostoiévski associava o termo com a obtenção da sabedoria por meio da humildade e do sofrimento. Daí Sofia (Sonia) Marmeladovna de *Crime e Castigo*, a Sofia Ulitin que percorre a terra vendendo o Evangelho em *Os Demônios*, a Sofia Dolgoruki de *Adolescência*, e a mãe santificada de Aliosha, Sofia Karamazov. No nome de Maria Timofievna, a Aleijada de *Os Demônios*, e talvez a figura mais pura da criação no habitat de Deus de Dostoiévski, existe uma completa cristologia. Nomes expressam o testemunho do lugar do homem no drama da salvação, no que Nemirovich-Danchenko chamou, referindo-se à sua encenação de *Os Irmãos Karamazov* no Teatro de Arte de Moscou, em 1911, de "espetáculo-mistério" da ficção dostoievskiana.

O espetáculo e o mistério (tanto no sentido metafísico como técnico) foram primeiramente revelados aos homens pela Sagrada Escritura. Desse modo, as citações bíblicas ou alusões foram, para Dostoiévski, o que a experiência modeladora do mito foi para os dramaturgos gregos. As palavras sagradas, incansavelmente familiares e, até época recente, encravadas no próprio tecido da mente ocidental e russa, dão ao texto dostoievskiano sua tonalidade particular. Poderia realizar-se um estudo especial das citações dostoievskianas dos Evangelhos e das Epístolas Paulinas. Como observa Guardini, o romancista foi, às vezes, propositadamente descuidado: há, por exemplo, confusões deliberadas entre a designação do mal abstrato e as

UM ENSAIO SOBRE O VELHO CRITICISMO   223

referências personalizadas a Satã em algumas escriturações dos títulos em *Os Irmãos Karamazov*. Mas, na maior parte dos casos, Dostoiévski citava escrupulosamente e com um sentido dramático elevado. Ele não temia em combinar a passagem bíblica com sua narrativa, assim como um mestre do mosaico podia colocar joias em meio às suas pedras. Muitos exemplos vêm à mente; entre os melhores estão os momentos de conversão e epifania em *Crime e Castigo* e em *Os Demônios*.

Sonia lê para Raskolnikov o décimo primeiro capítulo de São João:

> Ela já tremia de fato, de corpo inteiro, em verdadeiro estado febril. Ele esperava por isso. Ela se aproximava da palavra que narra o milagre mais grandioso e inaudito, e o sentimento de um imenso triunfo apossou-se dela. Sua voz se fez sonora como metal; o triunfo e a alegria soaram nela e lhe deram força. As linhas se embaralhavam diante dela porque a vista estava escurecida, mas ela sabia de cor o que estava lendo. No último versículo: "Não podia ele, que abriu os olhos do cego..." – ela que baixara a voz, transmitiu com calor e veemência a dúvida, a censura e a blasfêmia dos incréus, que dentro de um instante, como atingidos por um raio, cairiam prostrados, desatariam em choro e creriam... "E *ele, ele* – também cego e incréu –, ele, também ouvirá neste instante, ele também crerá, sim, sim! agora mesmo, agora mesmo" – sonhava ela, e tremia de alegre expectativa.
>
> "Jesus, agitando-se novamente em si mesmo, encaminhou-se para o túmulo; era este uma gruta, a cuja entrada tinham posto uma pedra. Então ordenou Jesus: Tirai a pedra. Disse-lhe Marta, irmã do morto: Senhor já cheira mal, porque já é de *quatro* dias."
>
> Ela acentuou com energia a pronúncia da palavra *quatro*.

As representações bíblicas e narrativas combinam perfeitamente. As memórias e a fé solicitadas pela história de Lázaro anunciam a ascensão de Raskolnikov da sepultura do espírito. A própria Sonia associa a cegueira cética dos judeus à do herói e, em uma ambiguidade profundamente comovente, relaciona a imagem de Lázaro morto à de Lizaveta assassinada. A ressurreição espiritual de Raskolnikov prenuncia a ressurreição final dos mortos. A visão paralela informa cada detalhe. A voz de Sonia soa como os sinos da igreja que proclamam anualmente a ressurreição de Cristo. A história de Lázaro, além disso, é citada como prova da concepção de Dostoiévski sobre o milagre; sem comprometer sua verdade histórica (que, na totalidade, significaria ir contra sua noção do livre-arbítrio humano), Dostoiévski sugere que o relato da escritura prefigura o milagre autêntico e recorrente que chega a acontecer toda vez que um pecador retorna à vida de Deus.

Um entrelaçamento semelhante de temas bíblicos e ficcionais é o princípio ordenador no capítulo final de *Os Demônios*. Quando Stepan Trofimovich encontra a mulher-Evangelho, ele não lia o Novo Testamento há trinta anos "e no máximo havia se lembrado de algumas passagens dele, sete anos antes, ao ler *Vie de Jésus* (A Vida de Jesus) de Renan". Mas agora ele vagueia, sem teto e enfermo, e os agentes da salvação encontram-se à sua espera no caminho. Primeiramente, Sofia Matveyevna lê o Sermão da Montanha. Depois, abrindo o livro ao acaso, ela inicia a famosa passagem da Revelação: "Ao anjo da igreja em Laodiceia...".

224 TOLSTÓI OU DOSTOIÉVSKI

Culmina com as palavras: "e nem sabes que tu és infeliz, miserável, pobre, cego e nu". "– Isso... está no seu livro!", exclamou o velho liberal. Na medida em que a morte se aproxima, ele pede que Sofia leia para ele a passagem "sobre os porcos". Trata-se da parábola do oitavo capítulo de Lucas. Aí, as vastas energias e a escala temática em *Os Demônios* estão completamente concentradas. Trata-se tanto da epígrafe como do epílogo. Com a clareza do delírio – uma condição dostoievskiana sinalizadora – Stepan Trofimovich interpreta as palavras do evagelista à luz da experiência russa. Os demônios devem entrar no porco:

> Somos nós, nós e aqueles, e também Petrusha... *et les autres avec lui*....e é possível que eu seja o primeiro, que esteja à frente, e nós nos lançaremos, loucos e endomoniados, de um rochedo no mar, e todos nos afogaremos, pois para lá é que segue nosso caminho, porque é só para isso que servimos.

A previsão política e a propriedade dramática são de Dostoiévski, mas o mito regente, a imagem modeladora, se origina do Novo Testamento.

Pode se argumentar que Dostoiévski infringiu as "leis do jogo", que ele amplificou e solenizou o impacto de seus romances pelo uso de citações e analogias bíblicas. Mas, na realidade, ele elevou os riscos do fracasso artístico. Uma citação forte pode destruir um texto fraco; para poder incorporar uma passagem da escritura e dar-lhe pertinência, um projeto narrativo *per se* precisa ser imensamente firme e nobre. A citação traz consigo uma cadeia de ecos e está superposta por interpretações e usos prévios. Eles irão obscurecer ou corroer o efeito que o romancista pretende a não ser que esse efeito seja inerentemente espaçoso e dinâmico. Desse modo, *Os Demônios* consegue sustentar o peso de sua epígrafe e, quando as palavras de Lucas são invocadas pela segunda vez, elas adquirem uma ressonância especial devido à sua utilização no romance.

Dostoiévski nem sempre citava diretamente. Às vezes a narrativa, com seu ritmo e tonalidade, aponta para um desfecho bíblico ou litúrgico do mesmo modo como dizemos que um acorde musical aponta para o dominante. Em seu importante estudo sobre o romancista, A. L. Zander fornece alguns exemplos. O capítulo intitulado "Canaã na Galileia", e os termos nos quais o êxtase de Aliosha é relatado, parecem levar à definição canônica do milagre. Similarmente, a invocação de Maria Timofievna de "Mãe de Deus, a terra sufocante" ecoa tão intimamente o primeiro cântico do rito de preparação da Santa Comunhão na liturgia ortodoxa que a questão que se coloca é se as palavras da Aleijada não são proferidas como uma paráfrase.

Personagens como Maria, Makar Ivanovich em *Adolescência*, ou Pai Zossima (que foi chamado de Makario nos primeiros esboços de *Os Irmãos Karamazov*) falam uma linguagem saturada de frases e

UM ENSAIO SOBRE O VELHO CRITICISMO 225

alusões bíblicas. Ao procurarmos entender os seus significados, enfrentamos um problema comparável ao que nos é proposto por Milton ou Bunyan. Esse único fato distingue a concepção do romance em Dostoiévski dos seus contemporâneos europeus. Ele participou intimamente de uma tradição religiosa viva e de seus hábitos de pensamento e retórica; ele se apoiou em uma espécie de recurso anagógico superado pela literatura ocidental depois do século XVII. Ao fazê-lo ele ampliou todas as realizações anteriores, além das potencialidades e dos recursos da técnica de ficção em prosa, exceto os de Melville. A arte de Dostoiévski possui, em grau eminente, aquilo que Matthew Arnold chamou de "alta seriedade". Ela toca em áreas tradicionalmente reservadas à poesia e, particularmente, à poesia de emoção religiosa. No romance europeu, nada ultrapassa a ferocidade de observação ou o tratamento de compaixão. Não é possível imaginar, com toda segurança, como seria o destino de uma página de *Madame Bovary* ou mesmo de *As Asas da Pomba* se fossem expostas à luz consumadora da fala bíblica. Em um sentido muito real, as citações de Dostoiévski definem a cadeia de seus poderes.

Isso não significa, no entanto, que sua manipulação de temas religiosos fosse autônoma ou exclusivamente de inspiração russa. Aqui, como em qualquer outro lugar, as influências europeias são discerníveis. A figura de Zossima deriva principalmente da figura vigente de Tikhon Zadonsky. Mas deve um bocado ao Prior Leonardus em *Die Elixiere des Teufels* (O Elixir dos Teufeuls) de E. T. A. Hoffmann e ao Pai Aléxis em *Spiridion* de George Sand. A relação entre Zossima e Aliosha está modelada no tratamento de George Sand a Aléxis e Angel; Ambroise, um monge ascético e fanático, é o protótipo imediato de Pai Ferapont. Sand expôs ideias que se tornariam de fundamental importância em *Os Irmãos Karamazov*: Aléxis reconhece, na asserção do livre-arbítrio humano, uma prova da existência de Deus e equipara o suicídio à rendição da alma ao abandono ateísta. No final ele diz ao Anjo, precisamente como Zossima dirá a Aliosha: "Agora receba meu adeus, minha criança, e prepare-se para abandonar o monastério e para reentrar no mundo". Mas, enquanto *Spiridion* permanece uma raridade, uma peça desprezada de fantasia gótica, *Os Irmãos Karamazov* está entre os maiores poemas sobre a fé.

Somando-se às passagens da Escritura e aos motivos extraídos da vida eclesiástica, os romances de Dostoiévski incluem excursões de considerável profundidade e autoridade na especulação teológica e ecumênica. Dostoiévski deve ter sido um polemista menos vigoroso do que Tolstói, porém ele foi um artesão da abstração muito mais refinado. Em sua leitura da *Poética* de Aristóteles, Humphry House interpretou "o elemento do pensamento" como significando o "casuísmo interno deliberativo do indivíduo". Na ficção dostoievskiana, esse casuísmo é externalizado. Nós o encontramos nas angustiantes disputas sobre a existência de Deus em *Os Demônios* ou na discussão sobre a igreja em *Os Irmãos Karamazov*. Mas a dialética não está nunca separada do contexto dramático: cada um dos Karamazov encarna, no decorrer dos eventos, uma das possíveis moralidades que são discutidas de um modo generalizado na cela de Pai Zossima.

Junto com as complicações da ambientação, que Balzac dominara, e as complicações do sentimento, com as quais Henry James e Proust se preocuparam tanto, ao mundo das ideias – ideias vividas e expostas no extremo da constatação e compulsão –, Dostoiévski ampliou os limites do seu meio. Ele elaborou um espelho adequado à inteireza do homem e ao temperamento ideológico da época. Pode-se objetar, talvez, que essa ampliação havia sido realizada por Stendhal. Mas, embora Stendhal estendesse a arte do romance ao incluir o jogo pleno da inteligência argumentativa e filosófica, sua tradução da mente, comparada à de Dostoiévski, foi tímida e, no geral, restrita à vida racional.

Até agora lidei com as expressões mais clássicas e diretas da religiosidade de Dostoiévski. O material personificado na narrativa (nomes alegóricos, citações bíblicas, referências à liturgia) é de uma ordem explícita e tradicional. O contexto de ficção consegue, por si só, funcionar como uma espécie de comentário e enriquecimento. Em virtude do momento dramático, uma citação adquire novos timbres superpostos, e novas inferências podem se cristalizar em torno dele. Mas nos exemplos citados, a estrutura do significado e da conotação historicamente estabelecida não é alterada. Podemos interpretar, pelo veio ortodoxo, a imagem de Cristo que tremula por meio do príncipe Mishkin. O material, como afirma Coleridge referindo-se às obras de Fancy, "sai pronto pela lei da associação".

Mas se nos movimentarmos pelo interior do mundo de Dostoiévski, devemos deparar com uma mitologia encoberta idiossincrática e revolucionária, com seus hábitos peculiares de fala, sua própria iconografia e sua própria recriação de valor e de fato. Nesse centro de visão, crenças históricas e símbolos tradicionais fundem-se ou transformam-se completamente em algo radical e privado. Ivanov descreve essa mudança através de uma fórmula concisa: a arte de Dostoiévski leva "do real ao mais real". As técnicas de representação mudam correspondentemente; no domínio do "mais real", os meios principais são o paradoxo, a ironia dramática e uma ambivalência sombria, herética.

As duas ordens de realização não são discerníveis em toda circunstância. Smerdiakov, em *Os Irmãos Karamazov*, participa de ambas. No projeto exterior, ele é repetidamente associado a Judas (ele recebe uma soma de dinheiro simbolicamente numerada, enforca-se depois de sua maior traição, e assim por diante). Mas como o quarto e "verdadeiro" filho de Karamazov, ele personifica o mistério do parricida, na fábula primária, um papel que só pode ser entendido pela referência interna. Os termos da associação simbólica, como sua epi-

UM ENSAIO SOBRE O VELHO CRITICISMO 227

lepsia, não têm equivalência fora da mitologia específica, e em parte oculta, de Dostoiévski. Aqui, como afirma Coleridge a respeito da Imaginação poética, todo material previamente existente é dissolvido e refundido. Em casos particulares, a passagem de Dostoiévski "do real ao mais real" é inequívoca; a lógica da causação parece temporariamente suspensa e a ação se inclina para a lógica do mito. Tenho em mente a diferença entre a discussão a respeito da igreja e do estado na cela de Zossima e a súbita homenagem misteriosa do mais velho a Dimitri; entre a humilde fé romântica de Sonia em *Crime e Castigo* e a escatologia da graça pura manifesta pela noiva santificada e aleijada de Stavrogin; entre o evangelho amoroso de Makar Ivanovich e as secretas atividades sensuais de Aliosha Karamazov. A imagem evocada de Cristo em *O Idiota* pertence ao "real"; o Senhor da Segunda Vinda a quem nós vislumbramos na luz incerta de *Os Demônios* pertence ao "mais real". Ao exemplificar esse realismo definitivo, Dostoiévski procedia, de algum modo, como Shakespeare nas últimas peças. Ele parece estar possuído por uma revelação trágica e, ainda assim, por uma revelação que pode nos arrastar para além da tragédia; ele concentra sua intenção em torno de gestos e símbolos obtidos da fonte de uma mitologia central; ele se deleita com a contradição e age com irônica liberdade sobre a convenção laboriosa dos nossos modos usuais de reflexão.

Mas ao tentarmos seguir Dostoiévski ao âmago do significado, tornamo-nos drasticamente conscientes das insuficiências da crítica. A riqueza mesma do material simbólico oferece tentações contra as quais é preciso se precaver. Na frase de I. A. Richards, "Nesse caso precisamos de um olho livre e uma mão leve". A personagem Maria Timofievna propõe que se pesquise problemas com tato crítico. Eles não têm sido sempre solucionados. Seu nome de família contém uma alusão ao tema do puro cisne branco prevalente no folclore das seitas heréticas russas. Ela é uma aleijada, como Lise em *Os Irmão Karamazov*, e de mente fraca, em uma intensidade mais extrema do que o príncipe Mishkin. Misteriosamente, ela é ao mesmo tempo mãe, virgem e noiva. Lebyadkin fustiga-a com um açoite de cossaco, e ainda assim ela está dizendo a verdade quando declara que "ele é meu lacaio". Ela viveu em um convento onde uma velha mulher, "pagando penitência por profecia" (Dostoiévski queria que soubéssemos que existem pecados da intuição), lhe confirmou que a Mãe de Deus "é a Grande Mãe – a terra sufocante". Maria acumula essa segurança, e isso a investe de estranha majestade. Pai Bulgakov pode ser justificado na afirmação de que essa associação entre a Virgem e a *Magna Mater* do Oriente antigo faz do aleijado uma figura pré-cristã. Mas Maria também encarna as reflexões consumadas de Dostoiévski sobre o Novo Testamento, e ela parece antecipar um autêntico catolicismo pós-histórico no qual a adoração da terra provedora deve ter um papel essencial. Esses timbres superpostos são claramente

228 TOLSTÓI OU DOSTOIÉVSKI

direcionados e precisam ser considerados. Mas Maria Timofievna está, ao mesmo tempo, totalmente envolvida com a iconografia específica de *Os Demônios*. Ao ser interpretada por um simbolismo exterior, ela recua em contradição e obscuridade. Ivanov argumenta que, por meio da Aleijada, Dostoiévski

tentou mostrar como o princípio do eterno feminino na alma russa tem de sofrer violência e opressão nas mãos desses Demônios que, em meio ao povo, combatem Cristo pelo domínio do princípio masculino na consciência das pessoas. Ele procurou mostrar como esses Demônios, ao atacarem a alma russa, também feriam a própria Mãe de Deus (como fica explícito no episódio da dessacralização do ícone), embora suas vilanias não possam atingi-la em suas profundezas invisíveis (compare o símbolo do intocável manto prateado da Virgem na casa da Maria Timofievna assassinada).

O comentário é engenhoso e erudito, mas ele procede do real ao menos real. Os "significados" de Maria Timofievna não podem ser traduzidos acuradamente em um corpo mítico prévio ou dialético; eles provêm da inteireza autoconsistente do poema. E é com a poesia, no sentido pleno, que somos confrontados.

Consideremos uma das passagens mais enigmáticas, no entanto mais luminosas do romance. Trata-se dos sonhos de maternidade de Maria, com suas lembranças de um despertar secreto de consciência, de uma "anunciação":

Ora me lembro de um menino, ora de uma menina. Então logo dei a luz, eu o enrolei com cambraia e renda, com fitinhas rosadas, cobri-o de flores, enfeitei-o, rezei por ele, levei-o pagão, atravessei o bosque – tenho medo de bosques, estava apavorada, e o que mais me fez chorar é que o dei a luz mas não conheço o marido.

– Mas poderia ter existido? – perguntou cauteloso Shatov.

– Tu és engraçado, Chátuchka, com esse raciocínio. Existiu, pode ser que tenha existido, mas que adianta ter existido se de qualquer forma nem existiu? Eis um enigma fácil para ti, procura decifrá-lo! – riu.

– Para onde você levou a criança?

– Para o tanque – suspirou.

Shatov tornou a me cutucar com o cotovelo.

– Se você não teve filho nenhum e tudo isso não passa de um delírio, hein?

-Estás me fazendo uma pergunta difícil, Chátuchka – respondeu com ar meditativo e sem qualquer surpresa diante da pergunta –, a esse respeito não vou te dizer nada, pode ser até que nem tenha existido; acho que é apenas uma curiosidade tua; seja como for, eu não vou deixar de chorar por ele, não é? – E lágrimas graúdas brilharam em seus olhos.

Há pura poesia, não como a poesia do sonho febril de Ofélia. Aquilo que Maria chama de "uma charada fácil" é, creio eu, o nódulo de *Os Demônios*. Não é possível desvendá-lo por meio de um glossário de símbolos e equivalências exteriores ao romance. Os termos de referência apontam para o interior das ações rituais de Stavrogin e para a ambiguidade do seu casamento com a Aleijada. No devaneio de Maria existe a noção de uma concepção imaculada e também a mito-

UM ENSAIO SOBRE O VELHO CRITICISMO 229

logia mais antiga dos espíritos da terra enfeitando a criança com flores e transportando-a pela floresta em algum rito de purgação e sacrifício. Mas as lágrimas são reais, angustiosamente reais; retornam do mundo onírico aos destinos aflitos do argumento.

A charada de Maria Timofievna pode ser apreendida somente nos termos do próprio romance e de suas formas poéticas. Mas qual versão de *Os Demônios* se considera autorizada? Devemos incluir o famoso capítulo intitulado "A Confissão de Stavrogin"? Há motivos substanciais para não procedermos assim. A obra foi editada muitas vezes durante a vida de Dostoiévski e sob condições nas quais as objeções originais de Katkov (que publicara o livro de forma seriada) não podiam mais ter se mantido; ainda assim o próprio romancista nunca incorporou esse capítulo ao texto. Grande parte da narrativa de Stavrogin, além do mais, foi transferida para a boca de Versilov em *Adolescência*. Teria Dostoiévski dispensado a um romance posterior o material que ele julgava integral de *Os Demônios*? Finalmente, como destacou Komarovitch, o Stavrogin da "Confissão" e o Stavrogin do romance tal como conhecemos são significativamente diferentes. O primeiro é o herói projetado em *A Vida de um Grande Pecador*. Traços desse formidável projeto podem ser encontrados em seus dois fragmentos principais, *Os Demônios* e *Os Irmãos Karamazov*. Mas, no processo de composição, cada um desses dois romances desenvolveu sua própria dinâmica. Através desse desenvolvimento, como pode ser acompanhado nos esboços e anotações, o personagem Stavrogin tomou forma.

Muito foi escrito sobre ele. Como sugeri anteriormente, ele representa uma variante dostoievskiana dos heróis satânicos do byronismo e do gótico. Mas ele é muito mais do que isso. Ele é o exemplo supremo de como a imaginação religiosa penetra na arte do romance. Como acontece frequentemente em Dostoiévski, o personagem é introduzido em um pano de fundo do drama e à imagem de uma peça particular. Stavrogin é primeiramente referido como "Príncipe Harry". O título principesco advém de Mishkin e Aliosha Karamazov (em vários esboços preliminares e finalmente do próprio romance). Na mitologia dostoievskiana pareceria possuir conotações gnósticas e messiânicas. Mas como é feita simplesmente por alusão específica, Dostoiévski está aqui se referindo ao príncipe Hal de Shakespeare. Stavrogin apresenta-se a nós sob a imagem do selvagem príncipe de Wales. Como seu protótipo shakespeariano, ele circula pelo submundo do crime e do deboche. Durante todo *Os Demônios* ele estará cercado por uma corte debochada de parasitas e rufiões. Como Hal, ele é um enigma aos seus mais chegados e aos observadores de fora. Eles não sabem se ele

> ficará mais espantado ao
> Vencer a sórdida e horrível cerração
> De vapores que pareciam tê-lo estrangulado

230 TOLSTÓI OU DOSTOIÉVSKI

ou se ele irá eternamente

> permitir que ignóbeis nuvens contagiosas
> Suprimam sua beleza do mundo.

Há beleza em Stavrogin, e uma realeza sombria. Como escreve Irving Howe em seu ensaio sobre a política dostoievskiana: "Stavrogin é a fonte do caos que emerge dos personagens; ele os possui, porém ele mesmo não é possuído"[23]. Mesmo em suas confusões anteriores há uma espécie de sabedoria desesperada, que sugere outro príncipe shakespeariano. Um cidadão atoleimado afirma que ele não pode ser guiado pelo nariz. Stavrogin atém-se ao seu sentido literal e traduz o clichê com uma pantomima grotesca. Há algo de Hamlet nisso, do interesse de Hamlet pela natureza da linguagem e sua agudeza ácida. A analogia é reforçada pelas várias especulações sobre o estado de "lucidez" de Stavrogin ao representar seus truques bizarros e cruéis. Ele é banido da cidade e empreende uma longa viagem. Seu itinerário é significante. Ele visita o Egito, o local tradicional dos mistérios gnósticos, e Jerusalém, o local da realização messiânica. Ele viaja para a Islândia, evocando em nossas mentes a existência de escatologias nas quais o inferno é imaginado não como um mundo de fogo, mas como uma eternidade de gelo. Como o príncipe da Dinamarca e Fausto (uma figura com a qual Ivanov procura se identificar), Stavrogin passa algum tempo em uma universidade alemã. Mas desejos anelados e expectativas selvagens solicitam seu retorno.

Ele aparece subitamente, na tremenda ocasião na casa de Varvara Petrovna, e a Aleijada, a quem Dostoiévski dotou de clarões definitivos de irracionalidade, pergunta: "posso... ajoelhar-me... a você agora?". Gentilmente Stavrogin lhe nega. Mas nessa indagação há toda implicação de que isso seja natural, de que há algo na pessoa de Stavrogin que justifica submissão e o gesto primordial de adoração. Shatov, que também se encontra entre os autênticos portadores da visão de Dostoiévski, confirma a ação de Maria. Ele diz a Stavrogin: "Esperei muito por você. Tenho pensado em você incessantemente". Ele pergunta: "Devo beijar suas pegadas quando você partir?". As atitudes dos outros personagens para com o "príncipe Harry" são igualmente excessivas. Cada um possui sua própria imagem de Stavrogin e procura invocar os poderes de Stavrogin em prol de algum desejo particular ou propósito sacrificial. Mas, como Zeus no mito de Sêmele, Stavrogin destrói aqueles que se aproximam muito dele com paixão e observância. Piotr Verkhovenski sabe disso; seu culto é prudente e traiçoeiro: "Por que você está me olhando? Eu preciso de você, de você; sem você não sou ninguém. Sem você sou uma mosca, uma ideia engarrafada;

---

23. I. Howe, Dostoievsky: The Politics of Salvation, *Politics and the Novel*.

Colombo sem a América". É verdade, mas Colombo foi o descobridor, talvez alguém que concebeu mesmo o novo mundo. Piotr se confunde até o fim se não foi ele quem "inventou" Stavrogin. Ele lhe diz: "Você é tão orgulhoso e belo quanto um deus". Mas esse deus é estranhamente dependente da adoração dos homens, mesmo que eles se ajoelhem a ele por corrupção ou ganância. Será que as posturas frenéticas de Verkhovenski não dirigem nossos pensamentos a um paradoxo frequentemente exposto pelo existencialismo moderno: "É Deus que necessita do homem" (Dieu a besoin des hommes)?

Muitos aspectos de Stavrogin mascaram a noção de teofania, a ideia de que ele representa, de um modo trágico e secreto, o papel de Deus na mitologia final de Dostoiévski. Ele ostenta as máscaras de um falso Messias e se revela a nós com o disfarce de Anticristo. Ao enfatizar seus planos insanos de insurreição e o estabelecimento do reino milenarista, Verkhovenski observa que há "Skoptsi na vizinhança". O próprio Verkhovenski estabelece um paralelo entre o culto orgiástico de Skoptsi e a revelação de Stavrogin como o Czarevich messiânico. Em um instante de inteligência agonizante, Maria Timofievna rejeita amargamente os clamores de Stavrogin de autêntica realeza. Ele não é o "Noivo Sagrado" e o "Falcão" do apocalipse pendente, o redentor hierático da iconografia bizantina. Ele é "um ogro, um impostor, um comerciante". Ela se refere a ele como Grishka Otrepyev, o monge que pretendia ser Dimitri, o filho assassinado de Ivan, o Terrível. E essa identificação de Stavrogin com o falso Czar – que representa um aspecto tão rico da poesia e do pensamento religioso russo – é sugerido no decorrer de *Os Demônios*. Em um tom de ambivalência característica, meio humilde e meio derrisivo, Piotr saúda Stavrogin como Ivan, o Czarevich. Quando nasce o filho de Maria Shatov, ela lhe dá o nome de Ivan, pois ele é filho de Stavrogin e herdeiro secreto do reino. Como o Anticristo, além do mais, Stavrogin se assemelha perigosamente ao verdadeiro Messias; nele, a própria escuridão arde com uma peculiar fulguração. "Você é como ele, muito semelhante, talvez você seja uma relação", afirma a aleijada. É somente ela, com o olhar penetrante da loucura, que encara a nudez de Stavrogin; ele usa uma falsa máscara de grandeza, ele é um pássaro da noite que aspira à majestade do falcão. No final, Stavrogin se enforca. Vladimir Soloviev, um dos familiarizados com a filosofia de Dostoiévski, acreditava que essa ação final seria a prova conclusiva da verdadeira natureza de Stavrogin. Ele é o Judas ou o Anticristo, e os demônios ao seu comando são a legião. Ele encarna as expectativas de Dostoiévski de uma segunda vinda prematura e demoníaca na qual falsos sábios devem surgir do Oriente para enganar os corações dos homens e mergulhar o mundo no caos.

Essa interpretação funda-se sobre a forte evidência do romance e dos escritos filosóficos de Dostoiévski. Mas deixa muito a explicar. O nome de Stavrogin contém em si não somente a palavra russa para "chifres", mas também a palavra que significa cruz. Teria Dostoiévski pronunciado pela boca de um falso Messias um dos artigos cardiais do seu credo pessoal: "antes com Cristo do que com a verdade?". Por que será que Stavrogin, de aparência velada, mas indubitável, com o Filho do Homem e em analogia com o Idiota se deixaria ser estapeado e publicamente insultado? Sabemos que Dostoiévski considerava esse sofrimento como uma das marcas externas de santidade. Quando consideramos as relações de Stavrogin com as mulheres, somos atropelados pelos dilemas de significação central e a necessidade de um entendimento compreensível. Referindo-se à Aleijada, ele fala a Shatov: "Ela nunca teve um filho e não poderia tê-lo. Maria Timofievna é virgem". No entanto ele insiste em ser sua noiva, e é sua morte que finalmente rompe sua reserva fria e lasciva. Entre Stavrogin e Maria Timofievna prevalece o duplo sacramento do esponsal e da virgindade. "É um enigma fácil, adivinhe", diz Maria. Talvez não tenhamos percebido isso porque a solução é um tanto fantástica e blasfema. O tema da castidade obstrui novamente o encontro entre Stavrogin e Liza Nikolaevna. "Um completo fiasco", sugere Verkhovenski. "Aposto qualquer coisa como vocês ficaram no quarto a noite toda sentados lado a lado, passando o precioso tempo discutindo algo sublime, elevado". Como harmonizar essa imagem com a de Anticristo, que é tradicionalmente retratada como a encarnação da lascívia selvagem? Diferentemente de Mishkin, Stavrogin não é impotente. Mas o único momento do romance em que seu envolvimento é claramente sexual tem um caráter estranho e sagrado.

Maria Shatov pare o filho de Stavrogin, e Shatov recebe o infante com humildade estática. Somos levados a crer que as esperanças de futuro admitidas em *Os Demônios* fundam-se nessa criança. Mas por que o nome Maria e o mistério da transferência de paternidade? A evidência é muito urgente e amarrada para ser negada. O nascimento de Cristo é relevante para o nascimento do filho de Stavrogin. E essa relevância não é a da paródia. O arrebatamento de Shatov e o súbito inchaço de emoção que afeta Kirilov nos são comunicados como valores autênticos. Se Stavrogin fosse meramente, ou predominantemente, um falso Messias, todos os espantos e tumultos do espírito que acompanham essa natividade resultariam em uma farsa sardônica.

As antinomias no papel de Stavrogin são pertubadoras. Ele é um "traidor da imagem de Cristo", afirma Ivanov, mas "ele também é desleal para com Satã". Seu plano de ação parece estar, no sentido mais literal, fora da moralidade humana. Ao imaginá-lo, Dostoiévski pode ter sucumbido a uma antiga e desesperada suspeita. Se Deus é o criador do universo, Ele é, pelo mesmo emblema de inteireza, o criador do mal. Se toda graça está cingida em Seu ser, também está toda desumanidade. Stavrogin não encarna essa mitologia sombria em todos os momentos do romance. Mas suas ações e sua relevância na situação

UM ENSAIO SOBRE O VELHO CRITICISMO

simbólica de Maria Timofievna e Maria Shatov prevê a noção de que ele representa um esquema de pura malignidade ou uma representação direta do Príncipe das Trevas. Parece que há momentos no romance nos quais Stavrogin carrega uma apreensão trágica da dualidade de Deus. Para usar a linguagem dos alquimistas (com sua apropriação da lógica do mito e da poesia), podemos ler na figura de Stavrogin um tetragrama, uma cifra oculta que expressa ou invoca uma revelação dos atributos de Deus. Os censores de Dostoiévski foram rápidos ao perceber que sua teodiceia oficial – a metafísica da liberdade questionada por Aliosha Karamazov – fracassara em fornecer uma resposta adequada ao recital de horrores e demônios do mundo de Ivan Karamazov. Pergunto-me se a resposta final de Dostoiévski, a "mais real" do seu significado, não poderia ser encontrada em Stavrogin, na alusão de que o mal e a violação dos valores humanos são inseparáveis da universalidade de Deus.

Poucas figuras da literatura nos impelem tão perto aos limites da compreensão. Nada nos convence mais forçosamente que as distinções consoladoras entre deus e o diabo, entre o sagrado e o monstruoso, são do dispositivo humano e de aplicação restrita. Stavrogin exemplifica a crença de Kierkegaard de que as categorias da moralidade e da religião podem não ser idênticas – que elas podem, na realidade, ser desconcertantemente diversas. Em relação a Stavrogin, chega-se a maravilhar com o vigor de Dostoiévski – vigor significando estabilidade de visão no interior de um abismo de reflexão ou da faculdade que levou Dante a continuar em meio às chamas do inferno embora, como diz a lenda, elas escurecessem sua pele.

Os julgamentos do vigor são registrados nos esboços. "Com relação ao príncipe", confidenciava Dostoiévski a si mesmo, "todas as coisas estão em questão". Ele percebia, desde o início, que Stavrogin teria que asumir o problema da existência de Deus "ainda que", como uma sentença fragmentária nos conta, "a ponto de derrubar Deus, de tomar Seu lugar". A afirmação de Coleridge a respeito de Shakespeare vale para Dostoiévski: ele possuía "a faculdade sublime pela qual uma mente enorme se torna naquilo em que medita". Os cadernos de anotações do romance contêm a marca dessa absorção total; neles pode-se observar Dostoiévski avançando de suas crenças originais para novas ideias e súbitos lampejos de percepção. Os rascunhos nos fornecem detalhes sobre a estrutura essencial de *Os Demônios*, sobre como Stavrogin cataliza a ação. Ele expõe a enfermidade da fé religiosa de Shatov e impele Kirilov ao extremo da razão. Ele invoca o assassino, em Fedka, e desperta a sensualidade histérica de Liza. Ele é o pivô da vida de Verkhovenski, percorrendo um emaranhado tão cerrado que nem sempre conseguimos determinar onde se encontra o princípio do movimento.

Ao retratar as relações entre Stavrogin e os outros personagens, Dostoiévski reverteu um dos seus arquitemas: o advento da loucura e do mal pela aberração do amor. Onde o amor de Deus vai sendo pervertido, a loucura e o mal, de modo correspondente, aumentam. Nesse aspecto o pensamento dostoievskiano reflete *Psyche* de Carl Gustav Carus. O romancista pode ter lido esse tratado um tanto excêntrico, porém brilhante, antes mesmo de sua prisão na Sibéria. Antecipando parcialmente Freud, Carus defendia reciprocidades (aquilo que podemos chamar de "transferências") entre a religiosidade imatura e a sexualidade imatura. A erupção do sentimento religioso ou da paixão erótica naquilo que Carus designou de "alma imatura" poderia conduzir a depravações similares. Sem um excesso de desejo, a mente mal concebida ou imperfeitamente objetivada, poderia sucumbir aos ódios súbitos e irracionais. O caráter e a atuação de Verkhovenski dramatizam esse estado de arrebatamento malévolo. Mas quase todos os personagens que giram em torno de Stavrogin são infectados similarmente. Muito do mal que obscurece *Os Demônios* surge da dessacralização ou perversão do amor. Homens e mulheres rendem-se ao "príncipe Harry", mas ele nem honra nem devolve a oferta deles. Por sua vez, essa falha de reciprocidade, enraizada em sua desumanidade essencial, procria desordem e ódio.

O modo pelo qual Stavrogin drena as almas humanas para que os demônios possam penetrá-las é revelado, com extraordinária força e veneno, no episódio do encontro na casa de Virginski. A cena é uma Última Ceia, e o modo de tratamento fica a meio caminho entre o irônico e o elegíaco. Piotr Verkhovenski insinua que alguém trairá a conspiração, que há um Judas entre os discípulos. Em meio ao coro de negação e protesto, Stavrogin – o próprio Czarevich – permanece calado. Os conspiradores voltam-se para ele, procurando aprovação, querendo saber a extensão de sua própria avaliação:

> – Não vejo necessidade de responder a uma pergunta do seu interesse – murmurou Stavrogin.
> – Acontece que nós nos comprometemos e você não – gritaram várias vozes.
> – E que me importa que vocês tenham se comprometido? – riu Stavrogin, mas seus olhos brilharam.
> – Como que me importa? Como que me importa? – ouviram-se exclamações. Muitos saltaram das cadeiras.

O príncipe, seguido por seu falso profeta, vai abandonando os apóstolos em um patético e sinistro vazio de espírito. Pode-se discernir uma suposição herética quase tão antiga quanto a própria cristandade no desejo subsequente de Verkhovenski de precipitar os eventos: que Judas traiu Cristo para levar à hora da revelação.

Tudo o que se pode dizer de Stavrogin e da mitologia de *Os Demônios* está fadado a ser incompleto pela enorme margem que separa a crítica da poética. Não conseguimos exaurir as significações de Stavrogin mais do que as de Hamlet ou Rei Lear. Nas questões da

UM ENSAIO SOBRE O VELHO CRITICISMO 235

poesia e do mito não há soluções, simplesmente tentativas de tornar nossas respostas mais adequadas e de uma modéstia mais precisa. Dostoiévski resolve com "estranheza e clareza", afirma Empson. Frequentemente a clareza se encontra no estranhamento. Nem todos os críticos estão preparados para conceder tanto. O enigma do personagem central e as complicações formais de *Os Demônios* têm sido interpretados como falhas da técnica: "Dostoiévski, nessa obra, deitou âncora em tal profundeza que não consegue novamente erguê-la completamente. Para liberar sua embarcação, ele teve de cortar mais de um cabo. Somente em parte ele pode dar forma artística àquilo que ele observara"[24]. Essa perspectiva é desenvolvida no ensaio de Jacques Rivière sobre "Dostoiévski e o Não Fantasmal". No coração de toda figura dostoievskiana, afirma Rivière, há "um x", um desconhecido irredutível: "Nada vai me persuadir de que, dada suficiente intuição, não se possa dotar um personagem de profundidade e coerência lógica". "A verdadeira profundidade", conclui ele, "é profundeza explorada"[25]. Reduzido a um aforismo, e situado no período anterior a *Finnegans Wake*, essa é a mais hábil defesa do europeu contra o romance russo.

Mas trata-se de uma defesa fundada na limitação. No imenso atlas dos vividos ou sonhadores do mundo existem fendas nas quais só é possível assumir sondagens e altitudes pela via da ascensão direta. Para usar novamente o exemplo do *Paraíso*: nos limites da visão encontramos luz na cegueira, não na continuidade da exploração. Mas *A Divina Comédia* e a literatura na qual Rivière fundamentou seus princípios de lógica refletem concepções diversas. A distinção está na inclusão ou ausência do elemento religioso – tomando "religioso" em suas mais espaçosas conotações. Na ausência disso, certos alcances da apreensão poética pareceriam inatingíveis. Definimos essas distâncias em virtude da tragédia grega e elisabetana, na linhagem da épica séria, e, reconheço, em referência aos romances de Tolstói e Dostoiévski. Onde a ficção europeia é insuficiente para a noção de supremacia que associamos a *Guerra e Paz, Anna Kariênina, O Idiota, Os Demônios* e *Os Irmãos Karamazov*, ela o faz em escala e inclusão de suas mitologias.

O ofício do romance, tal como praticado por Balzac, Stendhal, Flaubert e James, expõe a parte média do espectro da realidade. Além dele, em cada extremo, encontram-se enormes profundezas e elevações. O fato de que esse domínio médio, tendo como elemento primário a ordem social das coisas, possa, através da força do escrutínio, incluir retratos ricos e maduros da vida, é demonstrado no caso de Proust. *Em Busca do Tempo Perdido* revela o testemunho do mais longo voo regis-

---

24. V. Ivano, *Freedom and the Tragic Life*: A study in Dostoievsky.
25. J. Rivière, De Dostoievsky et de l'insondable, *Nouvelles etudes*.

236 TOLSTÓI OU DOSTOIÉVSKI

trado da imaginação secular. Uma concepção de mundo temporal não poderia suportar imitação mais complexa ou inclusiva da vida. A substancialidade da técnica tende à debilidade da metafísica. Mas, em última análise, a obra estabelece seus próprios limites no âmbito de um escopo mais limitado do que Tolstói ou Dostoiévski. O exemplo evidente é o modo sujo e reduzido pelo qual Proust descarta de cena sua figura mais nobre, Robert de Saint-Loup (sua cruz militar é encontrada no chão de uma *maison de passe*). Em suas horas trágicas, os personagens de Proust, como Emma Bovary antes deles, inclinam-se um pouco como se os tetos fossem muito baixos. Mesmo de meias sujas – um símbolo particularmente áspero de degradação – Dimitri Karamazov fica diante de nós com grandeza contrastante; mesmo nesse momento ele dirige nossa imaginação à ideia de que Deus possa, afinal de contas, ter criado o homem à Sua própria imagem.

Três dos mais famosos romancistas da era "pós-russa", D. H. Lawrence, Thomas Mann, e James Joice engrandeceram a herança da ficção. Eles se dirigiram precisamente em direção a uma mitologia religiosa ou transcendental. É imaterial o fato de os esforços de Lawrence terminarem em ferocidades de uma nova feitiçaria e o fato de que nem Mann nem Joyce chegaram à totalidade da revelação atingida por Dostoiévski. O fato significante encontra-se na natureza dos seus experimentos. *Ulisses*, particularmente, é o lance mais estável de uma concepção ordenada de mundo feita por qualquer poeta europeu desde Milton; como em Milton, além do mais, os termos de governança são os do mito religioso. Blackmur escreve em *Anni Mirabiles*:

> Stephen é a imagem de Lúcifer, um exilado voluntário e intransigente até a última roída de unha. Bloom é Cristo (ou, como diz o livro, o "outro"), é um alienígena por definição, e é supremamente transigente ao responder a cada guinada da experiência.

Ambos são também, naturalmente, muitas outras coisas, mas essas categorias devem cobrir todos os aspectos de uma expansão distinta na escala do romance em prosa.

A peregrinação teimosa de Joyce, sua tentativa de construir uma *ecclesia* para a civilização, terminou, até onde podemos julgar, em frustração parcial. Os mestres europeus e, nesse caso, americanos do século XX, não foram capazes de extrair nem o credo cerrado e de autoridade em que Dostoiévski lançou raízes, nem o paganismo solitário, autointoxicado, de Tolstói e ainda assim paganismo racional. A contemporaneidade do fervor religioso e da imaginação poética na Rússia do século XIX, o relacionamento dialético entre reza e poesia, foi uma circunstância histórica específica. Estava mais enraizada em um momento do tempo do que em conjuminação entre ocasião e gênio que tornou possível a tragédia grega e o drama elisabetano.

VII.

As obras de Tolstói e Dostoiévski são exemplos cardeais do problema da fé na literatura. Elas exercem pressões e compulsões em nossas mentes com força tão óbvia, mobilizam valores tão obviamente relevantes para a grande política de nossa época, que não podemos, mesmo se quiséssemos fazê-lo, responder em termos puramente literários. Elas solicitam dos leitores aderências ferozes e, de maneira frequente, mutuamente exclusivas. Tolstói e Dostoiévski não são apenas lidos, eles são acreditados. Os homens e as mulheres do mundo todo realizam peregrinações a Yasnaya Polyana em busca de iluminação, na esperança de receber alguma mensagem de redenção oracular. A maioria dos visitantes, com uma exceção notável de Rilke, buscou antes o reformador religioso e profeta do que o romancista a quem o próprio Tolstói aparentemente repudiara. Mas os dois foram, de fato, inseparáveis. O pregador do novo Evangelho e professor de Gandhi foi, por virtude da unidade essencial – ou, se preferirmos, por definição de seu próprio gênio –, o autor de *Guerra e Paz* e de *Anna Kariênina*. Em contraste com aqueles que se proclamam "tolstoianos", ainda que por analogia, existem os discípulos de Dostoiévski, os crentes da concepção de vida dostoievskiana. Joseph Goebbels escreveu um romance curioso, mas não desqualificado, *Michael*. Aí encontramos um estudante russo dizendo: "Nós acreditamos em Dostoiévski como nossos pais acreditavam em Cristo"[26]. Sua constatação deriva daquilo que Berdiaiev, Gide e Camus registraram a respeito do papel de Dostoiévski em suas próprias vidas e *prises de conscience* (tomada de consciência). Górki dizia que o simples fato da existência de Tolstói possibilitou que outros homens se tornassem escritores; metafísicos existencialistas e alguns dos poetas que sobreviveram aos campos de morte, testemunharam que a imagem de Dostoiévski e a lembrança de suas obras fizeram com que eles pensassem lucidamente e sobrevivessem. A fé requer um objeto comensurável porque é a ação de coroamento da alma. Alguém poderia afirmar que "acredita em Flaubert?".

Merezhkovski foi provavelmente o primeiro a considerar Tolstói e Dostoiévski em contraste um do outro. As antinomias, em suas respectivas concepções de mundo, pareciam-lhe um comentário entristecedor do estado dividido da consciência russa. Ele tinha esperança de uma época em que tolstoianos e dostoievskianos uniriam forças: "Há punhados de russos – certamente não mais – famintos e sedentos depois do preenchimento de sua nova filosofia religiosa: que acreditam que de uma *fusion* entre a filosofia de Tolstói e de Dostoiévski surgirá o Símbolo – a união – para conduzir e reviver"[27].

---

26. J. Goebbels, *Michael*. Sou grato ao professor Sidney Ratner da Universidade de Rutgers por despertar minha atenção para essa obra.

27. D. S. Merezhkovsky, op. cit.

238 TOLSTÓI OU DOSTOIÉVSKI

Parece improvável que cada romancista pudesse ter perdoado essa expectativa. O único solo comum entre eles era de uma prudência e um reconhecimento mútuo às vezes abafado pelo gênio de cada um. A tendência de suas respectivas grandezas e suas formas de ser colocava-os irremediavelmente em estranhamento.

Tolstói e Dostoiévski nunca se conheceram ou, mais precisa e significativamente, estavam convencidos de nunca terem se encontrado, embora percebessem que em certa época eles tinham realizado esse encontro, quando haviam frequentado o mesmo círculo literário. Na realidade, suas biografias aparentes e a história de suas opiniões religiosas chegaram bem perto de se tocar por várias vezes e ocasiões. Ambos mantinham contato com o grupo de Petrashevskí; Dostoiévski em 1840, Tolstói em 1851. Além disso, outros eventos concorriam para essa quase aproximação, como: punição capital, a morte de um irmão e a impressão de que o espetáculo da vida urbana na Europa ocidental atuou em aspectos comparáveis na formação de suas crenças; os dois homens eram jogadores apaixonados; ambos fizeram repetidas visitas ao famoso monastério de Optin; ambos foram fascinados pelo movimento populista de 1870 e escreveram para o diário de Mikhailovski; e tinham amigos mútuos que pretendiam promover um encontro entre eles. Tanto quanto tenho conhecimento, esse encontro não aconteceu. Talvez os dois mestres temessem o desenlace de um choque drástico de temperamentos ou, mais dolorosamente, fracasso total de comunicação (como o que estragou o único breve encontro entre Joyce e Proust).

Logo depois de receber notícias da morte de Dostoiévski, Tolstói escreveu a Strakhov:

> Eu nunca vi o homem, não tive nenhum tipo de relacionamento direto com ele; mas quando ele morreu, percebi de repente que ele tinha sido para mim o mais precioso, o mais caro, e o mais necessário dos seres. Nunca passou pela minha cabeça comparar-me a ele. Tudo que ele escreveu (quero dizer somente as coisas boas, verdadeiras) foi de tal monta que quanto mais ele gostava daquilo, mais eu regozijava. A realização artística e o intelecto podem despertar minha inveja; mas uma obra do coração – somente alegria. Eu sempre o considerei como meu amigo, e certamente supunha vê-lo alguma vez. E de repente leio que ele está morto. Primeiramente fiquei completamente confundido, e, quando depois percebi o quanto eu o tinha valorizado, comecei a chorar – estou chorando até agora. Apenas a poucos dias antes de sua morte, eu tinha lido com emoção e prazer o seu *Humilhados e Ofendidos*.

Escrevendo sob o choque do evento, Tolstói foi sem dúvida sincero. Mas, ao afirmar que esperava ver Dostoiévski "algum dia", ele estava se enganando ou se inclinando a um sentido de ocasião. Esse fato lembra um fracasso de encontro similar nas vidas de Verdi e Wagner. Diz a lenda que Verdi chegou ao palácio de Wagner em Veneza, para o que teria sido o primeiro encontro entre eles, no momento da morte de Wagner – tiramos que a moral da história é de que nem como homem nem como músico ele poderia ter chegado antes.

UM ENSAIO SOBRE O VELHO CRITICISMO 239

Mesmo em sua dor, a carta denuncia os sentimentos reais de Tolstói. O que será que ele considerava como "as coisas boas, verdadeiras" na ficção dostoievskiana? Como Turguéniev, ele tendia a classificar *A Casa dos Mortos* superior a todos os outros escritos de Dostoiévski. Ele o considerava um "livro bom, edificante"; não há dúvida que é, mas não representa a veia madura de Dostoiévski nem, principalmente, um romancista. É a mais tolstoiana das obras de Dostoiévski. O que encantava Tolstói em *Humilhados e Ofendidos* era o elemento do *pathos* cristão, a qualidade de sentimento dickensiano. Ele rejeitava o Dostoiévski maior. Górki observou que Tolstói falava a seu respeito de modo "relutante, constrangido, evasivo ou reprimindo algo". Às vezes o antagonismo essencial explodia em lampejos de injustiça:

> Ele suspeitava sem razão, ambicioso, pesado e infeliz. É curioso que seja tão lido. Não posso entender porquê. Tudo é doloroso e inútil, já que todos esses Idiotas, Adolescentes, Raskolnikovs, e o resto deles, não são verdadeiros; tudo é mais simples, mais compreensível. É uma pena que as pessoas não leiam Leskov, ele é um verdadeiro escritor[28].

A Górki, Tolstói fez o comentário bizarro de que "havia algo judaico" no sangue de Dostoiévski. Invocando uma das imagens de um mundo dividido proposto por São Jerônimo, seria como se Atenas (a cidade da razão, do ceticismo e do prazer no jogo livre das energias seculares) houvesse confrontado a escatologia transcendental de Jerusalém.

As atitudes de Dostoiévski para com Tolstói eram equívocas e excessivamente complexas. No *Diário de um Escritor*, ele sabia que "O conde Leon Tolstói, inquestionavelmente, é o mais adorado escritor do público russo de todas as tendências". Dostoiévski assegurava a seus leitores que *Anna Kariênina*, cuja política ele desaprovava amargamente, era uma obra-prima além do alcance da literatura ocidental europeia. Mas ele se irritava constantemente com a ideia das circunstâncias privilegiadas nas quais Tolstói trabalhava. Mesmo no princípio de sua carreira, à época do seu retorno de Semiplatinsk, Dostoiévski sentia que o padrão de pagamento que Tolstói impunha aos periódicos literários era excessivo. Ao escrever à sua sobrinha em agosto de 1870, ele clamava: "Saiba que tenho absoluta *consciência* de que se eu pudesse ter despendido dois ou três anos naquele livro – como Turguéniev, Goncharov e Tolstói – eu teria conseguido produzir uma obra da qual os homens ainda estariam falando por mais cem anos!"

O lazer e a riqueza que, segundo Dostoiévski, possibilitavam a obra de Tolstói pareciam-lhe também responsáveis por seu tom e caráter particulares. Ele se referia aos romances de Tolstói como "a Literatura

---

28. Tolstói a Gorky, em Gorky: *Reminscences of Tolstoy, Chekhov and Andreey*, trans. by Katherine Mansfield, S. S. Koteliansky and Leonard Woolf, London, 1934.

240 TOLSTÓI OU DOSTOIÉVSKI

do Proprietário de terras" e declarava em uma carta a Strakhov, em maio de 1871: "esse tipo de literatura tem dito tudo que tem para dizer (particularmente bem no caso de Leon Tolstói). Pronunciou sua última palavra e está isenta de futuro dever". No *Diário de um Escritor* de julho-agosto de 1877, Dostoiévski descreveu grande parte da obra de Tolstói como "nada mais do que cenas históricas de tempos idos". Ele insistia repetidamente que as realizações de Tolstói eram inferiores às de Púchkin, que tinha iniciado e aperfeiçoado o gênero histórico. Na estética dostoievskiana essa comparação implica toda uma escala de valores e ideais. Púchkin foi o poeta e profeta nacional, a própria encarnação do destino da Rússia; por contraste, tanto Turguéniev comoTolstói pareciam a Dostoiévski (como ele destacou em uma nota de *A Vida de um Grande Pecador*), de algum modo, alienados.

Tolstói e a filosofia tolstoiana são referidos em vários momentos da ficção dostoievskana e nos escritos polêmicos. Durante a guerra dos Balcãs, seu pan-eslavismo e as expectativas messiânicas assumiram tons histéricos. Ele escrevia em *O Diário*: "Deus abençoe os voluntários russos com sucesso! – Há rumores de que os oficiais russos às dúzias estão novamente sendo mortos na batalha. Vocês, queridos!" A condenação de Tolstói à guerra no último livro de *Anna Kariênina* parecia a Dostoiévski prova de "apostasia" e de alienação cínica "da grande causa pró-russa". No personagem de Levin ele reconhecia o autêntico orador de Tolstói e percebia em Levin um amor pela "terra sagrada" comparável ao seu próprio. O que chocava Dostoiévski era o fato de que tal amor poderia estar divorciado do nacionalismo. Yasnaya Polyana tinha sido criada em um mundo fechado; com a imagem da propriedade de Levin, Tolstói estava exaltando a vida privada sobre a pública. Para Dostoiévski, com sua visão da reconquistada Constantinopla, tal cultivo no próprio jardim era uma forma de traição. Sua crítica ao *Anna Kariênina* em *O Diário* termina com uma nota de acusação retórica: "Os homens, segundo o autor de *Anna Kariênina*, são professores da sociedade, nossos professores, enquanto que nós somos meramente seus alunos. O que, então, eles nos ensinam?".

Mas a disputa corria mais profundamente do que a política. Com sua intuição experiente da anatomia do intelecto, Dostoiévski reconhecera em Tolstói um discípulo de Rousseau. Além das declarações de amor de Tolstói pela humanidade, Dostoiévski discernia profeticamente a aliança entre uma doutrina de perfectibilidade social, uma teologia construída sobre a razão ou a primazia do sentimento individual, e um desejo de eliminar das vidas humanas o sentido do paradoxo e da tragédia. Muito antes de outros contemporâneos de Tolstói, talvez antes do próprio Tolstói, Dostoiévski obscuramente se deu conta de para onde levaria a filosofia tolstoiana – a um cristianismo sem Cristo. Ele adivinhava um egotismo central, rousseauista no humanitarismo tolstoiano: "O amor pela humanidade", ele observava em *Adolescência*, "é para

UM ENSAIO SOBRE O VELHO CRITICISMO 241

ser entendido como amor pela humanidade que você mesmo criou na alma". Persuadido pelo credo ortodoxo e atraído pelos mistérios e tragédias da fé, Dostoiévski sentia em Tolstói um arquioponente.

Porém, Dostoiévski foi um romancista grandioso, um inquiridor da humanidade muito apaixonado, para não ser atraído pelo gênio de Tolstói. Somente nos termos de tal impulso dividido podemos levar em conta a estranha alusão a Tolstói em toda ficção dostoievskiana. Os críticos destacaram, por muito tempo, que o nome do "idiota", príncipe Liov Nicolaevich Mishkin, ecoa o do conde Liov Nikolaevich Tolstói. Ambos, Mishkin e Tolstói, além do mais, referem seus nomes a uma linhagem antiga. A semelhança pode indicar talvez um processo sombrio inconsciente da dialética do espírito de Dostoiévski. Estaria ele afirmando que a concepção tolstoiana de Cristo (o que poderia ele saber a esse respeito à época em que *O Idiota* foi escrito?), como o próprio Mishkin, estava condenada à impotência por algum defeito radical de intuição ou excesso de humanidade? Ou Dostoiévski estaria apontando para a noção de que a santidade individual sem a estrutura de sustentação de uma igreja é uma forma de autoindulgência destinada a acabar em catástrofe? Não podemos afirmar, mas esse tipo de eco é raramente um acidente; abaixo dele encontra-se as canduras ocultas da imaginação.

Uma alusão à Tolstói, menos misteriosa e finamente irônica, ocorre no diálogo entre Ivan Karamazov e o Demônio. O "cavalheiro" está tentando persuadir Ivan de que ele é real:

> Escuta: nos sonhos e principalmente de pesadelos resultantes de desarranjos instestinais, o homem tem às vezes visões tão formosas, cenas da vida real tão complicadas e atravessa tal sucessão de acontecimentos, com tantas e tão imprevisíveis peripécias, desde as manifestações mais elevadas até as menores insignificâncias que, juro, o próprio Liev Tolstói não chegaria a imaginá-lo e, no entanto, os que têm esses sonhos são muitas vezes pessoas das mais comuns: funcionários, jornalistas, padres... Um ministro me confessou certa vez que as suas melhores ideias lhe acudiam enquanto dormia. O mesmo está sucedendo agora. Sou apenas tua alucinação, mas, como num pesadelo, digo-te coisas originais que jamais te ocorreram e, mesmo assim, não sou mais que um pesadelo.

O Demônio cita não somente a Escritura, mas também Tolstói. E Dostoiévski deixa implícito, sem dúvida com língua ferina, que o realismo massivo e detalhista da ficção tolstoiana é tão propenso à alucinação quanto o mundo espectral de *Os Irmãos Karamazov*.

R. Fülöp-Miller afirmara que Dostoiévski estava projetando um "romance anti-Tolstói". Se isso aconteceu, não restou nenhuma pista disso. Tão pouco nenhum Walter Savage Landor escreveu uma conversação imaginária entre os dois romancistas. Ainda assim me pergunto se não possuímos o que pode, realmente, ser considerado como um fragmento desse diálogo imaginário. Na arquitetura da arte e mitologia dostoievskiana a Lenda do Grande Inquisidor ocupa uma posição que *Rei Lear* e *A Tempestade* ocupam no mundo de Shakespeare. Na poesia e intenção a Lenda é de tão múltipla complexidade que podemos, com

242   TOLSTÓI OU DOSTOIÉVSKI

lucro, aproximá-la de muitos pontos de vista e reconhecê-la em muitos planos de significação. Por meio da Lenda Dostoiévski expressou a medida final do seu pensamento, e os elementos significantes de sua forma e metafísica podem ter surgido a partir de uma reflexão polêmica sobre Tolstói. Ao propor a leitura da Lenda do Grande Inquisidor como uma alegoria do confronto entre Dostoiévski e Tolstói, estou sugerindo um projeto que não visa ser dogmático nem de gravidade persistente. Estou propondo um mito de crítica, uma fantasia com a qual se possa redirecionar nossa imaginação para uma das obras literárias mais famosas ainda que enigmática.

A Lenda é a etapa culminante, o episódio da última crise e resolução, da disputa entre Ivan e Aliosha Karamazov. Imediatamente antes, ao relatar aquilo que ele intencionalmente chama seu "poema", Ivan professou sua rebelião contra Deus. Ele não pode aceitar o conhecimento das bestialidades inflingidas sobre crianças inocentes. Se Deus existe enquanto permite que crianças sejam mortas e mutiladas por desumanidade gratuita, Ele deve ser malevolente ou desprovido de poder. A noção de uma teodiceia final, de justiça redentora, não merece "as lágrimas de uma única criança torturada que bateu em seu peito com seu pequeno punho e rezou em seu alpendre mal cheiroso, com suas lágrimas sem expiação para o "querido, bom Deus". E aí Ivan propõe sua abdicação:

> Deram a essa harmonia um preço muito elevado, é muito cara a entrada. Por isso, apresso-me a devolver o bilhete. Como homem honesto tenho a obrigação de devolvê-la o quanto antes. É justamente o que faço. Não me recuso admitir Deus, mas apenas lhe devolvo respeitosamente o bilhete.

O argumento de Ivan está intimamente modelado no ataque de Belinski contra os hegelianos em uma carta muito famosa a Botkin:

> com todo respeito devido ao seu filistinismo filosófico, tenho a honra de lhe esclarecer que se acaso eu obtivesse o mais alto patamar na escala da evolução, eu ordenaria então que a conta fosse enviada a mim por todos os seres humanos dos quais as circunstâncias e história os transformaram em mártires, por todas as vítimas do acaso, da superstição, da Inquisição, de Filipe II [...]. Se eles não forem considerados, eu serei o primeiro a abdicar de minha eminência. Não desejo a alegria a mim dispensada se não tiver, antes de mais nada, garantia a cada um dos meus irmãos [...]. Fala-se que a dissonância é a condição da harmonia; isso seria encantador e desfrutável do ponto de vista do amante de música, mas certamente é muito menos do que isso para quem estiver destinado a jogar com o papel da dissonância.

Nessa passagem está o germe da Lenda: a associação entre uma crítica geral da teodiceia e o tema específico da Inquisição.

Mas a rede da memória tinha sido arrolada de muitas direções. O motivo da devolução do "bilhete de admissão" aponta para uma das alegorias mais profundas de Schiller, *Resignation* (Resignação). Nesse poema, o narrador relata como ele comerciou a juventude e o amor pela vã promessa de harmonia e entendimento na vida futura. Agora ele

UM ENSAIO SOBRE O VELHO CRITICISMO

desafia a eternidade com a fraude. Nenhum homem jamais retornou da morte com a prova de que haja no outro mundo uma justa compensação pelos tormentos e iniquidades da condição humana. Uma voz onisciente responde à sua acusação. Os seres humanos estão em concordância ou com a esperança ou com a felicidade (*Genuss*). Eles não conseguem possuir ambos. Aquele que escolhe a esperança por alguma revelação da justiça transcendental será compensado no ato de ter esperança. Nenhuma recompensa futura pode ser invocada. Cito somente as estrofes que contêm diretamente o texto dostoievskiano:

> Sobre tua ponte as sombras cercam-me opressivas,
> A terrível Eternidade!
> E não conheci momento algum que abençoe; –
> Receba de volta essa carta dirigida à Felicidade –
> O selo não está rompido – veja!
> Diante de ti, Juiz, cujos olhos o retorcido véu negro
> Oculta, chegam meus murmúrios;
> Sobre essa nossa orbe prevalece uma crença feliz,
> Essa, é teu o cetro terreno e as escalas,
> Vingador é o teu nome,
> Terrores, dizem eles, tu preparas para o Vício,
> E as alegrias o bem saberá;
> Não podes desmascarar e despojar o coração curvado;
> Não podes declarar o enigma de nosso destino,
> E prestar contas à Desgraça[29].

Tanto Ivan Karamazov como o narrador do poema receberam um "bilhete de admissão", a *Vollmachtbrief zum Glücke*, mas nenhum deles está preparado para pagar o preço. A escuridão do mundo está além do seu consentimento.

Dois elementos foram agora colocados em contato com o que Livingston Lowes teria chamado de "os átomos curvados" da memória de Dostoiévski: o poema de Schiller e o tema de Filipe II tal como foi mencionado por Belinski. O próximo passo foi quase inevitável: o *Don Carlos* de Schiller ia em direção do centro do processo imaginativo. É em *Don Carlos* que o Grande Inquisidor de Ivan Karamazov surge antes. A direção de cena e o seu relato na Lenda são quase idênticos:

O Cardeal Grande Inquisidor, um homem idoso de noventa anos e cego, apoiando-se sobre uma bengala e conduzido por dois dominicanos. À medida que ele avança por suas fileiras, os nobres todos se inclinam diante dele. Ele lhes concede sua benção.

. . . .

29. Da steh ich schon auf deiner finstern Brücke, / Furchtbare Ewigkeit. / Empfange meinen Vollmachbrief zum Glücke! / Ich bring ihn unerbrochen dir zurücke, / Ich weiss nichts von Glückseligkeit. // Vor deinem Thron erheb ich meine Klage, / Verhüllte Richterin. / Auf jenem Stern ging eine frohe Sage, / Du thronest hier mit des Gerichtes Waage / Und Rechnung halten mit den Leidenden.

244 TOLSTÓI OU DOSTOIÉVSKI

Ele é um homem idoso, quase nonagenário. A multidão inclina-se ao mesmo tempo para o chão como se fosse uma única pessoa, diante do velho Inquisidor. Ele abençoa o povo em silêncio e passa.

Mas o drama de Schiller forneceu a Dostoiévski mais do que a imagem física do Inquisidor. Como a Lenda, *Don Carlos* transforma a dialética da liberdade e do poder solitário; ele expõe a integridade assassina dos poucos – os tiranos solitários os quais Shigalov retrata em *Os Demônios* – nas tentações do perdão e da liberalidade. A possibilidade da liberdade humana e da atuação espontânea da afeição humana momentaneamente subverte Filipe II; ela induz a um instante de vertigem na sua sombria e autonegada autocracia. O texto dostoievskiano volta-se a esse julgamento e aos dois diálogos contrastantes entre o Rei e o marquês de Posa, e entre o Rei e o Inquisidor. Alguns dos temas de Schiller são traduzidos quase sem modificação no poema de Ivan. Ao justificar seu encantamento momentâneo de humanização, Filipe fala a respeito do marquês: "Olhei em seus olhos". O mesmo reconhecimento ocorre entre o Grande Inquisidor e Cristo; depois de contemplar Seus olhos, o padre deixa Cristo partir em paz.

Mas embora a Lenda deva a Belinski, a Schiller e, como teremos a oportunidade de observar, a Púchkin, sua força especial e qualidade tonal derivam do contexto ficcional imediato. Esse fato é às vezes negligenciado porque a narração de Ivan é expressa em um estilo elevado e um tanto arcaico – como se para situá-la em separado da prosa circundante – e porque é tão bem conhecida por si mesma. Mas o poema é uma parte integral do diálogo entre os dois Karamazovs e muito do seu significado é inseparável do seu objetivo dramático. Ivan questiona Aliosha se há alguém no mundo com poder de perdoar aqueles que torturam crianças indefesas. Aliosha responde:

Esse ser existe e pode perdoar tudo, a todos e por tudo, porque ele próprio derramou seu sangue por todos e por tudo. Esqueceste-o, mas é sobre ele que se erguerá o edifício e só ele pode exclamar: "Tens razão, Senhor, porque os teus caminhos foram revelados."

Mas Ivan não O esqueceu e começa a contar sua fábula sobre a visita de Cristo a Sevilha. Depois de ouvir o monólogo do Grande Inquisidor, Aliosha afirma: "O teu poema é um louvor a Jesus e não uma acusação...como queiras". Mas ele se engana a respeito da concepção trágica de Ivan. A Lenda nunca foi imaginada como um ataque a Cristo. Ela é o símbolo que coroa e contém basicamente a acusação a Deus de Ivan. Poucos momentos depois, Aliosha percebe isso: "Tu não crês em Deus – acrescentou com profunda tristeza". Esse é o cerne da questão. Ivan crê em Cristo com selvagem, disfarçada paixão. Ele não consegue comprometer sua alma lúcida com uma crença em Deus. Seria difícil conceber uma heresia mais sutil ou mais agonizante.

UM ENSAIO SOBRE O VELHO CRITICISMO   245

Mas o que proponho é uma leitura mais estrita, que deixa de considerar as relações entre a Lenda e a estrutura de *Os Irmãos Karamazov* como um todo. Por meio de artifício de crítica, devo considerar a fábula de Ivan como um encontro imaginário entre Tolstói e Dostoiévski, como um choque entre duas visões de mundo que foram expressas, com genialidade e um elevado senso de retórica, nos aspectos cruciais da filosofia tolstoiana e dostoievskiana. O poema do Grande Inquisidor concentra e radicaliza uma inimizade de crenças que, em outro lugar, está emudecida pela dispersão ou pelas precauções do debate. É aqui que o que Berdiaiev denominou de "controvérsia insolúvel" entre os dois novelistas, o antagonismo entre "as concepções fundamentais da existência", pode ser acompanhado com a máxima claridade. Em seus esboços Dostoiévski enunciava, através de autoexame rigoroso, as ideias e desafios centrais de sua mitologia. Poucos capítulos na ficção foram mais elaboradamente "pensados". A fascinação do processo está no detalhe.

Consideremos antes uma das primeiras entradas preliminares nas anotações:

decepem todas as suas cabeças
    O inquisidor: que necessidade temos de "lá adiante"? somos mais humanos do que você. Amamos a terra – Schiller canta para celebrar, John Damascene. Que preço o júbilo? Com quantas torrentes de sangue, de tortura, de degradação e de ferocidade insuportável (está à venda?). Ninguém menciona a esse respeito. Oh a crucificação é um argumento terrível.
    O inquisidor: *deus como um mercador*. Eu amo a humanidade mais do que você.

Aqui, verdadeiramente, encontra-se a oficina da mente, com os saltos e lapsos de pensamento súbitos e as linguagens secretas da intuição. Somente um aspecto do projeto pode ser reconstruído. A frase quebrada no início destaca uma corrente de pensamento anterior em torno da tirania, da utopia despótica de Shigalov. Será que se refere ao famoso desejo de Calígula de que todos os seus vassalos deveriam ter somente um pescoço para que eles pudessem todos ser exterminados em uma única machadada? Ou devemos considerá-la como uma alusão a um fragmento anterior no qual Dostoiévski simplesmente escreveu e sublinhou o nome de Luis XVII, o Delfim perdido? A próxima frase é mais fácil de supor e sua significação é clara. O Grande Inquisidor constata seu caso em termos que podem ser razoavelmente caracterizados como tolstoianos. Sua metafísica não necessita de uma realidade transcendente – do "adiante". Ela atua no interior do mundo material secular. Ele é "mais humano" do que Cristo tanto no sentido da imperfeição como da humanidade. Ele é mais genuinamente animado do que Cristo foi por um desejo de razão e ordem e tranquilidade social. Daí a afirmação tolstoiana "nós amamos a terra". Sobre essa afirmação é necessário que se estabeleça, por meio do ascetismo ou da violência se preciso, o verdadeiro reino.

246 TOLSTÓI OU DOSTOIÉVSKI

Nos poucos versos seguintes Dostoiévski mergulhou em um nó de associações privadas e referências fragmentadas. Primeiramente somos dirigidos à ode de Schiller, *An die Freude* (A Respeito dos Amigos). Retornando ao poema, nota-se um número de passagens que apoiam a filosofia de Ivan. O quarteto da sexta estrofe é particularmente relevante:

> Sofrer heroicamente, ah sim, milhões!
> Sofrer por uma vida melhor!
> Pois acima dos pavilhões de estrelas
> Deus compensará a sua dor[30].

Essencialmente, essa é a teodiceia do idealismo. Devemos sofrer para conquistar um mundo melhor. Mesmo que fracassemos, Deus recompensará o esforço. De um modo que não podemos elucidar, a ode ao júbilo levou Dostoiévski a John Damascene, de quem *De fide orthodoxa* (Da Fé Ortodoxa) teve um papel fundamental na história doutrinal das igrejas orientais. Dostoiévski provavelmente conhecia a obra. Mas parece mais plausível que a ode de Schiller sugerisse ao romancista um dos famosos hinos de John Damascene. No hino *In Dominicam Pascha* (Na Páscoa Dominical), o Pai da Igreja celebrava o jubiloso paradoxo da Paixão, o benefício que atingia todos os homens através da morte cruel do Senhor:

> Dia da ressurreição: regozijemos, sim povo;
> Cordeiro de Deus, Cordeiro.
> Da morte até a vida, da terra ao céu,
> Cristo tem nos conduzido, cantando *aleluia*[31] .

Desse modo, dois grupos de memória estabeleceram, se pudermos colocar grosseiramente uma imagem, pontos de contato com a mente de Dostoiévski: o contentamento de Schiller pelo progresso e harmonia definitiva e a celebração do sacrifício redentor de Cristo de John Damascene. Na frase seguinte, aparentemente incompleta, Dostoiévski reflete sobre as duas ideias. Será que é necessário que milhões sofram (*dulden*) em nome de alguma compensação desconhecida e talvez ilusória? Esse é o nó do desafio de Ivan Karamazov. "Oh a crucificação é um argumento terrível". Mas contra quem? Nesse estágio dos rascunhos é possível que Dostoiévski não soubesse. Poderia ser uma argumentação para aqueles que duvidam da imortalidade de Cristo ou do desejo de Deus de perdoar um mundo no qual Seu único Filho gerado foi ator-

---

30.   Duldet mutig, Millionen! / Duldet für die bessre Welt! / Droben überm Sternenzelt/ JWird ein frosser Gott belohnen.

31.   Resurrectionis dies: splendescamus, populi; / Pascha Domini, Pascha. / E morte enim ad vitam, et ex terra ad coelum, / Christus nos traduxit, victoriam canentes. Pelas observações sobre a alusão de Dostoiévski a John Damascene sou grato ao Professor John J. O'Meara, da Universidade de Dublin. (N. do A.)

UM ENSAIO SOBRE O VELHO CRITICISMO   247

mentado até a morte. Mas a crucificação é também a principal evidência de Aliosha de que por meio do autossacrifício Cristo tornara possível todas as compaixões. O final da nota é emblemático. Não se consegue construir o significado ou a referência da frase em itálico, *deus como um mercador*. Mas a força e a direção do clamor do Inquisidor de que ele ama mais a humanidade do que a Cristo é óbvia. Esse clamor será amplificado no texto definitivo; o Inquisidor é um defensor da humanidade contra a violência e o paradoxo da graça, ele justifica os caminhos do homem para a remota e incompreensível deidade. Em obscura brevidade, e com os desvios da mente voltados às suas próprias obras, essa entrada nas anotações prefigura o projeto principal da Lenda.

Segue-se uma série de detalhes – fragmentos de frases, pedacinhos de diálogo, citações. Através deles é possível perceber Dostoiévski se familiarizando com seu material e impondo o domínio de tratamento sobre seu tema. Às vezes ele ia muito longe e chegava a finalidades que eram então descartadas do romance vigente. Nos rascunhos, Ivan enfatiza categoricamente estar ao lado do Grande Inquisidor, "pois ele é o melhor amante da humanidade". Em *Os Irmãos Karamazov* há um equívoco irônico: "– Tudo isso são tolices, Aliosha. Trata-se apenas de um poema sem sentido, obra de um estudante inepto, que nunca escreveu dois versos sequer. Por que tomá-lo a sério?"

Em seus primeiros contornos, a dialética do Grande Inquisidor está excessivamente colada à de Shigalov e à do socialismo igualitário satirizado em *Os Demônios*. "Nós aguardaremos por muito tempo ainda até organizar o Reino", confidencia a voz anônima nas anotações:

> Um enxame de gafanhotos surgirá da terra bradando que somos escravocratas, que corrompemos virgens – mas as criaturas desprezíveis se submeterão. Ao final eles se submeterão e o maior deles se juntará a nós e entenderá que nós assumimos o sofrimento em nome do poder. –
>
> Mas esses malditos não sabem realmente o peso que estamos assumindo – estamos tomando conhecimento – e sofrendo.

Em nenhum lugar Dostoiévski foi um profeta mais verdadeiro do que nesses esboços, nesse longo discurso entre sua imaginação hesitante e as certezas certeiras de sua inteligência. O Inquisidor, aos olhos de todos, aumenta sua majestade sombria fora da visão do oligarca solitário de Shigalov, fora do personagem do padre em *Don Carlos*, e fora do retrato de Belinski de Marat como um "amante da humanidade". Na medida em que ele se torna ele mesmo, observamos nele as atitudes da mente e as formas de sensibilidade que são marcadamente tolstoianas: um amor cerrado e autocrático pela humanidade, a arrogância da razão quando crê estar no controle do conhecimento seguro, a corrente de ascetismo e a solidão prevalente. O retrato de Ivan "daquele maldito velho que ama a humanidade tão obstinadamente" é estranhamente profético. Dostoiévski falecera bem antes de Tolstói atingir a idade do Grande

248 TOLSTÓI OU DOSTOIÉVSKI

Inquisidor; mas as premonições da Lenda foram preenchidas em grande medida. Tolstói envelheceu numa solidão de espírito brutal.

Depois dessas notas preliminares, nas quais a mente tinha afiado sua pena, Dostoiévski avançou com o impulso massivo de seu argumento. Aqui novamente os rascunhos são esclarecedores. Neles o Inquisidor expõe sua tese mais abertamente do que no romance e pode-se acompanhar detalhadamente essas articulações de pensamento que foram mascaradas subsequentemente pelo lirismo do poema. O Inquisidor acusa Cristo de ter abandonado os homens não somente à liberdade, mas também à dúvida:

> Pois no início, para viver, os homens procuram tranquilidade acima de tudo... Tu, pelo contrário, proclamaste que a vida é rebelião e aboliste a tranquilidade para sempre. Em vez de oferecer princípios sólidos, simples e claros tu retirastes tudo.
> E a segunda tese, o segundo segredo da natureza humana teve origem na necessidade de se estabelecer um entendimento comum do bem e do mal para todos os homens. Aquele que ensinar, aquele que guiar, é um verdadeiro profeta.

Em *Os Irmãos Karamazov* a mesma cobrança é feita mais poeticamente:

> Em vez de estabelecer princípios sólidos para acalmar para todo o sempre a consciência humana, reuniste o que há de mais enigmático, indefinido e estranho, tudo o que supera as forças dos homens e, por conseguinte, agistes como se nem os amasses, tu que vieste para morrer por eles!

Como temos observado, essa é a acusação essencial de Tolstói ao Novo Testamento e, em uma escala distinta de julgamento, é sua principal crítica ao romance dostoievskiano. Górki destacou, com perspicácia, que Tolstói arrumou sua própria versão dos Evangelhos "para que possamos esquecer as contradições de Cristo". Ele buscou substituir o "excepcional, o vago e o enigmático" pelo meticuloso, certeiro senso comum. Como o Inquisidor, ele não conseguia aceitar os paradoxos e as obscuridades enigmáticas do ensinamento de Cristo. Tolstói e o padre dostoievskiano foram crentes fanáticos dos poderes da mente, da capacidade de a razão lançar uma luz precisa e firme sobre aquilo que Cristo deixou na penumbra da alegoria. "O mais importante encontra-se nos pensamentos", escrevia Tolstói em seu diário, em junho de 1899: "Pensamentos são o início de tudo. E os pensamentos podem ser dirigidos. E, portanto, a principal tarefa da perfeição é – aprimorar os pensamentos". Dostoiévski defendia precisamente a concepção contrária. Ele definia o niilismo como "sevidão do pensamento. Um niilista é um despossuído de pensamento". Como afirmou Gide: na psicologia de Dostoiévski "o que se opõe ao amor não é primeiramente o ódio, mas a ruminação do cérebro"[32]. Nos

32. A. Gide, op. cit

rascunhos o Inquisidor fornece um relato aterrador do que acontece à alma humana quando ela é entregue às mãos da dúvida: "Pois o segredo da existência do homem não é somente viver... mas viver por algo definido. Sem uma noção firme para o que ele está vivendo, o homem não aceitará a vida e preferirá se autodestruir do que permanecer na terra..."

Isso é exatamente a condição que Tolstói testemunhou em sua *Confissão*: "Eu não poderia viver e, temendo a morte, tive de usar esperteza comigo para evitar tirar minha própria vida".

Os homens estão pendurados na dúvida e angústia metafísica porque Cristo lhes permitiu a liberdade de escolha entre o bem e o mal, porque a árvore do conhecimento tem sido mais uma vez abandonada perigosamente. Esse é o tema central da Lenda. O Inquisidor acusa Cristo de ter tragicamente superestimado a estatura do homem ou sua habilidade em suportar as agonias do livre-arbítrio. Os homens preferem a calma bruta da servidão. Muito da dialética de Ivan Karamazov está antecipada na "Parábola Daquele Democrata Moderado Jesus Cristo" (1823):

> Com a semente da liberdade, plantando no deserto,
> Eu caminhei antes da estrela da manhã;
> Lançando com dedos puros e inocentes –
> Onde camponeses escravos deixaram uma ferida –
> A semente fecunda, o procriador;
> Oh, disseminador vão e triste,
> Aprendi então o que são labores desperdiçados...
> Pastem se quiserem, nações pacíficas,
> Que jamais chegaram ao guizo de honra!
> Deveriam os rebanhos cuidar de invocações de liberdade?
> Sua parte será esquartejada ou tosquiada,
> Eles recebem o legado do jugo que seus senhores gastaram
> Através das gerações acomodadas e submissas[33].

O Grande Inquisidor mostra a consequência: os homens conhecerão a felicidade somente quando um reino perfeitamente regulado for estabelecido sobre a terra sob o governo de milagres, autoridade e pão. As ideias expostas por Shigalov em *Os Demônios*, a mitologia do estado total, são explicadas e detalhadas na profecia ardente do velho padre:

Então, nós lhes daremos a calma felicidade serena e humilde das criaturas débeis. Convencer-los-emos a que abandonem o seu orgulho, esse orgulho que tu lhes ensinaste, mostrar-lhes-emos que são apenas umas pobres crianças fracas, mas que a felicidade das crianças encerra a maior de todas as doçuras. Eles se tornaram tímidos e, aterrorizados, se apertarão contra nós, como uma ninhada de pintos que se acolhem sob as asas da mãe. Orgulhar-se-ão do nosso poderio e da inteligência que nos permitiu domar esse tumultuoso rebanho, de tantos milhões de cabeças.

33. A tradução para o inglês é de Babette Deutsch.

250 TOLSTÓI OU DOSTOIÉVSKI

A história recente dificultou a leitura despreendida dessa passagem de *Os Irmãos Karamazov*. Ela testemunha como que um presente da intuição limítrofe do demoníaco. Estende-se diante de nós, em detalhe preciso, uma súmula peculiar dos desastres de nossa época. Do mesmo modo que as gerações anteriores abriam a *Bíblia* ou Virgílio ou Shakespeare para encontrar epígrafes de experiência, as nossas gerações podem ler em Dostoiévski a lição do nosso tempo. Mas não nos equivoquemos a respeito do significado desse "poema sem sentido de um estudante sem sentido". Ele encobre, com inegável precisão, os regimes totalitários do século XX – o controle de pensamento, o aniquilamento e os poderes redentores da elite, o prazer brutal das massas nos rituais musicais e de dança de Nuremberg e do Palácio dos Esportes de Moscou, o instrumento da confissão, e a total subordinação do privado à vida pública. Mas como *1984*, que pode ser entendido como um epílogo disso, a visão do Grande Inquisidor aponta também para essas recusas de liberdade que estão ocultas sob a linguagem e as formas exteriores das democracias industriais. Ela aponta para a vulgaridade espalhafatosa da cultura de massa, para a preeminência do charlatanismo e dos *slogans* sobre os rigores do pensamento genuíno, para a fome dos homens – uma fome flagrante tanto no Ocidente como no Oriente – atrás de líderes e mágicos que tiram suas mentes da selvageria da liberdade. "Os segredos mais dolorosos de sua consciência, todos, eles nos trarão todos" – sendo "nós" tanto a polícia secreta ou os psiquiatras. Dostoiévski teria discernido ambos como zeladores comparáveis da dignidade do homem.

Mas será que podemos extender legitimamente a esse texto nossa alegoria de um encontro entre Dostoiévski e Tolstói? Não inteiramente. Um tolstoiano destacaria que as esperanças utópicas do mestre se fundavam na não violência, na manutenção da perfeita concordância no âmbito do ideal republicano. Isso é verdadeiro, mas não contrasta necessariamente com as expectativas do Inquisidor. Na essência de sua profecia, os homens inclinam-se voluntariamente aos seus guardiões, o reino da razão é também o reino da paz. Os tolstoianos devem argumentar que não encontramos em nenhum lugar de sua teoria qualquer pronunciamento que sugira a divisão da humanidade entre dirigentes e dirigidos. Estritamente considerada, eles estariam certos. Mas interpretaremos mal o gênio de Tolstói e o seu repertório espiritual se subestimarmos sua aristocracia inerente. Tolstói amava os homens do alto. Ele falava de sua igualdade diante de Deus e da generalidade do senso comum. Mas ele se concebia como um professor, como alguém sujeito aos privilégios e obrigações da iminência. Não menos do que o Inquisidor ele considerava o paternalismo um modo ideal de relacionamento. Não existia nada nele do quase intraduzível conceito dostoievskiano de "humildade". No seu empirismo perspicaz, Tolstói deve ter sabido que a

UM ENSAIO SOBRE O VELHO CRITICISMO   251

ética pura e racional que ele defendia seria livremente aceita somente por um punhado de espíritos escolhidos e afins.

Muita coisa modifica nossa compreensão do Cristo tolstoiano. Um Cristo "todo" de quem os ensinamentos consistiam em "oferecer o Reino de Deus, que é a paz, aos homens", e que ordenava aos seres humanos que "não cometessem estupidez", não teria sido de modo algum tolerável ao Grande Inquisidor. O Cristo dostoievskiano, a quem o padre ancião primeiro ameaça queimar e depois o expulsa para sempre, era precisamente aquele personagem enigmático, paradoxal, e transcendental a quem Tolstói buscou remover do novo cristianismo.

Finalmente, há o problema de Deus tal como surge no poema de Ivan Karamazov e na metafísica tolstoiana. Aceita-se genericamente o ateísmo do Inquisidor. Mas a evidência é ambígua. Há uma passagem gnômica nos rascunhos: "A geometria de Euclides. É por isso que aceitarei Deus, mais ainda se for o eterno Deus antigo e impossível de resolvê-Lo [ou concebê-Lo]. Que Ele seja o bom Senhor. Desse modo é mais vergonhoso".

Isso parece significar que a voz que fala – Ivan ou o Inquisidor – está preparada para aceitar a existência de alguma espécie de deidade inócua e incompreensível, unicamente se essa existência tornasse o estado do mundo ainda mais confuso ou ultrajante. Ou pode referir-se ao enigma de Stavrogin, à suspeita amarga de que "o eterno Deus antigo" é um Deus do mal. Essa possibilidade surge da constatação do Inquisidor, no próprio romance, a respeito de sua crença no "espírito sábio, no espírito terrível da morte e destruição". Daí a ironia da frase: "Que ele seja o bom senhor". Nenhuma dessas atitudes é, com certeza, análoga à teologia tolstoiana. Mas pode-se afirmar o seguinte: o Grande Inquisidor e o Tolstói tardio permaneceram misteriosamente rivais com suas imagens de Deus. Ambos atentaram contra reinos utópicos estabelecidos nos quais Deus seria um convidado raro ou indesejável. De modos diferentes, eles exemplificaram uma das teses essenciais de Dostoiévski: de que o socialismo humanitário é, fatalmente, um prelúdio ao ateísmo.

Repito que essa leitura da Lenda é uma fantasia crítica, uma tentativa de usar a crítica metaforicamente. Não pode ser forçada sobre a totalidade do texto. Esses aspectos da filosofia tolstoiana, que podem muito justamente ser comparados com as teorias do Grande Inquisidor, foram expressos em escritos e especulações privadas das quais Dostoiévski poderia não ter tido conhecimento. Em grande medida eles pertencem às correntes posteriores e mais obscuras da metafísica de Tolstói. Nesse diálogo imaginário, além do mais, temos somente um lado do argumento. A posição dostoievskiana está sintetizada no silêncio de Cristo; é percebida não na linguagem, mas em um único gesto – o beijo que Cristo oferece ao Inquisidor. A recusa

252 TOLSTÓI OU DOSTOIÉVSKI

de Cristo em se envolver no duelo desdobra um motivo dramático de grande majestade e tato. Mas, do ponto de vista filosófico, essa recusa contém algo de evasão. Os padrões de Dostoiévski da hierarquia orto-doxa e dos círculos da corte foram perturbados pela unilateralidade do poema. O fato de o Inquisidor permanecer sem resposta dá uma força desconhecida ao seu argumento. Dostoiévski prometia que Aliosha ou Pai Zossima refutaria explicitamente, nos episódios subsequentes do romance, a mitologia herética de Ivan. Se eles realmente conseguiram fazê-lo é uma questão a ser discutida.

Mas uma vez que se admita esses fatos, essa interpretação da Lenda como uma alegoria de um encontro entre Tolstói e Dostoiévski tem uma certa pertinência. Sir Geoffrey Keynes chamou a atenção para um diálogo contundentemente similar de intenções cruzadas entre Blake e Francis Bacon. Na margem do ensaio de Bacon "A Respeito da Verdade", Blake escreveu – assim como Dostoiévski de-veria ter escrito – "A Verdade Racional não é a Verdade de Cristo, mas de Pilatos". O ensaio é uma conclusão do tema da fábula de Ivan Karamazov: "foi vaticinado que na vinda de Cristo, ele não encon-traria a fé sobre a terra". Blake exclamou: "Bacon terminou com a fé"[34]. Tais trocas através do tempo ou na mente dividida produzem momentos de conteúdo e de especial claridade. Elas apontam, pela pressão do contraste e antagonismo, para as contradições recorrentes em nossa herança filosófica e religiosa.

Por adivinhação ou por acaso, o final da Lenda do Grande Inquisidor é estranhamente profético sobre a história da vida de Tolstói. Ivan despreza o Inquisidor como um homem idoso "que gas-tou toda sua vida no deserto e ainda assim não conseguiu se livrar do seu amor incurável pela humanidade". Górki deve ter tido essa imagem em mente quando comparou Tolstói a "um homem em busca de Deus, não para si, mas para os homens, a ponto de Deus precisar abandoná-lo, o homem, solitário na paz do deserto escolhido por ele". E o que contém mais do que o Tolstói tardio do que o relato de Ivan Karamazov de "alguém que comeu raízes no deserto e fez extremos esforços para subjugar sua carne para se tornar livre e perfeito"?

VIII.

As contrariedades entre Tolstói e Dostoiévski não cessaram com suas mortes. Na realidade, elas foram intensificadas e dramatizadas por eventos subsequentes. Eles escreveram suas obras num desses períodos da história que parecem particularmente favoráveis à cria-ção da grande arte – um período no qual uma civilização ou cultura

34. Ver o artigo assinado por Sir Geoffrey Keynes em *The Times Literary Supplement* de 8 de março,1957.

UM ENSAIO SOBRE O VELHO CRITICISMO 253

tradicional encontra-se no auge ou em declínio. "Então, a força vital dessa civilização encontra condições históricas que deixam de ser apropriadas para isso, mas ela está ainda intacta, por um momento, na esfera da criatividade espiritual, e dá seu último fruto ali, enquanto a liberdade da poesia se aproveita da decadência das disciplinas sociais e do *ethos*"[35]. Menos de quarenta anos depois do Grande Inquisidor ter profetizado a Cristo de que o reino do homem estava ao alcance, algumas das esperanças de Tolstói e grande parte dos temores de Dostoiévski se realizaram. Um despotismo escatológico, a solitária, visionária lei vaticinada por Shigalov em *Os Demônios*, foi imposta sobre a Rússia.

Dostoiévski e os seus escritos foram homenageados durante a breve alvorada de poder recentemente conseguido e energias recentemente liberadas. Lênin considerava *Os Demônios* "repulsivo porém grande", e Lunacharsky descrevia Dostoiévski como "o mais atraente" dos romancistas russos. O centenário de seu nascimento foi marcado no decorrer de 1920-1921 por tributos oficiais e críticos[36]. Mas, com o triunfo do shigalovismo em suas formas radicais, Dostoiévski chegou a ser reconhecido como um inimigo perigoso, como um criador de subversão e heresia. Os novos inquisidores acusavam-no de ser um místico, um reacionário, uma mente doentia enfeitada por raros dons de imaginação, mas crucialmente desprovido de visão histórica. Eles estavam preparados para tolerar *A Casa dos Mortos* por seu retrato da opressão czarista, e *Crime e Castigo* por seu relato de como um intelectual revolucionário pode ser destruído por "contradições internas" de uma sociedade pré-marxista. Mas, em relação às principais obras de Dostoiévski, *O Idiota*, *Os Demônios* e *Os Irmãos Karamazov*, os homens da era stalinista declaravam como o Inquisidor a Cristo: "Vite, e não voltes... não voltes nunca mais!". Em julho de 1918, Lênin decretou que se deveria erigir estátuas a Tolstói e Dostoiévski. Até 1932 o herói de *Fora do Caos* de Ilya Ehrenburg teve de admitir que somente Dostoiévski contara toda verdade sobre o povo. Mas é uma verdade com a qual não se pode viver. "Pode ser ofertada aos moribundos assim como antes eles ofertavam aos últimos ritos. Se alguém for sentar à mesa e comer, deve esquecer disso. Se alguém for criar um filho, precisa antes de mais nada tirá-lo de casa... Se alguém for construir uma propriedade deve proibir mesmo a menção desse nome".

Tolstói, pelo contrário, foi incensado com segurança no panteão revolucionário, como Rousseau fora santificado no Templo da Razão de Robespierre. Lênin o considerava o maior de todos os escritores de ficção. Nas mãos da crítica marxista o aristocrata difícil, o *barin* de cuja arrogância Górki escrevera com afeiçoada admiração, tornou-se o

35. J. Maritain, *Creative Intuition in Art and Poetry*.
36. Ver I. Howe, op. cit.

254 TOLSTÓI OU DOSTOIÉVSKI

campeão do nacionalismo proletário. Com ele a revolução russa tinha, de acordo com Lênin, encontrado seu verdadeiro espelho. Dostoiévski, o artesão literário injuriado e humilde, o radical condenado e sobrevivente da Sibéria, o homem que se familiarizara com todas as espécies de degradação econômica e social, foi postumamente exilado da "terra natal do proletariado". Tolstói, o cronista patrício da alta sociedade e da riqueza rural, o advogado do paternalismo pré-industrial, foi assumido pela liberdade da cidade do novo milênio. Trata-se de um paradoxo instrutivo, que sugere que nossa interpretação do poema de Ivan Karamazov, ainda que incompleto e metafórico, tenha relevância histórica. Aquilo que os marxistas discerniram em Tolstói foi grande parte dos elementos que Dostoiévski imaginou no Inquisidor: uma crença radical no progresso humano através dos meios materiais, uma crença na razão pragmática, uma rejeição da experiência mística e uma total absorção pelos problemas desse mundo a ponto da quase exclusão de Deus. Por outro lado, eles entenderam Dostoiévski mais como o Inquisidor entende Cristo, considerando-o como o eterno "perturbador", o disseminador de liberdade e tragédia, o homem para quem a ressurreição de uma alma individual foi mais importante do que o progresso material de uma sociedade inteira.

A crítica literária marxista lidou brilhantemente, embora de um modo seletivo, com o gênio de Tolstói. Ela condenou ou ignorou a estatura de Dostoiévski. George Lukács é um caso em questão. Ele escreve extensivamente sobre Tolstói; seus poderes críticos sentem-se vigorosamente à vontade para tratar de *Guerra e Paz* e *Anna Kariênina*. Mas, em seus pronunciamentos volumosos, Dostoiévski faz somente raras aparições. O primeiro livro de Lukács, *Die Theorie des Romans* (A Teoria do Romance), refere-se a ele no parágrafo final; ficamos sabendo, numa explosão de teoria obscura, que o romance dostoievskiano fica à margem do complexo de problemas do século XIX dos quais Lukács tratou. Em 1943 ele escreveu finalmente um ensaio sobre o autor de *Os Irmãos Karamazov*. Significativamente, Lukács escolheu para seu mote o verso de Browning: "Eu caminho para provar minha alma!". Mas pouco resultou da aventura. O texto não é decisivo e é superficial.

Não poderia ser de outro modo. As obras de Dostoiévski incorporam uma negação total da visão de mundo do marxista revolucionário. Além do mais, elas contêm uma profecia que um marxista deve rejeitar se ele acreditar no triunfo final do materialismo dialético. Os Shigalovs e os Grandes Inquisidores podem, segundo Dostoiévski, alcançar o domínio temporário sobre os reinos da terra. Mas sua lei está fadada, por sua própria desumanidade fatalmente determinada, a terminar no caos e na autodestruição. Segundo a perspectiva e crença marxistas, *Os Demônios* deve ser lido como um horóscopo de desastre.

Durante o período stalinista, a censura soviética atuou nessa perspectiva. O encanto do antistalinismo trouxe com ele uma reavaliação

UM ENSAIO SOBRE O VELHO CRITICISMO   255

de Dostoiévski e uma retomada dos estudos dostoievskianos. Mas
é evidente que, mesmo uma versão liberalizada da ditadura proletária e secular, não consegue permitir que muitos dos seus sujeitos
leiam e ponderem as aventuras do príncipe Mishkin, a parábola de
Shigalov e Verkhovenski, ou os capítulos "Pró ou Contra" em *Os
Irmãos Karamazov*. Mais uma vez, Dostoiévski pode tornar-se a voz
do subsolo.

No posto da estação de Astapovo, Tolstói mantinha continuamente dois livros de cabeceira: *Os Irmãos Karamazov* e os *Ensaios* de

Fora da Rússia o inverso tem, na totalidade, sido verdadeiro.
Dostoiévski penetrou mais profundamente do que Tolstói no tecido do
pensamento contemporâneo. Ele é um dos principais mestres da sensibilidade moderna. A corrente dostoievskiana é penetrante na psicologia
da ficção moderna, na metafísica do absurdo e da liberdade trágica que
surgiu da Segunda Guerra, e na teologia especulativa. A roda completou
o círculo. O "Ceifador" a quem Vogué introduziu aos leitores europeus
como um bárbaro remoto tornou-se o profeta e historiador de nossas
próprias vidas. Talvez isso se deva ao barbarismo tão próximo.

Desse modo, mesmo além de suas mortes, os dois romancistas
permanecem em contrariedade. Tolstói, o maior herdeiro das tradições do épico; Dostoiévski, um dos maiores temperamentos depois de
Shakespeare; Tolstói, a mente intoxicada de razão e fato; Dostoiévski,
o que desprezou o racionalismo, o grande amante do paradoxo; Tolstói,
o poeta da terra, do ambiente rural e do espírito pastoral; Dostoiévski,
o arquicidadão, o mestre construtor da metrópole moderna na província da linguagem; Tolstói, sedento da verdade, destruindo a si e aos
que o rodeavam em sua procura excessiva; Dostoiévski, antes contra
a verdade do que contra Cristo, desconfiado do entendimento total e
partidário do mistério; Tolstói, "mantendo-se o tempo todo", na frase
de Coleridge, "no caminho elevado da vida"; Dostoiévski, avançando labirinto adentro do sobrenatural, nos porões e pântanos da alma;
Tolstói, como um colosso dominando a terra palpável, evocando a
realidade, a tangibilidade, a inteireza sensível da experiência concreta;
Dostoiévski, sempre no extremo do alucinatório, do espectral, sempre
vulnerável às intrusões demoníacas em algo que pode, finalmente, ter
sido meramente um tecido de sonhos; Tolstói, a encarnação da saúde
e da vitalidade olímpica; Dostoiévski, a soma de energias carregadas
de doença e possessão; Tolstói, que concebia os destinos dos homens
historicamente e na corrente da vida; Dostoiévski, que os concebia
contemporaneamente e na *stasis* vibrante do momento dramático;
Tolstói, carregado para seu túmulo no primeiro enterro civil acontecido na Rússia; Dostoiévski, deitado em descanso no cemitério do
monastério de Alexander Nevsky, em São Petersburgo, em meio aos
solenes ritos da Igreja Ortodoxa; Dostoiévski, preeminentemente o
homem de Deus; Tolstói, um dos Seus secretos contestadores.

Montaigne. Parecia que ele havia escolhido morrer na presença do seu grande antagonista e de um espírito gentil. No caso, ele escolheu o último apropriadamente, sendo Montaigne um poeta da vida e da sua totalidade no sentido em que o próprio Tolstói entendia esse mistério. Se ele se detivesse no celebrado décimo segundo capítulo do Livro II dos *Ensaios* enquanto tranquilizava seu gênio selvagem, Tolstói teria encontrado um julgamento igualmente apropriado para si mesmo e para Dostoiévski: "É um grande desabrochar de milagres, que o espírito humano..."[37].

---

37. C'est um grand ouvrier de miracles que l'esprit humain....

Bibliografia

As citações dos romances, ensaios e peças de Tolstói e Dostoiévski foram tomadas de traduções diretas e indiretas publicadas em português, além das utilizadas pelo próprio autor.
As obras de Tolstói traduzidas são mencionadas a seguir:

TOLSTÓI, Leon Nikolaievitch. *Guerra e Paz*. Tradução de Oscar Mendes. Belo Horizonte: Livraria Itatiaia, 1968.

_____. *Anna Kariênina*. Tradução de Rubens Figueiredo. São Paulo: Cosac Naify, 2005.

_____. *Obra Completa*.Tradução e Organização de João Gaspar Simões. Rio de Janeiro: Nova Aguilar, 1993.

As citações dos romances, ensaios e peças de Tolstói utilizadas pelo autor foram tiradas das traduções de Luise e Alylmer Maude da Centenary Edition, exceto nos casos mencionados abaixo:

The Christian Teaching. Tradução para o inglês de Vladimir Chertkov. New York, 1898; *Lettres inédites de L. Tolstoy à Botkine* Tradução para o francês de J. W. Bienstock. In: *Les oeuvres libres*. Paris, V. 66, n.d.; *New Light on Tolstoy, Literary Fragments, Letters and Reminiscences Not Previously Published*. R. Fülöp-Miller (ed.). New York, 1931; *The Journal of Leo Tolstoi*, 1895-1899. Tradução para o inglês de Rose Strunsky. New York, 1917; *The Letters of Tolstoy and His Cousin Countess Alexandra Tolstoy*. Tradução para o inglês de L. Islavin. London, 1929. *The Private Diary of Leo Tolstoy* 1853-1857. Tradução para o inglês de Louise e Aylmer Maude. London, 1927; *Tolstoi's Love Letters*. Tradução para o inglês de S. S. Koteliansky e Virginia Woolf. London, 1823.

258   TOLSTÓI OU DOSTOIÉVSKI

O autor utilizou as citações dos livros de notas e esboços de *Anna Kariênina* e *Ressurreição* das traduções francesas de Henri Mongault, S. Luneau e E. Beaux publicadas na Bibliothèque de la Pleiade (Paris, 1951). O autor também consultou a tradução de Henri Mongault de *Guerra e Paz* publicada, junto ao prefácio de Pierre Pascal, na coleção da Pleiade (Paris, 1944).

As citações dos romances e contos de Dostoiévski são tiradas das seguintes publicações em português:

DOSTOIÉVSKI, Fiodor Mikhailovitch. *Crime e Castigo*. Tradução de Paulo Bezerra. São Paulo: Editora 34, 2001.
____. *Os Demônios*. Tradução de Paulo Bezerra. São Paulo: Editora 34, 2004.
____. *O Idiota*. Tradução de Paulo Bezerra. São Paulo: Editora 34, 2003.
____. *Memórias do Subsolo*. Tradução de Boris Shnaiderman. São Paulo: Editora 34, 2003.
____. *Obra Completa*. Rio de Janeiro: Nova Aguilar, 1995.
____. *Os Irmãos Karamazov*. Tradução de Alexandre Boris Popov. São Paulo: Editora Martin Claret, 2006.

O autor destaca que as citações dos romances e contos de Dostoiévski são tiradas das traduções de Constance Garnett (Londres, 1912-1920), exceto nos casos mencionados a seguir:

Gente Humilde e *O Jogador*, tradução para o inglês de C. J. Hogarth (Everyman's Library); Dostoevsky: *Letters from the Underworld*, The Gentle Landlady, trad. de C. J. Hogarth (Everyman's Library); Dostoievski: *The Diary of a Writer*, trad. de Boris Brasol, New York, 1954; *Letters of Fyodor Michailovitch Dostoevsky*, trad. de E. C. Mayne de S. S. Koteliansky e J. Middleton Murry, New York, 1923; *The Letters of Dostoyevsky to His Wife*, trad. para o inglês de E. Hill e D. Mudie, London, 1930.

As citações dos livros de notas e esboços dos romances de Dostoiévski foram tiradas, pelo autor, das traduções francesas tais como se encontram na Bibliothèque de la Pleiade:

Les Frères Karamazov, Les Carnets des Frères Karamazov, Niétotchka Niezvanov, trad. para o francês de H. Mongault, L. Désormonts, B. de Schloezer e S. Luneau, Paris, 1952; *L'Idiot, Les Carnets de L'Idiot, Humiliés et offensés*, trad. para o francês de A. Mousset, B. de Schloezer, e S. Luneau, Paris, 1953; *Crime et Châtiment, Journal de Raskolnikov, Les Carnets de Crime et châtiment, Souvenirs de la Maison des morts*, trad. para o francês de D. Ergaz, V. Pozner, B. de Schloezer, H. Mongault e L. Désormonts, Paris, 1954; *Les démons, Carnets de Démons, Les Pauvres Gens*, trad. para o francês de B. Schloezer e S. Luneau, Paris 1955; *L'Adolescent, Les Nuits blanches, Le Joueur, Le Sous-sol, L'Éternel Mari*, trad. para o francês de Pierre Pascal, B. de Schloezer, e S. Luneau, Paris, 1956.

BIBLIOGRAFIA

Outras notas e fragmentos são citados do *Der Unbekannte Dostojewski*, ed. por R. Fülöp-Miller e F. Eckstein, Munich, 1926, e W. Komarovitch: *Die Urgestalt der Brüder Karamasoff. Dostojewskis Quellen, Entwürfe und Fragmente,* Munich, 1928.

(A lista a seguir inclui somente as obras citadas ou utilizadas como fonte direta. Não inclui edições específicas de textos clássicos ou padrões tais como, por exemplo, os poemas de Schiller ou os *Ensaios de Crítica,* de Matthew Arnold).

ANDLER, Charles. Nietzsche et Dostoïevsky. In: *Mélanges Baldensperger*. Paris, 1930.

ASTROV, Vladimir. Dostoievsky on Edgar Allan Poe. *American Literature*, XIV, 1942.

BERDIAEV, N. A. *Les Sources et le sens du communisme Russe*. Tradução de A. Nerville. Paris, 1951.

_____. *L'Esprit de Dostoievsky*. Tradução de A. Nerville. Paris, 1946.

BERLIN, Isaiah. *The Hedgehog and the Fox*. New York, 1953.

_____. *Historical Inevitability*. Oxford, 1954.

BESPALOFF, Rachel. *De L'Iliade*. New York, 1943.

BEWLEY, Marius. *The Complex Fate*. New York, 1954.

BLACKMUR, R. P. *The Double Agent*. New York, 1935.

_____. *Language as Gesture*. New York, 1952.

_____. *The Lion and The Honeycomb*. New York, 1955.

_____. *Anni Mirabiles, 1921-1925*. Washington, 1956.

BUBNOFF, N von (ed.). *Russische Religionsphilosophen*: Dokumente. Heidelberg, 1956.

BURCKHARDT, Jakob. *Weltgeschichtliche Betrachtungen*. In: *Gesammelte Werke*, IV, Basel, 1956.

BURKE, Kenneth. *The Philosophy of Literary Form*. New York, 1957.

CADY, H. & WELLS, L. G. (eds.). *Stephen Crane's Love Letters to Nellie Crouse*. Syracuse University Press, 1954.

CARR, E. *Dostoevsky (1821-1881)*. New York, 1931.

CARUS, C. G. *Psyche*. Jena, 1926.

CHASSAIGNON, J.-M. *Cataractes de l'imagination*. Paris, 1799.

CHERTKOV, V. *The Last Days of Tolstoy*. Tradução de N. A. Duddington. London, 1922.

COHN, N. *The Pursuit of the Millennium*. London,1957.

CURLE, R. *Characters of Dostoevsky*. London, 1950.

CYZEVKYJ, D. Schiller und *Die Brüder Karamazov. Zeitschrift für Slavisch Philologie*, VI, 1929.

EHRENBURG, Ilya. *Out of Chaos*. Tradução de A. Bakshy. New York, 1934.

ELIOT, T. S. *Selected Essays, 1917-1932*. New York, 1932.

_____. *Notes Towards the Definition of Culture*. New York, 1949.

FERGUSSON, Francis. *The Idea of a Theater*. Princeton University Press, 1949.

_____. *The Human Image in Dramatic Literature*. New York, 1957.

FLAUBERT, Gustave. *Correspondance de*. Paris, 1926-1933.

FORSTER, E. M. *Aspects of the Novel*. New York, 1950.

260 TOLSTÓI OU DOSTOIÉVSKI

FREUD, Sigmund. Dostoevsky and Parricide. In: prefácio da tradução de *Stavrogin's Confessions* por Virginia Woolf e S. S. Koteliansky. New York,1947.

GERHARDT, D. *Gogol' und Dostojecskij in ihrem künstlerischen Verhältnis*. Leipzig,1941.

GERMAIN, Gabriel. *Genèse de l'Odyssée*. Paris, 1954.

GIDE, André. *Dostoïevsky*. Paris, 1923.

GINSBURG, Michael. Koni and his Contemporaries. *Indiana Slavic Studies*, I, 1956.

GOEBBELS, Joseph. *Michael*. Munich, 1929.

GOLDMANN, Lucien. *Le Dieu caché*. Paris, 1955.

GORKY, Maxim. *Reminiscences of Tolstoy, Chekhov and Andreev*. Tradução de Katherine Mansfield, S. S. Koteliansky e Leonard Woolf. London, 1934.

GUARDINI, Romano. *Religiöse Gestalten in Dostojewskis Werk*. Munich, 1947.

HARRISON, J. E. *Ancient Art and Ritual*. New York, 1913.

HEMMINGS, F. W. J. *The Russian Novel in France, 1884-1914*. Oxford, 1950.

HERZEN, Alexander. *From the Other Shore* and *The Russian People and Socialism*. Edição de Isaiah Berlin. New York, 1956.

HOUSE, Humphry. *Aristotle's Poetics*. London, 1956.

HOWE, Irving. *Politics and the Novel*. New York, 1957.

IVANO, V. *Freedom and the Tragic Life:* A study in Dostoevsky. Tradução de N. Cameron. New York, 1952.

JAMES, Henry. *Hawthorne*. New York, 1880.

_____. *Notes on Novelists, with Some Other Notes*. New York, 1914.

_____. *The Letters of Henry James*. Edição de P. Lubbock. New York, 1920.

_____. *The Notebooks of Henry James*. Edição de F. O. Matthiessen e K. B. Murdock. Oxford, 1947.

_____. *The Art of the Novel*. Edição de R. P. Blackmur. New York, 1948.

_____. *The Art of Fiction and Other Essays*. Edição de M. Roberts. Oxford, 1948.

JARBINET, Georges. *Les Mystères de Paris d'Eugène Sue*. Paris, 1932.

KEATS, John. *The Letters of*. Edição de M. B. Forman. Oxford, 1947.

KITTO, H. D. F. *Form and Meaning in Drama*. London, 1956.

KNIGHT, G. Wilson. *Shakespeare and Tolstoy*. Oxford, 1934.

KOHN, Hans. *Pan-Slavism:* Its history and ideology. University of Notre Dame Press, 1953.

LAUTH, Reinhard. *Die Philosophie Dostojewskis*. Munich, 1950.

LAWRENCE, D. H. *Studies in Classic American Literature*. New York, 1923.

_____. *The Letters of D. H. Lawrence*. Com Introdução de Aldous Huxley, New York, 1932.

THE LETTERS OF T. E. Lawrence. Edição de David Garnett. New York, 1939.

LEAVIS, F. R. *The Great Tradition*. New York, 1954.

_____. *D. H. Lawrence:* Novelist. New York, 1956.

LINDSTROM, T. S. *Tolstoy en France (1886-1910)*. Paris, 1952.

LUBAC, H. de. *Le Drame de l'humanisme athée*. Paris, 1954.

LUBOCK, Percy. *The Craft of Fiction*. New York, 1921.

LUKÁCS, George. *Die Theorie des Romans*. Berlin, 1920.

_____. *Balzac und der französische Realismus*. Berlin, 1952.

_____. Deutsche Realisten des 19. *Jahrhunderts*. Berlin, 1952.

_____. *Der russische Realismus in der Weltliteratur*. Berlin, 1952.

_____. *Der Historische Roman*. Berlin, 1955.

BIBLIOGRAFIA

____. *Probleme des Realismus*. Berlin, 1955.

____. *Goethe und seine Zeit*. Berlin, 1955.

MADAULE, J. *Le christianisme de Dostoïevski*. Paris, 1939.

MANN, Thomas. *Adel des Geistes*. Stockholm, 1945.

____. *Neue Studien*. Stockholm, 1948.

____. *Nachlese*. Stockholm, 1956.

MARITAIN, Jacques. *Creative Intuition in Art and Poetry*. New York, 1953.

MATLAW, R. E. Recurrent Images in Dostoeviskij. In: *Harvard Slavic Studies*, III, 1957.

MAUDE, Aylmer. *The Life of Tolstoy*. Oxford, 1930.

MEREZHKOVSKY, D. S. *Tolstoy as Man and Artist, with an Essay on Dostoïevski*. London, 1902.

MUCHNIC, H. *Dostoevsky's English Reputation* (1881-1936). Northampton, Mass., 1939.

MURRY, J. Middleton. *Dostoevsky*. New York, 1916.

ORWELL, George. Lear, Tolstoy, and the Fool. *Polemic*. VII, London, 1947.

PAGE, Denys. *The Homeric Odyssey*. Oxford, 1955.

PASSAGE, C. E. *Dostoevski the Adapter*. A study in Dostoievski's use of the tales of Hoffmann. University of North Carolina Press, 1954.

PHELPS, Gilbert. *The Russian Novel in English Fiction*. London, 1956.

POGGIOLI, R. Kafka and Dostoyevsky. In: *The Kafka Problem*. New York, 1946.

____. *The Phoenix and the Spider*. Harvard, 1957.

POLNER, Tikhon. *Tolstoy and his Wife*. Tradução de N. Wreden. New York, 1943.

POWYS, John Cowper. *Dostoievsky*. London, 1946.

PRAZ, Mario. *The Romantic Agony*. Oxford, 1951.

PROUST, Marcel. *Contre Sainte-Beuve* e *Journées de Lecture*. Paris, 1954.

RICHARDS, I. A. *Practical Criticism*. New York, 1950.

____. *Coleridge on Imagination*. New York, 1950.

RIVIÈRE, Jacques. *Nouvelles études*. Paris, 1922.

ROLLAND, Romain. *Vie de Tolstoï*. Paris, 1921.

____. *Mémoires et fragments du journal*. Paris, 1956.

SAPIR, Boris. *Dostojewsky und Tolstoy über Probleme des Rechts*. Tübingen, 1932.

SARTRE, Jean-Paul. A Propos *Le bruit et la fureur*: la temporalité chez Faulkner. *Situations*, I. Paris, 1947.

____. Qu'est-ce que c'est la littérature?. *Situations*, II. Paris, 1948.

SHAW, George Bernard. *The Works of*. London, 1930-1938.

SHESTOV, Léon. *All Things Are Possible*.Tradução de S. S. Koteliansky. New York, 1928.

____. *Tolstoi und Nietzsche*. Tradução de N. Strasser. Cologne, 1923.

____. *Les Révélations de la mort, Dostoievsky-Tolstoi*. Tradução de Boris de Schloezer. Paris, 1923.

____. *Dostojewski und Nietzsche*. Tradução de R. von Walter. Cologne, 1924.

____. *Athènes et Jerusalem*. Paris, 1938.

SIMMONS, E. J. *Dostoevski: The Making of a Novelist*. New York, 1940.

____. *Leo Tolstoy*. Boston, 1946.

SOLOVIEV, E. A. *Dostoievsky: His Life and Literary Activity*. Tradução de C. J. Hogarth. New York, 1916.

SUARÈS, André. *Tolstoï*. Paris, 1899.

262 TOLSTÓI OU DOSTOIÉVSKI

TATE, Allen. The Hovering Fly. In: *The Man of Letters in the Modern World*. New York, 1955.

THE TOLSTOY HOME, *Diaries of Tatiana Sukhotin-Tolstoy*. Tradução de A. Brown. Columbia University Press, 1951.

TOLSTOY, Alexandra. *Tolstoy:* A life of my father. Tradução de E. R. Hapgood. New York, 1953.

TOLSTOY, Ilya. *Reminiscences of Tolstoy*. Tradução de G. Calderon. New York, 1914.

TOLSTOY, Leon L. *The Truth about my Father*. London, 1924.

TRILLING, Lionel. *The Liberal Imagination*. New York, 1950.

_____. *The Opposing Self*. New York, 1955.

TROYAT, Henri. *Dostoïevski:* l'homme et son oeuvre. Paris, 1940.

TURKEVICH, L. B. *Cervantes in Russia*. Princeton University Press, 1950.

VAN DER ENG, J. *Dostoevskij romancier*. Gravenhage, 1957.

VOGUÉ, E. M. M. de. *Le Roman russe*. Paris, 1886.

WEIL, Simone. L'Iliade ou le Poème de la force (sob o pseudônimo de Emile Novin). *Cahiers du sud*. Marseilles, 1940.

WILSON, Edmund. Dickens: The Two Scrooges. *Eight Essays*. New York, 1954.

WOOLF, Virginia. Modern Fiction. In: *The Common Reader*. New York, 1925.

YARMOLINSKY, A. *Dostoevski: A Life*. New York, 1934.

ZANDER, L. A. *Dostoevsky*. Tradução de N. Duddington. London, 1948.

ZOLA, Emile. *Les Romanciers naturalistes*. In: *Oeuvres complètes*, XV. Paris, 1927-1929.

_____. *Le Roman expérimental*. In: *Oeuvres complètes*, XLVI. Paris, 1927-1929.

Índice

Por não ser de natureza biográfica, e pelo fato de que a inclusão de toda referência a Tolstói ou Dostoiévski teria tornado o índice de difícil manejo, as referências dos nomes foram restritas aos seus escritos.

A

Adamitas – 190
Adams, Henry – 22
Agostinho, Sto. (Aurelius Augustinus) – 215
Annabatistas – 190
Annenkov, Pavel V. – 207
Anticristo – 127, 194, 213, 231, 232
Aragon, Luis – 172
Aristarco – 83
Aristóteles – 110, 111, 140
   Poética, A – 91, 110, 157, 225
Arnold, Matthew – 2, 5, 14, 22, 25, 33, 35, 36, 38, 40, 41, 42, 43, 52, 90, 175, 225
   Estudo de Poesia, O – 175
Arsenyeva, Valeria – 181
Auerbach, Erich
   Mimesis – 68
Augier, Emile – 27, 101
Austen, Jane – 15, 16, 28, 46
   Orgulho e Preconceito – 75
Austerlitz – 16, 17, 57

B

Babeuf, François-Emile – 218

Bacon, Francis – 252
Bakunin, Michael A. – 214
Balzac, Honoré de – 8, 13, 14, 15, 16, 17, 18, 19, 21, 25, 26, 28, 31, 35, 39, 71, 72, 76, 80, 93, 99, 101, 114, 132, 143, 144, 145, 146, 151, 152, 153, 155, 156, 165, 166, 177, 178, 226, 235, 236
   Comédia Humana, A – 9, 14, 17, 39, 177
   Duquesa de Langeais, A – 151
   Eugénie Grandet – 37, 102, 178
   Fisiologia do Casamento – 71
   História dos Treze – 153
   Ilusões Perdidas, As – 145
   Jesus Cristo em Flandre – 177
   Menina dos Olhos de Ouro, A – 148
   Pai Goriot, O – 20, 145, 165
   Pele de Couro, A – 142, 156
   Prima Bette, A – 147
   Rabouilleuse, La – 151
   Serafita – 177
   Vautrin – 147
Baudelaire, Charles – 18, 21, 39, 101, 144, 145, 151

264 TOLSTÓI OU DOSTOIÉVSKI

Beaumarchais, Pierre-Augustin
  Caron de – 94
Beddoes, Thomas Lovell – 152
Beethoven, Ludwig van – 79, 84,
  99, 195
Belinski, Vissarion Grigorievch – 31,
  145, 155, 215, 242, 243, 244, 247
Bentham, Jeremy – 162
Berdiaiev, N. A. – 105, 186, 211, 212,
  237, 245
  L'Esprit de Dostoievsky – 7, 161,
  178, 183, 193, 212, 218
  *Sources et le sens du communnis-
  me russe, Les* – 29, 31
Bergson, Henri – 26
Berlin, Isaiah – 59, 78
  Ouriço e a Raposa, O – 179, 168,
  207
Berlioz, Louis Hector – 16
Bernard, Claude – 168, 218, 221
Bers, S. A.
  Reminiscências – 52
Bewley, Marius – 128
Bíblia – 43, 189, 215, 222-225, 226,
  227, 248, 250
Biryukov, P. I. – 207
Bizet, Georges – 5
Blackmur, R. P. – 32, 42, 110
  Anni Mirabiles – 236
  Lion and the Honeycomb, The – 3,
  50, 133, 179, 199, 217
Blake, William – 145, 167, 173, 185,
  214, 252
Bonapartismo – 17
Bosch, Hieronymus – 209
Botkin, V. P. – 181, 207, 242
Bourget, Charles Joseph-Paul – 40
Bowles, William Lisle – 144
Bradley, Andrew Cecil – 42
Brasillach, Robert – 103
Brecht, Bertold – 96, 172, 173, 177
Broch, Hermann – 164
Brontë, Emily – 14
  Morro dos Ventos Uivantes, O
  – 8, 155
Brontës (Charlotte, Emily, e Anne)
  – 24, 142, 151
Brooks, Cleanth – 176
Browning, Robert – 100, 101, 254

Brueghel, Pieter, o Velho – 60
Brunst, caso – 108
Büchner, Georg – 100
Buckle, Henry Thomas – 162
Buda/-ismo – 62, 169, 191
Bulgakov, Sergei N. – 227
Bunyan, John – 225
  Progresso do Peregrino – 70
Burckhardt, Jakob
  Weltgeschichtliche Betrachtungen
  – 13
Burke Kenneth
  *The Philosophy of Literary Form,
  The* – 105, 139
Byron, George Gordon, Baron – 16,
  100, 103, 148, 151, 152, 201, 229
  Don Juan – 201
  Manfredo – 144, 152

C
Cabet, Etienne – 190, 218
Calígula (Caius Caesar), imperador
  romano – 245
Camus, Albert – 159, 237
  Queda, A – 167
Carroll, Lewis
  Alice no País das Maravilhas – 14
Carus, Carl Gustav
  Psyche – 234
Castelvetro, Lodovico – 111
Cellini, Benvenuto – 163
Cervantes Saavedra, Miguel – 8, 13,
  41, 127, 134, 216
  Dom Quixote – 13, 69-70
Cézanne, Paul – 1, 15
Chaadaev, P. Y. – 31
Chassaignon, J. M.
  Cataratas da Imaginação – 161-162
Chaucer, Geoffrey – 52
Chicherin, Boris N. – 181
Cohn, Norman
  Pursuit of the Millennium, The
  – 191
Coleridge, Samuel Taylor – 54, 89,
  134, 141, 144, 152, 172, 177, 215,
  226, 227, 233, 255
  Balada do Velho Marinheiro, A
  – 143
  Cristabel – 144

ÍNDICE 265

Colet, Louise – 38
Collings, Ernest – 4
Colombo, Cristóvão – 231
Comuna – 28, 107, 135
Comunismo – 191
Comte, Auguste – 190
Condorcet, Marie Jean Antoine-
Nicolas de Caritat, Marquês de
– 167
Confúcio – 62, 169, 191
Conrad, Joseph – 21, 29, 41, 42, 51,
91, 153
Agente Secreto, O – 29
Nostromo – 41, 157
Sob os Olhos Ocidentais – 29
Cooper, James Fenimore
Respingos na Europa – 23
Corneille, Pierre – 102, 103, 104, 160
Cid, O – 103
Cinna – 103
Horácio – 103
Crane, Stephen – 208
*Emblema Vermelho da Coragem,
O* – 28
Cristo – 45, 91, 113, 117, 119, 127,
128, 132, 133, 152, 153, 164, 181,
185, 186, 188, 190, 191-194, 197,
213, 214-219, 221, 222, 223, 226,
227, 228, 231, 232, 234, 236, 237,
240, 241, 244, 245, 246, 247, 248,
249, 251-255
Custine, Astolphe, Marquês de – 22
Cuvier, Georges-Léopold Chrétien
Frédérie Dagobert, Barão – 14

D
D'Annunzio, Gabriele – 144
Dana, Richard Henry – 24
Danilevsky, Nicholas Y.
Rússia e Europa – 215
Dante Alighieri – 2, 6, 32, 52, 76, 84,
92, 164, 171, 172, 173, 175, 176, 177,
178, 182, 185, 188, 203, 215, 233
Divina Comédia, A – 69, 84, 91,
110, 176, 177, 179, 207, 235
Danton, Georges-Jacques – 16
Daudet, Alphonse – 28
De la Mare, Walter – 142
De Quincey, Thomas – 16, 89, 145, 207

*Confissões de um Comedor de
Ópio* – 145
Defoe, Daniel – 13, 14, 39
Robinson Crusoé – 13
Deutsch, Babette – 249
Dezembristas – 82
Dickens, Charles – 13, 14, 15, 17,
18, 21, 24, 26, 28, 31, 71, 72, 101,
104, 116, 118, 143, 145, 146, 153,
155, 216, 239
Antiga Loja de Curiosidade, A – 148
Canto de Natal, Um – 151
Casa Desolada – 18, 20, 75, 142,
145, 155, 156
Conto de Duas Cidades, Um – 17
David Copperfield – 153, 156
Oliver Twist – 118, 143
Tempos Difíceis – 39, 155
Diderot, Denis – 161, 162
Sobrinho de Rameau, O – 161
Dimitri Ivanovich, filho de Ivan, o
Terrível – 231
Diógenes – 159
Dos Passos, John – 9
Dostoiévski, Fyodor Mikhailovich
Adolescência – 115, 133, 142,
145, 146, 149, 158, 164, 216,
221, 222, 224, 229, 240
*Árvore de Natal e um Casamento,
A* – 148
Bobok – 121, 149
Boris Gudnov – 102
Casa dos Mortos, A – 78, 104,
108, 239, 253
Crime e Castigo – 5, 17, 30, 41,
68, 94, 101, 104, 105, 106, 110,
111, 113, 132, 142, 145, 146,
148, 153, 154, 155, 157, 165,
212, 222, 223, 227, 253
Demônios, Os – 5, 6, 7, 8, 9, 11,
30, 43, 99, 101, 102, 105, 107,
108, 109, 110, 112, 113, 118,
121, 125, 126, 132, 135-142,
144, 149, 153, 154, 156, 157,
165, 191, 193, 205, 212, 214,
217, 222, 223, 224, 226, 227-
235, 244, 247, 249, 253, 254
Diário de um Escritor, O – 108,
149, 216, 218, 239, 240

Eterno Marido, O – 126, 148, 159
Gente Humilde – 102, 110, 146, 147, 148
Goliadkin – 112, 162
Humilhados e Ofendidos – 126, 146, 148, 151, 152, 155, 238, 239
Idiota, O – 5, 7, 8, 9, 11, 30, 41, 99, 101, 105, 106, 110, 112-125, 126-133, 142, 144, 146, 149, 154, 155, 212, 216, 227, 235, 241, 253
Irmãos Karamazov, Os – 4, 5, 6, 8, 22, 30, 32, 41, 99, 101, 102, 103, 104, 105, 108, 109, 110, 112, 113, 118, 126, 127, 132, 138, 140, 142, 146, 149, 151, 153, 154, 162, 178, 191, 212, 213, 222, 223, 224, 225, 226, 227, 229, 235, 241-253, 254, 255
Jogador, O – 103, 121
Maria Stuart – 102
Memórias de um Lunático – 157
Memórias do Subsolo – 8, 109, 159, 160, 161, 162-169, 174, 193, 209
Netochka Nezvanova – 148
Noites Brancas de São Petersburgo – 145, 146
Notas de Inverno sobre Impressões de Verão – 145
Pequeno Herói, O – 147
Senhoria, A – 148
Sonho de um Homem Ridículo, O – 149
Vida de um Grande Pecador, A – 149, 212, 229, 240
Dostoiévski, Michael – 65
Dryden, John – 176
Du Maurier, George
Trilby – 148
Dukhobors – 10, 210
Dumas, Alexandre, filho – 27, 36, 101
Dumas, Alexandre, pai – 72

E
Ehrenburg, Ilya
Fora do Caos – 253
Eliot, George – 15, 177
Coluna do Meio – 31

Eliot, Thomas Stearns – 23, 32, 134, 143, 177
Notas para a Definição de Cultura – 171
Quatro Quartetos – 23
Terra Devastada, A – 2, 176
Empson, William – 70, 235
Engels, Friedrich – 166
Ésquilo – 3, 6, 31, 176, 178
Agamêmnon – 116
Eumênides – 111
Oréstia – 105, 150, 179
Euclides – 251
Eurípides – 6
Suplicantes, As – 111
Troianas, As – 57

F
Faulkner, William – 3, 15, 40, 42, 168, 176
Fedorov, Nicholas – 10, 31
Fergusson, Francis – 6
Human Image in Dramatic Literature, The – 178, 185
Ideia de um Teatro – 139
Fet, Afanasy A. – 79, 94
Feuerbach, Ludwig – 191, 192
Fichte, Johann Gottlieb – 191
Fielding, Henry – 20, 39
Tom Jones – 20
Filipe II, rei da Espanha – 242, 243, 244
Flaubert, Gustave – 13, 15, 18, 19, 21, 24, 25, 26, 28, 31, 35-40, 41, 42, 43, 47, 48, 49, 50, 51, 71, 72, 93, 134, 135, 144, 177, 183, 207, 235, 237
Bouvard e Pécuchet – 18, 71
Madame Bovary – 4, 13, 17, 35-40, 41, 42, 43, 47, 48, 49, 52, 75, 77, 93, 178, 225
Salambô – 18, 40, 144
Tentação de Santo Antônio, A – 18, 40
Três Contos – 40
Forster, E. M. – 10
Aspects of the Novel – 4, 83
Fourier, François-Marie-Charles – 218
France, Anatole
Deuses têm Sede, Os – 17
Taís – 178

ÍNDICE

Frazer, Sir James George – 175
Freud, Sigmund – 11, 140, 142, 147, 234
Fülöp-Miller, René – 241

G

Galsworthy, John – 41, 93
Gandhi, Mohandas Karamchand – 196, 237
Garnett, Constance – 124
Garnett, Edward – 12, 153
Gascar, Pierre
  Feras, As – 166
Gavarni (Sulpice-Guillaume Chevalier) – 37, 155
Genet, Jean – 167
Germain, Gabriel – 84
Gibbon, Edward – 16
Gibian, George
  Tolstói e Shakespeare – 85
Gide, André – 21, 32, 40, 41, 104, 167, 178, 237
  Dostoiévski – 40, 104, 178, 248
Gissing, George – 145
Gladstone, William Ewart – 178
Glanvill, Joseph – 25
Goebbels, Joseph
  Michael – 237
Goethe, Johann Wolfgang von – 1, 10, 15, 16, 93, 94, 100, 109, 110, 155, 168, 183, 185
  Fausto – 6, 15, 76
  Tristezas de Werther, As – 143
Gógol, Nicholas – 12, 23, 24, 27, 28, 30, 94, 154, 155, 159, 167
  Almas Mortas – 29, 30, 78, 193
  Capote, O – 24, 113, 159
  Diário de um Louco – 167
  Inspetor Geral, O – 109
Goldman, Lucien
  Deus Oculto, O – 174
Goncharov, Ivan Alexandrovich – 30, 155, 167, 239
  Oblomov – 29, 30
Goncourts, Jules e Edmond De – 20, 21, 38
  Madame Gervaisais – 178
Górki, Máximo – 9, 12, 50, 52, 92, 93, 118, 169, 237, 253

Reminiscências de Tolstói – 182, 184, 186, 194, 195, 196, 239, 248, 253
Gótico – 142-158, 162, 220, 229
Goya y Lucientes, Francisco José de – 151, 173, 186
Greene, Graham – 41
Grigorovich, Dimitri – 145
Guardini, Romano – 222
  Religiöse Gestalten in Dostojewiskis – 183, 214
Guerra Civil, Americana – 29
Guerra de Troia – 58, 60
Guerra Mundial, Primeira – 28; Segunda – 255
Guerra Peninsular – 16
Guerra Turco-Russa – 75, 76
Gyp (Condessa de Martel de Janville) – 27

H

Hanska, Evelina – 99
Hardy, Thomas
  Disnastas, Os – 91
Harrison, Jane E.
  Ancient Art and Ritual – 175
Hauptmann, Gerhart – 93
Hawthorne, Nathaniel – 13, 22, 24, 25, 27, 28, 29, 142, 165
  Carta Escarlate, A – 25, 27
  Casa das Sete Torres, A – 25, 143
  Fauno de Mármore, O – 23, 25
Hazlitt, William – 15, 16, 100, 141, 172
Hebbel, Friedrich – 134
Hegel, Georg Wilhelm Friedrich – 37, 91, 109, 155, 161
Heine, Heinrich – 18, 163
Hemmings, F. W. J.
  Russian Novel in France, 1884-1914, The – 41
Henty, George Alfred – 28
Heráclito – 75
Herzen, Alexander Ivanovich – 23, 31, 192
Hoffmann, Ernst Theodor Amadeus – 14, 103, 112, 143, 155
  Elixir dos Teufeul, O – 225
Hofmannstal, Hugo von – 52

Hogarth, William – 71

Holbein, Hans – 215

Hölderlin, Friedrich
  Empédocles – 91

Homero – 2, 3, 4, 5, 13, 34, 35, 38,
  47, 49, 52-61, 62, 68, 69, 83, 85,
  90, 91, 92, 97, 102, 114, 183
  Ilíada, A – 2, 4, 34, 35, 37, 52, 53,
    55, 56-59, 68, 83, 84, 85, 90,
    91, 110, 159, 183
  Odisseia, A – 53, 58, 60, 68, 69,
    83-85, 90, 91, 110

House, Humphry
  Aristotle's Poetcis – 111, 225

Housman, A. E. – 33

Howe, Irving
  Politics and the Novel – 230, 253

Howells, William Dean – 27
  Vida Veneziana, A – 27

Hugo, Victor – 91, 93, 100, 144, 145,
  151
  Burgraves, Les – 100
  Han d'Islande – 142
  Hernani – 100
  Miseráveis, Os – 93
  Notre-Dame de Paris – 93, 144

Huizinga, Johan – 140

Hume, David – 89

I

Ibsen, Henrik – 43, 93, 99, 100, 179
  Hedda Gabler – 140

Ilinsky, amigo de Dostoiévski – 108

Inquisição – 153, 242

Isaac, o Sírio, Santo – 214

Isaías – 191

Issaïeva, Maria – 141

Ivan IV, o Terrível, czar da Rússia – 231

Ivanov, I. I. – 107

Ivanov, Vyacheslav – 17, 99, 212, 226
  *Freedom and the Tragic Life: A Study
    in Dostoevsky* – 228, 235, 232

J

James, Henry – 3, 9, 21, 22, 23, 25-
  28, 29, 36, 38, 39, 41, 42, 47, 50,
  62, 72, 91, 92, 101, 105, 109, 132,
  133, 134, 142, 153, 177, 178, 204,
  219, 226, 235

Asas da Pomba, As – 225

Bostonianos, Os – 147

Embaixadores, Os – 5, 23, 41, 43,
  77, 101, 178

Idade Embaraçosa, A – 101

Taça de Ouro, A – 29, 43, 128,
  131, 178, 204

Musa Trágica, A – 36

*Notes on Novelists, with Some
  Other Notes* – 20, 39

Princesa Casamassima, A – 29

Retrato de uma Dama – 62

Janácek, Leos
  Da Casa dos Mortos – 105

Jansenismo – 174

Jeremiás, Otakar
  Irmãos Karmazov, Os – 105

Jerônimo, São (Eusébio Hieronymus)
  – 239

Jodelle, Etie – 103
  Cleópatra – 103

Jonh Damascene – 245, 246, 247
  Da Fé Ortodoxa – 246
  Na Páscoa Dominical – 246

Johnson,Samuel
  Prefácio para Shakespeare – 111

Jonson, Ben – 7
  Alquimista, O – 173

Jowett, Benjamin – 189

Joyce, James – 12, 21, 22, 24, 42, 76,
  164, 176, 236, 238
  Exiles – 93
  Finnegans Wake – 235
  Retrato do Artista, O – 157
  Ulisses – 5, 8, 42, 71, 236

K

Kafka, Franz – 20, 21, 42, 144, 155,
  159, 176, 220
  Castelo, O – 20
  Colônia Penal, A – 144
  Metamorfose, A – 165
  Processo, O – 143

Kalmydov, o caso – 106

Kant, Immanuel – 16

Karakozov, terrorista – 107

Katkov, Michael N. – 76, 107, 133, 229

Keats, John – 84, 100, 132, 205
  Bela Dama Impiedosa, A – 60, 144

ÍNDICE

Ode ao Rouxinol – 201
Otho, o Grande – 100, 144
Véspera de Sta. Agnes, A – 60
Keynes, Sir Geoffrey – 252
Kierkegaard, Sören – 31, 167, 168, 195, 214, 233
Ou/Ou – 31
Kireevsky, Ivan – 23, 31
Kitto, H. D. F.
Form and Meaning in Drama – 175
Kleist, Heinrich von – 28, 100
Kätchen von Heilbronn – 152
Knight, G. Wilson
"Shakespeare e Tolstói" – 85, 89
Kock, Paul de – 154
Komarovitch, W. – 229
Kony, A.F. – 72, 108
Kovalevsky, Sofia – 141
Kroneberg, o caso – 108

L

La Fayette, Marie-Madeleine, Condessa de
Princesa de Clèves – 9
Lamb, Charles – 100, 202
Landor, Walter Svage – 165, 241
Laplace, Pierre-Simon, Marquês de – 177
Larbaud, Valéry – 21
Lattimore, Richmond – 52
Lauth, Reinhard
Filosofia de Dostoiévski, A – 162
Lawrence, David Herbert – 4, 20, 21, 24, 27, 29, 41, 42, 46, 132, 136, 153, 193, 216, 236
Arco-Íris, O – 157
Filhos e Amantes – 93
Pavão Branco, O – 67
Lawrence, Thomas Edward – 10, 12, 83
Le Sage, Alain-René
Diabo Boiteux – 146
Le Vasseur, Abbé – 33
Leavis, F. R. – 15, 105
Lênin, Nikolai – 31, 184, 192, 253, 254
Leonardo da Vinci – 7
Leontiev, Constantine – 31, 212
Lermontov, Michael – 9, 24, 151
Leskov, Nicholas S. – 239
Lessing, Gotthold Ephrain – 37, 100

Levin, Harry – 22, 29
Lewis, Matthew Gregory (Monge) – 143, 144
Lindstrom, T. S.
Tolstoï en France – 41
Livre Maçonaria – 153
Lockhart, John Gibson
Adam Blair – 27
Lomunov, K. N. – 93
Longinus, Dionysius Cassius – 5, 12
Louÿs, Pierre
Afrodite – 149
Lowes, John Livingston – 243
Lubbock, Percy – 22
Craft of Fiction, The – 204
Lucano (Marcus Annaeus Lucanus) – 159
Lucrécio (Titus Lucretius Carus)
Das Obras da Natureza – 172
Luis XVII, rei titular da França – 245
Lukács, George – 19, 37, 254
Teoria do Romance, A – 64, 83, 91, 114, 254
Lunacharsky, Anatol, V. – 221, 253
Luneau, S. – 124
Lutero, Martin – 191

M

Macready, William Charles – 100
Maikov, Apolloni Nikolaevich – 30, 212
Malherbe, François de – 103
Malraux, André
Vozes do Silêncio, As – 4
Mann, Thomas – 10, 11, 21, 32, 41, 43, 69, 104, 172, 183, 208, 211, 236
Doutor Fausto – 211
Montanha Mágica, A – 76
Neue Studien – 11, 104
Manzoni, Alessandro – 111
Lettre à M. C. – 111
Marat, Jean-Paul – 247
Maria, Virgem – 228
Maritain, Jacques
Intuição Criativa na Arte e na Poética – 55, 253
Marlowe, Christopher – 7
Marx, Karl – 18, 26, 159, 192
Marxismo – 4, 5, 20, 94, 172, 173, 177, 192, 253, 254

270 TOLSTÓI OU DOSTOIÉVSKI

Matlaw, R. E. – 166
Maturin, Charles – 144
  Melmoth, o Viajante – 144
Maude, Aylmer – 94, 193
Maupassant, Guy de – 36, 142
Mazurin, assassino – 106
Melville, Herman – 13, 22, 23, 24,
  27, 28, 29, 101, 165, 176, 225
  Moby Dick – 8, 12, 21, 22, 34, 70,
  101
  Pierre – 128, 147
Merezhkovski, D. S. – 61, 147, 183,
  212
  Tolstoi as Man and Artist, with an
  Essay on Dostoïevski – 8, 12,
  31, 34, 92, 121, 125, 220, 237
Mérimée, Prosper – 21
Michelangelo Buonarroti – 7, 127,
  178, 195
Mikhailovski, Nicholars K. – 238
Milton, John – 2, 6, 13, 31, 92, 151,
  175, 195, 225, 236
  Paraíso Perdido – 2, 69, 150, 176,
  207
  Paraíso Reconquistado – 69
Mirsky, D. S. – 83
Moisés – 191
Molière (Jean-Baptiste Poquelin) – 94,
  95, 173, 205
  Doente Imaginário, O – 95
  Misantropo, O – 88
Montaigne, Michel Eyquem, Senhor
  de – 163
  Ensaios – 256
Montesquieu, Charles de Se-Condat,
  Barão de La Brede e de – 16
Montherlant, Henry de – 172
Montigny, Louis-Gabriel
  Tereza Filósofa – 144
Moore, George
  Evelyn Innes – 41
Moore, Marianne – 210
Mousset, A. – 124
Mozart, Wolfgang Amadeus – 60, 156
  Bodas de Fígaro, As – 60
  Don Giovanni – 60
Munch, Edvard – 155
Müntzer, Thomas – 191
Musset, Alfred de – 100, 162

Confissão de um Filho do Século,
  A – 17
Rolla – 57

N

Nacional Socialismo – 191
Napoleão I, imperador da França – 14,
  16, 17, 61, 177
Nechaiev, Sergei – 31, 107
Nekrasov, Nicholas A.
  "Vlas"– 214
Nemirovich-Danchenko, Vladimir
  – 222
Neoplatonismo – 172
Nestorianos – 215
Newton, Sir Isaac – 167
Nietzsche, Friedrich – 5, 10, 12, 27,
  94, 101, 132, 167, 211, 214
  Assim falou Zaratustra – 12, 168
Nisard, Désiré – 161

O

O'Connell, Daniel – 14
O'Meara, John J. – 246
O'Neill, Eugene
  Estranho Interlúdio – 164
Ony, Rosalie – 72
Orwell, George – 85, 88, 96, 202
  1984 – 250
Ostrovski, Alexander N. – 94
Otrepyev, Grishka – 231

P

Page, Denys
  Homeric Odyssey, The – 83
Pan-eslavismo – 240
Pascal, Blaise – 167, 174, 191, 192,
  195, 220
Pascal, Pierre – 77
Pedro I, o Grande, czar da Rússia – 82
Petrashevsky, M. B. Butashevich
  – 133, 238
Phelps, Gilbert
  Russian Novel in English Fiction,
  The – 41
Philippe, Charles-Louis – 40
Philippov, T. I. – 107
Picasso, Pablo – 2, 137
Piriogova, Anna Stepanova – 35

ÍNDICE

Pissarev, Dimitri Ivanovich – 31
Platão – 5, 7, 45, 173, 211
   Phaedo – 137, 173, 177
   República, A – 173, 190
   Symposium – 45, 173
Poe, Edgar Allan – 9, 14, 24, 25, 27, 29, 142, 144, 145, 153, 162, 163
   Ligeia – 25
   Narrativa de Arthur Gordon Pym, A – 24
   Queda da Casa dos Usher, A – 156
Poggioli, R. – 205
   Kafka Problem, The – 158
   Phoenix and the Spider, The – 211
Pope, Alexander – 57
   Ensaio sobre o Homem – 172
Pound, Ezra – 23
   Cantos – 2
   Como Ler – 42
Powys, John Cowper – 32
   Dostoievsky – 10-11
Praz, Mario – 151, 166
   Agonia Romântica, A – 144
Prokofiev, Sergei
   Jogador, O – 105
Proudhon, Pierre-Joseph – 218
Proust, Marcel – 8, 9, 12, 14, 28, 42, 47, 51, 74, 132, 133, 144, 154, 177, 183, 203, 226, 238
   Desaparecimento de Albertine, O – 74
   Em Busca do Tempo Perdido – 9, 235
   Jornadas de Leitura – 180
   Prisioneira, A – 154
Púchkin, Alexander – 9, 23, 24, 25, 94, 151, 207, 216, 240, 244
   Boris Gudnov – 102
   Cavaleiro de Bronze, O – 25
   Contos de Belkin – 43
   Dubrovsky – 143
   "Parábola Daquele Democrata Moderado Jesus Cristo" – 249
   Profeta, O – 107
   Rainha de Espadas, A – 121, 143
Puritanos – 190

R

Racine, Jean-Baptiste – 2, 33, 40, 102, 103, 126, 155, 160, 174

   Andrômaca – 102
   Fedra – 2, 87, 99, 103, 140, 160
   Ifigênia em Aulide – 102
Radcliffe, Ann – 143, 144, 148
   Mistérios de Udolfo, Os – 143, 150, 153
   Romance da Floresta, O – 143
Radishchev, Alexander N. – 30
Rahv, Philip – 158
Rais, Gilles de – 144
Ranters – 190
Ratner, Sidney – 237
Reforma –189
Rembrandt van Rijn – 96
Renan, Joseph-Ernest – 196
   Vida de Jesus, A – 223
Restif de la Bretonne, Nicolas Deme – 145
   Noites de Paris, As – 145, 146
Revolução Francesa – 15, 17
Richards, I. A. – 177, 178, 227
   Crítica Prática – 176
   Coleridge on Imagination – 172
Richardson, Samuel
   Clarissa – 8
Rilke, Rainer Maria – 155, 186, 237
   Elegia de Duíno –195
   Malte Laurids Brigge – 155
Rivière, Jacques
   Nouvelles etudes – 235
Robespierre, Maximilien-François Maie-Isidore de – 16, 253
Rod, Edouard – 40
Rolland, Romain
   Mémoires et fragments du journal – 35, 56
Romains, Jules – 8
Ronsard, Pierre de – 103
Rothschild, James de – 133
Rousseau, Jean-Jacques – 62, 161, 168, 211, 218, 240, 253
   Carta sobre os Espetáculos – 88
   Confissões, As – 143, 163
Rozanov, Vasili – 212

S

Sade, Donatien Alphonse-François, Marquês de – 144
Sainte-Beuve, Charles-Augustin – 42, 143

272 TOLSTÓI OU DOSTOIÉVSKI

Saint-Simon, Claude-Henri de
Rouvroy, Conde de – 190, 218
Sand, George – 22, 28, 146, 153
Spiridion – 225
Sartre, Jean-Paul – 171, 172
Situations – 3, 39, 133, 134
Schelling, Friedrich Eilhelm Joseph
von – 89
Schiller, Johann Christoph Friedrich
von – 1, 54, 55, 89, 102, 103, 104,
109, 168, 244, 245, 246
A Respeito dos Amigos – 246
Assaltantes, Os – 104, 140, 142, 153
Demetrius – 102
Don Carlos – 243, 244, 247
Luva, A – 123
Maria Stuart – 102
Resignação – 242-243
Siegesfest – 159
*Sobre a Poesia Ingênua e
Sentimental* – 54
Schloezer, B. de – 124
Schopenhauer, Arthur – 172
Schubert, Franz Peter – 99
Scott, Sir Walter – 15, 177
Sêneca, Lucius Annaeus – 84, 103
Seniavina, famosa beldade – 141
Shakespeare, William – 2, 4, 5, 6, 7,
13, 40, 47, 52, 53, 85, 88-91, 92,
93, 94, 96-103, 111, 125, 134, 137,
148, 150, 153, 159, 165, 168, 175,
184, 185, 214, 220, 227, 229, 230,
233, 242, 250, 255
Décima Segunda Noite, A – 95
Hamlet – 104, 105, 134, 140, 202,
230
Henrique IV – 71
Henrique VI – 150
Macbeth – 14, 28, 105, 140
Medida por Medida – 185
Rei Lear – 2, 4, 6, 20, 70, 88, 89, 99,
126, 140, 157, 160, 166, 202, 241
Tempestade, A – 185, 202, 241
Tróilo e Créssida – 159
Shaw, Bernard – 41, 93, 94, 95, 184,
202
Quintessência do Ibsenismo, A
– 42-43
Shelley, Mary Godwin

Frankestein – 14
Shelley, Percy Bysshe – 26, 165
Alastor – 172
Cenci, Os – 100, 144
Defesa da Poesia, A – 100
Shestov, Leon – 105, 162, 179, 212
Tolstoi und Nietzsche – 197
Simmons, Ernest J. – 147
Snow, C. P. – 42
Sócrates – 62, 191
Sófocles – 6, 100
Antígona – 2, 28
Édipo em Colona – 111
Édipo Rei – 105, 109, 140
Soloviev, Vladimir – 31, 212, 231
Spencer, Herbert – 168
Spinoza, Baruch – 191
Stendhal (Henri Beyle) – 16, 17, 19,
26, 76, 165, 226, 235
Armance – 147
Cartuxa de Parma, A – 17, 31,
143, 210
Vermelho e O Negro, O – 17, 106
Sterne, Laurence
Jornada Sentimental, Uma – 65
Stevenson, Robert Louis – 153
Dr. Jekyll e Mr. Hyde – 153
Markheim – 40
Strakhov, Nicholas N. – 43, 70, 71,
106, 141, 215, 238, 240
Strauss, David Friedrich – 196
Strindberg, Augusto – 95, 210
Suarès, André – 105
Sue, Eugène – 72, 118, 143, 145, 146
Judeu Errante, O – 143, 145, 152
Mistérios de Paris, Os – 143, 146,
148, 151, 153
Sumarokov, Alexander
Demetrius, o Pretendente – 102
Suslova, Paulina – 141
Suvorin, A.S. – 198
Swinburne, Algernon Charles – 165
Symons, Arthur – 94
Synge, John Millington – 94

T
Taboritas – 190
Taoísmo – 196
Tate, Allen – 106, 125

ÍNDICE

Man of Letters in the Modern World, The – 116
Tchékhov, Anton Pavlovich – 3, 99, 198
Thackeray, William Make-peace – 26, 92
  Feira das Vaidades, A – 28, 81
Thurber, James – 166
Tintoretto (Jacopo Robusti) – 194
Tiutchev, Fyodor – 214
Tkachev, P. N. – 31
Tocqueville, Alexis de – 22
Tolstói, Conde Kyov Niko-Laievich
  A Respeito da Vida – 186
  Anna Kariênina – 5, 6, 7, 8, 22, 30, 31, 34, 35, 36, 38, 40-52, 61, 66, 69-72, 75-77, 81, 82, 86, 87, 90, 96, 150, 178, 179, 180, 182, 183, 184, 185, 187, 188, 202, 204, 208, 209, 210, 235, 237, 239, 240, 254
  Breve Palavra, A –186
  Cadáver Vivo, O – 93, 95
  Confissão, Uma – 77, 181, 186, 249
  Contos do Cáucaso – 24, 59
  Cossacos, Os – 34, 52, 59, 65
  Depois do Baile – 62
  Diabo, O – 210
  Dois Hussardos, Os – 108
  Ensinamento Cristão, O – 186, 212
  Escravidão da Nossa Era, A – 77
  Então o que Devemos Fazer? – 68
  Frutos da Civilização, Os – 94, 95
  Guerra e Paz – 4, 5, 6, 8, 10, 12, 17, 22, 28, 30, 34, 35, 36, 40, 45, 50, 51, 52, 59, 61, 62, 64, 65, 66, 69, 72-74, 77-84, 86, 90, 91, 96, 107, 151, 153, 158, 174, 182, 183, 184, 185, 187, 188, 198-204, 207, 208, 210, 218, 235, 237, 254
  Infância, Adolescência e Juventude – 34, 52, 53, 56, 62, 88, 145
  Lucerne – 67, 207
  Luz que Brilha na Escuridão, A – 95, 96
  Manhã de um Proprietário de Terras, A – 67, 180, 207
  Memórias – 80
  Morte de Ivan Ilitch, A – 8, 34, 59, 167, 186, 209
  O que Eu Creio – 186, 194

O que é Arte – 41, 89
Pai Sergius – 158, 210
Poder das Trevas, O – 64, 93, 94
Quanta Terra Necessita um Homem?, De – 24
Ressurreição – 5, 6, 8, 10, 29, 30, 43, 51, 67, 68, 72, 77, 108, 180, 182, 183, 185, 191, 193, 209, 210
Shakespeare e o Drama – 85, 87-91, 96
Sonata Kreutzer, A – 68, 91, 158, 169, 209
Tempestade de Neve, A – 24
Varenka, um Conto para Crianças – 85-86
Tolstói, Nicolas – 181
Tolstói, Sofia – 187
Tomismo – 55, 173
Trediakovsky, Vasili K. – 103
Trepov, Fyodor – 108
Trilling, Lionel
  Liberal Imagination, The – 114
  Meio à Jornada, Em – 172
  Opposing Self, The – 19
Trollope, Anthony – 14, 26
Troyat, Henri
  Dostoïevski – 127
Turguéniev, Ivan – 9, 21, 23, 27, 28, 30, 31, 39, 105, 108, 155, 181, 207, 239, 240,
  Diário de um Homem Supérfluo, O – 167
  Na Véspera – 29
  Pais e Filhos – 8, 30
  Rudin – 147

U
Umetzki, Olga – 133

V
Valéry, Paul – 39
Valmy – 16
Verdi, Giuseppe – 238
  Otello – 99
Vigny, Alfred Victor, Conde De – 100
Villon, François – 164
Virgilio (Publius Virgilius Maro) – 250
Vogué, Eugène-Melchior, Visconde de – 21, 40, 255

Voltaire (François-Marie Arouet) – 196
Vyazemsky, Peter A. – 169

W

Wagner, Richard – 5, 100, 238
   Mestre Cantor, O – 94
   Parsifal – 175
   Religião e Arte – 175
   Tristão e Isolda – 99
Walpole, Horace – 144
Walpole, Hugh – 40, 84
Ward, Mrs. Humphry
   Robert Elsemere – 178
Waterloo – 16, 28
Webster, John – 7, 101
   Demônio Branco, O – 202
   Duquesa de Malfi, A – 57, 173
Weil, Simone – 57
Wilde, Oscar – 144
Wilson, Edmund – 18
   Eigth Essays – 18

Wolfe, Thomas – 8
Woolf, Virgínia
   Common Reader, The – 12
Wordsworth, William – 16, 19, 172, 177
   Prelúdio, O – 16

Y

Yeats, William Butler – 3, 139, 142,
   173, 186
   Lapis Lazuli – 56

Z

Zadonsky, Tikhon – 225
Zander, A. L. – 224
Zasulich, Vera – 108
Zola, Emile – 8, 13, 14, 16, 19, 20,
   35, 38, 94, 136, 145, 147, 166
   Nana – 28, 76
   Pot-Bouille – 19
   Rome – 178
Zon, von, homem assassinado – 108
Zweig, Stefan – 105

CRÍTICA NA PERSPECTIVA

Texto/Contexto I
Anatol Rosenfeld (D007)
Kafka: Pró e Contra
Günter Anders (D012)
A Arte no Horizonte do Provável
Haroldo de Campos (D016)
O Dorso do Tigre
Benedito Nunes (D017)
Crítica e Verdade
Roland Barthes (D024)
Signos em Rotação
Octavio Paz (D048)
As Formas do Falso
Walnice N. Galvão (D051)
Figuras
Gérard Genette (D057)
Formalismo e Futurismo
Krystyna Pomorska (D060)
O Caminho Crítico
Nothrop Frye (D079)

Falência da Crítica
Leyla Perrone Moisés (D081)
Os Signos e a Crítica
Cesare Segre (D083)
Fórmula e Fábula
Willi Bolle (D086)
As Palavras sob as Palavras
J. Starobinski (D097)
Metáfora e Montagem
Modesto Carone Netto (D102)
Repertório
Michel Butor (D103)
Valise de Cronópio
Julio Cortázar (D104)
A Metáfora Crítica
João Alexandre Barbosa (D105)
Ensaios Críticos e Filosóficos
Ramón Xirau (D107)
Escrito sobre um Corpo
Severo Sarduy (D122)

O Discurso Engenhoso
Antonio José Saraiva (D124)
Conjunções e Disjunções
Octavio Paz (D130)
A Operação do Texto
Haroldo de Campos (D134)
Poesia-Experiência
Mario Faustino (D136)
Borges: Uma Poética da Leitura
Emir Rodriguez Monegal (D140)
As Estruturas e o Tempo
Cesare Segre (D150)
Cobra de Vidro
Sergio Buarque de Holanda (D156)
O Realismo Maravilhoso
Irlemar Chiampi (D160)
Tentativas de Mitologia
Sergio Buarque de Holanda (D161)
*Dos Murais de Portinari aos Espaços
de Brasília*
Mário Pedrosa (D170)
O Lírico e o Trágico em Leopardi
Helena Parente Cunha (D171)
Arte como Medida
Sheila Leirner (D177)
Poesia com Coisas
Marta Peixoto (D181)
A Narrativa de Hugo de Carvalho Ramos
Albertina Vicentini (D196)
As Ilusões da Modernidade
João Alexandre Barbosa (D198)
*Uma Consciência Feminista: Rosário
Castellanos*
Beth Miller (D201)
O Heterotexto Pessoano
José Augusto Seabra (D204)
O Menino na Literatura Brasileira
Vânia Maria Resende (D207)
Analogia do Dissimilar
Irene A. Machado (D226)
O Bom Fim do Shtetl: Moacyr Scliar
Gilda Salem Szklo (D231)
*O Bildungsroman Feminino: Quatro
Exemplos Brasileiros*
Cristina Ferreira Pinto (D233)
Arte e seu Tempo
Sheila Leirner (D237)
O Super-Homem de Massa
Umberto Eco (D238)

Borges e a Cabala
Saúl Sosnowski (D240)
Metalinguagem & Outras Metas
Haroldo de Campos (D247)
Ironia e o Irônico
D. C. Muecke (D250)
Texto/Contexto II
Anatol Rosenfeld (D254)
Thomas Mann
Anatol Rosenfeld (D259)
*O Golem, Benjamin, Buber e Outro
Justos: Judaica I*
Gershom Scholem (D265)
*O Nome de Deus, a Teoria da
Linguagem e Outros Estudos de Cabala
e Mística: Judaica II*
Gershom Scholem (D266)
O Guardador de Signos
Rinaldo Gama (D269)
O Mito
K. K. Rutheven (D270)
O Grau Zero do Escreviver
José Lino Grünewald (D285)
Literatura e Música
Solange Ribeiro de Oliveira
(D286)
Mimesis
Erich Auerbach (E002)
Morfologia do Macunaíma
Haroldo de Campos (E019)
Fernando Pessoa ou o Poetodrama
José Augusto Seabra (E024)
Uma Poética para Antonio Machado
Ricardo Gullón (E049)
Poética em Ação
Roman Jakobson (E092)
Acoplagem no Espaço
Oswaldino Marques (E110)
Sérgio Milliet, Crítico de Arte
Lisbeth Rebollo Gonçalves
(E132)
Em Espelho Crítico
Robert Alter (E139)
A Política e o Romance
Irving Howe (E143)
Crítica Genética e Psicanálise
Philippe Willemart (E214)
A Morte da Tragédia
George Steiner (E228)